prometeo
libros

TRAMAS DE LA DESIGUALDAD
LAS POLÍTICAS Y EL BIENESTAR EN DISPUTA

Estela Grassi y Susana Hintze

Coordinadoras

Tramas de la desigualdad

Las políticas y el bienestar en disputa

prometeo
l i b r o s

Hintze, Susana

    Tramas de la desigualdad : las políticas y el bienestar en disputa / Susana Hintze ; Estela Grassi. - 1a ed . - Ciudad Autónoma de Buenos Aires : Prometeo Libros, 2018.

    430 p. ; 23 x 16 cm.

1. Bienestar y Política Social. 2. Trabajo Social. 3. Sociología. I. Grassi, Estela II. Título

    CDD 306.36

Diagramación: Eleonora Silva

Corrección de galeras: Liliana Stengele

© De esta edición, Prometeo Libros, 2018

Pringles 521 (C1183AEI), Buenos Aires, Argentina

Tel.: (54-11) 4862-6794 / Fax: (54-11) 4864-3297

editorial@treintadiez.com

www.prometeoeditorial.com

Índice

CAPÍTULO 3
Lo que fue, lo que es, lo que será.
Transformaciones de la seguridad social para adultos mayores
y niños, niñas y adolescentes en la Argentina, 2003-2017
(¿y después?) 191
Alejandra Beccaria, Claudia Danani y Sergio Rottenschweiler

SEGUNDA PARTE:
La trama de los recursos y la autovalía. Trabajadores, reflexividad y sentidos en disputa

CAPÍTULO 4
El trabajo y las políticas sociales en debate
La construcción del "merecimiento" en el nuevo contexto neoliberal
en la Argentina 231
Malena Victoria Hopp y Eliana Lijterman

CAPÍTULO 5
El trabajo en cooperativas en la Argentina del siglo XXI
Procesos, políticas e interpretaciones 271
Susana Hintze

CAPÍTULO 6
Moral cotidiana y bien común.
Procesos de jerarquización entre trabajadores de clase media 321
Florencia Luci

Presentación

Estela Grassi y Susana Hintze

Este libro es fruto del trabajo e interés compartido desde hace muchos años por los miembros de dos equipos que confluyen en el proceso investigación cuyos resultados presentamos aquí: el Grupo de Estudio de Políticas Sociales y Condiciones de Trabajo (GEPSyCT del IIGG-FCS-UBA) y el Equipo de Seguridad Social del Área de Políticas Sociales del Instituto del Conurbano/UNGS[1].

En esta ocasión, nos propusimos comprender la producción socio-política y cultural de la idea de *autovalía de las personas y de la legitimidad del derecho a disponer de las protecciones sociales*. Nos interesaba estudiar cómo y con qué contenidos se producían esos procesos a lo largo de la primera década y media de este siglo, en particular del período político iniciado en el año 2003. La idea de autovalía se presenta a primera vista como contrapuesta a la de dependencia, cuando las personas necesitan ser sostenidas por otros o por instituciones *ad hoc*. La idea de dependencia de instituciones adquiere, a su vez, un signo de compasión cuando socialmente se entiende la inviabilidad de la subsistencia de las personas por condiciones biológicas y de desprotección familiar (niños, ancianos, enfermos); de desprecio, cuando se asocia a vagancia o falta de voluntad, si se trata de personas válidas (adultos

---

[1] En el marco de los siguientes proyectos de investigación: proyecto "Autovalía y dependencia legítima. La política social y los soportes socio-institucionales de la vida social". Universidad de Buenos Aires– Secretaría de Ciencia y Técnica (2014-2017), dirigido por Estela Grassi y proyecto PIO CONICET UNGS (2015-2016) N° 144-20140100006-CO "Los fundamentos socio-político y culturales de la protección social: alcances y legitimidad de los sistemas institucionales" dirigido por Susana Hintze.

sanos), imposibilitadas de solventar sus necesidades por razones sociales (ausencia de oportunidades laborales, incompetencias para los puestos disponibles o con acceso a ocupaciones muy mal remuneradas).

En los procesos político-culturales concretos se ponen en entredicho estos puntos de vista simplistas acerca de la autovalía y de las condiciones de dependencia, razón por la que nuestras preocupaciones remiten a la legitimidad; es decir, al reconocimiento que merece/recibe un sistema institucional como bueno o mejor, necesario o conveniente para el desenvolvimiento de la vida social. De hecho, la complejización de las sociedades capitalistas y sus propias necesidades de reproducción dieron lugar al desarrollo, no sin conflictos y disputas por su conveniencia y necesariedad, de las estructuras institucionales (los sistemas públicos de seguridad y asistencia social y los equipamientos colectivos, en general) que sostienen la vida de las personas más allá de las redes cercanas (la familia o la comunidad inmediata). Sin embargo, esos entramados institucionales no dejan de ser objeto de la reflexividad política y cultural permanente y de la crítica enraizada en distintas –y opuestas– ideologías y visiones del mundo, que erosionan su legitimidad.

A su vez, esas mismas instituciones y políticas delimitan las exigencias de autovalía y son conformadoras del sujeto autoválido (quién es aquel que debe sostenerse y sostener a otros) y de la protección y sus condiciones (por derecho, humanitarismo, control o contención, etc.), a través de sus normas y de los requisitos y exigencias para ser protegidos que esas normas imponen.

Las dos cuestiones (la de la legitimidad de las protecciones; y la del papel de las políticas sociales respectivas en la delimitación del/ los sujetos a proteger) nos acercaron a plantearnos el problema en términos de autovalía y dependencia legítima, en el marco de dos procesos interconectados: el de la institucionalización de sistemas específicos, y el de las tomas de posición al respecto (o el de la reflexividad y crítica política) por parte de distintos sectores de la sociedad.

En lo referido al recorte histórico, la investigación abarca el período que va de 2003 a 2017, lo que incluye la transición entre gobiernos de distinto signo ideológico: las gestiones de Néstor Kirchner y Cristina Fernández, que comprende tres períodos completos, entre 2003 y 2015; y los dos primeros años de la presidencia de Mauricio Macri, iniciada en diciembre de 2015. Los primeros, con origen en el progresismo peronista, de orientación popular; y el segundo, originado en una coalición de partidos de centro derecha reunidos en la Alianza Cambiemos, que lleva adelante un gobierno de restauración neoliberal.

Aproximaciones conceptuales e hipótesis de trabajo

Retomamos en este apartado lo que hemos adelantado más arriba, para enmarcar los desarrollos de los capítulos siguientes, que encuentran en estas preguntas y problematizaciones conceptuales su justificación.

I. *Sobre la autovalía y la dependencia.* Como indicamos, el punto de partida de estas investigaciones se halla en la vinculación de la política social y la calidad/cualidad del sujeto en términos de su "autovalía" (dada por la aptitud para sostener/reproducir su vida por el medio legítimo en la sociedad capitalista, esto es, el trabajo), o de la legítima dependencia (del trabajo de otros, directamente o por políticas o instituciones determinadas); y en el supuesto fuerte de la historicidad de cada término. Esto es, la determinación social, cultural y política de tales aptitudes y condiciones, de los medios para atenderlas y de las valoraciones del/ los sujetos. Advertimos también que esos términos y los arreglos institucionales resultantes son siempre objeto de la reflexividad política y cultural y de las críticas que erosionan su legitimidad y pueden ponerlos en crisis.

En esta perspectiva, sostenemos en primer lugar, que la obligación de trabajar (o la determinación de la autovalía del sujeto y de quién es el sujeto autoválido), y el derecho a la dependencia (o la especificación de quiénes pueden, legítimamente, ser asistidos o sostenidos en su supervivencia por el trabajo de otros, directamente o por políticas o instituciones determinadas) se constituyen como configuraciones socio-políticas en los procesos políticos de problematización, discusión e institucionalización de políticas sociales. Se entiende por "autovalía" a la capacidad para vivir del propio trabajo, libre de dependencias y tutelas. La determinación de las condiciones de autovalía instaura, en el mismo acto, el no derecho a ser mantenido por el trabajo de otros.

Este planteamiento del problema impone, por su parte, la *noción de dependencia* como un estado legítimo de sujetos a los que se reconoce alguna condición que merece ser atendida. Esta puede estar dada por alguna razón aceptada de imposibilidad para autovalerse (la edad o la enfermedad, por ejemplo) hasta por la consideración del provecho o ventaja que pueda acarrear para la sociedad sustraer del trabajo a un grupo o ciertos individuos, por ejemplo, haciéndolos merecedores de un tiempo de aplazamiento para participar de su empleo en condiciones más productivas.

Dependencia, no obstante, es un término que se carga fácilmente de un sentido negativo cuando los obstáculos socio-económicos para *vivir del propio trabajo* se reinterpretan como minusvalía del sujeto y a las políticas que atienden la emergencia o se anticipan y protegen de tales eventualidades, como estimuladoras de la pereza para trabajar y, por lo tanto, de dependencia.

A la vez, la asociación dependencia/minusvalía se constituye en relación con la otra asociación que es su contracara: autonomía/autovalía, de modo que, si es este el caso, la *noción de autovalía* se carga, por su parte, de un contenido fuertemente individualista (e individualizante). Y, entonces, *vivir del propio trabajo* puede comprenderse y vivirse como puro mérito individual, aislado, ajeno e inmune a las condiciones generales y particulares para que sea efectivamente posible vivir de él (redes / interrelaciones / instituciones en cuyas tramas y soportes se desenvuelve la vida de cada uno). En realidad, no cualquier trabajo, ni en cualquier condición, permite escapar del apremio de trabajar para mal vivir. Vivir del propio trabajo puede ser (es) vivir de maneras muy diferentes y también muy desiguales según de qué trabajo se trate. En este punto, son las políticas sociales y laborales las que habilitan una u otra de estas posibilidades.

Pero además, la clásica contraposición entre individuo y sociedad que se expresa en ese contenido de la autovalía, se obscurecen también el hecho de que hasta la posibilidad de trabajar se inscribe en un complejo entramado político-institucional, a la vez social y cultural, que literalmente sostiene la existencia de los individuos y hace posible o limita el desarrollo de las capacidades, los talentos y los méritos propios, que son siempre potenciales.

Esos soportes pueden ser familiares (en cuyo caso, dependen del hogar en el que cada uno nace); o corresponder a las instituciones "públicas", que extienden la protección y hacen posible o limitan la vida de todos y cada uno. Las políticas sociales conforman una parte de esa institucionalidad, aunque no toda y no hay vida posible si no se desarrolla en el marco de soportes institucionales que se instauran más allá de la familia. Es en ese marco que se entiende la inscripción de la política social y su centralidad en la definición de las condiciones de la vida colectiva: no sólo la de los pobres y desamparados, sino la del conjunto de la población (y de la del diverso mundo del trabajo, principalmente). Se trata del andamiaje institucional estatal (político) que soporta la vida social y el "ser individuo". Aún más, ser individuo-individualista se sostiene en instituciones (y aún en políticas sociales) que pueden presentar y reproducir la idea de un individuo radicalmente autosuficiente como una aspiración y una conquista (Castel, 2010: 198).

En síntesis, en este libro entendemos que no hay autovalía sino en relaciones de interdependencia recíproca, por lo que ambas comprenden relaciones que desbordan ampliamente tanto los "estados de dependencia", como al individuo autoválido, cuya existencia depende tanto de las redes sociales y políticas que lo sostienen, como de los dispositivos culturales e ideológicos que constituyen (interpelan) a un individuo percibido y que se percibe como autosuficiente y desentendido de sus congéneres. Pero esas relaciones (redes) de interdependencia proveen de capitales (económicos, sociales, simbólicos) desigualmente distribuidos (Bourdieu,1990), igual que los soportes públicos (sus componentes), además de ser de diferente calidad y aptitud para generar y sostener lo que se codifica como autovalía, tanto como para generar y sostener la valoración de las personas y grupos.

En el contexto del largo período al que referimos nuestra investigación y, en particular, en el momento de la transición entre gobiernos de distinto signo, indicado al inicio, ambos términos adquieren particular valor para interpretar la crítica deslegitimadora de los sistemas de protección social que procuran en algo sostener el tipo de solidaridad orgánica que, como recuerda Castel, realizara el Estado social para contrarrestar los riesgos del individualismo moderno (Castel, 2010).

II. *Sobre la legitimidad.* Como se puede desprender de lo dicho hasta acá, el problema de la legitimidad se constituye en una cuestión clave en el campo de estas políticas, pues la cualidad de lo que es legítimo (o no) expresa el reconocimiento y la disposición, por parte de una sociedad, a respetar una norma, una política o un sistema institucional, por las razones dichas al inicio: porque es bueno o mejor, necesario o conveniente para el desenvolvimiento de la vida social, o lo más justo. Por lo tanto, son las razones y los argumentos los que "dan contenido" a la legitimidad (o ilegitimidad), atributo que habla más de la sociedad que la construye, que de las instituciones o las políticas a las que se refiere. O, dicho de otro modo, los datos empíricos (la calidad de una prestación, el cumplimiento o incumplimiento de las funciones) se subordinan a aquellas razones que, como ya se habrá comprendido, abrevan en principios ideológicos y éticos y, por lo tanto, presuponen algún sentido de justicia previo. Que se subordinen, no quiere decir que sean indiferentes: le dan sustento a los argumentos, como elementos probatorios, veraces y verificables. Así, por ejemplo, los haberes jubilatorios bajos pueden argumentarse como crítica deslegitimadora de un sistema de reparto; o el ausentismo de los estudiantes becados con un plan como el PROGRESAR es un dato empírico que puede argumentarse contra las políticas de integración.

Se deduce también de lo anterior que ese sometimiento de las instituciones de protección a la reflexividad crítica se inscribe en las disputas por la conquista y dirección del sentido común (por la hegemonía) donde los principios de justicia se naturalizan no sólo como lo que es justo, sino lo que *es naturalmente así*. En esos procesos se gesta, entonces, la aceptación o la impugnación y, en consecuencia, la viabilidad o el fracaso de una acción protectoria y su ubicación en alguna posición del eje autovalía/dependencia.

III. *Sobre la protección social*. Dos precisiones más son necesarias para la contextualización conceptual del problema. Lo que denominamos *protección social* abarca los mecanismos socialmente organizados que, con variables tipos y grados de institucionalización, proporcionan a los miembros de una sociedad seguridades políticamente instituidas ante (y contra) riesgos que amenazan su bienestar socioeconómico. La existencia de tipos y grados variables de institucionalización indica la diversidad de formas organizativas y de financiamiento, alcances y orientaciones.

En tanto política pública, la *seguridad social* constituye en nuestras sociedades uno de los mecanismos de protección fundamental. Por esta razón y por la centralidad y peso protectorio, institucional y político en nuestro país, y porque ha sido objeto de las mayores reformas desde fines del siglo pasado y también a lo largo del periodo estudiado, dedicamos un capítulo del libro al análisis de sus transformaciones.

Entendemos a la seguridad social como un área estatal de políticas e instituciones especializadas en intervenciones que organizan la atención de contingencias específicas, dando lugar a diversas formas de distribución de las consecuencias socio-económicas de padecer riesgos. La seguridad social crecientemente construyó esa atención como derecho a la protección (de distintos tipos y alcances) con distintas formas de organización (aseguramiento, asistencia o ambas), de financiamiento (contributivo, rentas generales) y de cobertura (mutualización completa, cajas separadas), todas ellas más o menos predominantes o combinadas (Lautier, 2006). Atendemos a la *capacidad de protección* como el alcance cuanti-cualitativo de la satisfacción de necesidades que adquieren las prestaciones y servicios correspondientes a diferentes políticas. Forman parte de esa capacidad los contenidos político-culturales que emergen de los procesos de construcción de legitimidad, tanto de políticas e instituciones como de demandas y reivindicaciones.

El derecho a las protecciones y las razones que justifican ese derecho no solamente está dado por la adhesión ética a la perspectiva de los derechos, sino que se imbrica en configuraciones socio-políticas complejas, y se mantiene como una cuestión abierta, en las que se confrontan las "buenas razones" para mantener un régimen u otro, para incorporar o excluir grupos de población, para ampliar o restringir prestaciones.

Hipótesis de trabajo

Dijimos ya que "vivir del propio trabajo" (o de los recursos que provienen de la propiedad) puede comprenderse y vivirse como puro "mérito individual", aunque efectivamente ello no sea posible sin las redes e instituciones en cuyas tramas y soportes se desenvuelve la vida de cada uno. También se señaló que las políticas sociales en general (y de protección social, en particular) son una parte de esas tramas que hacen posible escapar del apremio de no poder sobrevivir o de tener que trabajar para mal vivir. Sin embargo, esas condiciones básicas pueden hacerse invisibles para la percepción en la vida corriente, como se hace invisible la propia dependencia y la potencialidad del desamparo para quienes están protegidos de estas experiencias.

En este sentido, nuestra hipótesis de trabajo estuvo referida *a* los cuestionamientos que se registraban tanto a nivel de los debates políticos propiamente, como en las expresiones del sentido común, respecto de los contenidos y sentidos de la política social en general y del sistema de protección social, en particular, desarrollados a lo largo del período 2003-2015. Estos cuestionamientos socavaban la legitimidad de esas políticas y se expresaban en:

a. El reforzamiento del ideario particularista en el que los derechos sociales se desarrollaron y cobraron particular vigor durante el siglo XX, un particularismo asociado principalmente a la ecuación "derechos sociales y del trabajo".

b. Un cuestionamiento a los procesos de "redistribución material" que dieron lugar a la expansión del consumo popular, favorecidos por la política social en general y por las transformaciones en el sistema de protección social, que se manifiesta en expresiones del sentido común referidas a:

i) el "efecto de igualación" de tales políticas, tanto en lo que hace al consumo (en particular el acceso a servicios) como a lo institucional (instituciones que unifican beneficios, como la seguridad social a través de ANSES y sus agencias), en tanto generan una sociabilidad compartida;

ii) la noción *de derechos* que cobraron o dieron fundamento a esas políticas (aún más que a los beneficios en tanto tales).

Estos cuestionamientos fueron recogidos por la oposición política triunfante en 2015. Desde entonces, y en los siguientes años que abarcó nuestra investigación, fueron expuestos en términos de exceso y descontrol social y del gasto del Estado. Vemos a lo largo del libro, cómo el discurso político y el sentido común coincidieron/ coinciden en la crítica deslegitimadora a esa institucionalidad; una crítica que abreva en aquel ideario particularista, y también en las ideologías individualizantes y meritocráticas.

Precisiones metodológicas

Como podrá advertirse a continuación, la perspectiva metodológica que adoptamos supone que la información con la que trabajamos no se agota en datos objetivos y preconstituidos, directamente accesibles a la observación, medición o registro, sino que proviene de una fuente en constante producción, cuyo significado debe ser *reconstruido* todo el tiempo por el investigador. El carácter dinámico del objeto y la conceptualización del problema en términos de proceso, hacen que el registro sea dependiente del curso de los acontecimientos, siendo necesario reconstruir cada vez el proceso en su totalidad.

Aclaramos al inicio que el desarrollo de nuestra investigación abarca el período 2003-2017, y el momento de la transición entre gobiernos de signo ideológico contrapuestos. El problema de estudio comprende dos aspectos que fueron, en cada caso, objeto de abordajes metodológicos específicos:

1) Los fundamentos generales de la política social y las características de los sistemas de protección (sus alcances, garantías y recursos ofrecidos) tal como quedaron configurados a lo largo del primer período (los gobiernos populares, según su propia identificación).

Para la reconstrucción político-cultural de la institucionalidad vigente en el primer período y sus fundamentos generales, el material de análisis son documentos e información estadística de elaboración propia proveniente de fuentes secundarias. También, un amplio corpus documental que incluye el material de hemeroteca de ambos equipos. En esto se nutre principalmente el capítulo 3.

2) Los fundamentos políticos-culturales que movilizaron la crítica deslegitimadora a tales instituciones. Estos argumentos fueron considerados, a su vez, a nivel de: (i) el espacio de la publicidad[2] (Habermas,

---

[2] Usamos libremente el concepto habermasiano de "publicidad burguesa" para referirnos a una esfera de la vida social en la que las cuestiones comunes de los particulares son "objeto de raciocinio". De esa esfera participan tanto agentes del campo propiamente político (partidos, funcionarios), como otros múltiples agentes y ciudadanos corrientes. Los medios de comunicación y, ahora, las redes sociales canalizan y amplifican el debate. "En la medida en que el Estado

1986), por el que transcurre la vida política en su sentido más amplio; lugar, puede decirse, de disputa por la hegemonía; y (ii) los puntos de vista e interpretaciones corrientes y cotidianas que portan y expresan las personas. Los detallamos a continuación:

i) El segundo momento, el de la crítica deslegitimadora y la elevación de esos argumentos a "discurso estatal", se hizo a partir de una metodología ya probada por el equipo, que exige el seguimiento cotidiano de los discursos públicos (lo que se comunica por el lenguaje, los actos, las posturas o las imágenes) por agentes del campo político y políticos y funcionarios de gobierno. Este seguimiento se hizo a través de los medios de comunicación, incluyendo las redes sociales, pero privilegiando su registro por la prensa escrita, constituida así en un gran "cuaderno de campo". Si bien se accedió a la mayoría de los diarios y algunas revistas, toda la información fue cotejada entre al menos dos diarios principales: *La Nación*, expresión del pensamiento liberal conservador, y *Página/12*, de signo contrario. No obstante, queda claro que no se consideran las notas de opinión ni las interpretaciones de los periodistas, sino "la palabra" de los funcionarios (eventualmente allegados al poder), cuyas intervenciones (cotejadas) son el material empírico de nuestro análisis. El material analizado comprende principalmente los años 2016 y 2017, aunque no únicamente. Para el análisis se procedió por sucesivas aproximaciones, discriminando por "hablante" (el presidente, funcionarios, allegados), acontecimientos significativos (períodos eleccionarios, reuniones internacionales, actos conmemorativos), áreas temáticas (economía, política, políticas sociales, trabajo), hasta reconstruir los ejes que organizan esos discursos, las estrategias discursivas, los destinatarios de los mensajes, los problemas que se definen como tales, que organizan los capítulos 1 y 2, principalmente.

ii) La cuestión de los puntos de vista e interpretaciones corrientes y cotidianas que portan y expresan las personas fue abordada

liberal de derecho habrá de legitimarse ante ella acabará por incorporar [a esos objetos de raciocinio] a sus tareas legislativas" (Domenech, 1996:19).

por un extenso trabajo de campo cualitativo, que comprendió la realización de dieciséis entrevistas en profundidad entre agosto/octubre del 2015, en el marco mismo de la campaña electoral, las que constituyeron la guía a partir de la cual encaramos la segunda parte de esta indagación, en este caso a través de una estrategia de grupos focales. Estos se llevaron a cabo un año después, entre septiembre y octubre del 2016, cuando habían transcurrido varios meses de la presidencia Macri y los primeros acontecimientos que tenían efectos directos en la economía de los hogares (los aumentos en las tarifas de los servicios públicos).

En ambas etapas del trabajo de campo, los referentes fueron personas pertenecientes a distintos sectores del mundo del trabajo y vinculadas a diferentes espacios político-institucionales de la Ciudad Autónoma de Buenos Aires y el Conurbano. Con *mundo del trabajo* abarcamos al conjunto de las formas y condiciones de realización de las capacidades para la generación de ingresos de los hogares, globalmente subordinadas o dependientes del capital aunque no las emplee, porque las condiciones generales de la ocupación están dadas por la dinámica de la acumulación capitalista, de la que depende también la viabilidad y productividad de las unidades económicas de reproducción de la economía popular. En consecuencia, el mundo del trabajo rebasa el empleo directo por el capital (formal o informal) y abarca el autoempleo, el trabajo cooperativo, los servicios personales y la participación en economías de subsistencia.

El trabajo es un marco insoslayable en el abordaje de la política social. En nuestro país los principales componentes de la seguridad social han dependido del empleo, pero la fragmentación del mercado de trabajo formal y del trabajo en general ha ido en aumento desde las últimas décadas del siglo pasado, situación que se correlacionaba con una población trabajadora igualmente fragmentada en grupos importantemente desiguales. A esa división contribuyó la propia política social (en particular la de seguridad social) durante el primer ciclo neoliberal. Cada uno de estos fenómenos ha sido ampliamente estudiado y, en lo que atañe a la política social, fue objeto de las investigaciones llevadas adelante por nuestros equipos. Asimismo, recién en la primera década del nuevo siglo el Estado fue haciéndose cargo de estas desigualdades, aunque sin alcanzar un estado de integración tal que impidiera los cuestionamientos a esos *efectos de igualación* que plateamos en la hipótesis precedente. Son estas condiciones y tensiones entre los distintos grupos que conforman ese mundo heterogéneo y complejo las que tomamos en cuenta en la selección de nuestro universo de estudio, representado por personas insertas en espacios y con condiciones de trabajo y de vida muy diferentes en ese mundo.

Para la primera parte del trabajo de entrevistas nos prestaron su tiempo empleadas y empleados en puestos rutinarios formales del sector público y privado; profesionales independientes, obreros formales e informales, trabajadores cooperativizados, directivos de empresas privadas de nivel medio y alto y empleadas del servicio doméstico. La estrategia seguida fue la de entrevistas abiertas, pero con una guía general de temas a conversar referidos a necesidades, recursos y beneficios disponibles para sí o para los demás, usados o disponibles, reconocidos o no como tales recursos. Sin contar a las trabajadoras domésticas, se avinieron a hablar de estos temas la misma proporción de mujeres que de varones.

Como indicamos, esta entrada al campo fue la base para la realización de grupos focales el año siguiente, en los que se retoman la mayoría de las inserciones laborales. Optamos por esta estrategia en tanto los grupos focales posibilitan la exploración de temas claramente especificados en un espacio que propicia el surgimiento de múltiples miradas e interpretaciones. La técnica permite construir esta situación de interacción social bajo condiciones controladas para registrar la visión de un grupo determinado respecto de una serie de cuestiones problemáticas propuestas por la coordinación. Permite captar las articulaciones entre el discurso social, el sentido común y la expresión individual, habilitando el análisis sobre una trama de discursos y prácticas, debates y controversias, que constituyen los temas propuestos. (Scribano y Fraire, 2008).

Entre septiembre y octubre de 2016 se llevaron a cabo 11 grupos focales, con la participación de entre 8 y 10 personas en cada uno, con un total de 101 participantes, 57 de ellas fueron mujeres. La elección de esta estrategia nos permitió contar con una cantidad de puntos de vista intercambiados y/o confrontados entre los participantes, que fueron seleccionados siguiendo los siguientes criterios que marcan condiciones desiguales de autovalía y dependencia respecto de las políticas sociales, la familia y el trabajo:tener alguna responsabilidad familiar, los grupos debían cumplir reunir a varones y mujeres proporcionalmente y las siguientes cuotas de edad: entre 20-35; entre 36-49 y entre 50-64. En el cuadro que figura como anexo se especifica, a su vez, la composición de los grupos según los sectores de trabajadores considerados.

Por medio de grupos focales nos propusimos reconstruir las siguientes dimensiones de análisis:

i) las *necesidades y trama de recursos* (que posibilitan-construyen-expresan diferentes formas de autovalía y dependencia. Implican dispositivos socio-institucionales y redes de interacción a través de los cuales distintos grupos satisfacen sus necesidades, entendidas como ineludiblemente sociales);

ii) *los sentidos* que se expresan sobre esas necesidades y recursos (hacia el conjunto de la población y sobre determinados grupos) así como las *justificaciones y fundamentos* sobre los distintos y desiguales recursos que disponen diversos sectores sociales;

iii) las ideas/percepciones sobre *autovalerse y depender* para desplegar la vida familiar y social que se relacionan con la pertenencia a distintos grupos laborales.

Los capítulos de la primera parte se detienen en la dimensión institucional, en sus fundamentos y en la disputa político-ideológica en la que se inscriben estas preocupaciones, en tanto que los capítulos de la segunda parte se ocupan de las interpretaciones que expresan las personas con base en la información obtenida en el trabajo de entrevistas y los grupos focales descriptos.

Secuencia de exposición

El libro se organiza en dos partes a lo largo de cuyos capítulos la hipótesis funcionan como guías y son puestas en diálogo con las interpretaciones producto del extenso análisis de fuentes documentales, hemerográficas y del material del trabajo de campo realizado.

Los tres capítulos de la primera parte están dedicados al análisis de la "Política y soportes socio-institucionales de la vida social". En ellos se hace eje en la reconstrucción de la institucionalidad vigente a lo largo de todo el período estudiado, atendiendo a los fundamentos políticos-culturales que las sostienen y a la crítica deslegitimadora a tales instituciones que, como dijimos, tiene carácter de "discurso estatal" a partir de diciembre de 2015.

En el primer capítulo, "Estado social y desbloqueo de la sociedad neoliberal", Estela Grassi se ocupa del contexto político general del período que va de 2003 a 2017 y de los dos tiempos que lo marcan: de 2003 a 2015 y desde ese año hasta 2017, tres años que están a caballo del cambio de gobierno que significó un vuelco sustantivo de proyecto político y de intensos debates acerca de las políticas sociales. Aborda el análisis partiendo de la premisa de que la autovalía presupone condiciones que la sostengan; y condiciones, también, en las que cada individuo pueda constituirse en un sujeto social autoválido. El modo de responder y atender a esas condiciones necesarias está en el centro de las disputas político-culturales del período analizado.

En primer lugar, la autora reconstruye los principales rasgos y fundamentos político-doctrinarios del proyecto político que culmina en 2015, al que caracteriza como un intento de (re)construcción del Estado social. A continuación, se detiene en el segundo momento, de recomposición de un régimen social y de acumulación cuyos basamentos arraigan en el pensamiento neoliberal, momento al que caracteriza como el desbloqueo de la sociedad neoliberal, por entender que expresa y se inscribe en una larga disputa por la hegemonía que se lleva no sólo por acceder al gobierno, sino por la restauración de principios que lograron arraigo en los modos de pensarse la sociedad a sí misma. Profundiza, entonces, en los fundamentos ideológicos que se expresan abierta y públicamente, por los que se rehabilitan esos cuestionamientos arraigados en el sentido común social acerca de cómo y entre quienes vivir juntos y qué debe hacer (o no) el Estado por la vida en común.

Describe y analiza los ejes estratégicos que ordenaron e hicieron inteligible el discurso político, siguiendo dos procesos que se dieron simultáneamente: uno de despolitización de la cuestión social, a través de estrategias de disputa política que en el capítulo se ordenan y describen como: el énfasis en la unidad de los argentinos, el soslayo de la historia, el desacople de verdad y empiria, la particularización del sujeto de la comunicación política y la puesta de lo doméstico como foco de interés público. El segundo proceso que se da en simultáneo corresponde a la repolitización del campo problemático en términos de miedo, inseguridad, crisis y desorden.

"Transformación del trabajo y de la política social" es el título del segundo capítulo, en el que Grassi se propone contribuir a desentrañar la orientación general de la política social, a lo largo del mismo período, teniendo como objeto a las interpretaciones acerca de lo que cabe hacer desde el Estado para sostener la vida social, que circulan por los discursos políticos, como fundamento de las instituciones de política social y de las críticas a ellas.

El capítulo tiene como eje al trabajo porque, de acuerdo con los supuestos teóricos que orientan nuestras investigaciones, el sentido de la política social se articula a la consideración del trabajo y a las condiciones que se establecen para su realización, por la política laboral. En conjunto, estas son parte fundamental de las condiciones en las que las personas puedan desenvolverse como sujetos autoválidos. Por ello, parte de reconocer la profunda transformación en la esfera del trabajo, señalando al respecto que lo indefinido y disputado son las condiciones políticas y las regulaciones bajo las cuales conducir esas transformaciones.

Teniendo en cuenta estas premisas, sigue la misma línea que el capítulo 1 y busca hallar qué tipo de Estado/sociedad se contribuye a realizar por la política social y cuáles son los problemas que ameritan o no, acciones desde el Estado. Presenta, en primer lugar, el proceso de reorientación de la política socio-laboral durante el período 2003-2015, en la que el trabajo tuvo centralidad y los trabajadores fueron reconocidos como tales, más allá de las condiciones de su empleo. En la argumentación del capítulo, esta parte sirve, a su vez, como referencia a la segunda parte, dedicada al momento del reinicio del proyecto neoliberal que redefine los sentidos del trabajo, y que desconoce la sociedad para atender solamente los intercambios en el mercado, poniendo en riesgo su propia existencia. Muestra, en este caso, el proceso que va de lo colectivo a los individuos y de la reparación de injusticias sociales a la autoresponsabilización, como orientación de las políticas sociales.

En el capítulo 3, "Lo que fue, lo que es, lo que será. Transformaciones de la Seguridad Social en la Argentina, 2003-2017 (¿y después?)", Alejandra Beccaria, Claudia Danani y Sergio Rottenschweiler analizan el proceso de reforma que involucra a la seguridad social en el periodo 2003/2017. Caracterizan a ese proceso como un *cambio estructural* que afecta la cobertura horizontal, la cobertura vertical y los contenidos político-culturales de los dos componentes de la seguridad social en los que se centra (sistema previsional y de asignaciones familiares), así como las relaciones entre ellos. Lo hacen con un doble objetivo: en primer lugar, pretenden reconstruir y presentar el recorrido político-institucional global seguido por esta parte del sistema de protección desde el año 2003, señalando claramente los efectos del cambio de ciclo que se inicia a principios de 2016. Para ello toman en cuenta las iniciativas gubernamentales y las respuestas de resistencias o aceptación con las que han venido entretejiéndose las nuevas políticas. En segundo lugar, se proponen caracterizar y analizar comparativamente el régimen de protección contenido en la institucionalidad vigente en los periodos 2003/2015 y 2016/17.

Como parte de esa descripción diacrónica y del análisis propuesto, se detienen especialmente en algunas características del financiamiento de la protección estudiada. Pese a lo relativamente inicial del proceso en curso, anticipan algunos de los grandes efectos que el mismo tendrá en un "mapa/esquema de la protección social" con consecuencias en el plano del bienestar de las personas y en el carácter igualitario o desigualitario de la estructura social.

En la segunda parte, "La trama de los recursos y la autovalía. Trabajadores, reflexividad y sentidos en disputa", abordamos los puntos de vista e interpretaciones que expresan quienes participaron en el trabajo de campo cualitativo. Como señalamos más arriba sostenemos que sus percepciones sobre autovalerse/depender en el sostenimiento de la vida, está relacionado con la inclusión en distintos grupos laborales, que a su vez incide en la definición de sus necesidades y los recursos socio-institucionales a los que acceden.

A partir del análisis del conjunto de los grupos focales, Malena Hopp y Eliana Lijterman en el capítulo 4 "El trabajo y las políticas sociales en debate. La construcción del 'merecimiento' en el nuevo contexto neoliberal en la Argentina" analizan la construcción social del merecimiento de las transferencias monetarias y la relación establecida con el trabajo. Las autoras señalan que, a lo largo del periodo de estudio, el merecimiento constituyó un tema central en el tratamiento de la política social como cuestión pública y formó parte de las cuestiones puestas en discusión en los grupos focales. En especial, asumieron centralidad las controversias sobre los criterios de asignación de las transferencias monetarias (denominadas como "planes sociales") e, inclusive, acerca de su conveniencia y deseabilidad. En estos discursos, la valoración de "los planes" se conectaba estrechamente con las formas de acceso a recursos estatales, percibidas como justas, poniéndose en juego diferentes modos de valorar social y moralmente a los sujetos asistidos.

De acuerdo con lo anterior, Hopp y Lijterman comienzan analizando la relación entre merecimiento y trabajo en la asistencia social. Partiendo de esta conceptualización, presentan un breve recorrido histórico sobre la distinción entre asistencia y seguridad social en la Argentina, con la finalidad de ayudar a comprender los sentidos y la centralidad que adquiere el trabajo como contexto de referencia de los debates sobre el merecimiento de las intervenciones sociales del Estado que se desplegaron en los grupos focales. En este orden, sitúan la relación entre las interpretaciones sobre las situaciones de "no trabajo", los modos de distinción entre trabajadores y asistidos a las que ellas dan lugar y el cuestionamiento de los "planes sociales" como respuesta a esta problemática. Finalmente presentan las conclusiones, a partir de la síntesis y reconstrucción analítica de las miradas, justificaciones y controversias encontradas en los diferentes grupos de discusión.

En el quinto capítulo "El trabajo en cooperativas en la Argentina del siglo XXI. Procesos, políticas e interpretaciones", Susana Hintze propone reflexionar sobre los sentidos atribuidos al trabajo realizado en cooperativas de distinto tipo durante esta etapa inicial del siglo en la Argentina, abriendo la reflexión acerca de su visibilidad pública, su valoración por parte de quienes lo hacen y de aquellos que lo ven hacer; en síntesis, sobre su legitimidad social en tanto trabajo. Para ello discute el papel del Estado y las políticas que lo promovieron entre 2003/2015 y sus transformaciones en los últimos años.

Inicia el recorrido con una descripción del cooperativismo de trabajo y la incidencia del Estado y las políticas en su desarrollo en las dos últimas décadas para detenerse luego en las características de este proceso y las maneras en que ha sido interpretado desde el ámbito académico y desde actores del propio sector. La autora centra la preocupación en qué se discute y en qué términos sobre las nuevas formas que ha asumido el cooperativismo de trabajo, pero también cuánto debe su conocimiento (y reconocimiento) actual al peso de las modalidades surgidas en este siglo. Sobre este punto considera que en los periodos de gobierno de 2003/2015 se puso en agenda el tema a través de políticas específicas, ligado en el plano discursivo a la economía social, la solidaridad, la autogestión.

Cuánto se logró hacer y cómo se lo visualiza lo analiza desde la perspectiva de quienes participan en distintas modalidades de trabajo cooperativo utilizando como fuentes información documental y el trabajo de campo cualitativo descripto. Frente a las transformaciones ocurridas a partir de la asunción del gobierno Macri se interroga sobre los aportes y los límites de las políticas en el desarrollo de la asociatividad y la autogestión y los efectos de los cambios políticos actuales en su maduración.

Florencia Luci, en el capítulo sexto "Moral cotidiana y bien común: procesos de jerarquización entre trabajadores de clase media" se propone reconstruir las formas de argumentación que atraviesan las discusiones sobre la pertenencia legítima a la sociedad entre trabajadores de clase media. Entiende que en esa "identidad madre" de los argentinos se juega mucho de una construcción histórica ligada a un imaginario-pertenencia-adscripción que asoció la demarcación de sus fronteras con las de toda la Nación, en tanto las disputas por los límites y los contenidos que establecen la inclusión en esa categoría es posible leer la disputa más amplia sobre las formas legítimas de participación social en una sociedad que hizo de las nociones de progreso social, esfuerzo y mérito principios superiores.

Su objetivo es analizar los procesos de jerarquización que se movilizan –y los contenidos que se invocan– para construir y legitimar formas desiguales de participación en la vida social que estructuran un orden jerárquico, esto es, una relación de superioridad-inferioridad que se juzga justa. Explora la manera como se utilizan argumentos morales en la discusión que se da en el marco de cuatro grupos focales: dos correspondieron a profesionales que trabajan de manera independiente y dos a empleados administrativos de los sectores público y privado. La autora justifica esta selección de individuos tomando como proxy el nivel educativo e inserción laboral, para dar cuenta de fracciones de la clase media que se hallan mejor y peor acomodadas.

En los grupos fue puesto en debate el rol del Estado en la promoción y sostenimiento de la vida común, los aportes que deben realizar las personas para participar legítimamente de la misma y qué ocurre con aquellos que deben ser asistidos. Teniendo esto en cuenta el capítulo comienza analizando ciertos rasgos de esa clase media que permiten emplazar y comprender los debates en el marco de una construcción histórica de más largo aliento. Avanza, luego, en el análisis de los modos en que se presentan las formas legítimas de participación en la vida social por la vía de la demarcación de un "otro" problemático que expresa la mayor distancia moral. Finalmente, a través del lugar que ocupa la educación y el consumo examina procesos de distinción que expresan diversos modos de pertenecer a una clase media sumamente heterogénea.

El capítulo 7 está dedicado a los servicios de atención de la salud y a las estrategias de acceso a ellos por parte de distintos sectores de trabajadores, con acento en la cuestión institucional y en la desigualdad que advierten en esa relación. En "Trabajadores e instituciones de salud: sentidos y fundamentos en disputa", María Crojethovic y Maitena Fidalgo indagan acerca de los sentidos que circulan públicamente, referidos a los recursos (bienes, servicios) dispuestos por la política social en esta materia, para dilucidar las justificaciones (morales y normativas) acerca de las desiguales prestaciones para los diversos sectores sociales. Para ello utilizan como material de campo las entrevistas en profundidad realizadas a empleados en puestos administrativos, rutinarios formales del sector público y privado, profesionales independientes, obreros formales e informales, directivos de empresas privadas de nivel medio y alto y empleadas del servicio doméstico.

Las autoras comienzan deteniéndose en las nociones de necesidades y estrategias de acceso a los servicios de salud, relacionándolos con los procesos de diferenciación en el acceso a los mismos. La noción de micro desigualdades les sirve de apoyo para este análisis.

A la vez, con base en la información que al respecto brindan las entrevistas, reconstruyen la concepción de salud que está en el trasfondo de las estrategias y tipo de uso que se hace de los servicios, lo que contribuye a comprender las decisiones y elecciones del tipo de prestadores. La identificación de las estrategias desarrolladas les permite trabajar el problema de la desigualdad y sobre quién se asienta la responsabilidad por el bienestar para discutir el modo en que los criterios de autovalía y dependencia legítima se actualizan y se validan en el discurso de los propios entrevistados.

Por último, el material permitió advertir otra problemática que anuda la oferta política y las interpretaciones y demandas que se expresan en las opiniones corrientes y cotidianas de la población. Nos referimos a la cuestión de la inseguridad y el miedo al delito, tema del que se ocupan Emilio Ayos y Tatiana Jack en el capítulo 8, que titulan "La inseguridad desde abajo. Elaboraciones sobre el miedo al delito en diferentes grupos del espacio social". Allí reconstruyen los modos de problematizar estas cuestiones y su vinculación con la representación de diferentes sociabilidades, según emerge de los puntos de vistas expresados en los diferentes grupos focales. Esos puntos de vista se presentan como balance de la década kirchnerista, a contraluz del proceso iniciado con el reciente cambio de gobierno, momento en el que se presenta una drástica reorientación en la interpretación del "problema de la inseguridad" y en el modo de encararla. Los autores hallan una notable coincidencia en la identificación del "otro" delincuente, con la crítica a las propuestas de una política de seguridad democrática y con la proposición de intervenciones represivas dirigidas a poblaciones que responden al estereotipo previamente construido (principalmente, jóvenes de sectores populares).

En síntesis, puede decirse que en la segunda parte, los puntos de vista y elaboraciones corrientes acerca de las problemáticas sociales, de las políticas y las intervenciones del Estado y de la población cuyas condiciones de vida dependen de esas intervenciones, nos vuelven a la primera parte del libro porque, en buena medida, se hallan recogidas y expresadas en el discurso político de Cambiemos. Un discurso que puso en jaque la legitimidad de las instituciones que contribuían mínimamente a acercar las distancias sociales en materia de seguridad social y consumo de bienes y servicios que iban más allá de la sobrevivencia; y también, de los servicios y bienes culturales con alguna pretensión en ese sentido.

Las demandas de mayor control (sobre los gastos, el cumplimiento de las contraprestaciones y de los aportes a la seguridad social), de "seguridad" frente al delito corriente a través de una política menos respetuosa de los derechos de los que delinquen (que "defienda los derechos humanos de la gente, no de los delincuentes"), expresan la percepción e interpretación inmediata del ciudadano corriente, acerca de su experiencia cotidiana o de lo que se cuenta o informa sobre ella. Son esas demandas e interpretaciones las que fueron cooptadas por el discurso político que, sobre esas preocupaciones y sufrimientos cotidianos de la población trabajadora, montó la crítica deslegitimadora de las instituciones sociales y se ofreció como alternativa para recomponer los "lugares legítimos".

La distinción por el consumo que está naturalizada en la experiencia de clase de la elite gobernante, también se insinúa en los modos de autopercepción, según se expresaba principalmente en el tratamiento de los precios de los servicios públicos, cuyo carácter de "servicio y público" aparece muy diluido. El derecho a prestaciones sociales basado principalmente en el acceso a través del mercado y el trabajo (subordinado al aporte, en suma), marcan una frontera de distinción entre unos *autoválidos y autosuficientes* y "otros" *autoválidos, pero dependientes* (cuya dependencia es, por eso, ilegítima), sobre los que recae la desconfianza por el abuso o por su inutilidad para la sociedad.

El discurso político deslegitimador de las instituciones sociales, no se apartó un ápice de esas interpretaciones corrientes más ramplonas, sino que las reprodujo y amplificó. Y solapó otras interpretaciones y demandas que, como en algunos puntos de vista vertidos principalmente en los grupos de trabajadores cooperativizados o de aquellos con alguna tradición de participación social, reconocían o demandaban la intervención y prestaciones del Estado como sostén de sus emprendimientos y/o de vidas autónomas. En algunos casos, la crítica a la calidad de la educación pública se orientaba en ese mismo sentido y como demanda al Estado por aquello que debe asegurar a todos. Pero para otros, las propias instituciones educativas se volvieron un medio de distinción, igual que ocurre con el sistema de salud. En ningún caso, los privilegios de clase, ostensibles en los últimos tiempos, emergió como objeto de reflexión o de crítica. Pero la desidia en las condiciones de las instituciones públicas (de salud y educación, principalmente) sí se advertía como desigualdad o injusticia.

Si del discurso del campo político puede y debe esperarse interpretaciones que hagan progresar la mirada común sobre los problemas sociales y que sostenga los lazos que aúnen en una identidad común y comprensiva, ese no es el caso de las elaboraciones y la oferta política que sostiene al proyecto neoliberal que tomó la conducción del Estado en 2015. Sí puede advertirse (con más elementos cuando terminamos la investigación y este libro) el retraimiento de los derechos que corresponden a todos los ciudadanos, junto con un vertiginoso deterioro económico del país, hay que sumar a ello el deterioro político cultural que conlleva un discurso político empobrecido y vacío de un sentido de lo colectivo y de sociedad. Se trata de una cuestión no menor de aquello que corresponde a la política como práctica constitutiva de la vida social.

Ya cerrado el libro, en 2018, la sociedad fue aún más dañada; de ahí la necesidad de incluir el *Post scriptum* "Septiembre 2018. Cuesta abajo: la amputación de 'la mano izquierda del Estado'", que refiere a los cambios ocurridos en la institucionalidad de la protección social y del trabajo.

Bibliografía

Bourdieu, Pierre (1990): Espacio social y génesis de las clases. En: *Sociología y cultura*. México, Grijalbo.

Castel, Robert (2010): *El ascenso de las incertidumbres. Trabajo, protecciones, estatuto del individuo*. Fondo de Cultura Económica, Buenos Aires.

Domenech, Antonich (1986): Prólogo a la edición castellana: El diagnóstico de Jürgen Habermas, veinte años después. En Jürgen Habermas: *Historia y crítica de la opinión pública*. Ediciones G. Gili, S.A. de C.V., México

Habermas, Jürgen (1986): *Historia y crítica de la opinión pública*. Ediciones G. Gili, S.A. de C.V., México.

Lautier, Bruno (2006): "Una protección social mutualista y universal: condición para la eficacia de la lucha contra la pobreza". En: Lo Vuolo, Rubén (comp): *La credibilidad social de la política económica en América Latina*. Buenos Aires, CIEEP.

Scribano, Adrián y Vanina Fraire (2008) El grupo de discusión: posibilidades y estrategias. En Adrián Scribano. *El proceso de investigación social cualitativo*. Buenos Aires: Prometeo.

Anexo: Caracterización de los grupos focales

En lo que hace a la inserción en el mundo del trabajo los grupos focales tienen la siguiente composición:

Obreros/as formales y trabajadores/as no registrados: comprende asalariados registrados y no registrados y cuentapropistas (en su mayoría trabajadores a domicilio) de bajos ingresos sin protección social.

Trabajadoras del servicio doméstico y cuentapropistas: registrados y no registrados. Los trabajadores por cuenta propia ejercen su actividad en servicios a domicilios o en venta ambulante (entre ellos se encuentran los siguientes: albañil, peón, electricista, plomero, changarín, pintor).

Trabajadores/as administrativos/as del sector público y privado: empleados que realizan tareas administrativas no especializadas, ni técnicas, ni profesionales (mesa de entrada, secretarias, atención al público, etc.).

Profesionales independientes: universitarios con ejercicio autónomo y que tributan como tales (entre otras de las siguientes profesiones: ingeniería, contador público, arquitectura, abogacía, medicina, odontología, administración de empresas).

Cooperativistas y destinatarios/as Programas Ingreso Social con Trabajo y Ellas Hacen: comprende integrantes de cooperativas de trabajo organizadas por los propios miembros, empresas recuperadas por los trabajadores y destinatarios de los programas sociales mencionados.

Composición de los grupos focales (septiembre-octubre 2016)

Grupo Nº	Composición	Total participantes	Mujeres	Varones	Condición
1	Obreros/as formales y trabajadores/as no registrados	8	4	4	5 formales 3 informales
2	Obreros/as formales y trabajadores/as no registrados	8	3	5	5 formales 3 informales
3	Obreros/as formales y trabajadores/as no registrados	10	5	5	5 formales 5 informales
4	Trabajadoras del servicio doméstico y cuentapropistas	10	7	3	5 informales 5 servicio doméstico
5	Trabajadoras del servicio doméstico y cuentapropistas	10	7	3	5 informales 5 servicio doméstico
6	Trabajadores/as administrativos/as del sector público y privado	8	4	4	4 sector público 4 privado
7	Trabajadores/as administrativos/as del sector público y privado	8	4	4	4 sector público 4 privado
8	Profesionales independientes	10	5	5	
9	Profesionales independientes	10	5	5	
10	Cooperativistas y destinatarios/as Programas Ingreso Social con Trabajo y Ellas Hacen	9	7	2	5 cooperativistas 4 integrantes Programas
11	Cooperativistas y destinatarios/as Programas Ingreso Social con Trabajo y Ellas Hacen	10	7	3	5 cooperativistas 5 integrantes Programas

Septiembre 2018. Cuesta abajo: la amputación de "la mano izquierda del Estado"[1]

Estela Grassi

Un momento incómodo

Produjimos este libro durante los primeros meses de 2018, cuando ya era evidente la crítica situación social y de la economía, que había terminado con las autoridades del Banco Central (capítulo 1) y llevado de nuevo a pedir un crédito al Fondo Monetario Internacional (FMI). Ese pedido de ayuda fue presentado como "una buena noticia" por las autoridades. Pero también, como el "gran ordenador" para economistas del *establishment* con prestigio, como Guillermo Nielsen, que criticaba la falta de profesionalismo del equipo económico, cuando confiaba en que al gobierno "le vino fantástico el acuerdo con el Fondo [porque] el Fondo está ordenando la cosa en un gobierno que no tiene ministro

[1] En un libro publicado por Anagrama en 1999, Pierre Bourdieu reunió sus intervenciones públicas de polemista político. Allí se incluye una entrevista de 1991, en la que se refiere a la mano izquierda del Estado como al conjunto de agentes de "los ministerios considerados dispendiosos", que se enfrentan a la mano derecha de los ministerios de hacienda y los bancos. Denuncia también a quienes son "prisioneros del estricto cortoplacismo corto de vista de la visión del mundo del FMI y a la mano derecha obsesionada por los equilibrios financieros; y a la destrucción de los fundamentos filosóficos del Estado de bienestar y la responsabilidad colectiva, conquista fundamental del pensamiento social". El retorno, en nuestro país, de estas obsesiones y visión corta del mundo social, ocurre después de tantos años que llevaron "cuesta abajo", como un año después graficaran Alberto Minujín y otros (1992), respecto de los nuevos pobres, como efecto de la crisis de esos años.

de economía [pero] tiene al Fondo" (Guillermo Nielsen en C5N (23-07-2018). Entonces, el dólar valía 28,34 pesos y cuando concluimos el libro, al final de agosto, había llegado a valer 38,46 pesos, la inflación hacía tiempo que se calculaba en valores superiores al 30% y el salario en dólares, se había reducido a la mitad, con lo que se cumplían las expectativas de quienes años atrás consideraban que la Argentina no era competitiva porque tenía un nivel de salarios superior a los demás países de la región.

El 29 de agosto habló el Presidente para despejar "estas situaciones tormentosas [que] generan angustia y preocupación" y anunciar:

> [...] hemos acordado con el Fondo Monetario Internacional adelantar todos los fondos necesarios para garantizar el cumplimiento del programa financiero del año próximo. Esta decisión apunta a eliminar cualquier incertidumbre que se hubiera generado ante el empeoramiento del contexto internacional (Presidente de la Nación, 29 de agosto de 2018).

Pero septiembre comenzó en medio de un mayor aumento de la divisa que movilizó a las autoridades y mantuvo a un grupo del equipo más cercano al Presidente buscando definir qué hacer frente a lo que, el lunes 3 de septiembre, él mismo definió como una emergencia. Ahí los argentinos nos enteraríamos de que lo anunciado el 29 estaba aún por negociarse con las autoridades del FMI, para lo cual el ministro Dujovne tenía previsto viajar a Washington el mismo día, luego de una conferencia de prensa que debía dar antes de las 10 de mañana, cuando abren los mercados y a continuación de un nuevo discurso del Presidente. Ambas exposiciones se postergaron hasta más allá de esa hora, manteniendo en vilo a los medios de comunicación y al misterioso "mercado".

Entre el momento que decidimos poner punto final al libro y estos acontecimientos, recordamos otra vez al Geertz de *Tras los hechos* (1996:14) cuando decía de su incomodidad por haber cerrado el trabajo demasiado pronto, frente a la sensación de que lo "realmente importante" estaría por ocurrir. El lugar y las situaciones son muy distintas de aquellas en las que se encontraba Geertz, pero para la primera parte de este libro, estos sucesos dramáticos en los que se condensan significados, además de tener efectos materiales contundentes en las condiciones de vida, nos obligan a abrir por un momento lo que, por disciplina, habíamos cerrado. Abrir lo que, por lo menos, sea una ventana por la que podamos conectar las estrategias de desarme de las instituciones sociales y de protección del trabajo y de la vida social, que vimos hasta finalizar 2017, con lo que ahora claramente se vislumbra y nombra el propio Presidente, como la certeza del aumento de la pobreza. El momento es el punto de llegada que va de la felicidad (que prometía y sentía, según sus intervenciones) a las consecuencias de las "medidas dolorosas" que, ahora, dice también sentir con pesadumbre. Es el punto de llegada que va de la promesa vana de "pobreza cero", a la aceptación de que "sabemos que la pobreza va aumentar". Es, también, un momento de condensación de una ideología que, decimos en el libro, no permite reconocer semejantes. Por eso, aunque todo se derrumbe, la propuesta es reformar más drásticamente el Estado, desjerarquizando lo que en él quede de lo social y del trabajo.

El Presidente y su Ministro de Economía hicieron saber que el adelanto de los fondos por parte del FMI que días antes se había dado por hecho, depende de que el organismo confíe esta vez en el cumplimiento de metas más estrictas de ajuste fiscal primario, para hacer frente a las deudas contraídas en los dos cortos años de gobierno.

El problema, dijo el Presidente en su discurso del 3 de septiembre, es que los argentinos gastamos por arriba de nuestros ingresos, lo dijo así, en general:

> Lo que tenemos que enfrentar es un problema de base que es no gastar más de lo que tenemos, y creo que los argentinos, creo que en todos nosotros ha crecido la conciencia de que no podemos seguir gastando más de lo que tenemos, vivir por arriba de nuestros ingresos, y mucho menos convivir con la corrupción.

Y, como si la economía de un país fuera equiparable a la economía doméstica (cuestión en la que todo economista y comunicador que se precie, no deja de insistir), se trata de ajustar[2] los gastos e inversiones del Estado para llevar a cero el déficit fiscal primario.

---

[2] De paso, vale la pena advertir que la palabra "ajuste" reingresó al lenguaje político ya finalizando nuestro período de estudio, pues por su contenido evocativo de los acontecimientos de 2001, era negada por los funcionarios de gobierno. Más allá del tono sufriente del discurso del Presidente, los acontecimientos (la emergencia) obligan, al menos a los equipos y al ministro de

Concretamente, las medidas para lograr ese objetivo, anunciadas por el Presidente sin mayores precisiones y que, como decimos, nuevamente afectan a las áreas sociales, degradan al trabajo y tienen efectos negativos para la vida social, fueron las siguientes:

1) Algunas acciones transitorias de asistencia para quienes más sufrirán la inflación (los cálculos que no desmintió, el Ministro, la llevan al 40% para 2018).Es decir, para quienes ya viven en condiciones de pobreza, más los que están sumándose a esas condiciones, según él mismo lo adelantó. Anunció un refuerzo "en la Asignación Universal por Hijo y otros programas sociales", en septiembre y diciembre, por única vez; el refuerzo de los programas alimentarios "para garantizar la disponibilidad de alimentos en los comedores y merenderos", disponibilidad que debería estar asegurada de hecho y sin necesidad de ningún anuncio; el refuerzo del programa de Precios Cuidados(con especial foco en alimentos de la canasta básica); y la continuidad de otros programas (el mercado en tu barrio, los créditos de ANSES). Es decir, salvo los dos bonos extras para quienes reciben la AUH, no trajo ninguna novedad. Al respecto, un primer cálculo hecho por el Equipo de Seguridad Social (Instituto del Conurbano, UNGS) indica que ese refuerzo representa un aumento de 14,2% del presupuesto previsto para la AUH, de manera preliminar, un 0,08% del PBI estimado para 2018.

2) El pase a las respectivas provincias de algunos subsidios, como el transporte. Esto no deja de llamar la atención, en tanto se trata de servicios y de población que hacen parte del Estado nacional, aunque se trate de un país (relativamente) federal. Cuanto más, porque gran parte de las mismas tienes escasa capacidad de autofinanciarse, al mismo tiempo que las políticas económicas definidas desde el Estado central inciden en los mercados regionales.

3) La imposición de una carga tributaria a la exportación que regirá hasta diciembre de 2020, de cuatro pesos por dólar cuando se trate de productos primarios y servicios, y de tres pesos, para

Economía, a comunicarse en los términos propios de su especialidad y de la política económica.

otras ventas al exterior (según especificó a continuación el ministro de Economía), luego de retrotraer de una vez las retenciones a los porotos, aceite y harina de soja hasta el 18%, porcentaje al que debía llegar recién a fines de 2019. Este gravamen afecta (mínimamente) al sector más poderoso de la base social de Cambiemos, cual es el de los agroexportadores, y representa una incongruencia para la ideología del gobierno, aunque el propio FMI la había sugerido, igual que la "protección a los más vulnerables". De todos modos, una rápida reflexión al respecto indica que, si la retención es en pesos sobre exportaciones en dólares, la devaluación de la moneda nacional irá licuando el impuesto.

4) La reducción a la mitad en el número de ministerios. En este anuncio nos detenemos, porque hallamos allí la exteriorización de una política de reforma estructural.

La reforma de la estructura estatal

Con fecha 5 de septiembre se conoció el Decreto 801/18 que formaliza lo que ya se adelantaba por la prensa desde el fin de semana de las reuniones en Olivos. Se trataba de trascendidos que pusieron en alerta a los principales afectados directos (empleados, científicos, artistas, etc.) y generaron movilizaciones diversas.

El gobierno de Mauricio Macri comenzó, en realidad, sumando ministerios a la estructura del Estado, despidiendo empleados, pero incorporando a otros más, de modo que en septiembre de 2016 las estadísticas oficiales registraban un aumento del 1,5% más de asalariados en el sector público que el mismo mes del año anterior (SPEyEL, 2016:4). Hasta este año y antes del "ajuste", fue el gobierno que más Ministerios tuvo: 21 al inicio de su mandato, dado que a los ya existentes, luego de disolver el de Planificación Federal, Inversión Pública y Servicios, sumó los de Modernización, Transporte, Comunicaciones, Energía, y Ambiente y Desarrollo Sustentable.

Más tarde introdujo modificaciones, cuando dividió el de Hacienda y Finanzas en sendos Ministerios. Este último fue nuevamente absorbido por Hacienda, en junio de 2018, cuando se inició la corrida cambiaria y el ministro respectivo pasó a ocupar la presidencia del Banco Central (ver capítulo 2).

El último decreto mencionado los reduce a diez, por absorción de funciones: el Ministerio de Producción y (ahora) Trabajo, absorbe a éste, disolviéndose el Ministerio de Trabajo, Empleo y Seguridad Social (MTEySS). De las 42 competencias enumeradas para este ministerio, ninguna se refiere al trabajo.

El Ministerio de Desarrollo Social (ahora Salud y Desarrollo Social) absorbe al disuelto Ministerio de Salud. Asume competencias relativas al régimen de seguridad social y una de las 37 funciones enumeradas (la última, corresponde a Salud).

El Ministerio de Educación, ahora también de Cultura, Ciencia y Tecnología, absorbe estos dos últimos, ambos disueltos. De las 18 funciones enumeradas, la 17 refiere a la cultura y la última al desarrollo científico.

"La Jefatura de Gabinete es continuadora a todos sus efectos del Ministerio de Modernización" (Artículo 11 del decreto) y lo mismo dice el artículo 12 respecto del Ministerio de Hacienda como continuador del de Energía.

El artículo 14 especifica que el nuevo Ministerio de Producción y Trabajo es continuador del Ministerio de Agroindustria y del MTEySS, con excepción de las competencias relativas a la Seguridad Social.

El Artículo 16 señala que el Ministerio de Salud y Desarrollo Social es continuador de los ex Ministerios de Salud y MTEySS en lo referido a las competencias relativas a la seguridad social.

El artículo 18 especifica lo mismo respecto al ahora Ministerio de Educación, Cultura, Ciencia y Tecnología.

Del artículo 16 debe entenderse que ANSES pasa a ser un organismo de la órbita del Ministerio de Salud y Desarrollo Social. No dice nada acerca de su autarquía.

Como se puede advertir, se trata de la reforma más profunda en la estructura del Estado y en los alcances de sus intervenciones, encarada por este gobierno. No obstante, la reforma comenzó con la creación del ahora transferido Ministerio de Modernización, que fue encargado de evaluar esa estructura y su funcionalidad, con poder suficiente como para haber intervenido en las evaluaciones de los científicos, revisar lo actuado por los pares y de recortar becas e ingresos a la carrera de investigación del CONICET, medida resistida por la comunidad científica que, sin embargo, fue el primer gran retroceso en este ámbito de desarrollo del país.

A su vez, sin que cambiara su denominación, indicamos en el capítulo 2 que el MTEySS perdió enseguida sus funciones de regulación y contrapeso a favor del trabajo, para laudar y comportarse contra trabajadores y sindicatos. En el mismo capítulo advertimos, además, que para el proyecto político de Cambiemos, no existen (no cuentan) los "trabajadores" en tanto sujetos de una práctica humana cuya realización compromete su propia humanidad. Y el trabajo es pura energía que se consume si se usa o se desecha si no se necesita.

¿Por qué lo traemos a colación? Porque esas funciones anticipaban la reorientación de las intervenciones del Estado, que acompañaba la reorientación de los recursos y la nueva (más direccionada) redistribución de la riqueza. La reforma de 2018 lo patentiza.

La estructura del Estado es jerárquica, su organigrama da cuenta de la importancia conferida a cada cuestión asumida por él, de su primacía (o no); de los alcances de la acción estatal, de los recursos que se disponen (personal y presupuesto) en función de la valoración política que en cada caso se haga. Esa condición jerárquica hace que una cuestión requiera de un ministerio, una secretaría o subsecretaría o una dirección en la estructura, que tenga consecuencias materiales, pero también simbólicas, porque "dice" qué importa a una sociedad y qué le importa a un gobierno. La pérdida del MTEySS, que incluye la separación de la seguridad social (y su agencia ejecutora ANSES) y pase al nuevo Ministerio de Desarrollo Social y Salud, expresa la separación del trabajo en tanto factor de producción (solo fuerza de trabajo) respecto de los "problemas sociales" (la pobreza, las enfermedades, el abandono escolar, etc.) después que se había iniciado el camino inverso, de reconocimiento de población trabajadora discriminada y desprotegida, a la que no cubren las protecciones del trabajo ni el mercado. Dicho de otro modo, se trata del desconocimiento de la relación que da lugar a la cuestión social (ver capítulo 2). Es probable que sea un elemento anticipatorio de todo lo "nuevo" en materia de reformas futuras del sistema previsional que está en discusión a partir de la Ley de Reparación Histórica (ver capítulo 3).

La desjerarquización del trabajo se inscribe en la disputa histórica por el reconocimiento de los derechos de los trabajadores. Quizás, también, en las nuevas formas de trabajo sin clase/sujeto del trabajo, a las que aludimos en el libro.

En nuestro país, esa disputa lleva hasta principios del siglo XIX, 1904, cuando Juan Bialet Massé elaboró el primer informe sobre condiciones de trabajo. Y medio siglo de resistencia patronal con idénticos argumentos a los que se siguen repitiendo sobre la falta de competitividad de la producción local por los altos costos del trabajo, hasta que se creara el primer Ministerio de Trabajo y Previsión en 1949. Nombre que se actualizó durante el gobierno de Arturo Frondizi, en 1958, como Ministerio de Trabajo y Seguridad Social. Fue el gobierno militar de Juan Carlos Onganía quien lo disolvió en el Ministerio de Economía y Trabajo, aunque luego con otro presidente militar, Agustin Lanusse, volvió a recuperarse como Ministerio de Trabajo y Seguridad Social. Fernando de La Rua le sustituyó ese nombre por el de Ministerio de Trabajo, Empleo y Formación de Recursos Humanos, pero no separó la seguridad social: ANSES permaneció en su órbita, aunque Domingo Cavallo, otra vez Ministro, quiso crear un Ministerio de Seguridad Social, para controlar los recursos, no por jerarquizarla. De todas maneras hay que señalar que durante toda la década de 1990, el mayor protagonismo de los sucesivos Ministros de Trabajo pasó por las reiteradas reformas laborales con el objetivo de flexibilizar el empleo en nombre de lo que entonces se presentaba como la modernización de las relaciones laborales. Una última reforma en esa dirección, presionada por el FMI, fue la (fatídica) Ley Nacional de Empleo Estable aprobada con sobornos a los Senadores de la Nación, en el año 2000.

Finalmente, Eduardo Duhalde instituyó el Ministerio de Trabajo, Empleo y Seguridad Social, ahora desaparecido y, a continuación Néstor Kirchner logró el apoyo del Congreso para la derogación de la ley de De la Rúa y la aprobación, en 2004, de la aún vigente Ley 25.877. Con esas medidas comenzaba el tiempo de la compleja reconstitución de un Estado social (ver capítulo 1).

En paralelo, ocurrirá lo mismo con la cuestión de la salud pública y su consideración como para merecer un Ministerio que la asuma e intervenga. Fue también en 1949 cuando la entonces Secretaria de Salud Pública se transformó en Ministerio, quedando a cargo del médico Ramón Carrillo. Para el gobierno militar de 1955 la salud pública dejó de ser prioridad, disolvió el Ministerio, que volvió con la presidencia de Arturo Frondizi, como Ministerio de Asistencia Social y Salud Pública.

Desde el gobierno militar reiniciado por el general Juan Carlos Onganía sólo existió el Ministerio de Bienestar Social, que también absorbió las funciones de salud pública. Al asumir Raúl Alfonsín existía un Ministerio de Salud Pública y Medio Ambiente que él instituyó como Ministerio de Salud y Acción Social. La Secretaría de Desarrollo Social dependiente de Presidencia de la Nación, creada en 1994 bajo el gobierno de Carlos Menem, fue asumiendo paulatinamente las funciones sociales del Ministerio de Salud y Acción Social hasta que, en 1999 la Secretaría fue transformada en el Ministerio de Desarrollo Social y Medio Ambiente y se creó el Ministerio de Salud. Duhalde sumó la cuestión ambiental y fue Ministerio de Salud y Ambiente, hasta que en 2017 la presidenta Cristina Fernández desdobló las funciones y volvió a crear el Ministerio de Salud, ahora fundido con Desarrollo Social.

Los otros dos Ministerios degradados son de más reciente existencia: el Ministerio de Ciencia y Tecnología databa de diciembre de 2007; y el de Cultura fue creado en 2014, cuando la Secretaría respectiva fue elevada a ese máximo nivel en la estructura estatal. En el capítulo 1 nos referimos a la ampliación de los derechos culturales.

La crisis, la emergencia y la presentación de la reforma

Hace casi veinticinco años publicamos el libro *Políticas Sociales. Crisis y Ajuste Estructural* (Grassi, Hintze y Neufeld, 1994). Entonces dijimos que, contra las interpretaciones impuestas en y por el discurso político, "la crisis" (a la sazón "crisis fiscal del Estado") no era un desastre natural ni evolución igualmente natural de instituciones que nacen, se desarrollan y entran en crisis. Decíamos que estas son "puestas en crisis" y que no todos los sectores y clases sociales son igualmente afectados. Mostrábamos que, presentados los problemas que aquejaban al Estado y sus instituciones sociales en términos de *gastos,* éstas eran erosionadas en su legitimidad, al tiempo que abandonadas a la falta de recursos, contribuyendo, así, a la crisis, a la justificación de la crítica y, al final, a que un amplio conjunto de la población reprodujera su vida en condiciones críticas.

Después del interregno entre ambos períodos, Cambiemos también apeló a "la crisis". En su caso, al miedo a una crisis inminente y catastrófica, de la que nos salvó la llegada al gobierno de Mauricio Macri. Antes, como vemos en este libro, contribuyó a la crítica deslegitimadora de las instituciones que se recuperaban o se crearon en el interregno. Ahora contribuye a su crisis real, al desfinanciarlas. Y, de salvarnos de la "crisis inminente", a menos de tres años de gobierno, enfrenta una crisis verdadera que pretende solucionar desmantelando lo social y el trabajo. Pero además, dando vuelta su propia estrategia de generar miedo (como desmenuzamos en el libro), acusa en abstracto a "aquellos que se oponen al cambio y pronostican el caos para generarnos miedo".

El Presidente dijo esto en su discurso del 3 de septiembre, pero volvió a hablar el día 5, en el cierre de la 24° conferencia de la Unión Industrial Argentina. En cada caso adoptó una presencia de ánimo diferente. Vale la pena prestar atención a la presentación de la crisis como "emergencia" que, sin embargo, amerita una reforma estructural. Después de haber apelado a las metáforas meteorológicas, como "estar atravesando una tormenta", la idea de "emergencia", sin que tenga el sustento de una evaluación y un diagnóstico debidamente sopesados, implica, al menos, un reconocimiento de la magnitud del problema.

El primer discurso emitido por televisión destaca por[3]:

(1) El tono y la imagen sufriente, elegidos para comunicar "la emergencia" y la decisiones tomadas para enfrentarla. A los exportadores ["… quienes tienen más capacidades para contribuir. Me refiero a aquellos que exportan en la Argentina…"] les pide comprensión, casi en un ruego:

> Sabemos que es un impuesto malo, malísimo, que va en contra de lo que queremos fomentar, que son más exportaciones para generar más trabajo de calidad en cada rincón de la Argentina, pero les tengo que pedir que entiendan que es una emergencia y necesitamos de su aporte.

(2) La inconsistencia de los argumentos, que lleva a extremos. "A los que sufrirán por este aumento del dólar, que hará aumentar la pobreza" (los más perjudicados), les hizo saber que:

[3] Los discursos fueron emitidos por todos los canales de televisión. Los dos primeros, completos. Los textos se pueden consultar en el sitio oficial casarosada.com.

> […] había que cambiar muchas cosas y tomar decisiones que eran antipáticas, antipáticas en un momento, por más que siempre son indispensables para el bien de todos. Por eso lo que hicimos es pedirle al mundo que nos apoyara en un cambio gradual, primero para cuidar a los más vulnerables, beneficiarios de la Asignación Universal por Hijo o quienes reciben programas sociales como Hacemos Futuro, todos, todos los que necesitan más acompañamiento.
>
> Y es muy positivo, es muy positivo que desde el principio y ahora más que nunca el mundo nos apoye, y durante dos años el mercado también lo hizo (*sic*).

Hasta acá parece entenderse que el país tomó deuda para cuidar a los vulnerables. "Y durante mucho tiempo nos fue bien, la economía creció casi dos años seguidos, bajamos la pobreza y creamos cientos miles de puestos de trabajo". Todo esto más otras muchas bienaventuranzas se habrían detenido "por cuestiones que están fuera de nuestro control" (enumeró desde la sequía hasta el aumento de las tasas de interés de Estados Unidos).

Sin embargo, tratándose de cuestiones ajenas, no se entiende por qué dice a continuación que "quienes nos prestaban plata para llegar al otro lado del río, empezaran a dudar, a dudar de nuestra capacidad de lograr lo que nos proponíamos". Pero tiene un as en la manga, porque esas dudas habrían ocurrido porque la oposición aprobó "leyes (no dice cuáles) que destruyeron el presupuesto" y entonces, "el dólar empezó a subir".

Pero enseguida se halaga:

> Ante esta situación reaccionamos rápido, le pedimos ayuda al Fondo Monetario Internacional y logramos un apoyo inédito para ningún país en la historia del Fondo, inédito, por el monto, la rapidez y por las condiciones que conseguimos.

Entonces, otra vez "…pasaron cosas […] los problemas de Turquía, y sobre todo en Brasil, y la otra es el escándalo de los cuadernos…"[4] que

---

[4] Se trata de una causa abierta contra varios funcionarios del gobierno anterior, la propia ex presidenta Cristina Fernández y varios empresarios, originada en la presentación en la Justicia de la fotocopia de varios cuadernos que, a manera de diario íntimo, habría llevado un chófer de algunos funcionarios. En ellos habría registrado los lugares y los montos de dinero contenidos en bolsos, pagados por empresarios para obtener la licitación de obras públicas.

conecta con su decisión moralizadora y fundacional de la República. Por eso, de nuevo, "llamamos al Fondo y les explicamos la nueva situación, y el Fondo accedió a hacer un nuevo plan. Hoy nuestro equipo viaja para allá para tratar de llegar a un acuerdo lo antes posible" (recuérdese que días atrás dijo haber acordado el desembolso inmediato de fondos).

Claro que, ahora es en serio:

> Lo que tenemos que enfrentar es un problema de base que es no gastar más de lo que tenemos, y creo que los argentinos, creo que en todos nosotros ha crecido la conciencia de que no podemos seguir gastando más de lo que tenemos [...].

Entonces anuncia las medidas antes señaladas para atender la emergencia que enumeramos más arriba, sin tener que decir que la eliminación de Ministerios lleva implícito el recorte de derechos socio-laborales y el freno decidido al desarrollo científico-técnico. Y esquivando, al enumerar causas externas e incontrolables, la referencia a la permisiva política de desregulación del mercado cambiario que habilita la fuga indiscriminada de dólares y la depreciación de la moneda nacional en cerca de 30 pesos solo en lo que va del año 2018 y de casi 10 pesos en una sola semana (fin de agosto/comienzo de septiembre).

Por último, a la insistencia en el ajuste fiscal como único camino posible para "dejar atrás décadas de navegar sin rumbo", el ministro de Economía que habló a continuación, le puso fecha: los últimos setenta años de inflación, derroche y falta de crecimiento. Un período de tiempo que lleva a mediados del siglo XX, con la llegada del peronismo. Sin embargo, cabe recordar, comprende a la dictadura y al plan de Martínez de Hoz y a la década de 1990, cuando se hacía y decía sobre la necesidad de ajuste fiscal, exactamente lo mismo, y reiterado como letanía. Como "discurso único" se los denunciaba en la década de 1990.

Que la atención de "la emergencia" y el ajuste fiscal que se propone como solución y único e inevitable camino, se haga degradando la atención de ámbitos de la vida social que desbordan al mercado (la salud, en primer lugar; la cultura, la ciencia, las protecciones relacionadas a la seguridad social), viene a confirmar lo que advertimos al inicio de nuestro trabajo: para la ideología neoliberal la sociedad se conjuga con la lógica de los intereses económicos y a ellos se subordinan las necesidades humanas.

A quienes sufrirán más les habló en tono doliente, aunque del pastor que al final promete el paraíso porque, cerró, "existe una gran oportunidad para los argentinos si somos capaces de madurar y aceptar cuáles son las tareas que tenemos pendientes hace muchos años".

No usó el mismo tono ante los industriales de la UIA dos días después. Entonces se envalentonó el Presidente:

> Esta vez es de verdad y no hay lugar para timoratos. Enfrentar la verdad, ponerla sobre la mesa y resolverla requiere de hombría y eso es lo que siento que los argentinos tenemos y tenemos que poner en este momento[…]

> […] este es un momento histórico, un momento único, en el cual llegó la hora de que todos demostremos que tenemos las agallas, la convicción, la fuerza y el temple para cruzar al otro lado.

> Para definitivamente dejar atrás setenta años de frustraciones, de engaños, de nunca discutir sobre el fondo de la cuestión.

Pero volvió a disculparse, porque allí no encontraría a nadie que se conmoviera:

> Esta es una transición y una emergencia y en este contexto les pedí a quienes tienen más capacidad para contribuir, que son aquellos que exportan, que su aporte sea mayor, sabiendo que este no es un buen impuesto, es malo, malísimo, y va en contra de lo que queremos fomentar.

> Les pido que entiendan que se trata de una medida transitoria y excepcional. Todos estamos poniendo el hombro y su aporte es fundamental para que juntos podamos salir adelante y acompañar a los más débiles, aquellos que más lo necesitan, y en nombre de todos ellos y de todos los argentinos, se los quiero volver a agradecer. (Discurso del Presidente en la UIA, 05/09/2018).

Finalmente, ¿cuántas de las estrategias que permitieron llevar adelante las "medidas dolorosas" hasta el año anterior quedan en pie? ¿Cuántas de nuestras interpretaciones, en las que nos centramos en los siguientes capítulos de este libro, acerca del trabajo, las protecciones los merecimientos se ponen en acto ante la "emergencia" que, ahora, declara el Presidente? Los acontecimientos a futuro se escapan al tiempo de nuestra investigación, pero nos parece que el momento dramático ameritaba, al menos, este *postscriptum,* porque lo verdaderamente afectado por las decisiones tomadas por el gobierno es la estructura misma del Estado que, ahora más que nunca, se acomoda a la subordinación de lo social, del trabajo, sus regulaciones y protecciones, y a sus intervenciones de contención, porque donde había "merecedores", ahora encuentran a "los más afectados". Son los mismos sectores que en los años de 1990, cuando se hablaba más claro, eran las "víctimas del ajuste" en quienes focalizar la asistencia (Grassi, 2004).

Bibliografía

Bourdieu, Pierre (1999): *Contrafuegos. Reflexiones para servir a la resistencia contra la invasión neoliberal.* Barcelona, Anagrama.

Geertz, Clifford (1996): *Tras los hechos. Dos países, cuatro décadas y un antropólogo.* Buenos Aires, Paidós.

Grassi, Estela, Susana Hintze, M.RosaNeufeld y otras (1994): *Políticas sociales. Crisis y Ajuste Estructural.* Buenos Aires, Espacio Editorial.

Grassi, Estela (2004): *Política y cultura. La otra década infame.* Buenos Aires, Espacio Editorial.

Minujín, Alberto y otros (1992): *Cuesta abajo. Los nuevos pobres: efectos de la crisis en la sociedad argentina.* Buenos Aires, UNICEF-Losada.

Referencias documentales

https://www.youtube.com/watch?v=CHdGysXstYU (C5N, 23-07-2018)

https://www.casarosada.gob.ar/informacion/discursos/43510-mensaje-del-presidente-mauricio-macri – Palabras del Presidente de la Nación, Mauricio Macri, Miércoles 29 de agosto de 2018 – consulta 04-09-2018)

https://www.casarosada.gob.ar/informacion/discursos/43538-el-presidente-mauricio-macri-en-la-24-conferencia-de-la-union-industrial-argentina, Miércoles 05 de septiembre de 2018

Subsecretaría de Políticas, Estudios y Estadísticas Laborales: situación y evolución del total de trabajadores registrados. Datos a septiembre de 2016 Subtítulo Informe 2016/03 Noviembre de 2016

PRIMERA PARTE:
Política y soportes socio-institucionales de la vida social

Estado social y desbloqueo de la sociedad neoliberal

Estela Grassi

Introducción

¿Podemos vivir y desenvolvernos independientemente de instituciones, medios y recursos que son propios de la sociedad en la que vivimos, en una época determinada? ¿Puede existir y desenvolverse una sociedad como sólo adición de vidas particulares? Si es fácil responder negativamente a ambas preguntas, no es tan fácil advertir cuántos y cuáles son esas instituciones, medios y recursos que sostienen nuestras vidas particulares; ni cuán vivible o invivible puede ser una sociedad, según cómo sean esas instituciones, medios y recursos que enlazan a los particulares a sus comunidades de pertenencia más inmediatas, a la sociedad que los reconoce como miembros y, en última instancia, a la propia condición de humanidad.

Esas instituciones, medios y recursos son los que denominamos los soportes socio-institucionales de la vida social. Aquellos cuya carencia condena a muchos, en la realidad de nuestras sociedades, a una vida de miseria. Desde un lugar donde morar hasta la escuela donde socializarnos, los medios para llegar a ella o los cuidados cuando estamos débiles, más las infinitas redes de recursos (diferentes, desiguales) tanto sostienen (mal o muy bien) las vidas particulares, como enlazan (mal o bien) a los miembros de una nación. Asumidos y/o regulados o instituidos por el Estado, son la materialización de la política social.

Una de las premisas de las investigaciones[1] cuyos resultados presentamos aquí, fue considerar que "la *obligación de trabajar* (o la determinación de la autovalía del sujeto y de quién es el sujeto autoválido) y el *derecho a la dependencia* (o la especificación de quiénes pueden, legítimamente, ser asistidos o sostenidos en su supervivencia por el trabajo de otros, directamente por miembros del hogar o por políticas o instituciones determinadas) se constituyen como configuraciones socio-políticas en los procesos políticos de problematización, discusión e institucionalización de políticas sociales. Entendemos por *autovalía* a la capacidad para vivir del propio trabajo, "libre" de otras dependencias y tutelas. La determinación de las condiciones de autovalía instaura, en el mismo acto, el no derecho a ser mantenido por el trabajo de otros". Pero la autovalía presupone condiciones (soportes) para ser tal; condiciones en las que cada individuo deviene (o no) en un sujeto social autoválido.

¿Se puede, entonces, vivir sin Estado? ¿Qué sociedad-Estado se reflejan en las condiciones en las que desenvuelven sus vidas quienes son catalogados como autoválidos y quienes no? ¿Qué quiere decir vivir del propio trabajo o "vivir del Estado"? ¿Quiénes "viven del Estado"? ¿Cómo se "vive del Estado"? Estas preguntas, a diferencia de las primeras, generan las más fuertes controversias y al modo de responderlas corresponden, incluso, los regímenes políticos, los tipos de Estado que las ciencias políticas han calificado (el Estado liberal, los Estados de bienestar). Según se desarrollen esas controversias serán posibles algunas instituciones, medios y recursos y otros no; o serán posibles para algunos grupos y negados para otros; podrán desarrollarse y mejorarse o caer en desgracia por la crítica que las tenga por inconvenientes. Es decir, en torno a ellas se platean siempre problemas de legitimidad o de reconocimiento de su valor, conveniencia, adecuación a las necesidades, consecuencias de su existencia y alcances, o de su ausencia, etc. Esas ideas, cuestionamientos y controversias son parte y configuran

---

[1] Proyecto "Autovalía y dependencia legítima. La política social y los soportes socio-institucionales de la vida social". Universidad de Buenos Aires– Secretaría de Ciencia y Técnica (2014-2017), dirigido por Estela Grassi y proyecto PIO CONICET UNGS N° 144-20140100006-CO "Los fundamentos socio-político y culturales de la protección social: alcances y legitimidad de los sistemas institucionales 2003-2016", dirigido por Susana Hintze.

proyectos políticos en competencia que ofrecen y se ofrecen como alternativas deseables de modos de vida.

Este capítulo presenta una interpretación del contexto político general en el que esas controversias se hicieron álgidas, a lo largo del período que va de 2003 a 2017, distinguiendo los dos tiempos que lo marcan: de 2003 a 2015 y desde ese año a 2017.

Durante estos últimos tres años (2015-2017) se desarrolló el trabajo de campo de nuestras investigaciones, cuyos resultados se exponen en la segunda parte del libro en la que son analizadas las interpretaciones y puntos de vista de las personas que se avinieron a hablar de nuestras inquietudes (ver la Presentación). Entendemos que los puntos de vista puestos de manifiesto en las expresiones cotidianas y en las interpretaciones que realizan las personas acerca de las problemáticas que las involucran, igual que las que se expresan como ideas y proposiciones políticas en los ámbitos de publicidad[2], no son emanaciones de mentes individuales y transparentes, sino producción social (y de la sociedad) hecha y disputada en innumerables ámbitos de interacción de los que se participa de manera directa o indirecta, inmediata o no, a sabiendas o espontáneamente. A esa producción de nociones, problematizaciones, significados, discursos, conceptos que devienen en síntesis "a mano", apelamos para explicar/nos los problemas o la cotidianidad de nuestras experiencias de vida, de manera más o menos crítica o a-crítica. En consecuencia, los medios y recursos de producción de visiones del mundo son, también, los medios y recursos de producción del mundo. Y la lucha por la imposición de esas visiones como verdades (o verdaderas) es por el poder de imponer su relatividad histórica y los intereses particulares como buenos para todos o, más aún, como la naturalidad del mundo como es.

Esa producción de interpretaciones que circulan en el espacio de la publicidad, que pugnan por imponerse como expresión del mundo como es o a donde hay que dirigirse, es una parte del material de análisis de este capítulo. Un material que no tiene que ver con hechos verdaderos o falsos, sino con lo que está o puede estar o busca estar, en

---

[2] Al respecto, ver en la Presentación las referencias a Habermas y su prologuista, Domenech (1989).

boca de todos, disponible para quien quiera ver, escuchar, opinar, etc. Es el material de la disputa por la hegemonía de un proyecto de poder.

Las preguntas acerca del Estado y de las instituciones que son soportes de la vida social se inscriben en esas disputas por la imposición de alguna visión del mundo. ¿Cómo son o cómo y por qué se transforman o reforman esas instituciones?, son preguntas acerca de su reconocimiento como necesarias, como buenas para todos o porque así debe ser. Es decir, de su legitimidad. De la fortaleza o fragilidad de ese reconocimiento, depende que éstas sean más o menos duraderas o más o menos frágiles. ¿Cómo se hacen legítimas o se ilegitiman esas instituciones?, ¿cuáles son o han sido los límites de su legitimidad?, son las preguntas a las que intentamos dar contexto en este capítulo.

Como decimos en la Presentación del libro, nuestro objeto no son solamente las instituciones en su formalidad, sino lo que con ellas se hace y lo que ellas ponen en práctica o en materia, lo que hacen de o con la sociedad. Por eso, no es posible aislar los problemas de legitimidad del proceso y las controversias político-culturales más generales en las que esta problematización se inscribe, forma parte y aporta, al mismo tiempo. Controversias acerca de las instituciones sociales y de protección que llevan implícita alguna idea del sujeto (quién, cómo, por qué y cuándo) que ellas incluyen. Cuando se discuten políticas sociales (qué hacer, qué se hace o qué debería hacerse y por quiénes) se discute acerca de los sujetos, los derechos, las obligaciones, el Estado y los lazos sociales; es decir, de todo aquello que es materia de discusión de "la política" o del campo de la política. Simétricamente, cuando se "discute de política" o cuando "los políticos" presentan/proponen sus ideas acerca de los derechos, las obligaciones, el Estado, la economía, la seguridad o la familia (por enumerar temas de los que ellos hablan), aunque no se diga explícitamente, se están presentando los marcos, los fundamentos o las críticas de las instituciones sociales en general y de las protecciones sociales, en particular. Y de lo que por ellas se hace o se podría hacer por la vida social (por la totalidad a la que pertenecemos), aun cuando no nos toquen, no nos alcancen o no hagamos uso de las prestaciones o servicios que las instituciones canalizan.

Por eso, este capítulo contempla "la política" en general. Al estado del Estado a lo largo del período en el que se inscribe el estudio encarado por los proyectos aludidos. Y al modo o los modos como se habla de política y hablan los políticos: no sólo qué proponen y/o hacen, sino cómo proponen/presentan sus ideas; o, acaso, no las presentan o no las formulan como ideas, lo que no deja de ser una estrategia política y un modo de operar en la cultura.

Abarcamos un período extenso de la lucha política, que incluye tres años (2015 a 2017) que están a caballo del cambio de gobierno que significó un vuelco sustantivo de proyecto político y de intensos debates acerca de las políticas sociales. Abordamos los dos tiempos: recapitulamos en primer lugar, los principales rasgos y fundamentos político-doctrinarios del período que culminaba en 2015, que caracterizamos como un intento de *(re) construcción del Estado social*.

A continuación, nos detenemos en el segundo momento del proceso político largo, de recomposición de un régimen social y de acumulación cuyos basamentos arraigan en el pensamiento neoliberal, que caracterizamos como el *desbloqueo de la sociedad neoliberal*. En este caso, profundizando en los fundamentos ideológicos que se expresan abierta y públicamente y que, a nuestro juicio, restauran cuestionamientos arraigados en el sentido común social acerca de cómo y entre quiénes vivir juntos y qué debe hacer (o no) el Estado por la vida en común. Consideramos, por lo tanto, los ejes estratégicos que ordenaron e hicieron inteligible el discurso político y lo abordamos siguiendo dos procesos que son simultáneos: uno que interpretamos como de *despolitización de la cuestión social*, a través de ciertas estrategias de la disputa política, como el énfasis en la unidad de los argentinos, el soslayo de la historia, el desacople de verdad y empírea, la particularización del sujeto de la comunicación política y la puesta de lo doméstico como foco de interés público. El segundo y simultáneo proceso refiere a la *repolitización*, que corresponde al rearmado del campo problemático en términos de *miedo, inseguridad, crisis y desorden*.

Antes de entrar a desarrollar estas cuestiones, es necesario aclarar que nos referimos al *desbloqueo*[3] *de la sociedad neoliberal* porque entendemos que el proyecto político neoliberal que desde 2015 retornó como gobierno del Estado, expresa y se inscribe en una larga disputa

---

[3] El término "desbloqueo" es un aporte de Paula Aguilar, como resultado de su lectura de los primeros borradores de lo que serían los dos primeros capítulos de este libro, cuando nos referíamos a "remergencia". Entendemos que este expresa más cabalmente la interpretación que hacemos.

por la hegemonía que se lleva no sólo como disputas por el gobierno, sino por los principios que lograron arraigo en los modos de pensarse la sociedad a sí misma. La última década de 1990, en el marco de un proceso político particular que tuvo a un gobierno peronista como principal posibilitador (Grassi, 2004), el neoliberalismo se impuso como ideología y política de Estado y dio lugar tanto a transformaciones en las instituciones como a profundas divisiones sociales que no lograron saldarse en el interregno político que siguió a la crisis política y económica de 2001. La sociedad argentina se alejó, desde entonces, más visiblemente de ese imaginario que la diferenciaba de otros países de la región, y se agrandaron las distancias sociales no solo económicas, sino culturales. Son esas distancias que se mantenían en sordina durante los casi quince años siguientes a aquella crisis, las que lograron volver a la luz y a imponerse como gobierno y como cultura hegemónica. Se puede decir esto de otra manera: el gobierno de Cambiemos no trajo la novedad del neoliberalismo; sino que interpreta y representa la continuidad de esa ideología, que resiste fuertemente al achicamiento de las brechas y distancias sociales.

I. La (re)construcción de un Estado social

Los años transcurridos entre 2003 y 2015 fueron tan intensos como difíciles de aprehender. Las políticas encaradas (principalmente las políticas sociales) dieron lugar a investigaciones, publicaciones e interpretaciones numerosas y encontradas, pero fueron más tardíos los estudios con vocación holística, que reconstruyan, interpreten y fundamenten qué tipo de Estado se estaba construyendo, qué (¿nuevas, distintas?) instituciones quedaban y cuánto se arraigaban socialmente (qué las hacía legítimas y cuánto las mellaba la crítica), cuáles eran las bases (sociales, ideológicas) del agrupamiento político que lideraba el proceso político por esos años; qué fuerza tenía, qué lo había hecho emerger, etc. En esa dirección apunta, por ejemplo, el libro coordinado por Pucciarelli y Castellani (2017), en el que se reconstruyen las diversas dimensiones del proceso de esos años (política, económica, institucional, de lucha de clases, de prácticas políticas, en términos de *proyecto pre-hegemónico* (*op. cit.*: 15-31).[4]

No obstante, dar cuenta de la naturaleza de Estado (valga el oxímoron) de la/s política/s social/es, de su relación con "el sujeto" (autoválido / dependiente) y de los "soportes socio-institucionales de la vida social" en el período que corresponde al recorte de nuestra investigación, exige intentar alguna caracterización del Estado y del tipo de sociedad que dan sentido a las preguntas y al problema que nos planteamos, porque también allí arraigan las razones por las que nos hicimos esas preguntas y nuestros propios presupuestos acerca de "la sociedad".

De hecho, las preguntas de investigación que nos orientaron surgieron de un contexto político y cultural en el que aparecían en el centro de los debates y de los cuestionamientos (políticos, académicos y del sentido común), tanto los modos como asumía el Estado la cuestión social (la problemática del mundo del trabajo, ya no sólo la pobreza) como algunas políticas sociales que redefinían el estatus de sus "beneficiarios" (al reconocer y restituir su condición de trabajadores) y ponían en cuestión la distinción con el sujeto legítimo de esos beneficios y los fundamentos de tal legitimidad (las moratorias previsionales y la AUH, principalmente)[5].

¿Cómo y por qué buscar alguna caracterización de la construcción política de ese período en nuestro país? El por qué radica en que esa construcción hizo emerger los contrastes y, en algún sentido, estallar las categorías de percepción del sentido común: qué es trabajar, quién

---

[4] Es interesante advertir que al año del gobierno PRO-Cambiemos y de sus primeras medidas de gobierno, se publicaron libros como los de Vommaro *et al.*, 2017 (ver Bibliografía de este capítulo), y tuvieron pronta repercusión las investigaciones de Paula Canelo y Ana Castellani (2016 y 2017); también Tzeiman (2017), entre otros. Fue rápidamente reconocido el carácter clasista, pro mercado, antipopular, empresarial y neoliberal de este gobierno. En cambio, las referencias a los gobiernos de Néstor Kirchner y Cristina Fernández han sido más bien ambiguas, haciéndolos parte de los llamados "gobiernos progresistas, populistas, de izquierda o como se los quiera denominar" de la región. Las ciencias sociales, más en particular, la ciencia política, no atinó a producir o no contó con herramientas conceptuales para interpretar y explicar la naturaleza de estos regímenes políticos, más allá de los argumentos ofrecidos por *La razón populista*, de Ernesto Laclau (2005).

[5] Nos referimos a estas políticas en el capítulo 2.

trabaja y qué lugares sociales se ocupan. En esas concepciones arraiga aquello que ponemos en términos de "dependencias legítimas o ilegítimas". O lo que, para la comprensión común y corriente y/o para las instituciones, es correcto y bueno o mejor para todos o lo contrario: es incorrecto, no corresponde y es dañino. Dicho esto, ¿cuáles eran las condiciones hasta 2015?, o ¿cómo podemos caracterizar a ese proceso de construcción político-estatal que no dejó de ser cuestionado en su legitimidad y que, en lo sucesivo, será objeto de nuevas intervenciones?

Entendemos que el proceso político desarrollado con posterioridad al quiebre económico, político y social de 2001, principalmente a partir de 2003, fue dando lugar a una reconstrucción *aggiornada* del Estado social local.[6] Es decir, a intervenciones *desde el Estado y en su propio cuerpo normativo* en las que contaba de manera explícita la vida social y la reconstitución de los lazos que hacen a una comunidad política inclusiva[7]. Ese interés se materializaba en políticas, inversiones y reformas institucionales que, en buena medida, fueron respuestas *ad hoc* a los problemas sociales puntuales.

Decir que la vida social contaba en las intervenciones desde el Estado, quiere decir que en la disputa política pública y en las decisiones de

---

[6] Una aclaración sin más desarrollo: el Estado es necesariamente social porque es la forma política de la sociedad y la sociedad no es un estado natural. No obstante, con esta nominación o como Estado de Bienestar, se reconoce una forma de sus intervenciones e instituciones, diferente del Estado liberal clásico, en el que la sociedad se diluye en las solas relaciones mercantiles. Acá preferimos el uso de Estado Social (y no de Bienestar) para evitar la asimilación sin más de nuestros Estados-sociedades nacionales respecto de los Estados de Bienestar europeos, por entender que, más allá de los "mundos" descriptos por Esping-Andersen (1993), éste corresponde a un momento y forma propia de aquellos Estados de posguerra. Y porque, aun cuando el "bienestar" mismo es disputado en sus sentidos y contenidos, ´no podría generalizarse entre nosotros la definición del autor, según la cual sus instituciones están preocupadas prioritariamente en *"distribuir bienestar"*. Sería muy difícil hallar un estado generalizado de bienestar social o tendiente al bienestar, aunque ha existido una importante expansión de instituciones de protección y para la reproducción de las clases trabajadoras, principalmente desde los años de 1940, hasta la última dictadura.

[7] Es redundante aclarar que "inclusiva" alude a pertenencia, no a igualdad, que corresponde a otra condición de las relaciones entre "los incluidos" o pertenecientes a una comunidad.

gobierno se prestaba atención, se tomaba en consideración y se interpelaba a sujetos sociales diversos y en condiciones de desigualdad, pero dotados de voluntad, portadores de sentidos de pertenencia, de puntos de vista acerca de sus existencias y lugares, intérpretes del mundo de gentes con quienes se conectan directa o indirectamente y del mundo de objetos (bienes materiales y simbólicos) que se le ofrecen (alcanzables o inalcanzables).

Por eso, el proceso se interpretó tempranamente como de recuperación de la política: venidos de la hegemonía de un pensamiento político para el que el mercado era el sujeto y toda la sociedad al mismo tiempo, de lo que se trató fue de la recuperación de las voluntades colectivas diversas, no solo "del mercado" (tras él, en realidad, de sus agentes con capacidad de imponer condiciones a su funcionamiento y de instrumentar al Estado). La política volvió a manifestarse como voluntades organizadas (en conflicto, contrapuestas, pero exigentes de negociación); y la sociedad, sus lazos.

Esas voluntades heterogéneas se expresaban en los términos predominantes en diversos discursos políticos (es decir, no únicamente oficial), que aludían a "colectivos". "Derechos sociales", "seguridad social", "derechos laborales" tienen por sujeto alguna colectividad y como fundamento alguna condición (la pertenencia a la nación; la inserción socio-laboral) que se reconoce y en las que pueden reconocerse las personas, de este modo igualadas entre sí y con todas aquellas con idénticos derechos. A la vez, los actos de institución –a veces contradictorios o limitados pero comprensivos de la colectividad que nombraban, reconocían o dotaban de identidad legítima a esos grupos sociales (los trabajadores desocupados, los trabajadores informales o de la economía popular) o extraían de ese reconocimiento, su propia razón de ser y su legitimidad.

Los principales trazos predominantes en la política del período 2003-2015 pueden resumirse como sigue:

a. La reinstalación de un papel más activo e intervencionista del Estado en materia de regulaciones del mercado, en disputa con los sectores con mayor capacidad para imponer sus condiciones en el desenvolvimiento de la economía. Algunas medidas con impacto en esos ámbitos y en las que el Estado se involucró como regulador o como actor, fueron, por ejemplo, la incentivación del consumo interno, las restricciones a algunas importaciones por la imposición de aranceles, la aplicación de retenciones impositivas a algunas exportaciones de bienes de alto valor en el mercado internacional (la soja, principalmente) y de otros productos agrícolas cuyos precios impactan en el consumos interno (trigo, maíz); la intervención en empresas de servicios públicos que son estratégicas (Aerolíneas Argentinas, YPF, finalmente nacionalizadas); y la incentivación de desarrollos tecnológicos (los satélites ARSAT, por ejemplo) y a la investigación científica.

b. Un papel igualmente activo caracterizó a la política laboral, sostenida en la reapreciación simbólica del trabajo (característica de la formación cultural-política argentina desde mediados del siglo XX a la que dio lugar "el peronismo"), y la restitución de normas e instituciones orientadas a la regularización del empleo. El Ministerio de Trabajo, Empleo y Seguridad Social recuperó su papel de árbitro en la negociación colectiva a través del repuesto Consejo del Salario Mínimo y las paritarias libres por sectores; y de control del cumplimiento de las normas, al poner en marcha el Plan Nacional de Regularización del Trabajo.

c. La recomposición de la presencia del Estado central a lo largo del territorio nacional[8], después de años de "descentralización" (por ejemplo, a través de la diseminación por el territorio de los Centros de Integración Comunitaria (CIC), los Centro de Referencia (CDR) y los de Atención Local (CAL) del Ministerio de Desarrollo Social; y fundamentalmente, de las Unidades de Atención Integral (UDAI) de ANSES).

---

[8] Vale la pena reiterar: a la hora de poner la mira en los servicios directos (el hospital, las escuelas, muchas oficinas, particularmente en el interior del país) estos dejan mucho que desear. La ampliación de los recursos no necesariamente redundó en mejor atención, problema que aún debía encararse y requiere de un trabajo arduo y generador de conflictos. El servicio público está lejos del paraíso, aun cuando las políticas fijadas desde el centro del poder tiendan a ser más amplias y solidarias (tendieron, en realidad). Respecto de la atención de la salud, ilustra este punto el capítulo 7.

d. La recomposición y extensión de las protecciones y la seguridad social, principalmente a través del sistema jubilatorio y una ampliación y más activas políticas de asistencia social con base territorial y alcance nacional, y la disposición de mayor presupuesto como porcentaje del PBI destinado a la salud y educación públicas.

e. La ampliación de derechos civiles y culturales, que puso al Estado argentino en un lugar de avanzada y de dirección en el campo político-cultural (son ejemplos, el reconocimiento de la diversidad sexual expresada en una temprana, respecto a los demás países de la región, ley del matrimonio igualitario y de identidad de género y la política de derechos humanos, que dio impulso nuevamente a los juicios por crímenes de lesa humanidad cometidos por la última dictadura militar).

f. La prevalencia del lenguaje de los derechos como fundamento de las políticas socio-laborales, educativas y culturales en general.

La aludida centralidad que cobró el Estado nacional en la búsqueda de una mayor integración de la sociedad no solamente se expresaba en su condición de proveedor de servicios y/o protecciones, o por ser sujeto de las demandas sociales, sino porque a él se dirigió y allí se instaló la disputa por reconocimiento por parte de organizaciones sociales de base territorial (además de aquellas ancladas en derechos civiles). Las diferentes prestaciones, planes sociales, hasta las más o menos fragmentarias o insuficientes regulaciones de la economía asociativa, incorporaron necesidades y demandas de las organizaciones sociales, pero fundamentalmente, su reconocimiento como sujetos políticos y por la condición de trabajadores (desocupados o vulnerables) de sus destinatarios. La alianza o la confrontación con el Gobierno fue política, con un sujeto político legítimo y supuso trabajo político en el territorio, recursos para el trabajo social de las organizaciones aliadas, puestos en la estructura del funcionariado del Estado y cargos políticos en las listas legislativas (para los aliados, claro). Por esas alianzas, confrontaciones y disputas políticas, se dio existencia estatal a ese otro sujeto, parte del mundo del trabajo no representado en gremios y sindicatos tradicionales (con excepción de la Central de Trabajadores de la Argentina

(CTA)[9]; y reconocimiento de esa otra normalidad del trabajo y de vidas de trabajo, por instituciones (agencias estatales o las más o menos escasas regulaciones de la economía social y cooperativa) que no son las del trabajo asalariado (al respecto, ver los capítulos 4 y 5 de este libro).

La enumeración de estas intervenciones no pone en discusión la eficacia de la política, la debida coordinación, ni la calidad de gestión para el mejoramiento del bienestar general. Lo que queremos destacar en este repaso parcial de la intervención estatal durante este período, es la orientación general de la política y la amplitud de esas intervenciones del Estado que reordenaban la vida social, al hacer de contrapeso de las asimetrías sociales y económicas y apuntaban al restablecimiento de lazos de pertenencia de sujetos diversos del mundo del trabajo y el *pueblo de la nación*, una totalidad en la que entraba esa diversidad, lo que no quiere decir que se igualaba. Aún así, el éxito para resolver los problemas del trabajo fue relativo, considerando la persistencia de la informalidad y la pobreza. Igualmente, no logró consolidarse un modelo económico alternativo que asegure y sostenga el desarrollo y en los últimos años se presentaron nuevamente las restricciones estructurales de la economía argentina, dadas por la escasez de divisas y las dificultades para generarlas. Tampoco pudo controlarse –y en muchos casos se favoreció– la creciente concentración económica y escasa reinversión local de las utilidades[10] (Schorr y Wainer, 2017; Castellani y Gaggero, 2017; Shorr, 2018).

En estas dificultades hicieron pie las reprobaciones a la construcción política de esos años.Pero a lo largo del período, fue aquella dirección la que estuvo en el centro de la crítica que melló la legitimidad de las políticas sociales y del Estado protector, forzadamente configurado en esos años. Disputa de poder y por la distinción, cuando los más marginados

---

[9]La CTA se adelantó a esa visibilización y representación, pues incluyó a las organizaciones de trabajadores desocupados. No obstante, no logró ser reconocida como central alternativa a la CGT por los gobiernos de este período, lo que dio lugar a desencuentros internos que culminaron en la división de la central, entre un sector que se mantuvo igualmente cercano al gobierno (conocida como "oficialista") y otro autonomizado del Estado (la CTA Autónoma).

[10]Las causas de estas limitaciones escapan a nuestras herramientas de análisis, pero investigaciones como las que citamos, coordinada por Pucciarelli y Casellani (2017); y por Shorr (2018) son aportes indispensables en este sentido.

68

del espacio social se hacían visibles o presentes en los lugares comunes (las instituciones, las calles, el consumo); y lucha de clases por el control del Estado cuando se restituían –medianamente– sus capacidades para intervenir en el mercado y en el control de algunos resortes de la economía que afectaban principalmente la producción y el consumo internos. En qué se basaba la crítica deslegitimadora y cuáles fueron las estrategias políticas que articularon intereses muy disímiles, vemos a continuación.

II. Desbloqueo de la sociedad neoliberal. Las cosas a su lugar (2015-2017)

Los años 2014 y 2015 fueron complicados: en 2014, entre otras cuestiones, se pusieron de manifiesto los límites de una estrategia económica basada principalmente en el consumo interno. Se agudizaron los problemas de restricción externa, derivada de la falta de dólares para la importación de bienes para la producción. A la mayor concentración y repatriación de utilidades antes citadas, se sumaban las estrategias de los grandes exportadores de granos que retenían la producción a la espera del aumento de la divisa, y también, un comportamiento típico local, cual es la tendencia al atesoramiento y ahorro en esa moneda, a la que se asocia la fuga de capitales, vía depósitos en el exterior y en paraísos fiscales. Esto último había llevado a las autoridades de entonces, entre otras medidas, a regular la venta de la divisa, fijando una serie de restricciones que se conoció como "el cepo cambiario" y que afectaron a los productores e importadores. En cuanto a los ciudadanos corrientes con cierta capacidad de ahorro y consumo (para el caso, viajes al exterior), se les impuso un límite a la compra de dólares acorde a los ingresos declarados de cada solicitante. Por la compra se imponía, además, un tributo (percepción) que acercaba su equivalencia real con la moneda nacional, retenido a cuenta del pago anual del impuesto a las ganancias.

El año 2015, aunque hubo una pequeña recuperación de la economía respecto de2014,[11] fue el año de la disputa eleccionaria por la

---

[11] La información oficial difundida en marzo de 2016 daba cuenta de un crecimiento de 2,1% del PBI para el año 2015.

presidencia. Entonces, "el cepo cambiario" fue constituido como "amenaza a la libertad" y tuvo un importante impacto en el debate político. No fue el único tema en disputa, como veremos a continuación, pero ilustra acerca del modo como se producían los problemas sociales, puesto que aunque la medida tenía un efecto negativo para algunas transacciones corrientes (como la compra-venta de inmuebles que nunca dejaron de cotizarse en dólares), no implicaba perjuicio para la vida cotidiana de la mayor parte de la población, ni afectó los viajes al exterior, más allá de los trámites burocráticos para los viajeros.[12]

Las elecciones para suceder a la presidenta Cristina Fernández de Kirchner se celebraron en dos vueltas, la segunda el 22 de noviembre de 2015, cuando Mauricio Macri resultó elegido en primer lugar.[13] Contra las promesas de campaña del candidato, la integración a su gabinete de representantes de corporaciones empresarias y economistas que acompañaron el proyecto neoliberal de la década de 1990, anticipó la reorientación de las intervenciones del Estado en detrimento de los sectores socialmente subordinados. Las primeras medidas de gobierno para "volver las cosas a su lugar" fueron inmediatas.

Las alianzas para el cambio

Quienes volverían las cosas a su lugar compusieron una coalición políticamente promiscua. La Alianza Cambiemos, oficializada en junio de 2015, se integró con el partido Propuesta Republicana (PRO), la Unión Cívica Radical (UCR) y la Coalición Cívica (CC). Salvo la UCR, un tradicional partido cuyos orígenes se remontan a fines del siglo XIX, como expresión de las clases populares y medias, tanto el PRO como la CC son, a su vez, alianzas de diferentes grupos políticos, derivados o desprendidos de pequeños partidos de derecha (el primero) y del radicalismo y el socialismo, la segunda, cuya líder, Elisa Carrió, porta un

---

[12]De todas maneras, dejamos en claro que no hacemos al respecto ninguna evaluación de la medida en sí, como medida de política económica. Insistimos en señalar la reacción política de sectores de la sociedad cuya afectación era mínima o nula.

[13] En la primera fecha electoral (el 25 de octubre) el otro candidato, Daniel Scioli, obtuvo el 37,08 de los votos y Macri el 34,15. La diferencia exigió el *ballotage* realizado el 22 de noviembre, ocasión en la que se impuso Macri con el 51,1% de los votos, sobre el 48,66% de los obtenidos por Scioli.

curriculum político de origen radical y sucesivas creaciones y rupturas de agrupaciones políticas, que siguen su tránsito del progresismo de centro izquierda a la derecha actual. Se sumaron también minúsculos partidos, como el Demócrata Progresista y el Conservador Popular y un ignoto FE, creación de un desprestigiado sindicalista, apropiado de la representación de los peones rurales, Gerónimo Venegas. La impronta ideológica de la Alianza Cambiemos está dada por el PRO, que expresa al pensamiento libremercadista y neoliberal en este país y reunió entre su militancia a integrantes de ONG, a técnicos y empresarios, algunos sin antecedentes políticos (Vommaro, 2017).

En 2007 el PRO obtuvo el gobierno de la ciudad de Buenos Aires, gestión que revalidó por tres períodos eleccionarios consecutivos (dos de Mauricio Macri y desde 2015, con Horacio Rodríguez Larreta como Jefe de Gobierno). Desde allí y en alianza con la UCR, pudo constituirse en un partido de alcance nacional, lo que permitió a Macri alcanzar la presidencia de la Nación en 2015 y al PRO obtener el gobierno de la provincia de mayor peso poblacional, la de Buenos Aires, con María Eugenia Vidal.

En la intrincada red de alianzas políticas transitorias y de estrategias más o menos personalistas, dieron respaldo a Cambiemos algunos sectores del peronismo de provincias (de Córdoba,por ejemplo) en tanto que con otros grupos que también se reconocen como peronistas convivieron luego en moderada oposición. Tal el caso del Frente Renovador, que lidera Sergio Masa y cuyos congresistas brindaron los apoyos necesarios para la aprobación de las principales reformas normativas con que se inauguraba el nuevo período de transformación del Estado. No fueron los únicos, pues diputados y senadores pertenecientes al FPV sumaron sus votos a esta restauración.

El PRO también había logra tejer compromisos con sindicalistas de oscuro poder, como Luis Barrionuevo, del Sindicato de Gastronómicos; y, más de ocasión, inestable y de corto plazo, con el líder del rebelde y poderoso gremio de Camioneros, Hugo Moyano.[14] Ya en el gobierno, mantuvo pacífica convivencia con los principales líderes de

[14] Por razones también oscuras, pero que tampoco vienen al caso para este trabajo, esta alianza se rompió para el fin de 2017 y permanece, en cambio, una dura pugna que el camionero justifica en su compromiso con los trabajadores, afectados por la inflación, los despidos y las duras negociaciones salariales.

la conducción de la CGT, que lograron contener o acotar las manifestaciones de resistencia a las medidas que afectan a los asalariados (ver capítulo 2).

El cielo por asalto *o la apropiación del Estado*

Tal como han registrado las primeras investigaciones sobre el armado político que llevó al triunfo de Cambiemos (Vommaro, Morresi y Bellotti (2015); Vommaro (2017); Canelo y Castellani (2016 y 2017), *thinktank* como la Fundación Creer y Crecer o, más conocidos el Grupo Sophia o la Fundación Pensar, también el CIPPEC[15] fueron algunas de las usinas ideológico-técnicas del PRO y de la construcción de su estructura política. Estas organizaciones suministraron también cuadros[16] que se sumarían al funcionariado del Estado y conformarían lo que, en palabras del Presidente, sería "el mejor equipo de los últimos 50 años" (*La Nación*, 02-12-2015).

Se trata de organizaciones financiadas por grandes grupos empresarios, dirigidas a incidir en la caracterización de los problemas y en la definición de la política de gobierno bajo un perfil no político. En sus presentaciones figura recurrentemente la palabra "ayuda", junto a la de capacidad técnica y de juventud, dando una imagen de desinterés y objetividad, pero también de la necesidad de volcarse al servicio público para salvar y reconstruir la República. Como muestra Vommaro (2017), con este objetivo convocaron y convencieron a otros exitosos dirigentes de empresas, llamados a servir a esa reconstrucción.

La conformación del plantel de gobierno trajo de regreso a la gestión estatal al llamado "tercer sector", directamente por la integración del funcionariado, en cuyo caso la militancia social en problemáticas específicas en las que estos funcionarios son expertos, les otorga legitimidad

---

[15] Vommaro (2017:114) refiere también a asociaciones de managers y cita a la Asociación de Jóvenes Presidentes de Empresas (YPO, son las siglas en inglés).

[16] De ese semillero provienen la Ministra de Desarrollo Social, Carolina Stanley, el Ministro de Seguridad, Eugenio Burzaco, la gobernadora de la provincia de Buenos Aires, María Eugenia Vidal, Francisco Cabrera, Ministro de la Producción, Miguel Braun, Secretario de Comercio, Guillermo Dietrich, Ministro de Transporte, y el Ministro de Trabajo, Jorge Triaca, quien se desempeñó como su Director Ejecutivo.

para conducir esas áreas del Estado.[17] Pero también, el retorno de organizaciones filantrópicas se dio por convenios específicos entramados con las políticas sociales (tratamos esto en el capítulo 2).

El rol político de estas organizaciones era explicado de este modo por un legislador porteño por el PRO, al diario *La Nación* (29/11/2015), "La fundación (Pensar) tuvo tres tareas: investigar y armar planes de gobierno; acercar gente de la academia y el sector privado a la política, y diseminar una visión de país y de lo que debe considerarse un buen gobierno". Es esta "visión de país" la que nos interesa, pues de cuán "diseminada" (para seguir con los términos del discurso nativo) y natural se presente depende la legitimidad de las medidas (del plan de gobierno) necesarias para materializarla: "de lo que debe considerarse un buen gobierno" y, principalmente, de qué protecciones corresponden a cada quién, por qué y a través de qué medios. Es decir, cuál o cómo será el programa que vaya a ser reconocido y aceptado como "mejor para todos", a quiénes comprende el "todos" y sobre quiénes pesa rechazo o indiferencia; y también, su estabilización como normalidad de la vida social.

En ese sentido, el otro ámbito que cobra particular importancia, por su peso en la conformación del funcionariado estatal, por lo novedoso de ese peso y, como veremos, por la visión acerca del Estado que sus miembros portan, es el empresario. Al respecto, no tenemos más que referenciarnos en las investigaciones de Canelo y Castellani (2016 y 2017). "Hay gerencias de empresas multinacionales trasladadas por completo al Estado", comenta Ana Castellani (2016:8). Se trata de ejecutivos de grandes empresas como Shell, Techint, Socma, LAN, JP Morgan, HSBC, Axion, *La Nación*, Newsan, Pan American Energy, Deutsche Bank, Farmacity, entre otras, llegados a los ministerios del Estado nacional.

---

[17] El Secretario de Coordinación y Monitoreo del Mrio. de Desarrollo Social, Gabriel Castelli, proviene de Cáritas; Laura Alonso, directora de la Oficina Anticorrupción, actuó en Poder Ciudadano, Fabiana Túnez, quien fue designada a cargo del Consejo Nacional de las Mujeres, proviene de la militancia feminista en la Asociación Civil La Casa del Encuentro. Los Informes del Observatorio de las Elites del IDAES-UNSAM, elaborados por Paula Canelo y Ana Castellani (2016 y 2017) brindan detallada información sobre la proveniencia de los miembros del equipo de gobierno.

Vale agregar que en las áreas donde se toman las decisiones de política económica se entrecruzaron, a su vez, experiencias técnico– académicas, en agencias internacionales, en el mundo empresario y también en la política partidaria y la función pública. El primer Ministro de Hacienda y Finanzas designado fue el economista Alfonso Prat Gay, entre cuyos antecedentes figura haber sido Jefe de Investigación y de Estrategias de Monedas para J.P. Morgan y J.P. Morgan Chase. A fines de noviembre de 2016 el Presidente lo reemplazó por el economista Nicolás Dujovne y por Luis Caputo, dividiendo el Ministerio. El primero venía de ser columnista del canal Todo Noticias y del diario *La Nación*, desde donde insistía en la crítica velada a su antecesor.[18]

La cartera laboral quedó a cargo de Jorge Triaca. Su padre, de quien también recibió el mismo nombre, fue uno de los primeros "sindicalistas-empresarios" de la década de los 90, y también Ministro de la misma cartera en los primeros meses del gobierno de Carlos Menem.[19] Sin embargo, la pertenencia social de Triaca (h) parece haberse desarrollado del lado del segundo de esos espacios antitéticos, al menos a juzgar por las instituciones educativas en las que se formó: realizó sus estudios secundarios en el Colegio Cardenal Newman, el mismo al que concurrió Mauricio Macri.

De carrera política, exclusivamente, provienen funcionarios como el Jefe de Gabinete Marcos Peña y quien fuera Ministro de Educación, Esteban Bullrich.[20] También Patricia Bullrich, Ministra de Seguridad, quien tiene un largo y oscilante historial de militancia política y como funcionaria en distintas áreas: fue Secretaria de Seguridad y Ministra de

[18]Entre sus antecedentes figura el de economista jefe del Banco Galicia, consultor del BM y miembro de la Fundación Pensar. Durante el último año de la presidencia de Carlos Menem fue Jefe de Asesores en la Secretaría de Hacienda, coincidiendo con Rogelio Frigerio como Secretario de Política Económica. El Ministro de Economía entonces era Roque Fernández, del CEMA.

[19] Jorge Triaca (padre) desarrolló su actuación política pública como dirigente sindical del gremio del plástico. Fue Secretario General de la CGT y se consolidó como empresario, en el ámbito privado (Grassi, 2013).

[20] En julio de 2017 lo reemplazó Alejando Finocchiaro, cuando se presentó como candidato a senador nacional, cargo al que accedió. Finocchiaro tiene carrera política y en la especialidad: fue funcionario en la cartera educativa del Gobierno de la Ciudad de Buenos Aires y del Gobierno de la Provincia de Buenos Aires (con M. Macri y María E. Vidal, respectivamente).

Trabajo durante el gobierno de la Alianza UCR-FREPASO, cargos que ocupó entre 2000 y 2001.

Vale otra observación acerca del cuerpo de funcionarios. Una parte de ellos remonta sus antecedentes en la función pública a la década de 1990, cuando ocupaban puestos políticos de segunda línea en los equipos del gobierno de Carlos Menem. Es el caso del propio Prat Gay, quien fue Jefe de Asesores en la Secretaría de Hacienda durante el último año de la presidencia de Carlos Menem, cuando coincidió con Rogelio Frigerio como Secretario de Política Económica. La presidencia del Banco Central de la República Argentina quedó a cargo del economista Federico Sturzenegger, por su parte Secretario de Política Económica, durante el gobierno de la Alianza UCR-FREPASO primero con Ricardo López Murphy, función en la que continuó cuando éste fue reemplazado como Ministro de Economía, por Domingo Cavallo. Como director en el BCRA ingresó con él Horacio Tomás Liendo, joven abogado, pero de linaje en la conducción del Estado en épocas neoliberales: es nieto del general de quien heredó su nombre y que fuera Ministro de Trabajo de J. R. Videla, y de Interior de Roberto Viola e hijo de Tomás Liendo, secretario de Coordinación Legal, Técnica y Administrativa del equipo de Domingo Cavallo.

Constituyen una generación que retoma la posta (después del interregno "populista"), pero ahora con gobierno y equipo propio (no ya peronista), en tiempos políticos y económicos distintos y en una sociedad cultural y socialmente diferente. En los años de 1990 el neoliberalismo se "hizo peronista", el peronismo se volvió neoliberal y encaró las privatizaciones de las principales empresas públicas, abrió la economía a la importación indiscriminada, dictó las leyes de flexibilización laboral, contrajo los salarios, produjo la mayor desocupación y se subordinó a las economías centrales, contra los intereses comunes de la región.

Por último, un rasgo común atraviesa las hojas de vida de buena parte de estos funcionarios. Se trata de su paso por instituciones educativas privadas, tanto locales de elite, como el citado Cardenal Newman o el colegio Champagnat (de nivel secundario), o las Universidades de San Andrés, Di Tella o la Católica Argentina (UCA), como también otros prestigiosos institutos del exterior, por ejemplo el Massachusetts Institute Technology (MIT). Esta procedencia no sólo da cuenta de la pertenencia social del equipo de gobierno (y de la coincidencia en un marco común ideológico), sino que advierten, principalmente, acerca de las distancias y demarcaciones más nítidas de los lugares sociales, a las que se vinculan los cambios en el sistema educativo y las escalas de prestigio de sus instituciones.

Hasta entonces, la mayoría de quienes llegaban a la función pública provenían aún de las universidades estatales. En esta generación, la elite política por lo menos combinó sus experiencias educativas. A esta altura puede sostenerse con bastante fundamento la hipótesis de que la preservación de la gratuidad y universalidad de la educación no garantizó su condición común, en la medida en que simultáneamente se desarrolló el mercado de la educación privada, hacia donde parece haberse traslado la educación de elite o para la elite.[21] Si se quiere, este es un nuevo campo en el que la división social (o una nueva división social) se produjo y se expresa en la Argentina. Aunque ningún espacio educativo es homogéneo, y menos en términos ideológicos, es notorio que el ámbito privado ofrece profesionales y dirigentes altamente capacitados y, sobre todo, "prestigiados por esa procedencia", lo que agrega una "novedad" a las distinciones de clase y el campo de la educación. Se puede suponer también que las instituciones de uno y otro ámbito simbolizan la lucha ideológica y por la hegemonía.

Después del interregno de recuperación del Estado que repolitizó la cuestión social con eje en el trabajo, según reseñamos en la primera parte, la propia conformación de los equipos de gobierno en este último período es, en sí misma, la representación (casi un símbolo) de una *reapropiación privada* del Estado. El "mejor equipo" es el gobierno directo de los sectores de las clases dominantes, del poder económico de grandes corporaciones, sin mediaciones, para dar continuidad a un régimen de acumulación que empezó a cuajar con la última dictadura (1976-83) hasta provocar, en el momento de su mayor éxito, también la mayor desigualdad.

Por eso, las inquietudes que se nos plantearon son por la hegemonía, por el logro de una cierta inteligibilidad que permite aceptar como común (o parcialmente común) esos intereses radicalmente privados. En parte, presuponemos, porque las formas pueden ser más importantes

[21] Sobre la educación de la clase alta argentina puede verse Gessaghi, 2016. Sobre la educación de los managers, ver Luci, 2016.

que el contenido, y la distinción (propia de las clases altas) hasta puede ser una necesidad para preservar algún lugar de identidad y/o de dignidad, cuando se trata de los estamentos más bajos de los que se mantuvieron integrados respecto de aquellos que volvían a ocupar lugares comunes. La distinción puede encontrarse, en este punto, con el mérito o con los privilegios. A estas incómodas inquietudes nos llevaron nuestras preguntas originales y de eso se ocupan los demás capítulos del libro. Antes, vale la pena detenernos, primero, en esta diferenciación, para referirnos, luego, a algunos ejes sobre los que pivoteó el discurso político.

Sobre méritos y privilegios

Existe cierto acuerdo en que un rasgo característico del neoliberalismo como ideología es la meritocracia como fundamento de lo que cada uno logra y, por lo tanto, le corresponde y que estamos ante un régimen de esas características, es decir, meritrocrático. Sin embargo, el mérito es un principio opuesto a los privilegios (de casta, de título nobiliario, de cuna) como fundamento del merecimiento (de riqueza, reconocimiento, prestigio, poder). Los méritos fueron contra los privilegios de las clases ociosas en los albores de la modernidad y del capitalismo, y paulatinamente el trabajo productivo sería la fuente de la riqueza de las naciones.

Más tarde, el trabajo en sí devino en mérito justificando, primero, el reconocimiento (vivir del propio trabajo y no de la limosna, que degrada) y más tarde, los "derechos", cuando se vislumbra que el trabajo hace crecer la riqueza de otros y la pobreza propia. Es decir, cuando la existencia de "clases" se hace una realidad inocultable y se generan, entonces, los medios y mecanismos de distribución de parte de esas riquezas, permitiendo una co-existencia pacífica al mejorarse las condiciones de vida de las clases populares y reconocerse el mérito de ser trabajadores. La sociedad capitalista moderna es, en este sentido, meritocrática desde sus orígenes y los más diversos ámbitos de la vida social (espacios sociales) ordenan sus relaciones según el "mérito" de disponer y desplegar condiciones y capacidades valiosas en cada uno de ellos. Que el valor que se conceda a esas condiciones sea fruto de disputas por determinar cuáles son y qué características tienen, no cambia la regla meritocrática que exige esforzarse por merecer el reconocimiento y habilita la crítica a los privilegios que se recrearon como privilegios de clase. La escuela y la academia son ejemplares en este sentido.

Como el mérito es personal, supone un esfuerzo individual para merecer el reconocimiento, lo que habilita el resquemor para quienes "no se esfuerzan". En este punto, se impone a la comprensión de que, hasta el desestímulo se inscribe en las condiciones y experiencias de cada sujeto. Es decir que la regla meritocrática se impone a la comprensión de las desigualdades de clases y funcionan para una parcialidad, en tanto las clases superiores gozan de los privilegios de su pertenencia como méritos que naturalmente portan.[22]

Dicho esto, una hipótesis plausible es que el discurso político que se impuso coincide con un sentido del mérito abiertamente contrapuesto y cuestionador del colectivo común (y de lo que merecemos todos en tanto integrantes de esa comunidad), al tiempo que los privilegios de pertenecer a las elites dominantes y/o a las clases altas, se naturalizaron como méritos, dones o talentos que se portan por derecho propio, incuestionablemente (Gessaghi, 2016). Son esa personalización y ese resquemor los que constituyen el puente que conecta con una cosmovisión para la que no hay otras condiciones ni otros lazos más que los que

[22] Para mejor explicarnos: varios portales de noticias, entre ellos *Infobae* (13-02-2018) y *Clarín* (14-02-2018), informaron y mostraron fotos a discreción, del 60 cumpleaños del empresario farmacéutico argentino Alejando Roemmers, dueño de los laboratorios homónimos, cuyo padre, fundador de estos, integró el año pasado el listado de multimillonarios de *Forbes* con una fortuna US$ 1,76 mil millones. El hecho a destacar es el festejo, pues el argentino organizó tres días de fiesta en Marrakech (Marruecos), con un costo cercano a los seis millones de dólares. Dice *Clarín* que "Desde mediados de 2017, unos 600 afortunados recibieron por correo electrónico la tarjeta para ser parte de la celebración que incluyó aéreos, hospedaje en hoteles de lujo, un evento en pleno desierto y hasta la presentación en vivo del cantante Ricky Martin". Se informa, también, que los invitados no debían llevar regalos, sino que sus donativos se destinaron a causas benéficas. Es fácil contrastar esta información con la suba en los precios de los medicamentos, la falta de ellos en los hospitales, la baja de los remedios sin costo para los jubilados, etc. Sin embargo, no pasa de ser una "deslumbrante fiesta", propia del heredero de los famosos laboratorios, tan distinto a *"los negros" que se compraban la moto con la plata del plan social*, donde suele hallarse un comportamiento abusivo (nos detenemos en la cuestión del consumo en el capítulo 2). Esta naturalización de las desigualdades, su demostración como privilegios naturales, no presenta tanta diferencia con los regímenes preliberales.

se establecen en la interacción inmediata y presente, persona a persona. En ese punto, cuando el mérito se disocia de las condiciones sociales en que capacidades y talentos pueden reconocerse y desenvolverse, pierde toda potencia crítica de los privilegios heredados y se transforma en distinción de "los que no merecen nada porque no sirven para nada" (o que merecen la expulsión y hasta la muerte). Y, acaso, los privilegios heredados devienen fascinación y la riqueza heredada un reaseguro de moralidad de quienes, se supone entonces, "no necesitan robar".

Se trata de una resignificación de lo que es meritorio, por la que se absuelve a personas y corporaciones que tienen poder de multiplicar exponencialmente sus riquezas, y exige del desvalido un esfuerzo supremo para merecer valoración o una prueba fehaciente de que, sin ayuda, no podrá sobrevivir.

Ya en 2018, el Ministerio de Educación de la Nación difundió en su portal de Facebook, una fotografía de un niño de seis años, del interior de la provincia de Misiones, que todos los días debe caminar tres kilómetros y atravesar dos arroyos para llegar a la escuela. El caso se presentaba como ejemplo de por qué "Este pequeño héroe sin capa nos enseña que cuando hay ganas de estudiar y de salir adelante, todas las distancias se acortan". Foto y texto fueron eliminados ante la avalancha de críticas que marcaban el abandono del Estado que dejaba ver lo que el Ministerio presentaba como "el mérito" del niño.

La ideología, en este caso, hace ver distancia espacial donde hay distancia de clase social y transforma el esfuerzo extremo en mérito, poniéndolo en un mismo registro con los casos que habitualmente presenta el diario *La Nación* como ejemplos de empresarios exitosos hechos de la nada. El sacrificio del niño es mostrado como meritorio, aunque sus méritos no vayan a alcanzarle, probablemente, para ser un emprendedor exitoso porque está privado (vulnerado de su derecho) de uno de los recursos fundamentales de sostén de la vida social, cual es la educación.

Los casos de los emprendedores presentados por el diario, a su vez, se hallan infinitamente lejos en el espacio social, del lugar que ocupa el niño misionero, pero en las notas no se alude a los recursos (conocimientos y competencias adquiridas, experiencias, redes de relaciones, capitales) que debieron permitir (no quiere decir asegurar) que el mérito personal resulte en un éxito empresarial.

La naturalización de los privilegios los transforma en merecimientos y se ciega frente a los recursos que sostienen los méritos individuales.[23] Y cambia, también, la percepción y la valoración de los actos, hasta hacer aceptable la especulación financiera con información privilegiada e inaceptable una asignación no contributiva, aunque sea aquella la que puede poner en peligro las finanzas del Estado, desequilibrar la economía, etc.

En el próximo apartado proponemos seguir algunas líneas de política que pueden haber contribuido a hacer posible el retorno de un proyecto básicamente clasista, pues expresa e impone la visión del mundo de clases privilegiadas, que tienen como mérito el propio privilegio y exigen heroísmo (demostrar que si se quiere, se puede salir adelante) para merecer la ayuda estatal. Se trata de una política que, sostenida en una visión individualista y meritocrática en este sentido resignificado, tiende a despolitizar y diluir los problemas sociales y las cuestiones de orden público, para volverlas particulares.

III. Una política para la despolitización de la cuestión social y su repolitización en términos de amenazas

Comprender el retorno a un proyecto político que expresa a las clases privilegiadas a través de elecciones democráticas que lo hacen legítimo, supone considerar y combinar una gran cantidad de variables, entre ellas, las más clásicas como es el análisis de la composición del voto (por clases, edades, género, etc.) que evita hacer generalizaciones indebidas. En este punto nos proponemos aportar mínimamente a identificar y comprender las visiones del mundo que eran recuperadas y puestas en valor por la oferta política del nuevo espacio de Cambiemos,

---

[23]Un posteo de Facebook, de origen no reconocible, reproduce una fotografía donde se aprecia a muchas personas cosechando algodón. Un trabajo penoso, que hacían familias enteras de trabajadores golondrinas. Quien lo postea dice "Cuando hacíamos esto no había planes ni piquetes, no nos traumábamos por tener que trabajar siendo niños, íbamos a la escuela, respetábamos a nuestros padres y maestros y éramos muy felices!" Luego: Dame me gusta y comparte si estás de acuerdo. Efectivamente, lo comparten muchas personas y por los comentarios se advierte que el posteo no se originó en nuestras provincias algodoneras, aunque lo aplauden vivamente algunas personas cuyo desarrollo laboral fue posible gracias a un plan estatal de becas de estudio.

a través de lo que caracterizamos como "estrategia de despolitización". Una estrategia que va en línea con el clásico sentimiento popular de desmerecimiento de la política como práctica ajena a la vida social. "No me interesa la política", "no sé nada de política", "a mí la política no me da de comer", etc., son dichos populares muy antiguos, incluso entre quienes pueden tener cierta filiación partidaria. Y de impugnación de los políticos, como individuos poco confiables, engañosos y que buscan enriquecerse. Las fuentes que alimentan estas visiones son, también, antiguas y muy variadas, incluyendo la literatura.

Hacer política presentándose como vecino, esposo y padre amoroso, empresario apasionado por el fútbol y que no habla de política, conecta con ese atavismo popular. Hacer política con un discurso que deliberadamente vacía de contenido al discurso político corresponde a la estrategia seguida al menos hasta 2017 cuando los problemas de la economía (sostenida alta inflación, desinversión, fuga de capitales) comenzaron a ser insoslayables y fueron obligando a hablar de ellos.

Mientras, los recursos de esa estrategia política despolitizadora pasaron por la agudización de los enfrentamientos verbales a niveles soeces, papel que corría por parte de, llamémosle, agentes externos (periodistas y redes sociales) que exacerbaban los sentimientos de animadversión con los adversarios políticos, frente a los cuales los candidatos de Cambiemos se presentaban con la propuesta de la "unidad de los argentinos", desdramatizando y alivianando o negando la conflictividad propia de la política, muy subrayada en el período anterior. En el mismo sentido, esa conflictividad era diluida en la personificación de los contrincantes y enviada a ese nivel de la interacción. Un nivel en el que se diluían también los colectivos sociales (identidades o sujetos colectivos) y, con ellos, el lenguaje de los derechos. No hablar de política era, también, volver pública la privacidad y la vida doméstica (del candidato / presidente), reemplazando lo que es de interés común y, por eso, público, por lo doméstico hecho público. Y mostrar una vida de privilegios puesta al servicio de la unidad de los argentinos y de la reinserción de la Argentina en el mundo.

El otro componente que sí se cargaba de dramatismo hacía de contracara o de reemplazo de aquello que debía atenderse. El narcotráfico y la inseguridad de "la gente" se habían convertido en los ejes de campaña que anticipaban un Estado que repolitizaría la cuestión social en términos de peligros y constituiría a la población sobrante del mercado de trabajo como las clases peligrosas.

En lo que sigue, desagregamos en primer lugar las líneas que contribuían a diluir las problemáticas sociales, convirtiendo el conflicto social en un problema de relación, desestimando la historia y la realidad, desterrando toda referencia a algún sujeto colectivo del discurso político y llevando a la curiosidad pública la vida doméstica.

Nos ocupamos luego del rearmado del campo problemático de la política, como constituido por amenazas o peligros a conjurar.

1. Despolitización de la cuestión social

Lo primero fue la *grieta*

La prescindencia del debate de ideas políticas y su reemplazo por las formas y por los datos técnico-estadísticos sin salirse del molde ideológico y conceptual del programa neoliberal había caracterizado el panorama de la década de 1990, hasta su estallido en 2001.

Luego, la recomposición se hizo confrontando discursos (y caminos de acción) que proponían proyectos alternativos de sociedad, de prioridades, de valores sociales y de sujetos valorados, de alianzas regionales, etc. que se proponían contra el neoliberalismo precedente. Pero esa confrontación halló un abierto enfrentamiento de clases cuando, en 2008 y recién iniciado el primer gobierno de Cristina Fernández, se produjo lo que se conoció como la *crisis del campo*. La resolución 125 del Ministerio de Economía (entonces a cargo de Martín Lousteau, quien luego integraría la Alianza Cambiemos) que establecía retenciones móviles a las exportaciones agropecuarias, aglutinó a una oposición muy heterogénea, aun cuando lo que estaba en juego era el interés de los grandes productores y exportadores agro-industriales, principalmente de soja, cuya producción ya había transformado profundamente la estructura productiva y social del agro. Junto a las organizaciones patronales más poderosas, como la tradicional Sociedad Rural Argentina (SRA) se encolumnaron no sólo productores medios, como los que reúne la Federación Agraria Argentina (FAA) sino, paradójicamente, partidos de izquierda radical, como el Partido Obrero. Los errores políticos del gobierno contribuyeron a esa unidad, al no tomar en cuenta las desigualdades entre el complejo exportador agro-industrial y los distintos estamentos agrarios que se vieron involucrados en la medida. Y al no tomar debida nota del imaginario que pervive en torno a la imagen de la Argentina agrícola-ganadera, aun cuando desde los años 30 del siglo pasado el país se fue transformando en eminentemente urbano. No obstante ello, la obtención de divisas por el peso de la producción agrícola en el PBI tiene aún gran impacto económico y político.

Estas referencias son significativas porque esos acontecimientos permitirían, en adelante, instrumentar discursivamente la lucha política como *la grieta*, que primero fue con *el campo* y más tarde se generalizó como kirchnerismo y antikirchnerismo o la oposición en general. Una contraposición que luego resultará invertida: toda y cualquier oposición política a la alianza que gobierna desde diciembre de 2015 es ubicada en el casillero de "los kirchneristas" (salvo la izquierda radical). Esta es una representación (y una estrategia de disputa ideológica y política) que no guarda correspondencia con una realidad mucho más heterogénea y matizada, pero que es eficiente a la hora de producir categorizaciones de sentido común que ordenan las percepciones de la realidad.

Las desigualdades, la diversidad de intereses contrapuestos, las disputas por la distribución, es decir, las diversas divisiones sociales que amenazan la existencia de la sociedad y que la política procesa, fueron trasmutadas en una única división *amenazante de la unidad de los argentinos*: la susodicha *grieta*. La confrontación ideológica y política se reconvirtió, así, en una estrategia funcional a otra idea / sentimiento: el cambio.

La primera (como amenaza a la unidad) se elevaba sobre el supuesto fuerte de una unidad identitaria homogénea y sin fisuras: los argentinos. Si de un lado la política era incapaz de procesar las diferencias desestimando las coincidencias en la diversidad de interpretaciones de los problemas y soluciones, del otro, se configuró un discurso político con dos registros, que entretejía pacifismo y violencia verbal. Una postura gandhiana en las expresiones gestuales de los líderes políticos, que transcurría sobre un palabrerío tumultuoso, irrespetuoso y verbalmente muy violento que circulaba por las redes sociales y que alimentaban también algunos periodistas de programas televisivos y de medios escritos.

La *grieta* y la atribución al estilo de la Presidenta como causante de dicha grieta por sus discursos confrontativos[24], fue funcional a la otra idea/sentimiento: la del cambio. En este caso, se trataba básicamente de cambiar de imagen, de estilo (¿de género?), para *unir a los argentinos*. Si las presentaciones de la ex presidenta reproducían las formas y estilos políticos clásicos (y pre-neoliberales), propios de los actos de masas, que proponían proyectos de sociedad, expresaban y distinguían intereses, daban argumentos, confrontaban; el empresario exitoso, Mauricio Macri, por su parte, hacía promesas de unidad y felicidad y llamaba a que "Cambiemos", con un estilo más acorde con la pos-política de la modernidad líquida, para decirlo en términos de Bauman (2002). En ese mismo tono, incorporaba demandas insatisfechas, como la construcción de jardines maternales, obras de infraestructura o necesidades de los jubilados.

Del relato al olvido de la historia

El término *relato* se había impuesto como impugnación sarcástica del discurso político del gobierno anterior y para distinguir lo que la Presidenta (o "el kirchnerismo") presentaba como "el proyecto" (puro relato, por lo tanto, irrealidad) de la *real realidad* que el relato de entonces encubría. Fantasía (el relato) que se exorcizaba por la verdad de la que era portador el nuevo equipo ("venimos con la verdad", en palabras de Mauricio Macri y sus equipos). La inaudita intervención del INDEC por un ex secretario de Comercio del gobierno anterior, en el año 2007, nunca corregida, daba pábulo a la descalificación y quitaba el sustento indispensable para la confrontación seria y bien fundada entre

---

[24]Sobre todo después de la muerte de su marido, Néstor Kirchner, a quien hasta entonces se tenía por el poder detrás del trono de la Presidenta y que, luego de su fallecimiento, fue reivindicado como quien había sabido sacar al país de la crisis, a diferencia de Cristina, culpable ahora de quebrar la unidad. A las pocas horas del fallecimiento, *La Nación* publicaba una nota de Rosendo Fraga titulada "Sin Kirchner, Cristina puede asumir el poder". Allí decía: "Hasta el último momento él se encargó de hacer evidente que era quien ejercía realmente el poder y no su esposa, la presidenta Cristina Kirchner...

[Ella] Tiene la oportunidad de modificar, rectificar, corregir, cambiar una serie de aspectos, estilos, orientaciones y políticas impuestas por su marido, que llevaron a una situación inédita, que un gobierno con la economía creciendo al 9% tenga la aprobación de sólo uno cada tres" (*La Nación,* 27-10-2010).

los diversos proyectos políticos, de bases y objetivos diferentes. Por lo tanto, *el relato* tenía en frente *la verdad* sin datos de Cambiemos, porque si las estadísticas oficiales eran increíbles, la verdad se demostraba por sí misma. Una intervención imperdonable y dañina llevó a desestimar y a frivolizar los saberes del Estado que, como todo saber, constituyen un régimen de inteligibilidad que organiza y representa de algún modo la realidad y su acontecer. Por eso mismo, los datos no pueden ser falseados, pues si así acontece, todo el régimen pierde credibilidad y eficacia y hace creíble el discurso de la verdad como pura revelación y cuestión de fe.

El relato que respalda y con que se presenta un proyecto político (cualquier proyecto político) no es una falsificación o una mentira, sino una necesidad de la disputa en el campo específico de la política. Un relato presenta alguna visión de la realidad que, sobre todo, sigue alguna línea histórica (con sus próceres y padres fundadores) y enraíza el proyecto o las metas que ofrece, en alguna tradición que le da sentido y en la que se eslabonan los acontecimientos significativos hasta el presente y su proyección hacia el futuro.

En consecuencia, podría decirse que no hay proyecto político que no conlleve un relato, al mismo tiempo ideal y pretendidamente verosímil, que remite al pasado y se proyecta al futuro, que distingue pertenencias, delimita el "nosotros". Por eso, podría decirse también que el discurso que avala el proyecto de Cambiemos carece, propiamente, de un relato, porque carece de profundidad histórica y no porque tenga algo que ver con verdades objetivas.

Vale reiterar lo que estamos diciendo y es nuestra propia interpretación de este discurso político. Sostenemos que un relato narra (relata) una *historia en la que hay antecesores ("próceres" y padres de la patria), rememora algún pasado glorioso o heroico al que el futuro ofrecido no puede decepcionar; el relato eslabona las metas a los acontecimientos significativos de esa tradición.* En el discurso político de Cambiemos no se narra una historia, propiamente. El pasado se evoca con una carga negativa (la "pesada herencia" cada vez más abarcativa) y, contrariamente, se convoca a olvidarlo, a dejarlo atrás, al punto de que los próceres que ilustraban los billetes fueron reemplazados por figuras de animales.

> En su visita a Jujuy el Presidente afirmó que "por primera vez en 100 años", Argentina "comienza a caminar" (*La Gaceta,* de Jujuy),

> 03-02-2018) [Que la inflación] "nunca más sea un instrumento de la política como lo fue en los últimos 70 años [...] Vamos rumbo a un increíble futuro" (Discurso de apertura de las sesiones ordinarias del Congreso de la Nación. *La Nación*, 01-03-2018).

Los acontecimientos históricos son desestimados (los cien años previos a Cambiemos son olvidables) o verdaderamente ignorados por sus líderes, poco dispuestos a convocar en torno a ellos actos masivos y populares. Los actos de celebración de los hitos de independencia rememoran un pasado sin gloria y se volvieron formales y, en algún sentido, privados (de las autoridades y sus familias) y carentes de la emotividad que reactualiza los sentimientos de pertenencia.[25]

En resumen, el proyecto político de Cambiemos se sostiene en una proclama fundacional, sin historia, porque la historia comienza con Cambiemos, y sin una tradición de donde emane el sentido del "futuro que nos merecemos los argentinos" (según reitera habitualmente el Presidente) y lo hilvane a un relato más heroico que la "vuelta al mundo" de los negocios, de las finanzas o del glamour, como veremos enseguida. Esa ausencia se corresponde con la política de la despolitización de un antes que, a la inversa, estaba saturado de historia y recargado de símbolos; y es su contracara más liviana y, también, más trivial.

La realidad en el discurso político

Remitirse al futuro, aunque sea (o principalmente) por un puñado de expectativas más o menos vagas (la lluvia de dólares, la pobreza cero o porque "vamos rumbo a un increíble futuro") en detrimento de la historia y sus procesos, sirvió por esos primeros años de la campaña y de gobierno, para no hablar de política, evita dar las razones fundadas de las medidas de gobierno (qué se hace, cómo se hace, con qué consecuencias) y soslayar el conflicto social.

En esas promesas, sin sustento empírico ni práctico, junto con las alusiones a la felicidad, resuenan los modos y contenidos de las nuevas formas de espiritualidad contemporánea que, junto con la estética

---

[25] En su discurso por el bicentenario de la independencia, ofrecido en Tucumán, el Presidente señaló que "Los ciudadanos que declararon la Independencia no eran superhombres. Seguro tuvieron miedo y angustia". Durante el acto celebratorio compartió su sitio, además de con su familia, con el Rey de España (*La Nación*, 09-07-2016)

festiva de los actos de campaña (nunca de masas) completaban la puesta de la nueva política. Una puesta en escena alejada de los actos políticos clásicos y masivos que manifestaban la adhesión militante a los partidos tradicionales. Una puesta nueva en toda su línea, porque tampoco se asemeja al discurso tecnicista de los neoliberales de los años 90.

Por entonces, la adhesión emocional la convocaba la figura del presidente Menem y su pertenencia al movimiento peronista; pero la presentación y representación de la realidad material correspondía a los economistas (clásicos y ortodoxos) y a su exclusivo saber, que daban a conocer "cómo era tal realidad" con datos econométricos de difícil comprensión y refutación para el lego. De esa disputa solamente participaban con legitimidad estos profesionales, pero no otros saberes ni otras disciplinas, confinadas a "los que no entienden de economía". Los *think thanks* tenían la palabra y sus investigadores (economistas) eran figuras populares en los medios masivos, donde presentaban sus cuadros y datos como la manifestación científica de la realidad.

No es el caso de esta novedosa puesta de la política, ya que su presentación discursiva pública hace caso omiso de la realidad empírica o de cómo son los hechos o cuáles los acontecimientos. Verdad y realidad van por caminos paralelos y los datos empíricos –sean como fueren construidos– son irrelevantes, principalmente en las alocuciones e intervenciones del Presidente, lo que no debe interpretarse como simple mentira, sino como indiferencia estratégica. Una indiferencia estudiada (coacheada), incluso en las propias presentaciones de los ministros ante el Congreso de la Nación, aunque también se corresponda con el estilo desaprensivo del Presidente. Así, por consejo o por desaprensión, en ocasión de su visita a España y en un discurso ante empresarios, Macri afirmó que "bajamos drásticamente la inflación", justo cuando el INDEC anunciaba que había trepado al 40%, luego de la primera devaluación y aumento de los servicios básicos.

En nuestro país es más reciente la incorporación de especialistas que tienen la función de entrenar a los políticos, cuya labor trascienda al público y que, además, integren formalmente el equipo de gobierno. Pero de sus intervenciones se obtiene la lógica política de esta estrategia de indiferencia. Esto dice Alejandro Rozitchner, quien dispone de puesto y oficina cercana al despacho del Presidente:

> Hay especialistas que hacen el seguimiento de temas más duros, los que tienen necesidad de datos, vinculados a la Fundación Pensar. Es un equipo joven. En general, no manejamos muchos números en el discurso de Mauricio, se trata más bien de aclarar ideas de fondo. (*para eso*) Se creó una nueva dirección, que depende de Marcos Peña, secretario general de la Presidencia (*La Nación*, 31-01-2016)

Esta manera de comunicar/se no es mera improvisación sino resultado de una elaborada estrategia que evita hablar de la realidad y de política, al tiempo que reafirma decir "la verdad". Una verdad en la que se puede (debe) creer, pero no habrá con qué probar, porque sus contenidos deben quedar fuera de la comunicación. En 2015 trascendía públicamente cómo se preparaba a los equipos de campaña:

> "No expliques nada", le habría recomendado, entre otras cuestiones, Durán Barba al futuro presidente del Banco Central, Federico Sturzenegger, quien luego incorporaba estas indicaciomes a sus propias clases, en la Universidad de Columbia."Si vos explicás qué es la inflación, vas a tener que decir que la emisión monetaria genera inflación, que entonces debería reducirse la emisión y que si hacés eso tendrías un ajuste fiscal donde la gente va a perder su trabajo y eso no queremos que lo digas. Cuando seas gobierno hacé lo que vos creas, pero no lo digas ahora en medio de un debate", replicó el ecuatoriano."¿Entonces qué digo?", reclamó Sturzenegger" Decí que están mintiendo (los demás) con la inflación o decí cualquier cosa; hablá de tus hijos", habría sido la respuesta del consultor, en 2013, cuando el aludido Sturzenegger debía enfrentar un debate con Martín Lousteau y Carlos Heller (*Clarín*, 29-07-2015).

El sujeto del discurso político.
Del nosotros al vos en la hora de la felicidad

¿Qué deconstruye y qué se reconstruye en el discurso PRO-Cambiemos?

> La Argentina ha vuelto al diálogo. Los funcionarios de mi gobierno y yo personalmente seguimos tocando el timbre para escuchar directamente lo que la gente nos tenga para decir (*sic*). La política misma tiene que cambiar para representar ese cambio que ya está en la sociedad. (Discurso del Presidente, en la apertura de las sesiones ordinarias del Congreso Nacional (*Clarín*, 01-03-2017).

El sujeto al que se dirigen las alocuciones del Presidente y funcionarios no representan nunca colectivos sociales. Ellas no incluyen sustantivos que nombren, convoquen o interpelen a sujetos sociales reconocidos por alguna identidad derivada de sus intereses, necesidades y derechos comunes y, menos, contrapuestos o en tensión con otros. No hay trabajadores, ni siquiera pobres, a quienes se dirijan, pues la "pobreza (cero)" operó un borramiento de quienes viven bajo esa condición. Así, los interlocutores son siempre particulares sin pertenencia, identificados por una locación residencial que borra la desigual ocupación del espacio urbano (los vecinos) y el vocablo que interpela a los oyentes es un impersonal: "la gente". "La gente" resulta un conglomerado difuso del que no forman parte quienes hacen ver sus necesidades y demandas ocupando espacios para sus trabajos informales o marchan por planes sociales o instalan sus ollas en los alrededores de Plaza de Mayo. Estos "molestan a la gente". Así, "la gente" es la clase o presupone una "clase de gente", y en ese sentido, es un colectivo imaginario "universalizado", formado por "cada uno" de los que "juntos podemos", pero no por quienes reclaman.

Lo dice con más precisión, nuevamente, Rozitchner, quien participa de la redacción de los discursos presidenciales:

> Con la gestión del presidente Mauricio Macri "el sujeto nacional deja de ser la masa y pasa a ser el ciudadano, la persona". "No lo inventamos nosotros, somos los que lo estamos poniendo en práctica. Hay un giro de época en ese sentido…. Da lugar a una situación a mi gusto infinitamente más sana y realista", cita *La Nación* una intervención de Alejandro Rozitchner en diálogo con Vuelo de regreso, *La Nación* en el aire, programa de FM 106.7, Milenium, 27-05-2016

Cierto, no es un invento PRO, pues *la gente* se distingue de quienes no son *la gente* en el uso corriente, o de quienes pueden ser *esa gente* indeseable.

En plan de ser más sanos y realistas, el discurso político se vuelve un discurso pueril, principalmente en boca de sus líderes (el Presidente y la Vicepresidenta), lo que no quiere decir ideológicamente inocuo, sino al contrario, pues es expresivo y reproduce el sentido común más llano, que sus comunicadores llevan hasta la grosería en los medios de comunicación. Sigue Rozitchner:

> "Macri plantea el liderazgo de un Estado menos ideológico y más real"
> – "Nosotros creemos que izquierda y derecha no son términos relevantes. Al votante no le importa eso, se da cuenta de que no son términos reales. Es mucho más relevante la diferencia entre viejo y nuevo que entre izquierda y derecha, es el siglo XXI y el siglo XX. Mauricio plantea el liderazgo de un Estado menos ideológico y más real, al servicio de la gente (*La Nación*, 31-02-2016).

Liviandad y optimismo y la convocatoria a ser felices, vinieron a reemplazar los ceños serios y profesorales de los comunicadores del entorno presidencial durante el gobierno de Cristina Fernández y sus propios discursos, versados en todos los temas de gobierno, a veces eruditos y casi siempre combativos, que le valieron ser *la loca* en el discurso misógino de los comunicadores y de las redes sociales.

> Este Gobierno tiene un rumbo muy claro: ha hecho un montón de cosas porque es como Batman y va a seguir haciendo un montón de cosas porque todo va a salir bien (Rozitchner, en Animales Sueltos, programa televisivo que conduce Alejandro Fantino. *Perfil*, 20-03-2017).

En su lugar, las promesas de buenaventura alimentaban la expectativa de una vida más tranquila (sin tanto combate, sin miedos, sin inseguridad, sin crisis, sin inflación y sin pobreza). Una promesa vacua y tranquilizadora de que *"todo va a salir bien"*, a cargo de un super héroe que venía a poner "las cosas en su lugar" sin pedir más que "trabajar todos juntos".

> No creemos en los liderazgos mesiánicos. Vinimos a la política a aportar soluciones, dialogando y trabajando juntos. Sigamos colaborando unos con otros. (Presidente de la Nación, Discurso de apertura de las sesiones ordinarias del Congreso de la Nación. *Clarín*, 01-03-2017)

La omisión de algún sujeto o identidad colectiva y su reemplazo por individuos particulares convocados a juntarse y la alusión a un conglomerado amorfo como destinatario de la acción estatal en la comunicación política, deconstruye la política como "ordenamiento de una sociedad dividida" (Lechner, 2008:8) para reducirla a tarea comunitaria o de club de amigos, menos aún que "una acción fundamentalmente instrumental" (*ibid*: 7). No obstante, esa función le está reservada a "los equipos" de los que se ufana el Presidente, pero su convocatoria a "trabajar todos juntos" escamotea el hecho de que "las soluciones aportadas" (por los mejores equipos) son decisiones políticas que conllevan beneficios y perjuicios que afectan desigualmente a los conjuntos sociales, diluidos en la gente o dejados fuera de ella, pero de eso no se habla.

La publicidad de la vida doméstica

La despolitización de los asuntos públicos –de la cuestión social, principalmente– operó también por otra vía: la publicidad de la vida doméstica del Presidente y la recuperación del papel de primera dama de su esposa. Y conectada a su figura, la relación con figuras de la nobleza europea, expuesta como parte de la "vuelta al mundo" de la Argentina. Un papel que tiene otro matiz político-cultural cual es la proposición de un modelo de femineidad a través de la imagen pública de esposa ejemplar, pero no tradicional. En tiempos de efervescencia feminista y emprendedorismo, representa a una mujer a la vez emprendedora (aunque su marca –Awada, a la que sumó Cheeky, para niños– es herencia de la empresa familiar) y también hogareña, que acompaña a su pareja públicamente, pero sin participar del debate público con voz propia. No obstante, en el portal oficial tiene un sitio de "Actividades de la primera dama" y se muestra en tareas filantrópicas (ver capítulo 2).

Desde el matrimonio de Mauricio Macri con Juliana Awada, siendo él jefe de gobierno de la ciudad, se fue intensificando el protagonismo de ella y luego, de la pequeña hija de ambos, con una inusitada exposición pública desde la campaña presidencial y luego, en los más diversos foros políticos locales y del exterior.

Algunos medios y revistas de consumo popular (*Hola!*, por ejemplo cuyas notas sintetiza lanacion.com) difunden los actos protocolares y giras presidenciales destacando "el look de la primera dama" para la ocasión, la presencia de la niña o las efusivas manifestaciones de afecto, aún en eventos internacionales formales, como una Asamblea de Naciones Unidas.

Epígrafe de sendas fotos en los actos del Bicentenario, en la ciudad de Tucumán:

> La primera dama eligió a Gino Bogani para que diseñara su traje en este día histórico: vestido manga corta de línea clásica y tapado de crêpe de lana, con doble cuello, ribeteado con micropasamanería de 9 milímetros (Crédito: Fernando Font, Presidencia y agencias).

> El palco de honor en San Miguel de Tucumán. Juan Carlos de España saluda con gesto tierno a Antonia, antes de que comience el desfile cívico-militar. Como dos gotas de agua, Juliana y su hija menor observan el paso de los militares sobre la avenida Mate de Luna con el mismo gesto (sus manos entrecruzadas) Crédito: Fernando Font, Presidencia y agencias (*La Nación*, 12-07-2016)

> NUEVA YORK (Enviado especial). Antes de ofrecer su discurso en la ONU, el presidente Mauricio Macri fue el centro de todas las miradas: su esposa, Juliana Awada, le deseó suerte con un beso y la imagen circuló vertiginosamente en los sitios y en las redes sociales. Incluso, la foto fue difundida por la Presidencia" Se incluye la foto con el siguiente epígrafe: "El beso de Mauricio Macri y Juliana Awada antes del discurso ante la ONU" El beso de Mauricio Macri y Juliana Awada antes del discurso ante la ONU (*La Nación*, 21-09 2016 – Enviado especial).

No es a través de Juliana el único modo de llamar la atención en lo doméstico. Una buena parte de la comunicación política estuvo centrada en la vida doméstica del Presidente, mostrándolo en su faceta familiar y de padre y esposo amoroso. Así, se lo vio en sus cumpleaños, armando los arbolitos de Navidad con la niña o contando intimidades. Es que, como informaba *La Nación*, en Presidencia se creó una subsecretaría especial que, en 2016, disponía de "un presupuesto de $ 163 millones" y contaba con treinta personas cuidando las distintas cuentas que tienen en las redes el Presidente y su esposa.

> Dentro de la órbita del secretario general de la Presidencia, Fernando de Andreis, trabaja otro equipo de seis personas al mando de Julián Gallo, consultor de estrategia digital y redes sociales de la Presidencia de la Nación. Ese grupo se dedica exclusivamente a las cuentas de Mauricio Macri y Juliana Awada, que, lejos de ser manejadas por sus protagonistas, son cuidadas por expertos. Gallo es, por ejemplo, quien viraliza las actividades oficiales del Presidente, pero también quien piensa las fotos distendidas con Antonia (*La Nación*, 10-10-2016).

Esta publicidad de la vida familiar, que incluye, por ejemplo, reformas en la Quinta de Olivos, donde se cambiaron los paredones que la rodeaban, por rejas que permiten ver su interior, va en línea con los cambios culturales profundos en los límites de la privacidad que se suceden desde hace décadas y se profundizaron y aceleraron con las redes sociales. Pero llevan, además, otro mensaje político cual es la confrontación, en esos términos en apariencia no políticos, con su antecesora en la Quinta y la presidencia de la Nación. Los atributos de la femineidad de Awada como primera dama se imponen como contraste a la ex Presidenta que, además, cuando su esposo ocupaba el cargo se negó a ese título y papel. Era, entonces, senadora y prefirió ser considerada primera ciudadana.

La imagen de Cristina Fernández se impone indirectamente en aquellos mensajes como una mujer despojada de los atributos de femineidad y, para colmo, "sola".[26]

> La mudanza de Mauricio Macri a la quinta de Olivos está programada para la segunda mitad de febrero y sus colaboradores trabajan contra reloj para alistar el lugar [...] hasta imprimirle "calor de hogar" al nuevo espacio. "Hay que pensar que durante muchos años vivió allí una mujer sola, con la dinámica que eso implica... ", dijo a *La Nación* un alto funcionario de la Casa Rosada al tanto de las obras. "Ahora se va a insertar una familia, y hay que acomodarla a ese nuevo esquema", agregó (27-01-2016).

Si la negativa de la ex Presidenta a ser la primera dama para ser primera ciudadana cuando Néstor Kirchner fue presidente expresaba la participación política autónoma de las mujeres (que se rescataría también en algunos actos simbólicos, tal la reivindicación de figuras históricas como Juana Azurduy)[27], la política de exposición de la vida familiar privada del Presidente Macri se apoya en "el magnetismo de una primera dama" que, por un lado, restituye la figura fuera de época de esposa que acompaña, pero también, la de una mujer moderna que no pierde la compostura. No se trata de la esposa sumisa y oscura, sino una súper mujer (madre, moderna, elegante a más no poder, empresaria y hasta

[26]En su edición del 17 de diciembre de 2015 la revista *Noticias* ilustró su tapa con un grupo de "monjes" con las caras de Ricardo Lorenzetti, Daniel Scioli, Mauricio Macri, Sergio Massa, Hugo Moyano y Héctor Magnetto, en primer plano y detrás, la figura de la ex Presidenta, encadenada a un poste de madera y en llamas, como las brujas del Medioevo. El tema era el pacto para que Cristina no vuelva nunca más. Arriba, a la izquierda y como un escudo de marca circular, se encierra el adelanto de otro tema de ese número: "Olivos by Awada. Sus reformas a la Quinta".

[27]La estatua de Juana Azurduy, elevada a Generala por un decreto del PE de 2015, fue emplazada detrás de la Casa de Gobierno, en el lugar que ocupaba el monumento a Colón desde 1921. De allí fue removida en septiembre de 2017 para la construcción del Paseo del Bajo y colocada en la Plaza del Correo.

filántropa) aunque detrás y sosteniendo al primer mandatario. Bella, siempre sonriente, con su beba a upa y tomando la mano del marido, no hace olvidar a la empresaria de la moda y a la marca "Awada", sino que es la imagen de la consigna PRO del "sí, se puede" ser, para el caso, una super mujer que no pierde la elegancia ni la "femineidad" ni la "vida normal". Un modelo de mujer actual que, sin embargo, ocupa su lugar, porque su estilo, belleza y elegancia son parte del éxito de su marido, de lo que él ha sido capaz de conquistar, además de la presidencia.[28]

Por un lado, esa imagen contrasta con la fortaleza, masividad y presencia pública permanente que cobró el movimiento de mujeres, por otro, no deja de ensamblar con una cierta cultura popular femenina que se entusiasma con la comparación de "nuestra primera dama" con las reinas (de España o de Holanda) y con las fotos de la niña o los besos y arrumacos de la pareja presidencial, en los que el Presidente exhibe a su mujer como trofeo y las notas resaltan su elegancia más que los resultados y efectos sociales de la política internacional. Una cierta cultura popular que festeja el día de la mujer como festeja el día del niño, con regalitos incluidos. Mujeres trabajadoras, que se ganan la vida cada día, que a diferencia de Juliana se les mancha la ropa con la comida de los hijos o cuidan a sus padres decrépitos y pierden la elegancia a cada rato, pero se enervaban con aquellas que adhieren al paro del 8 de marzo.

Vimos hasta acá algunos recursos por los cuales en el discurso político la cuestión social (y los asuntos públicos) pierden centralidad y cualidad de asuntos políticos. Vemos a continuación cuáles son los tópicos de reemplazo.

2. Repolitización y rearmado del campo problemático: miedo, inseguridad, crisis y desorden

Entre los riesgos y las incertidumbres propias de las condiciones de la vida en la sociedad (la inseguridad intrínseca a la economía capitalista y sus crisis, la inestabilidad de la economía local, las amenazas de las

---

[28] "La consolidación de una primera dama" es el título de una nota que dice: Le devolvió a la Quinta de Olivos la calidez de hogar, brilla como anfitriona y asegura que no tiene aspiraciones políticas… "Magnética" fue el adjetivo que reconocidos medios internacionales, como *¡Hola!*, *Vogue* y *Harper's Bazaar*, eligieron para calificar a la primera dama argentina que conquistó al mundo con su frescura, simpatía y estilo chic sin esfuerzos" (*La Nación*, 09-11-2017).

redes contemporáneas de delincuencia, como el narcotráfico) y el miedo (a esos riesgos y amenazas), se instala la manipulación política del miedo o alguna política del miedo. Si no la invención de los peligros e incertidumbres, sí la instalación y la incentivación del miedo a peligros sobredimensionados."El miedo es constitutivo de la autoridad política" dice Payre, (2016: 12) en la Presentación del libro de Boucheron y Robin, titulado, precisamente, *El miedo*. Pero, como allí dice Robin:

> Aunque muchos piensan que las emociones individuales de la población determinan las políticas que pone en práctica el gobierno, yo no comparto esa certeza, ya que aun suponiendo que cada ciudadano tuviera la experiencia del miedo, este no podría explicar las políticas adoptadas. Una población bajo el influjo del miedo igualmente podría convencer a los que la gobiernan a practicar una política que refrene este miedo y no que lo atice. No es el miedo el que modifica las medidas políticas sino la propia política [...] La unidad del miedo no es pues, un artefacto de la psicología de masas; es un proyecto político que se elabora a través de las autoridades, la ideología y la acción colectiva (Robin, 2016: 36-37).

Empezamos por esta cita porque la estrategia política de despolitización por los medios descriptos antes, se completa por otro movimiento de repolitización y de recreación de problemas que permitieron articular la oferta política y las demandas sociales (aquello que le "preocupa a la gente"). Una estrategia en la que el "miedo" se constituyó en articulador y en núcleo de un as de problemas a los que la nueva política daría soluciones drásticas. Inseguridad, desorden y crisis devinieron en verdaderos "problemas sociales"que pueden reconocerse por ser dañinos de la vida cotidiana, o cercanos de la experiencia de los ciudadanos, porque se presentaron como principal amenaza de esa totalidad amorfa que, como decimos antes, era (es) "la gente". Inseguridad y desorden se problematizaron y fueron objeto de las ofertas electorales en competencia, centralmente hasta 2015, en tanto que "la crisis" se presentó como virtualidad y justificación de las medidas que venían a conjurarla, una vez asumido el nuevo gobierno[29]. Mientras que "la pobreza" y "la

---

[29]Una aclaración: también "la corrupción política" se presentó como aquello que el nuevo gobierno desterraría de raíz y sin contemplaciones. Pero la corrupción no genera miedo, sino indignación; no toca a la vida cotidiana, como puede ser un asalto, una hiperinflación o una crisis económica profunda como

inflación" se habían tratado con liviandad (su superación ocurriría no más tener la banda y el bastón de mando y abrir todas las compuertas al mercado), inseguridad, desorden y crisis se trataban en el tono grave de aquello en lo que se pondría el empeño y la fuerza, sin tolerancia alguna. Estos problemas no admitían las bromas habituales del Presidente, sino su tono serio y la dureza de su ministra de Seguridad.

> El año pasado mi hija estuvo todo el año afuera del país. La extrañé muchísimo, pero me dio tranquilidad porque había una menos de qué preocuparme… En diálogo con radio Vorterix y radio La Red, el jefe de gobierno porteño reclamó por la inseguridad, habló del accionar de la Justicia y dijo que "así no se puede vivir". Macri también habló de las golpizas a delincuentes. "Lamentablemente, la gente reacciona de esta manera, que no es la adecuada. Es la consecuencia de 30 años de mala política que nos han llevado a esta ausencia del Estado nunca vista, con delincuentes que salen y entran de las cárceles", declaraba Macri cuando se proponía ser Presidente (*La Nación*, 03-04-2014).

Y ya en el gobierno, se dedicó a insistir en la amenaza que faltaba: "la quinta crisis terminal de los últimos 50 años" (*La Nación*, 02-12-2016), en la que insistiría sobre todo desde la segunda mitad de 2016, cuando las economías de los hogares trabajadores se veían afectadas por la suba de los servicios públicos y la consecuente inflación a la que, sin embargo, decía haber contenido, anotándose "el principal logro de su primer año en el gobierno (ver la misma nota).

Cuando el miedo se instala en la conciencia colectiva se puede perder capacidad crítica para reconocer el real alcance de los peligros y para prevenir los riesgos de manera razonable para alcanzar un estado de seguridad común. Por el contrario, el miedo conduce a creer en las ofertas de seguridad de quien dice tener el valor, la fuerza, los medios y/o las armas para enfrentar y eliminar los peligros (o a los peligrosos).

> Si se reflexiona acerca de las promesas electorales, que garantizan una vida mejor para todos por medio de mayor flexibilidad de los mercados laborales, libre comercio, condiciones más atractivas para los capitales extranjero, etc. se puede vislumbrar la amenaza de más inseguridad y más incertidumbre por venir. [Pero entonces el poder del Estado] puede ejercitarse luchando con "mano dura" contra el delito,

en 2001. A este miedo como sentimiento subjetivo porque "no se puede vivir", porque "nos están matando a todos", etc., nos referimos acá.

construyendo más cárceles, poniendo más policías en servicio, siendo menos indulgente con los convictos y más con los sentimientos populares, haciéndose eco de la regla que afirma que una vez criminal, criminal para siempre (Bauman, 2001:60).

Bauman no se refería a la Argentina ni a Cambiemos, sino a un régimen cultural-político-económico, en el que sí se inscribe el proyecto político que éste lleva a cabo. Cuánto más miedo, más se justifican y se demandan acciones inmediatas y contundentes que protejan de las amenazas, aunque esas acciones resulten peligrosas para los virtuales damnificados que se sienten amenazados y pueden ser, así,víctimas del rigor indiscriminado. Los ejemplos abundan, pero siempre parecen insuficientes: la portación de armas, la justicia por mano propia y el llamado "gatillo fácil" de las fuerzas mandadas a proteger de los peligros, muestran que nadie está exento de ser víctima, no solo del delincuente, sino también de la bala destinada a éste o del posible error de ser confundido y/o acusado injustamente.

El miedo impide caracterizar y dimensionar los riesgos, discriminar los peligros, distinguir a los afectados y los grados de afectación, evaluar las cualidades de los medios e instituciones destinadas a prevenir los riesgos o minimizar los peligros. El miedo simplifica el problema y exige acciones y soluciones drásticas. Y:

> [...] hacer temer, en vez de hacer creer –sin hacer comprender nunca nada–, esa es seguramente la mejor forma de hacerse obedecer (Boucheron, 2016: 31)

Por cierto, como hallan los autores citados, el miedo es constitutivo de la autoridad política, porque cada proyecto ofrece conjurar alguna amenaza, real o virtual. En las últimas décadas, la disputa política puso en el centro de la escena un conjunto de situaciones amenazantes y peligrosas. El regreso del neoliberalismo de los 90 fue esgrimido como amenaza en la estrategia del oficialismo hasta 2015, evocando la desocupación y las privatizaciones de servicios públicos y del sistema jubilatorio que caracterizaron a ese período. En los términos de Castel (2010) se trataba de conjurar *"riesgos sociales"* como hallarse desamparado frente a la pérdida del empleo o sin ningún trabajo, o cuando la edad o las enfermedades llevan a las personas a ser dependientes. Sin embargo, esas "amenazas" (los riesgos sociales) perdieron la partida frente a estos otros peligros: el de la inseguridad, provocada por la droga y el narcotráfico, pero pronto representada por los "pobres peligrosos" y la inmigración indiscriminada; y el de la crisis terminal que se avizoraba por la irresponsabilidad de los populistas, el clientelismo político y el descontrol del consumo popular (o por todo aquello que pretendiera conjurar riesgos sociales).

La inseguridad de la gente

"Una de las principales responsabilidades del Estado es cuidar la seguridad de los argentinos. Nos encontramos con un Estado débil, con Fuerzas de Seguridad mal equipadas, mal remuneradas, mal entrenadas y mal tratadas. Un Estado con poca o nula capacidad de investigar y prevenir. Entre la incompetencia y los traumas ideológicos, casi todas las políticas de seguridad de los últimos años, han sido un fracaso. Es por eso que los argentinos hoy tienen miedo y se sienten desprotegidos....Tenemos un muy preocupante panorama en materia de violencia, crimen, tráfico de drogas y de personas, producto de estas malas políticas. La seguridad no es una sensación, es un flagelo que ha sido negado sistemáticamente, generando otra violencia: la verbal, la denigración de sentir que el Estado no solo no te cuida, sino que te falta el respeto [....] Los argentinos juntos podemos lograr superar cada uno de estos problemas. No estamos condenados a vivir mal, a vivir tensos, a vivir con miedo e inseguridad [....] Quiero una Argentina unida y lo mismo me decían todos aquellos argentinos que me abrieron las puertas de sus hogares, que me abrieron sus corazones, que compartieron conmigo sus dudas, sus miedos y sus angustias. Como [...] esos padres, que no podían conciliar el sueño hasta que sus hijos volvían a casa por la inseguridad en la que vivimos". (Palabras del presidente Mauricio Macri en la 134° apertura de sesiones ordinarias del Congreso de la Nación el 01 de marzo de 2016).

Como pudo verse rápidamente, la amenaza de todos los flagelos que enumeraba el presidente encontraría un lugar en el espacio físico y social: indiscriminadamente, se encontraba en las villas y asentamientos y se representó por los pobres peligrosos sobre los que recayó, a la vez, la culpa de la violencia experimentada en la vida social cotidiana. Al ritmo de que vivir en esos barrios se volvió paulatinamente más peligroso para sus ocupantes (Auyero-Berti: 2013; Auyero-Swistun (2008); Kessler: 2009; Sabarot: 2018), porque están despojados de las más básicas condiciones de salubridad e infraestructura urbana y porque la violencia se reparte entre grupos que compiten por el territorio y su monopolio, al margen del Estado o en complicidad con algunas de sus agencias, los pobres se volvieron las clases peligrosas (ver Capítulo 8), objeto de desconfianza, culpables por la creciente violencia de las sociedades contemporáneas. Una culpabilización que encubre el deterioro de la vida social que acompañó al capitalismo neoliberal pos bienestarismo y que invisibiliza la violencia institucional (o la cara oscura del propio Estado) y la inseguridad de sus propias vidas precarias y desprotegidas frente a los riesgos sociales.

Esta soterrada culpabilización es un riesgo que se agudizó en los años siguientes al triunfo de Cambiemos, porque se rompían las últimas resistencias al peligro que puede representar el propio Estado. La desigualdad, en la ideología de las nuevas autoridades, no es el problema porque para eso debería integrarse a alguna idea de sociedad (que no es lo mismo que "la gente"). Por eso, sus víctimas (esas clases peligrosas) no son más que escoria que hay que separar. En la línea del progreso, el asfalto y la prisión tienen la misma jerarquía, como dejan ver las palabras de un ministro de Educación, en las que la simetría cobra todo su sentido de ajenidad y ausencia de empatía:

> "El camino que hemos emprendido todos los días tiene un metro más de asfalto, una sala más, un pibe más que está preso", dijo Esteban Bullrich, cuando renunció al cargo de ministro de Educación de la Nación para proponerse como senador nacional por la provincia de Buenos Aires, cargo al que accedió con la mayoría de los votos y ejerce desde octubre de 2017 (*La Nación*, 08-08-2017).

La puesta en marcha de una política de seguridad que se propuso luchar contra el narcotráfico aumentó el control y la intervención de las fuerzas de seguridad sobre las poblaciones pobres de manera indiscriminada y justifica la rudeza de su accionar y el irrespeto de los derechos, en la seguridad y tranquilidad de "la gente" (por default, los que no viven en la villa). Los primeros actos de ese tenor se manifestaron en la extrema violencia de algunos operativos en villas de la ciudad de Buenos Aires en las que operan grupos delictivos.[30] Y hacia el final

[30] En febrero de 2016 se denunció el caso de niños de la villa 1-11-14 del Bajo Flores, participantes de una murga que ensayaba para actuar en el siguiente carnaval y fueron heridos durante un operativo de gendarmería en busca de autos robados. El director de la murga denunció el caso ante la Procuraduría de

de nuestro período de estudio, en lo que se popularizó como "doctrina Chocobar"[31] o la defensa ciega del accionar de las fuerzas de seguridad, bajo la consigna de que *"hay que cuidar a quienes nos cuidan"*. La ministra de Seguridad, Patricia Bulrich, defiende con ahínco esta postura, aunque no hay entre los muertos por las fuerzas estatales, traficantes o sicarios con los que se enfrenten.

Los otros peligrosos: la protesta social

La protesta social, manifestada en los cortes de calles por parte grupos con demandas puntuales, en las grandes movilizaciones policlasistas, por reivindicaciones comunes o conmemoraciones (el 24 de marzo, por el Nunca Más a un golpe militar)[32], fueron (son) acontecimientos característicos de las prácticas políticas en el país que suelen complicar la vida cotidiana en la ciudad de Buenos Aires, ya complicada por ser

Violencia Institucional (Procuvin) e hizo públicas imágenes fotográficas de las heridas con balas de goma recibidas por 16 niños y por él mismo. Oficialmente se informó de "dos gendarmes heridos" en el operativo, aunque claramente no podían ser los niños murgueros los causantes. No obstante, los gendarmes fueron visitados por la Ministra de Seguridad, que no avanzó en la investigación de lo sucedido con los menores (*La Nación*, 11-02-2016).

[31] La así llamada "Doctrina Chocobar" se desprende de la intervención de un policía de la provincia de Buenos Aires que intervino en un robo violento a un turista en el barrio de la Boca de la ciudad de Buenos Aires. El policía persiguió a uno de los ladrones y disparó su arma, hiriéndolo primero y matándolo por la espalda, cuando ya se había detenido. Esto dio lugar al procesamiento del policía, pero también, a la intervención del presidente de la Nación, que lo recibió en su despacho y defendió su accionar, igual que hiciera la ministra Bullrich y el secretario de seguridad de la Provincia. Esa actitud de las autoridades se reiteró en otros casos y se reafirma en la decisión política de "cuidar a quienes nos cuidan". Poco tiempo después, la policía de Tucumán mató a un niño de 11 años por no acatar la voz de alto y alejarse en la moto en la que se movilizaba con un amigo de 14 años, también herido en la ocasión. Estos son casos resonantes, pero no los únicos.

[32] Mientras tanto, el presidente redujo el significado del Nunca Más a su propia mirada simplificadora: a través de Twitter difundió un video en el que el Nunca Más al momento más oscuro de la historia argentina se transforma en "nunca más a la división entre los argentinos". "Digamos juntos nunca más a la división entre los argentinos, nunca más a la violencia institucional, nunca más a la violación de los derechos humanos", dice Macri mientras camina por uno de los pasillos de la Casa Rosada" (*La Nación*, 24-03-2016).

centro de una dinámica urbana intensa. Las manifestaciones, a la par que muestran el descontento de algunos, los enfrenta con sus otros habitantes y transeúntes, que ven más entorpecido su desplazamiento por la ciudad, no tanto a las clases altas, probablemente menos afectadas, sino principalmente a la propia población trabajadora, cuando se trata de movilizaciones parciales o de algunos sectores. Un problema social general y de convivencia que pasó de la tolerancia (y el acompañamiento, en algunas manifestaciones) durante el gobierno del FPV, a incorporarse a los "desórdenes" que alteran la tranquilidad de "la gente", incluyendo "elementos peligrosos". "Piquetes y cortes: ciudades sitiadas", titulaba *La Nación* una nota del 11 diciembre de 2016:

> Sólo en la ciudad de Buenos Aires se registran unos 50 piquetes por mes (…) Con el cambio de gobierno se renovaron las esperanzas de que volviera la tranquilidad a las calles, pero, por desgracia, ha pasado un año y eso no ha ocurrido aún. El desamparo ciudadano se siente cada vez más profundo.

Para entonces, había pasado casi un año de una de las primeras medidas del nuevo gobierno en materia de seguridad: la puesta en vigencia de un protocolo de actuación de las fuerzas policiales en las manifestaciones públicas, popularizado como "el protocolo antipiquetes", que no tuvo la eficacia esperada para controlar el descontento de una buena parte de la población, como se advierte en la queja de *La Nación*, pero sí habilitó la represión más violenta. Al año siguiente se registró en el sur del país, una serie de manifestaciones y cortes de rutas que tuvieron como protagonistas a las poblaciones mapuches, que reclaman por tierras que consideran que pertenecen a sus comunidades. El 1° de agosto fueron reprimidos por la Gendarmería Nacional, tras lo cual desapareció el joven Santiago Maldonado, tiempo después hallado muerto en un río como consecuencia de estos eventos. El caso no fue debidamente esclarecido y al fin de ese año, otro joven (Rafael Nahuel perteneciente a la comunidad mapuche) fue también asesinado, presumiblemente por un prefecto y por la espalda.

El caso dio lugar a dos movimientos contrapuestos: una importante movilización social, liderada por los organismos de derechos humanos, reclamando la aparición con vida del joven militante, de la que resultaron detenidas e imputadas alrededor de 30 personas, en muy oscuras circunstancias que hicieron suponer la infiltración de la manifestación por policías de civil o por los servicios de inteligencia. A esta le siguió una "Marcha por la democracia" de apoyo al Presidente.

> En respuesta a esta "Marcha por la Democracia", el Presidente utilizó las redes sociales para mostrar lo que le generó la medida y grabó un video en el que felicitó a los ciudadanos por haberse expresado "desde el corazón, espontáneamente, sin que haya habido colectivos, ni choripán (*La Nación*, 01-04-2017).

> Las principales consignas que se escucharon entre el Obelisco y la Plaza de Mayo fueron "No vuelven más", dedicada al kirchnerismo con música de la marcha peronista, "Basta de piquetes", "Argentina, sin Cristina", "Sí se puede", "Democracia, democracia", "Ba-ra-del, dejate de joder". También se reclamó "Justicia por Nisman", "Los chicos a la escuela" y "Hay que cantar, hay que cantar, los piqueteros a laburar". Los carteles fueron grandes protagonistas de la marcha (*La Nación*, 02-04-2017)

El mismo accionar policial ocurrió a fines de ese año, cuando un gran número de personas (militantes, pero también sin adscripción política o social) se manifestaban frente al Congreso de la Nación para impedir la reforma de la fórmula de ajuste de los haberes previsionales (ver capítulo 3). Tampoco se salvaron las mujeres que manifestaban durante el día del paro internacional de mujeres el 8 de marzo. En todos los casos, el accionar policial fue desproporcionado y violatorio de los derechos ciudadanos y humanos.

Pero estas situaciones, principalmente las ocurridas en el sur, hicieron aparecer nuevos peligros por cuenta de dislocadas versiones echadas a andar por las autoridades del Ministerio, la diputada Elisa Carrió y comunicadores que alimentaron un discurso belicista. En una nota publicada en *La Nación*, el 7 de diciembre de 2017, los especialistas Andrés Malamud y Martín Schapiro escriben lo siguiente:

> Esta falsa noticia fue la más rocambolesca de una larga cadena (se refieren a la presencia en el país de Abdullah Ocalan, un independentista kurdo, preso en una isla turca desde 1999). Dos hechos quedaron en evidencia: primero, que hay periodistas que no chequean la información; segundo, que los servicios de inteligencia los utilizan para manipular la agenda pública. Y sobre los servicios hay dos posibilidades: o son burros o son perversos. Las opciones no son excluyentes, aunque cualquiera alcanza para tornarlos indignos de confianza. Sin embargo, de ellos proviene la información que alimenta a muchos medios de

comunicación y, aún más grave, al Estado argentino. El reguero de noticias falsas y vínculos brumosos tiene, paradójicamente, un objetivo prístino: asociar la acción de los grupos mapuches con el terrorismo internacional. Comunicadores, analistas y escritores alineados con el discurso oficial llegaron a relacionar las ideas de las organizaciones patagónicas con las de Estado Islámico (ISIS) de Irak y Siria.

La asociación de estas demandas con el "terrorismo" evoca eventos del pasado reciente en nuestro país (la violencia política) y, principalmente, el "terrorismo internacional", los ataques a la AMIA en 1994 y a la Embajada de Israel, en 1992. El gobierno de entonces, como ahora cuando promete al gobierno de EE.UU. "luchar contra el terrorismo", se involucra en conflictos internacionales ajenos al país y a la región. Asimismo, las oleadas separatistas en algunos países europeos sirvieron para justificar la intervención armada en un conflicto por el acceso a los territorios ancestrales.

Por último, la protesta por demandas sociales o de resistencia ante decisiones que hacen retroceder derechos, portaron otra culpa: ser una de las causas que impiden la llegada de las inversiones externas que había prometido el Presidente como "lluvia de dólares" durante su campaña para el cargo.

En la interpretación de *La Nación*:

> *Para Macri, los conflictos afectan la llegada de inversiones.* En el cierre de su viaje a Holanda, se mostró optimista por la recepción que tuvo de los empresarios, pero reconoció el efecto negativo de las protestas sociales

> –¿En este contexto influye lo conflictiva que está la calle en la Argentina, los paros y protestas?

> –Todo influye, porque acá lo que está en discusión es si este cambio cultural es producto de una decisión de los argentinos o solamente de la decisión de un presidente. Les digo a todos que por supuesto no soy el dueño del cambio, sino el resultado del cambio que decide la gente. La mayoría entendió que es un largo camino que nos lleva a una mejora permanente que terminará algún día con los excluidos en la Argentina y habrá oportunidades de desarrollo (*La Nación*, 29-03-2017).

La crisis terminal

Finalmente, el otro peligro: la "crisis terminal" apareció amenazante en el horizonte, cuando no se la había advertido o, por lo menos, no se había advertido su peligrosidad. La instalación de la amenaza de la crisis terminal resultaba, en realidad, ajena a la experiencia inmediata de la población. Aunque los problemas de inflación habían persistido y aumentado en los últimos años y aunque se mantenía un "núcleo duro" de pobreza (como se denominaba entonces a su persistencia) durante el gobierno anterior, los esfuerzos por sostener la ocupación y el consumo interno permitieron el acceso popular a bienes y servicios a través de varias estrategias de política económica y social (subsidio a los servicios públicos y al transporte, medicamentos sin cargo para los jubilados, facilidades para el acceso a créditos, ampliación de programas sociales, funcionamiento de las paritarias) mantenían distanciada la economía de los hogares de los problemas estructurales de la macroeconomía, a los que se enfrentaba con medidas cuyo impacto en las clases medias con capacidad de ahorro y de consumos como el turismo externo, se magnificó.

Pero el peligro de la crisis tanto evocaba los *estallidos* no muy lejanos y que permanecen en la memoria histórica (la hiperinflación de 1989-90 y de 2001) como remitía a la larga crisis económica y política de la Venezuela de Nicolás Maduro que, en la representación dominante, conjugaba escasez, violencia social, corrupción y dictadura. Así lo decía el Presidente:

> Yo me siento feliz y contento con lo que hemos logrado en estos dos años, sobre todo teniendo en cuenta el punto de partida. *Estábamos al borde de llegar al lugar de Venezuela, al borde de una crisis como la de 2001* (*Clarín*, 04-12-2017).

> El presidente Mauricio Macri participó de la apertura de un debate en el hotel Sheraton de Retiro, organizado por la Fundación Círculo de Montevideo. Los convocantes fueron los expresidentes Ricardo Lagos (Chile), Julio María Sanguinetti (Uruguay), Fernando Cardoso (Brasil) y Felipe González (España). En la ocasión se explayó: "Lo de Venezuela vale para entender lo que pasó en la Argentina, porque no hay dudas de que caminábamos en esa dirección, destruyendo los equilibrios institucionales, la libertad de prensa (*Página /12*, 11-05-2017).

Así constituida la amenaza de la crisis, se impuso al tratamiento razonable de los problemas estructurales que en el último lustro se manifestaban en un bajo crecimiento de la economía local y el empleo privado, pero menos en el consumo popular por las medidas de política económica y social que paliaban los problemas a ese nivel. El desendeudamiento con los organismos internacionales logrado antes, la preservación de las reservas y la sanción de algunas leyes socialmente protectoras, como la de creación de un Fondo de Garantía de sustentabilidad del Sistema de Seguridad Social y la estatización de la misma, entre otras medidas a ese nivel que se desarrollan en el capítulo 3, no hacían avizorar catástrofes sociales, aunque debían enfrentarse problemas agudos de la economía local.

Sin embargo, paulatinamente se fue instalando la amenaza de una tal crisis económica abismal e inminente y también del peligro del autoritarismo (o la amenaza a la República) que el nuevo gobierno habría conjurado ordenando las cuentas fiscales descarriadas por el uso irresponsable de los impuestos *que pagamos todos*, salvando, además, a la República del autoritarismo y la corrupción. Y cuánto más difícil se hizo para el gobierno conseguir las inversiones prometidas, cuánto más aumentaba el déficit fiscal, se volvía a endeudar al país y cuánto más se acercaba al FMI, más intensa se hacía la referencia a la "amenaza de la crisis" que, supuestamente, se habría evitado.

Así, entonces, el desorden de las cuentas públicas se encontraba con el desorden social, imponiéndose la necesidad de la "cultura del orden" a cargo de la ministra de Seguridad, y un cambio de hábitos de consumo de los sectores populares.

Del desorden a cultura de (otro) orden

La necesidad de orden encontraba algunas referencias en la experiencia cotidiana de la vida en la ciudad, sobre las cuales montar también la peligrosidad del populismo que –estos eran los argumentos– derrochaba recursos en planes sociales, dejaba entrar al país a cualquiera, liberaba a los delincuentes y permitía hacer de las suyas a *los planeros* que cortaban calles y rutas. La propuesta de control y orden se hacía, así, una alternativa deseable también para la parte de la población trabajadora que trajina cotidianamente la ciudad.

> "No queremos encapuchados ni palos. Les vamos a dar 5 minutos
> para que desalojen, si no, los vamos a sacar [...] Ahora vamos a una
> cultura del orden [...] Les damos 5, 10 minutos, les pedimos que se
> retiren por las buenas, les decimos ´queremos que se vayan y hagan la
> manifestación al costado y les acomodamos los medios de comunica-
> ción, si el objetivo es dar a conocer la protesta [...] a partir de ahora
> [...] sabrán a qué atenerse", declaraba la ministra Bullrich (*El Cronista*,
> 18-02-2016)

De todos los desórdenes, ordenar y controlar la protesta social y
ordenar las cuentas fiscales, ordenar y controlar el gasto y controlar el
cumplimiento de requisitos por parte de los beneficiarios de prestaciones sociales, se convirtieron en las principales cuestiones y preocupaciones políticas, que se conjugaron con aquella incomodidad cotidiana
y buena parte del sentido común social, aunque con escaso éxito para
las autoridades.

Pero el despliegue inusitado de fuerzas policiales en las manifestaciones o en las protestas más acotadas y la autorización a amedrentar[33]
y actuar con violencia (citamos antes el caso Chocobar), no lograron
disuadir las movilizaciones y manifestaciones de protesta.

Según la misma nota del Cronista.com, la ministra Bullrich informó "que desde el Gobierno 'han dejado que sea cada una de las fuerzas de seguridad, monitoreada por el Ministerio, la que pueda plantear la previsibilidad o no de la acción y cuál es la fuerza que pueda
estar en cada manifestación'".

De igual manera, la reforma en la fórmula de cálculo de los haberes previsionales, los despidos de personal del Estado, las estrategias
de "modernización" del Ministerio respectivo, no horadaron el déficit
fiscal, en la medida que sólo se trató de "ordenar" gastos inelásticos (jubilaciones, educación, salud, salarios) luego de eliminar las retenciones
a las exportaciones agrarias y agroindustriales y a las industrias extrac-
tivas, y de bajar las alícuotas de los llamados "impuestos distorsivos"
(como los aplicados a la importación de autos de gama media y alta), y

---

[33] Se ha visto escuadrones policiales y/o de gendarmería ingresar a hospitales
en los que había protestas de sus trabajadores y profesionales por los despidos;
policías ingresar a las escuelas o algunas universidades del país, enorme cantidad de agentes pertrechados como para una guerra "cuidando" el edificio del
Congreso de la Nación, rodeado de vallas, etc.

de liberalizar el mercado cambiario, medidas todas con las que se inició el gobierno.

En una entrevista que el Presidente concedió a *La Nación*, los periodistas Carlos Guyot, Claudio Jacquelin y José Del Rio preguntaron:

"¿Cómo se articulan las necesidades de la economía con las posibilidades de la política? Por ejemplo, a la necesidad de recortar el gasto público para reducir el déficit fiscal, pero las consecuencias sociales de esa medida.

–El Estado gastó más de lo que podía, y pasamos de las consignas de 2003 a 2007 desvalorizando los superávits, especialmente el fiscal, al descontrol fiscal de los últimos años. Y, obviamente, esa fiesta no puede continuar. Todos son conscientes, y no hay otro camino, pero hemos decidido hacerlo de forma gradual, y nos corren desde la ortodoxia diciendo que vamos "demasiadamente gradual" (*sic*). En el caso de las tarifas esa gradualidad no estuvo, si no, no vamos a tener ningún tipo de servicio. Pero vamos a ser lo más graduales posibles para cuidar a los argentinos. Hoy tenemos 1.300.000 empleados públicos más de los que había hace diez años, y ustedes han sido recurrentes (*sic*) con esto, informaron y dieron alertas, pero los que gobernaban no hicieron caso porque buscaban esconder la caída del empleo en el sector privado. (*La Nación*, 20-03– 2016)

Tiempo después, en el mismo diario daban a conocer las cien prioridades para la segunda etapa de la administración Macri y las "36 políticas para acelerar los cambios" según un plan que debía completarse en 2017. En este caso el columnista Mariano Obarrio daba a conocer que "...el principal objetivo es concretar metas. Según un borrador, para la "estabilidad macroeconómica", las prioridades serán: ordenamiento del gasto público para el equilibrio fiscal primario, plan monetario y cambiario y sinceramiento fiscal (blanqueo de capitales)" (*La Nación*, 20-11– 2016).

Pero la cuestión del exceso del gasto en el Estado se transformó en un problema político para el nuevo gobierno y estuvo presente como preocupación durante todo el período de nuestra investigación. En 2016, fue tema del "retiro espiritual" (así llamada la reunión con funcionarios en la residencia de Chapadmalal) de diciembre de ese año y era señalado por Nicolás Dujovne –cuando aún no era Ministro de Hacienda sino columnista estrella del diario *La Nación* desde donde criticaba al mismo Presidente y al entonces ministro Prat Gay por el endeudamiento externo que él (con su par de Finanzas, Luis Caputo) llevaría más lejos, en volumen y en años de compromiso, cuando ocupó su lugar.[34]

No obstante, salvo el aumento en las tarifas de servicios públicos por la quita de subsidios, igual que al transporte público, una más clara política de ajustes del presupuesto estatal en políticas sociales (del gasto social del Estado) principalmente vía la reforma previsional que modificó la fórmula de actualización de haberes y por lo que se llama "eficientización del gasto" en los ministerios (es decir, recorte presupuestario y de personal), no se llevó a cabo sino después de las elecciones de medio término, en octubre de 2017.

> El Gobierno adjudica el aumento del déficit público a los incrementos otorgados en asignaciones universales y jubilaciones, y a las transferencias efectuadas para el pago de la obra pública, que se vio demorada a lo largo del primer cuatrimestre. Asimismo, instrumentó bajas en distintos impuestos, lo que explica la caída en la recaudación. Las desaceleraciones más abruptas se observan en los derechos de exportación, que obedece a la fuerte rebaja que impuso el Gobierno a las retenciones en distintos cultivos, y en el impuesto a las ganancias, que se explica por la suba del mínimo no imponible a 30.000 pesos dispuesta en febrero pasado (*La Nación*, 17-07-2016).

Hasta entonces, la suba de tarifas de los servicios públicos se podía justificar por la comparación con las *tarifas irrisorias* que se mantenían subsidiadas desde el gobierno de Cristina Fernández que, por eso, alentaban un consumo indiscriminado. Igualmente, y como era previsible, sin mucha alharaca se desmantelaron (por falta de acción o de financiamiento o despido del personal) los programas que tenían una mayor pretensión de universalidad y efecto "democratizador" y se intensificaron los controles de beneficiarios y de cumplimiento de las obligaciones que imponían los planes sociales (ver capítulo 2).

Así, los correctivos (del gasto social y de los hábitos), terminarían afectando el consumo popular, principalmente de los hogares de más bajos ingresos, sea porque se perdían las prestaciones (caso de los medicamentos a los que accedían los jubilados) o porque los mayores costos de los servicios públicos tienen mayor incidencia en el presupuesto hogareño, constriñendo el resto de los consumos básicos.

---

[34] La Argentina emitió bonos en dólares a cien años de plazo en junio de 2017 a una tasa de 8,25 por ciento anual.

El control del gasto redundó también en las inversiones en desarrollo tecnológico y en ciencia y técnica, áreas que generaron importantes reclamos y movilizaciones de los profesionales, becarios e investigadores, pero que no concitan el compromiso activo de la sociedad.

En cuanto al gasto en el Estado, está lejos de ser un valor absoluto, pues está en relación con los ingresos fiscales que, a su vez, se relacionan con el sistema tributario (nivel y tipo de impuestos, progresividad o regresividad de los mismos) y con el nivel de actividad económica. Como se vio antes, una de las primeras medidas del gobierno de Cambiemos fue redireccionar ingresos y gastos, reduciendo drásticamente (término caro al Presidente), los impuestos a los sectores más rentables de la economía, sin que se produjeran cambios en la actividad económica.

Cambio de hábitos e ideología

La alusión a la irresponsabilidad en el uso de los fondos públicos rápidamente asociada a la cantidad de planes sociales y al retraso en las tarifas de los servicios públicos, fue enlazándose o acoplándose a la idea de la insostenibilidad de consumos *no básicos* accesibles para todos, sin distinciones o sin esfuerzo. Así, el gasto –única causante del déficit fiscal– se asoció al derroche del Estado (populista, clientelar y corrupto) y también al derroche privado, nivel en que se asocia a un problema de hábitos que, como se desprende de lo que sigue, tiene implícito un sujeto popular: aquellos que no forman parte de una elite cuyos privilegios se dan por descontado.

"Inversión vs. Gasto: por qué les cuesta tanto ahorrar a los argentinos" es el título de la nota escrita por Nery Persichini (economista de Inversor Global) para *La Nación* (24-10-2016), en cuya bajada se anuncia: "Mala costumbre – cambio de hábitos: Más allá de la inflación, existe una serie de prácticas que atentan contra la capacidad de la gente para atesorar parte de los ingresos". Luego se explaya:

> "Lo cierto es que, a pesar de estos factores macroeconómicos que escapan al control del común de la gente, la imposibilidad de ahorrar unos pesos depende en gran medida de cómo se administran los ingresos"

> Y enumera "los errores más comunes…":

> El "gasto hormiga" [son los] pequeños "gustitos" que uno se da cotidianamente, […]

"No tener un registro diario de gastos" y aconseja una "planilla Exel"

"Consumir vía préstamos personales" y "pagar el mínimo de la tarjeta de crédito" porque hay "cargos financieros inesperados y elevados", etc.

En el mismo sentido, el presidente del Banco de la Nación Javier González Fraga, alcanzó notoriedad cuando cuestionó el sobreconsumo:

> Las cosas no se pueden hacer como uno querría y menos después de 12 años en los que se invirtió mal, se alentó el sobreconsumo, se atrasaron las tarifas y se atrasó el tipo de cambio; donde le hiciste creer a un empleado medio que su sueldo medio servía para comprar celulares, plasmas, autos, motos e irse al exterior (…) eso no era normal, no digo si era bueno o malo, por supuesto que era bueno, pero no era sostenible. (*Clarín*, 18-01-2017).

Distinta consideración merecen otras prácticas racionalizadas (u otras estrategias de reproducción familiar). Carlos Melconian, antecesor de González Fraga en el Banco Nación, respondió a la conductora Mirtha Legrand, que lo tuvo como invitado a la mesa de sus famosos almuerzos televisivos que: "Como muchos argentinos, tengo dinero guardado en el exterior" y lo justificó, porque esa era una manera de asegurarse y dejar algo a sus hijos (12-06-2016).

Entre los muchos argentinos que guardan su dinero en el exterior se hallan otros funcionarios que, como el ex ministro de Energía hasta 2018 Juan José Aranguren, pueden hablar con naturalidad sobre estas estrategias, aunque resulte poco coherente con sus funciones. "Todavía lo sigo teniendo [sus ahorros en el exterior] ya veré el momento [de repatriarlos]. A medida de que recuperemos la confianza", contestó a un conductor de radio que lo interpeló al respecto, poco antes de dejar el cargo (*La Nación*, 29-03-2018).

Si los "pequeños gustitos" son una "mala costumbre" de quienes tienen un "sueldo medio", el "atesoramiento" en el exterior resulta un comportamiento razonable de las elites económicas y una quimera en hogares de ingresos bajos, donde el hábito más racional puede ser el consumo presente de bienes y servicios improrrogables. Un consumo que puede interpretarse como *artificial y una anormalidad si lo normal es el orden naturalizado que permite a los funcionarios expresarse honestamente (no mentir) acerca de su patrimonio.* Nada fuera de lo común ni ninguna falsedad, salvo el problema de ser funcionarios del gobierno que encaraba una campaña oficial para que esos muchos argentinos repatriaran sus ahorros, aunque no tengan "la mala costumbre" de ser imprevisores.

La ideología deja al desnudo los lugares sociales y la constitución misma del sujeto que expresa con naturalidad el punto de vista y la razonabilidad de sus comportamientos. Una razonabilidad coherente con la racionalidad de cada lugar del espacio social al que se pertenece. Un espacio estructurado por la desigual distribución de disposiciones (dominio de las reglas, sobre todo; capitales, redes, información), un cierto *habitus* para comportarse razonablemente (es decir, dispuestos para generar las estrategias posibles y adecuadas a la racionalidad de la clase o el grupo social al que se pertenece (Bourdieu, 1990). Así, si la razonabilidad de los comportamientos económicos de unos y otros se inscribe en las desiguales posibilidades que estructuran el espacio social, su justificación se halla en la percepción de los privilegios, normalizados y naturalizados como un orden justo.

> "Juan armó esta parrilla en la puerta de su casa para los obreros de la zona. Así ellos almuerzan y él se gana una changa", tuiteó la ministra de Desarrollo Social cuando participó de un "timbreo" en un barrio popular de la localidad de Escobar, en el marco de la campaña electoral de octubre de 2017. El mensaje se acompañaba de una fotografía de la modesta oferta del trabajador y fue borrado después de las críticas recibidas (*Clarín*, 17-09-2017).

Esa misma percepción de la justicia del orden dominante lleva a conceptuar el esfuerzo extremo o las estrategias de sobreviviencia como méritos de las personas. El sujeto de la sobrevivencia es también un sujeto de ese mismo orden, aunque ocupe los lugares sociales más privados de los capitales en los que se sustenta el privilegio. Igualmente hábil, entonces, para sobrevivir satisfaciendo mínimas necesidades diarias en esos lugares, cuyos recursos y reglas son desconocidas para las demás clases. Si, acaso, cada "sobreviviente" es un emprendedor lo es porque logra mantener su existencia con ocupaciones precarias, cuya persistencia no requiere felicitaciones sino el cumplimiento de la legislación laboral y/o de apoyo a la economía social. Desde el siglo pasado la investigación social se preguntó por las condiciones de vida de las poblaciones que, en América Latina, tienen vedada la posibilidad de acceder al mercado laboral. Los pioneros de estos estudios y quienes le dieron el nombre, Duque y Pastrana (1973), describieron las prácticas (redes y recursos) que movilizan los sectores populares para permitir la reproducción en tales condiciones. Luego, Hernando de Soto (1987) pretendió ver allí estrategias emprendedoras que ex *professo* esquivaban la "excesiva" intervención estatal. Por ese otro sendero (como tituló a su libro) no se desarrolló un mercado libre, sino que se reprodujo la pobreza más agudamente, luego de las experiencias neoliberales de fin del siglo XX.

Si en estas interpretaciones al menos se confrontan conceptualizaciones diferentes de la realidad empírica (la economía y el trabajo popular) sobre las cuales pueden darse fundamentos y cuestionarse los postulados teórico-ideológico, la construcción ideológica puede funcionar como suficiente prueba de la realidad si se trata de prácticas abiertamente políticas que, por lo tanto, ponen en peligro los privilegios o los cuestionan.

El citado presidente del Banco Nación, González Fraga, se refirió a las movilizaciones de protesta afirmando que "una pequeña parte de la sociedad está poniendo millones de dólares para pagar". Consultado por un periodista de Radio Mitre, expresó:

> "Estamos ante una pequeña parte de la sociedad que busca agrandar la grieta y está poniendo millones de dólares –mal habidos– para pagar toda esta movilización que tiene mucho ruido en la calle" [...]"En un pueblo de Torres, donde yo tengo el campo, que tiene menos de 6.000 habitantes, mandaron tres ómnibus, ofreciendo 500 pesos, vino, coca cola, choripanes a los que fueran el viernes a la marcha. Es un pueblo donde todos nos conocemos. Voy, me saludan y me lo cuentan" (27-03– 2017).

En este caso, el autor va más allá de sus interpretaciones acerca del funcionamiento de la economía y su definición de sobreconsumo para el consumo de los asalariados (aunque también se deja ver el postulado de la natural desigualdad). Va más allá porque pasa por alto un mínimo rigor científico que, se supone, debe ofrecerle la profesión de economista, al aceptar como dato empírico el rumor popular (aunque se conozcan todos, o por eso mismo) y no detenerse a evaluar la escasa rentabilidad de invertir "millones de dólares" en movilizaciones, aunque se trate de política. Como halla Zizek (2003: 366), la ideología puede "determinar el modo de nuestra experiencia cotidiana de la realidad". Esto ocurre "cuando no sentimos ninguna oposición entre ella y la realidad". Nada que ocultar, entonces.

Cada una de estas intervenciones que tomamos como referencias, expone con bastante claridad la representación de cuál es el orden "justo". Ese es el trabajo de la ideología que, ahora en palabras de Rosanvallon (2012:116), "disuelve en la apariencia de algo evidente todas las críticas e interrogaciones de un orden justo", y permite "la ostentación de principios que nadie puede impugnar" (*op. cit.*: 140).

Conclusiones. Lo común en cuestión

En este capítulo nos propusimos brindar una interpretación de las condiciones político-culturales del período 2003-2017, con énfasis en los años en los que la disputa política y por la hegemonía cobró mayor intensidad. A lo largo del análisis, nos fue posible reflexionar también acerca de transformaciones culturales que sobrepasan el proceso local, pero en el que cobra sentido parte de la estrategia del neoliberalismo en este país.

Partimos de tomar en cuenta los rasgos generales que había asumido el Estado a lo largo de la primera década y sus fundamentos doctrinarios, cuyas intervenciones sociales fueron restañando los lazos sociales profundamente dañados después de la crisis social, política y económica en la que culminó el experimento neoliberal del siglo pasado. Reseñamos los rasgos principales que, a nuestro juicio, permiten reconocer la *reconstrucción de un Estado social*. En él se advierten las tensiones que plantea el cambio de época, tanto como los límites políticos para superar los condicionamientos estructurales y dar fortaleza a las instituciones y al propio cuerpo normativo en el que se expresaba o por el que se buscaba dar relevancia a la vida social o a la comunidad política, no únicamente a los intercambios e intereses mercantiles. En esos límites hizo pie la crítica deslegitimadora y la emergencia de otro proyecto desentendido de esos lazos.

Sintéticamente, esa reconstrucción implicó una decidida politización de los asuntos públicos y de la cuestión social, con eje en la reapreciación simbólica del trabajo, en un contexto en el que la política había vuelto como el espacio y como la práctica que ordena y por la que se expresan voluntades (sujetos sociales) en conflicto y con diversidad de intereses. En esas condiciones, se reconstruyó la capacidad de intervención del Estado en la regulación del trabajo y en la recomposición y extensión de las protecciones y la seguridad social. Los asuntos que hacen al bienestar fueron constituidos como asuntos políticos y de políticas que redefinían los ámbitos de responsabilidad y delimitaban las obligaciones desde y para el propio el Estado.

También, aunque en menor medida, se recuperó el poder del Estado en materia de regulaciones del mercado y en el desenvolvimiento de la economía. Asimismo, la ampliación de derechos civiles y culturales y la prevalencia del lenguaje de los derechos en los fundamentos de las políticas sociales, son rasgos que contribuyen a sostener aquella caracterización.

A continuación, la disputa ideológica resulta inescindible de esa politización heredada, y se manifiesta con mayor intensidad (y fuerza de oposición crítica) en los años subsiguientes, también a nivel de las opiniones corrientes y cotidianas. Nos detuvimos en ese proceso, que nombramos como *desbloqueo de la sociedad neoliberal y de vuelta de las cosas a su lugar,* cuya ocurrencia se da más abiertamente entre 2015-2017, con el cambio de gobierno y de proyecto político. Es un tiempo en el que las objeciones a las instituciones que expresaban la ampliación de la solidaridad en términos de derechos, y la apertura de espacios comunes, hallaban condiciones para manifestarse más abiertamente. Pero prioritariamente hallamos que es un período en el que son los principios de comunidad, de lo colectivo, de lo que es común para todos, los que pierden vigor, a favor de la particularización o la individualización y de una meritocracia que no tiene que ver con el reconocimiento de hacer las cosas bien, sino con una *antisolidaridad* que no cuestiona los privilegios o los entroniza como méritos.

Precisamente, esa vuelta de las cosas a su lugar va a ocurrir con la novedad de lo que consignamos como una *apropiación privada* del Estado. Esto es, sin mediaciones y como gobierno directo de los distintos sectores del poder económico. Una alternativa posible como consecuencia de una disputa política que incluyó una estrategia de despolitización (o antipolítica), que favoreció la aceptación de los privilegios como garantía de buen gobierno.

Hallamos que lo que sucede en este corto tiempo que lleva e incluye esta apropiación, es la constitución de otro Estado, desentendido de lo colectivo y lo común, para el que la vida social no existe más allá de las interacciones personales, no cuenta a la hora de las decisiones políticas o se subordina enteramente al libre albedrío de los agente del mercado; esto es, a los intereses de las clases dominantes asociadas a los grandes capitales y al capital financiero, apropiados directamente del Estado.

En el espacio de la contienda por la hegemonía y en lo concerniente a la cuestión social, lo que ocurre es una profunda redefinición del campo problemático que demanda la intervención del Estado. Esa redefinición se dio por la ocurrencia de dos procesos simultáneos: uno de *despolitización de la cuestión social* y otro de *rearmado del campo (o de repolitización)*, en torno a la inseguridad, el desorden y la crisis como amenazas y fuentes del miedo.

La capacidad de hegemonía es también la de recortar el universo de *problemas verdaderos* que requieran la intervención del Estado. Primero, se trató de la trasmutación de la diversidad de intereses contrapuestos y de las diversas divisiones sociales que amenazan la existencia de la sociedad en una única división *amenazante de la unidad de los argentinos.* Luego, la recuperación de esa unidad suponía *dejar atrás el pasado* (es decir, la historia que, cualquiera sea el lado desde que se la relate, rememora batallas y luchas y conflictos); desconocer sujetos que mantienen contiendas; dirigirse a *la gente* sin pasado común; predicar un destino venturoso. Sin embargo, ese destino emergía del *miedo* a la inseguridad, al desorden, a la crisis que sí evocaba amenazas del pasado. En ese contexto, al Estado (la política) ya no le corresponde ordenar intereses contrapuestos en una totalidad con un pasado común, sino controlar amenazas; imponer una cultura del orden que tanto comprende los gastos (sociales) del Estado, como el consumo popular y la protesta social. Un orden en el que no se ordenan los conflictos, sino que se los reprime. Sin un *sentido de lo colectivo-común, la política deja de ser un medio de procesamiento y delimitación de tales conflictos de intereses de conjuntos sociales diversos*, ni puede producir algún sentido de comunidad, sino (y en eso se transforma) *"control y orden"*. La representación colectiva (como la historia) resulta, así, una anomalía y un incordio, porque por ella se expresa la lucha social.

En síntesis, el período comprende la reconstitución del Estado que emergió del estallido de la sociedad como resultado de la primera experiencia del neoliberalismo en el país, y el retorno de un proyecto que lo transforma nuevamente, desentendiéndose de la vida social. Este desentendimiento se corresponde con una visión (una representación) de la sociedad que reduce su trama compleja (los diversos lazos) a intercambios e intereses de mercado. Aún más, eleva a éste a la condición de un supersujeto en cuyo altar se sacrifican vidas. No obstante, esta visión se completa y al mismo tiempo, confronta con la ideología de quienes se autoerigen en los sacerdotes que cumplen la voluntad del mercado. Esto porque esa voluntad coincide con sus propios intereses desde donde sus necesidades y modos de vida (sus privilegios) no son puestos en riesgo y son vividos con naturalidad.

Bibliografía

Auyero, Javier y Débora Alejandra Swistun (2008): *Inflamable. Estudio del sufrimiento ambiental*. Buenos Aires, Paidós.

Auyero, Javier y María Fernanda Berti (2013): *La violencia en los márgenes. Una maestra y un sociólogo en el conurbano bonaerense*. Buenos Aires, Kats Editores.

Basualdo, Eduardo (2011): *Sistema político y modelo de acumulación. Tres ensayos sobre la Argentina actual*. Buenos Aires, Atuel.

Bauman, Zygmunt (2002): *Modernidad líquida*. Buenos Aires, FCE.

Bauman, Zygmunt (1999): *En busca de la política*. Buenos Aires, FCE.

Boucheron, Patrick y Corey Robin (2016): *El miedo*. Buenos Aires, Capital Intelectual.

Bourdieu, Pierre (1990): Espacio social y génesis de las clases. En: *Sociología y cultura*. México, Grijalbo.

Canelo, Paula y Ana Castellani (2016): "Perfil sociológico de los miembros del gabinete inicial del presidente Mauricio Macri", *Informe de Investigación Nº 1*, Instituto de Altos Estudios Sociales, Universidad Nacional de San

Martín (http://www.unsam.edu.ar/institutos/idaes/observatorio-elites-argentinas/informeN1.pdf).

Canelo, Paula y Ana Castellani (2017): "Puerta giratoria, conflictos de interés y captura de la decisión estatal en el gobierno de Macri. El caso del Ministerio de Energía y Minería de la Nación", *Informe de Investigación N° 2*, Instituto de Altos Estudios Sociales, Universidad Nacional de San Martín (http://noticias.unsam.edu.ar/wp-content/uploads/2017/04/Informe-N2-Observatorio.pdf).

Castel, Robert (2010): *El ascenso de las incertidumbres. Trabajo, protecciones, estatuto del individuo.* Buenos Aires, Fondo de Cultura Económica.

Castellani, Ana y Alejandro Gaggero (2017): La relación entre el Estado y la élite económica, en Pucciarelli, Alfredo y A. Castellani: *Los años del kirchnerismo. La disputa hegemónica tras la crisis del orden neoliberal.* Buenos Aires, Siglo XXI.

Castellani, Ana (2016 junio): Diálogo. Entrevista a Gustavo Grobocopatel. *Revista Ciencias Sociales*, N° 91, Facultad de Ciencias Sociales-UBA.

De Soto, Hernando (en colaboración con E. Ghersi y M. Ghibellini) (1987): *El otro sendero. La revolución informal.* Buenos Aires, Sudamericana.

Díez, Fernando (2001): *Utilidad, deseo y virtud. La formación de la idea moderna del trabajo.* Barcelona, Península.

Domenech, Antonich (1986: Prólogo a la edición castellana: el diagnóstico de Jürgen Habermas, veinte años después. En Jürgen Habermas: *Historia y crítica de la opinión pública.* México, Ediciones G. Gili.

Duque, Joaquín y Ernesto Pastrana (1973): "Las estrategias de supervivencia de las unidades familiares del sector popular urbano: una investigación exploratoria", *Programa ELAS/CELADE*, Santiago de Chile.

Gessaghi, Victoria (2016): *La educación de la clase alta argentina. Entre la herencia y el mérito.* Buenos Aires, Siglo XXI.

Grassi, Estela (2004): *Política y cultura. La otra década infame.* Buenos Aires, Espacio Editorial.

Grassi, Estela (2003): *Política y problemas sociales. La otra década infame.* Buenos Aires, Espacio Editorial.

Habermas, Jürgen (1986): *Historia y crítica de la opinión pública*. México, Ediciones G. Gili.

Kessler, Gabriel (2015): *Controversias sobre la desigualdad, 2003-2013*. Buenos Aires, FCE.

Kessler, Gabriel (2009): *El sentimiento de inseguridad: sociología del temor al delito*. Buenos Aires, Siglo XXI.

Laclau, Ernesto (2015): *La razón populista*. Buenos Aires, FCE.

Luci, Florencia (2016): *La era de los managers. Hacer carrera en las grandes empresas del país*. Buenos Aires, Paidós.

Natalucci, Ana: "Del piquete a la economía popular", en *Revista Anfibia,* UNAM, http://www.revistaanfibia.com/ensayo/del-piquete-a-la-economia-popular/

Rosanvallon, Pierre (2012): *La sociedad de iguales*. Buenos Aires, Manantial.

Sabarots, Horario (2018): "La inseguridad como problema público, las políticas de seguridad y la participación ciudadana". Liliana Raggio (comp.) *Antropología de las políticas sociales y culturales. Estudios sobre su implementación y perspectivas futuras*. Buenos Aires, Editorial de la Facultad de Filosofía y Letras. Colección Saberes.

Sabarots, Horario (2016): Experiencias y representaciones de la violencia y el conflicto en las trayectorias de jóvenes institucionalizados de la ciudad de Olavarría (2013-2015), en *Cuadernos del Ciesal. Revista de estudios multidisciplinarios sobre la cuestión social Año 13 / N° 15 / enero-diciembre*, N° 174 – Olavarría, Pcia. de Buenos Aires, FCP-UNR (www.fcpolit.unr.edu.ar/cuadernos-de-ciesal).

Schorr, Martín (2018): El poder económico de la Argentina bajo los gobiernos del kirchnerismo. Un análisis a partir del panel de las grandes empresas. En Shorr, Martín (organizador) *Entre la década ganada y la década perdida. La Argentina kirchnerista*. Buenos Aires, Batalla de Ideas Ediciones.

Schorr, Martín y Andrés Wainer: La economía argentina bajo el kirchnerismo: de la holgura a la restricción externa. Una aproximación estructural. En Pucciarelli, Alfredo y A. Castellani: *Los años del kirchnerismo. La disputa hegemónica tras la crisis del orden neoliberal*. Buenos Aires, Siglo XXI.

Vommaro, Gabriel (2017): *La larga marcha de CAMBIEMOS. La construcción silenciosa de un proyecto de poder.* Buenos Aires, Siglo XXI.

Vommaro, Gabriel, Morresi, S y Bellotti, A. (2015): *Mundo Pro*. Buenos Aires, Planeta.

Zizek, Slavoj (2003): *Ideología. Un mapa de la cuestión*. Buenos Aires, Fondo de Cultura Económica.

Fuentes documentales

https://www.indec.gob.ar/uploads/informesdeprensa/pib_03_16.pdfhttps://www.indec.gob.ar/uploads/informesdeprensa/pib_06_16.pdf –.

https://www.indec.gob.ar/nivel4_default.asp?id_tema_1=3&id_tema_2=9&id_tema_3 =47

https://www.casarosada.gob.ar/informacion/discursos/35651-palabras-del-presidente-mauricio-macri-en-la-134-apertura-de-sesiones-ordinarias-del-congreso

https://www.casarosada.gob.ar/primeradama

Referencias hemerográficas

https://www.lanacion.com.ar/1319039-sin-kirchner-cristina-puede-asumir-el-poder

https://www.lanacion.com.ar/1850637-mauricio-macri-gabinete-jardin-botanico

https://www.lanacion.com.ar/1958304-por-que-no-arranca-la-economia-de-macri

https://www.lanacion.com.ar/1916957-habla-mauricio-macri-por-los-200-anos-de-la-independencia

https://www.lanacion.com.ar/2113246-mauricio-macri-dijo-que-lo-peor-ya-paso-y-prometio-anos-de-crecimiento

http://www.lanacion.com.ar/1867004-alejandro-rozitchner-macri-plantea-el-liderazgo-de-un-estado-menos-ideologico-y-mas-real

https://www.lanacion.com.ar/1674126-macri-explico-su-plan-economico-en-eeuu

http://www.lanacion.com.ar/1903209-alejandro-rozichner-con-macri-el-sujeto-nacional-deja-de-ser-la-masa-y-pasa-a-ser-la-persona

http://www.lanacion.com.ar/1867004-alejandro-rozitchner-macri-plantea-el-liderazgo-de-un-estado-menos-ideologico-y-mas-real

http://www.lanacion.com.ar/1917723-mauricio-macri-y-juliana-awada-protagonistas-de-los-festejos-del-bicentenario

http://www.lanacion.com.ar/1939860-postales-en-nueva-york –

http://www.lanacion.com.ar/1945639-especialistas-caja-y-tecnologia-claves-de-la-imagen-de-macri-en-las-redes-sociales

https://www.lanacion.com.ar/1865608-pintores-plomeros-y-una-ambientadora-preparan-olivos-para-la-familia-macri

http://www.lanacion.com.ar/1961607-macri-se-puso-un-ocho-en-gestion-y-minimizo-el-impacto-de-ganancias

https://www.lanacion.com.ar/2051055-esteban-bullrich-el-camino-que-hemos-emprendido-todos-los-dias-tiene-un-pibe-mas-que-esta-preso

https://www.lanacion.com.ar/1867250-investigan-represion-contra-una-murga-de-chicos-en-la-villa-1-11-14-de-bajo-flores

http://www.lanacion.com.ar/1965892-piquetes-y-cortes-ciudades-sitiadas

https://www.lanacion.com.ar/1883099-en-twitter-mauricio-macri-pidio-nunca-mas-a-la-division-entre-los-argentinos

http://www.lanacion.com.ar/2003034-que-dijo-el-gobierno-sobre-la-marcha-por-la-democraciahttp://www.lanacion.com.ar/2003111-clases-justicia-y-basta-de-piquetes-entre-los-reclamos

https://www.lanacion.com.ar/2089096-una-solucion-no-violenta-para-la-cuestion-mapuche

http://www.lanacion.com.ar/2000664-para-macri-los-conflictos-afectan-la-llegada-de-inversiones

https://www.lanacion.com.ar/1881532-macri-en-el-segundo-semestre-la-inflacion-bajara-drasticamente

http://www.lanacion.com.ar/1919287-el-deficit-del-segundo-trimestre-se-duplico-por-la-suba-del-gasto   (https://www.lanacion.com.ar/1949354-inversion-vs-gasto-por-que-les-cuesta-tanto-ahorrar-a-los-argentinos –

http://www.lanacion.com.ar/1908281-carlos-melconian-tiene-el-85-de-su-patrimonio-en-el-exterior

https://www.lanacion.com.ar/2121347-juan-jose-aranguren-todavia-tengo-la-plata-en-el-exterior-ya-vere-el-momento-de-repatriarla

https://www.lanacion.com.ar/1999731-gonzalez-fraga-donde-tengo-el-campo-ofrecian-500-pesos-y-choripanes-a-los-que-fueran-a-la-marcha-del-viernes

https://www.lanacion.com.ar/2080731-juliana-awada-una-primera-dama-magnetica

http://www.clarin.com/politica/discurso-completo-mauricio-macri-asamblea-legislativa_0_S1NQlPNqg.html

https://www.clarin.com/politica/mauricio-macri-marcelo-longobardi-cnn-minuto-minuto-reportaje_0_SJJsZEi-M.html –Grabada el lunes 4-12-17

http://www.clarin.com/politica/discurso-completo-mauricio-macri-asamblea-legislativa_0_S1NQlPNqg.html

https://www.clarin.com/economia/pobreza-clase-media-celulares-frases-polemicas-nuevo-presidente-banco-nacion_0_H1qagGpLg.html

https://www.clarin.com/politica/tuit-carolina-stanley-changa-borrar-polemica_0_ryyrfQ29b.html

https://www.clarin.com/politica/duran_barba-consejos-sturzenegger-debate_televisivo-coaching_0_ryaJUHFD7l.html

https://www.pagina12.com.ar/37101-macri-otra-vez-contra-los-gremios-docentes

https://www.pagina12.com.ar/45122-la-deuda-eterna

http://www.perfil.com/politica/las-frases-mas-insolitas-de-alejandro-rozitchner-el-asesor-y-militante-macrista.phtml

http://noticias.perfil.com/2015/12/18/polemica-por-la-tapa-de-noticias/

https://www.cronista.com/economiapolitica/Bullrich-y-el-nuevo-protocolo-de-seguridad-Vamos-a-entrar-en-la-cultura-del-orden-20160218-0078.html .

https://www.cronista.com/economiapolitica/Bullrich-y-el-nuevo-protocolo-de-seguridad-Vamos-a-entrar-en-la-cultura-del-orden-20160218-0078.html

https://www.lagaceta.com.ar/nota/760167/actualidad/macri-dijo-primera-vez-100-anos-argentina-comienza-caminar.html

CAPÍTULO 2

Transformación del trabajo y de la política social

Estela Grassi

Introducción

La transformación del trabajo (sus medios, organización y condiciones para su realización), es una cuestión que está fuera de discusión. Ligado tanto al extraordinario desarrollo tecnológico como a la transformación del régimen de acumulación a nivel del sistema mundial que siguió a la predominancia del keynesianismo y del bienestarismo del siglo pasado, las transformaciones socio-culturales y políticas que se conjugan a él son la médula del "tercer espíritu capitalismo", dicho en los términos de Boltanski y Chiapello (2002). Sin embargo, cuáles son las condiciones bajo las cuales conducir esas transformaciones es un punto álgido de las confrontaciones políticas y teórico-técnicas, que pueden sintetizarse en las posiciones diferentes que al respecto plantean desde hace tiempo organismos como la Organización Internacional del Trabajo (OIT) y el Banco Mundial (BM), como exponentes de dos líneas bien definidas al respecto. Tal como muestra con el mayor detalle Lijterman (2018), mientras la OIT otorgaba centralidad a las instituciones para resguardar las condiciones de trabajo, para el BM se trataba de liberar a las fuerzas productivas de los desincentivos de las regulaciones y así movilizar los talentos de todos, dejando a las instituciones la contención de los perdedores del proceso de cambios.

En el caso de nuestro país, sin que ese debate haya adquirido una resonancia pública de envergadura, a lo largo del ciclo abierto a continuación de la debacle de 2001, el trabajo volvió a articular el discurso que le daba fundamento y sentidos a los problemas de la protección social, de las necesidades insatisfechas y de la integración social, expresado en los términos de trabajo decente de la OIT, que se compaginaban bien con la evocación de la perspectiva doctrinaria del peronismo clásico, recuperada después del interregno del peronismo neoliberal del gobierno de 1989-1999.

Lijterman (2018) también muestra la cercanía (aunque con particularidades) de la política laboral de la primera década de este siglo, con las posturas de dicho organismo internacional acerca del trabajo y de la protección de los trabajadores, cuya relación de dependencia con el capital constituye la referencia para asegurar tales protecciones, dada la mayor labilidad del trabajador en esa relación.

En el capítulo anterior aludimos someramente a las características generales de esa política, y a la centralidad del trabajo y la valoración de la figura del trabajador en el período 2003-15, derivada también de la concepción doctrinaria del peronismo clásico, en la que el gobierno de entonces se referenciaba. Como decimos, la política social fue tributaria de esa concepción, tanto como pragmática, en el sentido de *tomar nota* de los problemas estructurales del mercado de trabajo en el país, así como de las transformaciones del trabajo en general, aunque mantuvo la expectativa de la regularización y el pleno empleo. De ahí el tipo de reformas ocurridas en la seguridad social, tanto en lo atinente al sistema previsional, como a las asignaciones familiares, que se extendieron a población trabajadora en condiciones de informalidad, sin que se modificara sustancialmente la estructura del sistema (ambos componentes de la seguridad social son tratados en el capítulo 3 de este libro).

En la otra perspectiva de los replanteos acerca del trabajo, que se pone de manifiesto en las proposiciones del BM, está la utopía de un capitalismo sin asalariados o, dicho más precisamente, sin trabajadores en relación de dependencia o autonomizados –desde el punto de vista formal, desde ya– que, entre nosotros, se expresa en el ideal de trabajadores monotributistas (según el régimen tributario argentino), en realidad dependientes de un empleo precario. Este es un horizonte que se vislumbra desde los primeros momentos del cambio de gobierno, cuyas políticas se orientan nuevamente, como en los años de 1990, a generar una transformación profunda en el régimen de acumulación del capital, esfuerzo que requiere, como entonces, de la reconstrucción de un

Estado neoliberal.[1] ¿Por qué comenzamos este capítulo refiriéndonos al trabajo? Por varias razones que constituyen nuestros supuestos teóricos: porque el trabajo, tal como se halla organizado en el capitalismo, es el principio que estructura las sociedades modernas; porque la reproducción de la vida depende de las condiciones y posibilidades de realización de la capacidad de trabajo y este configura el medio legítimo de acceso al consumo; porque el mundo de la vida se estructura, en primer término, por el trabajo; porque del trabajo libre emerge la cuestión social que, estatalizada (o constituida en cuestión de Estado) dio lugar a la política social. Es decir, al conjunto de intervenciones sociales del Estado en la esfera de la reproducción social y de la vida de la población que depende de su capacidad de trabajo. De esas intervenciones dan cuenta las instituciones y bienes sociales que, en los acertados términos de Castel (2010) constituyen o deberían constituir, un patrimonio social.

Ahora bien, ¿qué vida, de qué población y, consecuentemente, qué sociedad (o tipo de lazos) permiten reproducir las políticas sociales? O, ¿por qué el condicional "deberían" en el párrafo anterior? La respuesta, como es obvio, es histórica, porque depende de "la dirección que se impone activamente en la acción estatal como expresión o en nombre de intereses generales" (Grassi, 2003:15). En esa dirección, la política social tanto puede tender a consolidar tal patrimonio social que dé seguridad a la vida de todos, como a ponerlo en riesgo y sostener las distancias sociales. Este es el caso cuando se hace depender el sostenimiento y la protección de la vida prioritariamente de la capacidad privada para el aseguramiento individual, reservándose la eventual intervención estatal para poblaciones o casos particularmente "vulnerables". Las protecciones, entonces, conllevan el estigma de la flaqueza o la inutilidad y aquéllas no disponen, en consecuencia, de ninguna seguridad (o, lo que es lo mismo, llevan su existencia en condiciones precarias). Entre estas alternativas, las políticas sociales dependen de, y aportan (al mismo tiempo) a los procesos de hegemonización político-cultural donde se hacen posible (o se cuestionan) las protecciones y aseguramientos estatalmente instituidos y sus alcances. Esta afirmación se inscribe en la siguiente síntesis de nuestro abordaje de la política social:

---

[1] Esfuerzo que se va a manifestar con más claridad con posterioridad a 2017, cuando ya cerramos la investigación que dio origen a este libro.

> El Estado es inmediatamente el ámbito de referencia privilegiado de la reproducción social, entendida ésta en el sentido amplio de la recreación del reconocimiento de las pautas básicas que orientan la vida social y de la consecuente continuidad elemental de las prácticas sociales; pero también en lo que atañe, específicamente, a la reproducción de la vida y de la fuerza de trabajo. En ese punto, las políticas sociales son un espacio crítico: como políticas de Estado condensan la hegemonía y tienen capacidad de normatizar y normalizar, en tanto el Estado se constituye en un actor (y en un ámbito) en la producción de los problemas sociales, en la delimitación de su propia responsabilidad, en la definición de sujetos merecedores de sus intervenciones y de las condiciones para dicho merecimiento. Son, en fin, la manera en que la cuestión social es constituida en cuestión de Estado y, en consecuencia, el resultado de la politización del ámbito de la reproducción.
>
> De ahí que expresen los principios y postulados que organizan la vida social, respecto de la igualdad, y tengan efectos en la libertad. Es decir, expresan la medida en que una sociedad se acerca o se aleja del reconocimiento de las necesidades de todos sus miembros y su capacidad de protección de los mismos. Asimismo, muestran la manera en que se resuelve su propia cohesión y la capacidad de integración de todos; es decir, de asegurar un lugar en la sociedad y de poder proyectar la vida más allá de la mera supervivencia. [...] En sentido estricto, corresponde referirse a la política social (en singular) como la forma política de la cuestión social, que se expresa y materializa en las políticas sectoriales, en consonancia con la política laboral que, en primer lugar, delimita tales grados de libertad (Grassi, 2003: 25).

El objetivo general de este capítulo es del mismo orden que el indicado en el capítulo 1. Se propone contribuir a desentrañar la orientación general de la política social, a lo largo del período 2003-2017. Abordamos este objetivo considerando las interpretaciones acerca de lo que cabe hacer desde el Estado para sostener la vida, de quiénes y por qué, que son reconocibles a partir de lo dicho, lo informado, lo silenciado incluso, sobre lo que corresponde hacer hacia el futuro o sobre aquellas instituciones ya consolidadas. Y de las alusiones, convocatorias o referencias al / los sujetos de las intervenciones sociales o de sus exclusiones. No se hallarán, entonces, descripciones puntuales de las políticas sociales y laborales –aunque recurramos a información al respecto– sino de las transformaciones que, a través de ellas se pretende producir en pos de alguna idea de sociedad que le subyace.

Es decir, en los términos antes explicitados, hemos buscado hallar qué tipo de Estado/sociedad se contribuye a realizar, qué cualidad y calidad de lazos se pueden entretejer a través de ellas (de las políticas), qué lugares sociales se reservan a diferentes grupos sociales en la trama social y en la producción propiamente dicha; y/o qué grupos o sujetos sociales pueden ser invocados o reconocidos como merecedores o no de qué clase de intervenciones. Cuáles son los problemas que ameritan o ameritarían acciones desde el Estado o cómo se delimita la responsabilidad pública frente a las necesidades de la reproducción de la sociedad y del sostenimiento de la vida de todos.

El capítulo comprende dos partes: la primera presenta el proceso de reorientación de la política socio-laboral durante el período 2003-2015, en la que tuvo centralidad el trabajo y sus sujetos, reconocidos más allá de las condiciones de su empleo. En la argumentación del capítulo, esta parte sirve como referencia a la segunda, en la que nos detenemos en el momento de reinicio de un proyecto neoliberal que redefine los sentidos del trabajo, y que fundamentalmente desconoce la sociedad en tanto lazos más allá de los intercambios en el mercado. En términos de Pucciarelli y Castellani (2017: 15), en conjunto "se trata de un régimen de *hegemonía escindida* en el que (estos] dos proyectos prehegemónicos luchan por [convertirse] en un régimen estable y relativamente perdurable…". No obstante, como veremos, en este segundo período la política del gobierno de Cambiemos desarma profundamente los fundamentos que sostenían la posibilidad de un Estado social; o, en términos de los autores, de que un proyecto de este tipo alcanzara supremacía.

En el mismo sentido que el capítulo anterior, en este se pretende reconocer el estado de la disputa pública (de los argumentos dados y los sentidos producidos por la política) en el que se inscriben o del que participan/mos ciudadanos corrientes que, en el caso de las investigaciones que dieron origen a este libro[2], fueron puestos a opinar sobre estos temas en las entrevistas en profundidad hechas durante el segundo

[2] Proyecto "Autovalía y dependencia legítima. La política social y los soportes socio-institucionales de la vida social". Universidad de Buenos Aires– Secretaría de Ciencia y Técnica (2014-2017), dirigido por Estela Grassi y proyecto PIO CONICET UNGS (2015-2016) Nº 144-20140100006-CO "Los fundamentos socio-político y culturales de la protección social: alcances y legitimidad de los sistemas institucionales 2003-2016", dirigido por Susana Hintze.

semestre de 2015 o en los grupos focales reunidos durante el mismo tramo de 2016 (ver Presentación).

I. Trabajo y trabajadores en la definición de políticas

El año 2001 fue caótico y como tal quedó en la memoria colectiva. Las presiones por más ajuste fiscal para cerrar las cuentas del Estado por parte del FMI y el corset económico que a esa altura constituía la convertibilidad peso-dólar ideada por el Ministro Domingo Cavallo en 1991 para contener la hiperinflación, no sólo llevaron la pobreza y el desempleo a niveles insoportables, sino que terminaron por alcanzar a las clases medias con capacidad de ahorro, al confiscar (de hecho) sus depósitos en dólares.

La represión a la insurrección popular ocurrida en el mes de diciembre de ese año se cobró entonces más de treinta muertes, acontecimiento que merece rememorarse como uno de los sucesos luctuosos de la historia argentina reciente. El caos llevó a la dimisión del presidente de la Rúa, electo apenas dos años antes, y a la designación, por la Asamblea Legislativa, de Eduardo Duhalde, quien asumió el 1° de enero de 2002[3]. No le fue fácil a este designar Ministro de Economía, hasta que, con la aceptación de Roberto Lavagna[4] logró iniciar un camino de posible reconstrucción. En materia social, la rápida puesta en marcha del plan de emergencia Jefes y Jefas de Hogar Desocupadas, permitió

---

[3] Entre la renuncia de De La Rúa, superado por las circunstancias y el hostigamiento del FMI según él mismo admitiera, y la asunción de Duhalde, se sucedieron otros tres mandatarios: el presidente del Senado, Ramón Puerta, a quien le correspondió convocar a la Asamblea Legislativa; Adolfo Rodríguez Saá, designado por ésta, cuya dimisión se produjo una semana después, por falta de respaldo político. Entonces asumió el presidente de la Cámara de Diputados, Eduardo Camaño, para convocar nuevamente a la Asamblea Legislativa, que finalmente designó a Duhalde.

[4] Lavagna asumió en abril de 2002, luego de la renuncia de Remes Lenicov, que aceptó en primer lugar. Antes, Carlos Melconian rechazó la oferta porque se trataba de *"un gobierno de transición (que) está limitado para hacer transformaciones (…) este es un período para jugar de arquero y no de delantero"*, dijo entonces (*La Nación*, 25/04/2002)

paliar las situaciones más urgentes cuando no había tiempo para mayores disquisiciones.[5]

Nuevamente, sucesos luctuosos terminaron con la carrera política de Duhalde: el asesinato por las fuerzas policiales, en junio de 2002, de dos militantes sociales que participaban de las tantas manifestaciones de protesta y reclamo por las condiciones de vida, lo llevaron a convocar a elecciones para el año siguiente. Esta vez, no le fue fácil hallar candidatos de su espacio político (el peronismo) dispuestos a asumir un país que se mantenía en llamas y ahogado en deudas: con la sociedad y con los organismos internacionales de crédito, principalmente con el FMI.

De esa elección de 2003 surgió un gobierno con pocos votos para una sociedad que sólo proclamaba "que se vayan todos" en asambleas barriales. Sin embargo, Néstor Kirchner logró reiniciar un ciclo de normalidad política, plagado de avatares, pero con las instituciones, la economía y los lazos sociales reconstituyéndose.

Si se atiende al proceso político y al papel que asumía el Estado en el período que siguió a esa crisis económica, política y social –consecuencia directa de la apertura económica, la liberalización de los mercados, los sucesivos ajustes y recortes en los gastos e inversiones sociales del Estado y de sobreendeudamiento externo– se advierte que lo novedoso no fue la centralidad del Estado muchas veces señalada, sino la distinta centralidad que éste adquiría. La recomposición de la vida social se hacía posible por el tipo de intervenciones del Estado que entonces apuntaron a destejer la trama normativa y política que había urdido el neoliberalismo (el Estado neoliberal) de entonces para liberalizar el mercado. Es decir, para delimitar su propia capacidad de regulación de las relaciones económicas y sociales.

El estado de ruptura de los lazos de solidaridad que se manifestaron en un crecimiento inédito de la pobreza, contra toda expectativa dio lugar a una política de reconstrucción de la capacidad del Estado para proteger a la sociedad (Polanyi, 1957). Se inició así, un proceso a lo largo del que se reeditaría un Estado social en el que se expresaba –y

---

[5] El PJyJHD fue luego objeto de numerosas tesis sobre políticas sociales, pues llevó a nivel masivo los programas de transferencias condicionadas y retomó la idea de derecho para la política social.

paulatinamente asumiría– un mundo del trabajo con importantes disparidades y una persistente informalidad. Esta caracterización de Social para tal Estado le viene dada por la directa intervención política en la cuestión (y problemáticas) derivadas de la subordinación del trabajo y en la relación con el capital y de las transformaciones aludidas al inicio.

Serán dos los cursos de acción de la política socio-laboral del período que va de 2003 a 2015 los que perfilarán tal carácter social del Estado. En primer lugar, la reposición de la idea o de la expectativa de normalidad del empleo de tiempo completo, por plazo indeterminado y con los beneficios de la seguridad social. Precisamente, el aseguramiento (el otro curso de acción al que nos referimos) resultó el punto de referencia de lo que fue considerado como el "trabajo decente", en consonancia con los términos acuñados por la OIT. El Estado definió su perfil por el temprano y permanente objetivo de la regularización del empleo y por el peso principal que adquirió la seguridad social (previsional y, más adelante, de asignaciones familiares) al ampliarse a población que había permanecido (o permanecía) trabajando en condiciones informales e intermitentes y se hallaba excluida del sistema. Primero fueron las moratorias previsionales (ver infra)[6] y luego, cuando las políticas de regularización del trabajo resultaban claramente insuficientes para alcanzar pleno empleo de calidad como medio legítimo y deseable de integración, se apeló a la ampliación del sistema de asignaciones familiares.

La persistencia del empleo sin registro (que no bajó del tercio del empleo asalariado) más las ocupaciones de subsistencia por las que sostiene su existencia otro conjunto importante de la fuerza laboral activa no demandada por el mercado, dieron lugar, así, a un régimen de seguridad social que, sin modificar el principio de institución del sistema, basado en los aportes de los empleados y contribuciones patronales, también esquivó la contratación formal para ampliar sus protecciones y alcanzar a esa población trabajadora ocupada informalmente o prescindente para el mercado laboral, incorporándola en tanto y como trabajadores. No obstante, sus fundamentos ideológicos y discursivos no

---

[6] Esta política es solo aludida aquí pues del tema se ocupan Beccaria *et alli* en el capítulo 3.

abandonaron la expectativa de alcanzar plenamente un estado de trabajo normal para el conjunto de la población trabajadora.

Bajo estos fundamentos fue dándose la aludida reconstrucción de un Estado social en el que se expresaban los tiempos corrientes del capitalismo contemporáneo, tanto como sus restricciones estructurales en el país. Fueron un conjunto de intervenciones desde el Estado y en el Estado (de Souza Santos, 1998) en las que contaba de manera explícita la vida social y la necesidad de reconstituir los lazos que hacen a una comunidad política inclusiva. Ese interés se materializaba en políticas, inversiones y reformas institucionales que, en buena medida, fueron respuestas ad hoc a los problemas sociales puntuales, pero enunciadas en el lenguaje de los derechos, lo que constituye un aspecto definitorio en materia de política social. Las principales líneas de ese proceso pueden sintetizarse como sigue: (a) la ya referida reposición del trabajo como valor social y de la mediación del Estado en su relación con el capital; (b) la ampliación de las protecciones sociales; y (c) la reconsideración de la política educativa y cultural, más allá del trabajo

A continuación, describimos brevemente las principales medidas en estas materias.

(a) La restitución de normas e instituciones del trabajo

> "La decisión del Gobierno Nacional desde 2003 fue jerarquizar al empleo [...] como fuente de dignidad de las personas, como factor básico de ciudadanía. El eje de la política pública se orientó a la creación de *empleo decente*, es decir, productivo y protegido, con los beneficios que prevé la normativa laboral. De este modo, el trabajo fue considerado el núcleo central para la inclusión social, para la mejora de los ingresos, y el acceso a derechos" (SPTyEL, 2010: 14).

La primera medida, con fuerte connotación simbólica, fue la derogación de la Ley laboral de 1999 aprobada con sobornos a legisladores, y la sanción de una nueva ley. Asimismo, la inmediata recuperación de un papel activo del Ministerio de Trabajo, Empleo y Seguridad Social (MTEySS), en la regulación y regularización del empleo y en la participación en la negociación colectiva, al reponer el Consejo Nacional del Empleo, la Productividad y el Salario Mínimo, Vital y Móvil y regularizar las paritarias libres por sectores. A la vez, la puesta en marcha del Plan Nacional de Regularización del Trabajo en diciembre de 2003 y la aprobación de la ley 25.877/04 por la que se creó el Sistema Integral de Inspección del Trabajo y de la Seguridad Social (SIDITYSS), permitieron a la autoridad laboral recuperar la función de inspeccionar, detectar e imponer la regularización laboral, conformándose un numeroso cuerpo de inspectores.[7] Una de las últimas medidas en la misma dirección fue la ley 26.940/14 de creación de un Registro Único de Empleadores con Sanciones Laborales, que contemplaba sanciones económicas y otras inhabilitaciones como la imposibilidad de acceso a créditos o de participación en licitaciones públicas, a los infractores.[8] Un año antes, se sancionó la ley que establece el Régimen Especial de Contrato de Trabajo para el Personal de Casas Particulares (ley 26.844/13), que permitió regular los ingresos y las condiciones de trabajo de este sector.

Esa convicción respecto de la normalidad del empleo y el conjunto normativo instaurado, además de la baja en la desocupación, contribuyeron importantemente a que el sector del empleo formal, representado en las organizaciones gremiales, volviera a reivindicar y obtuvieran mejoras salariales[9], superando el estado de indefensión en el que había dejado a esas organizaciones el debilitamiento normativo y la amenaza de mayor desempleo que caracterizaron a la política laboral del neoliberalismo que cerró el siglo XX.

Por su parte, el Ministerio de Desarrollo Social[10] también remitió a la valoración del trabajo y al reconocimiento de los trabajadores y trabajadoras las justificaciones de sus políticas de asistencia a población

---

[7] En 2003 había 22 agentes en todo el país; en julio de 2013 llegaba a 548, según información oficial (Danani y Grassi, 2015).

[8] Entre los infractores, el Registro incluía a grandes empresas (Grassi, 2016).

[9] El Salario Mínimo pasó, paulatinamente, de unos 150 dólares en 2004 a unos 450 en 2011 y cerca de 600 en agosto de 2015, al cambio oficial.

[10] El Ministerio de Desarrollo Social (MDS) corresponde a la última forma institucional que tomaron las políticas de focalización de la pobreza de los años noventa. En 2003, con la asunción de Néstor Kirchner, se modificó la ley de ministerios, instituyéndose las siguientes funciones para dicho ministerio: "La promoción y asistencia social orientada hacia el fomento de la integración social y desarrollo humano, la atención y la reducción de las situaciones de vulnerabilidad social, el desarrollo de igualdad de oportunidades para estos sectores, capacidades especiales, menores, mujeres y ancianos, la protección de la familia y el fortalecimiento de las organizaciones comunitarias, así como en lo relativo al acceso a la vivienda digna" (Decreto 141/2003, 2003).

con escasas posibilidades de ser demandada por el mercado laboral, de apoyo a proyectos de la economía social y de institucionalización de algunos recursos normativos para el desenvolvimiento de los mismos, como el monotributo social, una categoría tributaria que reconoce la realización de actividades productivas, comerciales y de servicios, permitiendo la regularización de los emprendimientos para ser proveedores del Estado.

En esa política se inscribe el Plan Manos a la Obra (PMO), iniciado en 2003, que se organizó como un programa focalizado en población en condiciones de pobreza y con problemas de empleo, para brindar apoyo financiero, institucional y asistencia técnica y capacitación a los emprendedores. Junto con el Plan Familias para la Inclusión Social acogieron a los beneficiarios "no empleables" del PJyJHD, mientras que aquellos en condiciones de incorporarse al mercado de trabajo accedieron a los planes que, en el marco del Programa Integral de Promoción del Empleo, llevaba adelante el MTEySS: los de capacitación para el empleo, de promoción del autoempleo y de trabajo autogestionado y apoyo a empresas recuperadas por sus trabajadores.

En 2009, cuando se hizo sentir el efecto de la crisis del sistema mundial también sobre la dinámica del mercado de trabajo local, se redefinió la política y se puso en marcha el Programa Ingreso Social con Trabajo "Argentina Trabaja", con el propósito de fomentar el cooperativismo, el desarrollo económico y la inclusión social, a través de cooperativas de trabajadores a las que los interesados debían integrarse, para la realización de trabajos de mantenimiento en las comunidades, como la reparación de escuelas, extensión de cloacas, etc.). En 2013 se sumó una nueva línea, Ellas Hacen, con la finalidad de asistir a mujeres desocupadas con hijos a cargo o que atravesaran situaciones de violencia de género, "promoviendo sus derechos a través de la terminalidad educativa y otros espacios de formación" (en estos programas se detienen los capítulos 4 y 5).

(b) Las protecciones sociales[11]

Desde el punto de vista de la estructura institucional, las prestaciones de la seguridad social y de la asistencia social en la Argentina (el conjunto de las protecciones sociales) se radican y gestionan por sendos Ministerios: el de Desarrollo Social (MDS) y el Ministerio de Trabajo, Empleo y Seguridad Social (MTEySS), a través de la Agencia Nacional de Seguridad Social (ANSES), que es un organismo descentralizado aunque inscripto en su órbita.

Brevemente, la seguridad social comprende los siguientes regímenes de protección de la población formalmente ocupada y con obligación de aportar regularmente: el Sistema Integral de Prestaciones por Desempleo; el Régimen de Asignaciones Familiares (RAF); y el Régimen de Jubilaciones y Pensiones. En estos dos últimos regímenes se produjeron las principales reformas que, a nuestro juicio, dan cuenta del reconocimiento del trabajo y de los trabajadores y trabajadoras, incluyendo los estados de desocupación e informalidad, pero sin abandonar cabalmente la expectativa de ampliación de un mercado de trabajo en condiciones de "normalidad", es decir, con ocupación plena y por tiempo indeterminado. De ahí que las reformas no modificaron el principio fundamental de la estructura institucional de la seguridad social, basada en aportes y contribuciones derivadas del empleo formal.

Precisamente, la situación del empleo durante la década precedente había dejado sin posibilidad de acceder a jubilaciones a casi la mitad de las personas en edad para hacerlo y con haberes paupérrimos a quienes estaban jubilados. Ese estado de cosas dio lugar a las principales medidas tendientes a mejorar la situación de la población adulta, en primer lugar, aumentando los haberes mínimos, después de una década de permanecer congelados y desde 2005, a través de un programa llamado de "inclusión previsional", que permitió la jubilación anticipada para las personas que habían perdido sus empleos a una edad en la que se dificulta el reingreso al mercado de trabajo; y una moratoria previsional que permitió jubilarse a personas que, habiendo cumplido la edad, no tenían suficientes años de aportes. Esta medida tuvo como

[11] Como adelantamos, la cuestión de las protecciones se trata detenidamente en el capítulo 3 de este libro, dada su centralidad. En este punto, se pasa revista someramente para sostener la argumentación.

efecto la incorporación al sistema de población con una historia laboral de informalidad, principalmente mujeres. En diciembre de 2008 se creó el Sistema Integrado Previsional Argentino (SIPA), volviendo a un régimen público y de reparto en su totalidad. En octubre de 2008 el Congreso aprobó la ley que dispuso el ajuste automático de los haberes jubilatorios dos veces por año.

En 2014 se dispuso una "segunda etapa del Plan de Inclusión Previsional", con más restricciones, y con el objetivo explícito de asegurar principalmente la incorporación al sistema de la población ubicada en los deciles de más bajos ingresos y con la menor cobertura previsional. La medida favoreció principalmente a mujeres. Para 2015 la cobertura total llegaba al 84,5% de la población urbana en edad de jubilarse, porcentaje que aumenta a medida que se toman tramos de edad más avanzados, especialmente en el caso de las mujeres (Danani-Grassi, 2018: 318).

Las modificaciones en el Régimen de Asignaciones Familiares también alcanzaron a trabajadores informales y desocupados de ese sector, al incorporarse la Asignación Universal por Hijo (AUH) para protección familiar, en noviembre de 2009, como una prestación no contributiva para trabajadores y trabajadoras cuyos ingresos no superaran el salario mínimo.

También esta medida expresaba la ambivalencia entre asumir las condiciones reales del mundo del trabajo y la expectativa de lograr una completa formalización laboral. Y la decisión explícita de alcanzar, primordialmente, a los sectores más afectados por la informalidad. La primera cuestión se advierte en las diferentes prestaciones de una y otras de las asignaciones, algunas de las cuales se fueron subsanando como consecuencia de los señalamientos de estas discriminaciones. Así, mientras las Asignaciones Familiares clásicas (AFC) contemplaban prestaciones monetarias por matrimonio, nacimiento, adopción y escolaridad primaria y secundaria, la AUH solamente contemplaba la asignación mensual por hijo. Inicialmente, excluía a las empleadas de casas particulares que estuvieran registradas por sus empleadores, a pesar de que estas trabajadoras no percibían ningún tipo de asignaciones familiares. Esa restricción se eliminó prontamente, pero persistió la exclusión de los trabajadores por cuenta propia, aportantes al régimen del monotributo con ingresos superiores al salario mínimo, aunque pertenecientes a las categorías más bajas de ingresos. Asimismo, se contempló para unidades familiares de hasta cinco hijos y no más, en tanto que para el caso de las AFC no se impone ningún límite y se abona por todos los hijos, cualquiera sea el número. Desde 2011 se extendió el derecho a asignación por embarazo desde los tres meses de gestación y desde marzo de 2015 se hizo extensiva también la ayuda escolar anual.

En 2013 se sumó un cambio para todo el Régimen de asignaciones respecto de la titularidad del beneficio que, desde entonces, recayó por defecto en la mujer, cuando históricamente había sido a la inversa, aun cuando los ingresos del hogar o la manutención de los hijos provinieran de ambos progenitores. Este cambio sigue el ritmo del creciente papel de las mujeres en la generación de los ingresos del hogar y la persistencia de su papel prioritario en el cuidado de sus miembros.

Asimismo, una medida fundamental en dirección a consolidar la AUH como a estabilizar la capacidad de compra de las asignaciones familiares en general, fue la fijación por ley sancionada en julio de 2015 de la actualización automática semestral de su monto, de igual modo y con la misma fórmula con que se actualizaban los haberes jubilatorios. A la vez, una de las condiciones más discutidas fue la obligación de la escolarización y de los controles médicos de los menores, que deben probarse fehacientemente por parte del adulto responsable. Para ello se impone una retención del 20% de la asignación, que es reintegrada con las certificaciones correspondientes.[12]

Como se advierte, fue la seguridad social, por medio de su Agencia, el ámbito a través del que se redireccionó la política social. Sin embargo, también el MDS desplegó una intensa labor asistencial que, además, contribuyó a hacer presente al Estado nacional en las más alejadas localidades de la extensa geografía argentina, movilizando a su personal e instalando agencias propias en las comunidades, con sus correspondientes nuevos edificios.[13] La política social tuvo también

[12] Sobre las tensiones entre control de los pobres, derechos de los niños, niñas y adolescentes y obligaciones del Estado a que enfrentan estas condicionalidades, ver Grassi, 2013.

[13] "Trabajamos para el barrio, desde el barrio. Por eso, en las zonas más vulnerables del país creamos espacios públicos edificados –los Centros Integradores Comunitarios (CIC)– para que las comunidades tengan un lugar de encuentro, participación y organización" (citado en Grassi, 2016). Véase, por ejemplo,

alcance y sentido nacional, aunque –como se reiteraba en el discurso de sus agentes– se desplegaba "en el territorio".

Las labores de asistencia de este ministerio, a través de una diversidad de programas, se presentaron como reparaciones de injusticias originadas en el abandono por parte del Estado de sus obligaciones sociales. Así, asistió a colectivos "vulnerables" no solamente por su exclusión del mercado de trabajo, como indicamos antes, sino también por razones derivadas de diversas formas de exclusión socio-cultural (comunidades originarias, mujeres jefas de hogar con una prole numerosa) o con necesidades especiales (personas con minusvalía de alguna capacidad), todas situaciones que justificaban el crecimiento en el número de pensiones y de las ayudas directas.

La iniciativa del monotributo social para regularizar los emprendimientos de la economía social, antes referido, permitió a sus trabajadores acceder a una obra social e ingresar al sistema previsional (para, en el futuro, poder jubilarse) con el subsidio del 50% del aporte a la primera y el 100% del pago del componente previsional (ver capítulos 4 y 5).

(c) Los derechos más allá del trabajo

Brevemente, también debe considerarse otro sector de políticas cuyo alcance (o sujeto al que están referidas) trasciende al lugar en la producción o en sus relaciones. Las políticas educativas y culturales en general se reencauzaron según su tradición en el Estado argentino,[14] que abrió la alternativa de que el derecho a sus bienes se disponga sin distingo de quienes demandan o acceden a los mismos. En este caso, fue la pertenencia a la comunidad política, formulada en los términos propios de los movimientos políticos locales (el pueblo, la patria) o en la convocatoria novedosa de Cristina Fernández, "la patria es el otro", la que justificaba la inversión pública en educación y demás bienes o servicios culturales.

esta profusa presencia en: http://www.desarrollosocial.gob.ar/mapa# (consulta 07-07-2018) que en la actualidad mantiene la distribución territorial de estos.

[14] No es este el lugar para profundizar, pero sí hay que señalar que esa tradición arranca con la búsqueda de conformar una "identidad argentina" sobre la diversidad de orígenes étnicos y nacionales y de educar al pueblo segregando los contenidos de las culturas diversas, principalmente originarias.

En materia educativa, el Programa Conectar Igualdad y la creación de universidades nacionales en algunas provincias y partidos de la provincia de Buenos Aires, constituyeron inversiones públicas de alcance universal.[15] En lo cultural, se vieron favorecidas las expresiones populares, con más visibilidad en los espacios públicos. Y un símbolo de la época fue la creación de Tecnópolis, el parque de divulgación científica ubicado en Villa Martelli (Gran Buenos). Localizado en la región metropolitana, tuvo impacto cultural precisamente por reunir calidad de las puestas e indistinción del público para el que estaba disponible gratuitamente. Ambas circunstancias –la ubicación y la gratuidad– facilitaron el acceso de sectores populares que habitan en el conurbano bonaerense y también, hicieron patente la manifestación de la desigualdad y las prácticas de distinción en el transcurrir de la vida social: el uso del parque por dicha población le valió el discriminatorio mote de "negrópolis".

Cada una de estas políticas generó controversias. El supuesto mal uso de las computadoras por parte de los estudiantes, más dispuestos a jugar, chatear, etc. que a estudiar, en la interpretación de sentido común; el nivel académico de las universidades nuevas o las designaciones inescrupulosas de autoridades o docentes ocurridas en algunos casos, entre agentes del medio universitario; el prejuicio social, en el caso de Tecnópolis. Cada una de esas controversias abre distintos tipos de interrogantes y problemas. En el primer caso, ¿por qué esos usos de las computadoras se vuelven incorrectos para algunos grupos y son parte de la socialización y los modos de interacción corriente de las nuevas generaciones, para otros?, ¿por qué las escolares de las escuelas públicas debían usar sus notebook solamente "para estudiar"?

---

[15] Entre 2003 y 2015 se crearon diecisiete nuevas universidades nacionales, nueve de ellas en la provincia de Buenos Aires; el resto en otras provincias del país. Desde entonces, todas las provincias pasaron a tener al menos una universidad nacional en su territorio (http://chequeado.com/chequeoenvivo/scioli-se-crearon-17-nuevas-universidades-nacionales/ (consulta 15-08-2018). Por comparación, durante el gobierno de C. Menem (1989-1998) se expandió la educación superior privada, con la creación de 21 instituciones. Las universidades nacionales nuevas fueron nueve, de las cuales dos correspondieron a nacionalizaciones de instituciones provinciales (Rasetti, 2014).

En cuanto a las universidades, las preguntas son de otro tipo: ¿cómo asegurar que la desigualdad y las distancias sociales no se mantengan y reproduzcan, con titulaciones idénticas pero de diferente valoración? Pero también, descontando la titulación, consideradas las universidades como espacios sociales de interacción, ¿cómo aportan a la experiencia de los grupos a los que se abre la posibilidad de acceso a los estudios superiores?, ¿de qué modo esa experiencia incide en la vida social? La atención a ambas cuestiones debería, acaso, configurar un único problema para el sostenimiento tanto de las universidades, como de los demás niveles del sistema educativo. Y para atender a la responsabilidad que le cabe a los agentes educativos en el aseguramiento de cualidades institucionales que doten a los egresados de capitales educativos que permitan acortar las distancias sociales.

A su vez, la pregunta que abre la experiencia de Tecnópolis es si es posible contribuir a erosionar los prejuicios y la discriminación o la autoexclusión, haciendo de la calidad de la oferta cultural una política de Estado de largo plazo que posibilite y atraiga a la masividad de público y naturalice la interacción de los diversos sectores sociales y culturales.[16]

Claramente, cada una de estas políticas se contrapuso de hecho, a la segregación que es una marca de la sociedad contemporánea. Y cada una de ellas fue, a su turno, afectada por el gobierno siguiente que, como mostramos en el capítulo anterior, vino a "poner las cosas en su lugar". El espacio cultural y educativo volvió, entonces, a reordenarse.

Ahora bien, algunas de las preguntas y las controversias a las que dieron lugar las experiencias que enumeramos, deben ser atendidas pues se refieren a condiciones de funcionamiento de las instituciones que mellan su legitimidad. Aunque solamente podemos mencionarlo porque su análisis requiere otro abordaje, consideramos que alcanzar una comprensión más acabada de lo que "hace el Estado" con la sociedad (los lazos) y qué producen/reproducen las políticas sociales en general, exige atender a las cualidades de las correspondientes prestaciones y servicios públicos y al tipo de prácticas de sus agentes, en los lugares de interacción o del encuentro de la política con los usuarios-ciudadanos y sus necesidades.

---

[16] La escuela pública cumplió ese papel, cuando "la privada" no era mejor, sino el lugar por descarte.

Entendemos que en esos lugares o momentos de lo que podemos llamar la dimensión cotidiana de las prestaciones y servicios públicos también se expresan, se producen o reproducen (o puede destejerse) las tramas de la desigualdad social: las distancias y distinciones sociales, la discriminación, la minusvalía, etc. (o los privilegios) aún cuando se trate de prestaciones y servicios universales por su alcance. Esto es así porque en el tipo de prestación o servicio y en la práctica de los agentes institucionales (de los servidores públicos) se signfican y resignifican las políticas. En la cualidad de esas prácticas y el estado y cualidades de las prestaciones, se expresa la consideración del sujeto y se produce su propia experiencia del Estado, de sus servicios y de los derechos.[17]

Esa dimensión de las políticas sociales corresponde, si puede decirse así, al Estado estructurado, a los espacios y tramas de relaciones que pre-existen a la orientación ideológica de cada propuesta política. De ahí que las prácticas en "el territorio" y en los espacios concretos de interacción por parte de servidores públicos y de agentes políticos (militantes), tanto pudieron (podrían) contribuir a interpelar a un ciudadano digno, como resultar contrarias a los fundamentos del derecho, la mayor igualdad y la autonomía, aun cuando se dispongan de herramientas políticas en ese sentido. Como esta falta plantea un límite a la definición del Estado y al tipo de estatalidad que se produce, no podemos ignorarla aunque no podamos incluirla en esta instancia.

II. El sueño de la acumulación sin trabajadores. Un nuevo escenario

"El secretario de Empleo y ex CEO del grupo Techint, Miguel Ángel Ponte, opinó que incorporar o despedir personal debería ser para las empresas natural como "comer o descomer". En diálogo con "Radio

[17] Unos pocos ejemplos para facilitar la comprensión: que sea suficiente merecimiento "la calidad de los médicos" del hospital público, y que "la hotelería no importe", aunque eso signifique la permanencia del/ la paciente en un pasillo porque no hay camas o por desidia, constituye una doble discriminación: material, por la falta del recurso, y simbólica, porque es a lo que puede aspirar la clase de usuarios del hospital público. O que las maestras de menor experiencia sean asignadas a las escuelas más alejadas y más desprovistas, es una forma de producción activa de desigualdad entre la población de estudiantes del sistema universal.

con Vos" [...] sostuvo que "la posibilidad de entrar y salir del mercado laboral hace a su esencia; es como comer y descomer" (*Perfil*, 09-01-2017)

Empezamos este capítulo por el trabajo y explicamos por qué. Podemos comenzar este apartado con una hipótesis provocadora: si para el proyecto político que representa Cambiemos, tal como postulaba Margaret Thatcher, "la sociedad no existe",[18] tampoco existen "trabajadores" más que en la necesidad de tener que lidiar con quienes así se presentan.

Las palabras del Secretario de Empleo –ex director general de uno de los grupos empresarios más poderosos a nivel local y líder global en la producción de tubos sin costura para la industria petrolera– dicen en lengua nativa lo que la teoría se esfuerza en explicar. Desde el punto de vista del capital, el trabajo es energía (fuerza de trabajo), un factor de la producción que tiene costos. Desde ese estricto punto de vista, lo que no se usa, se desecha.

Pero mal que le pese al Secretario, los trabajadores existen (y él lo sabe), incluso como fuerza organizada a la que el Ministro de Trabajo ahora dedica sus esfuerzos para poner coto a sus pretensiones. Igual que "la sociedad" existe y se resiste más allá del mercado.

Es decir, como conjuntos / grupos / clases sociales que se presentan y representan como trabajadores, géneros, grupos de edad diversos y con demandas específicas, necesidades e intereses compartidos o en conflicto, como hogares en los que se atienden las necesidades de reproducción y cuidados, etc. Es decir, como otras tramas con otras lógicas y reglas que chocan con las "leyes del mercado" que, por sí solas, la ponen en riesgo de disolución (Castel, 1997; Polanyi, 1957), así como la pura lógica del capital pone en riesgo las fuentes de donde provienen sus propios recursos: la vida humana y la naturaleza. No es necesario reiterar lo que mostraron y enseñaron las ciencias sociales desde su nacimiento, aunque lo ignoren en los equipos de gobierno o pretendan desentenderse de la sociedad, de las necesidades de la reproducción y del conjunto de quienes son desechables (¿descomidos?), en el mismo lenguaje nativo; desocupados y/o inactivos, en el lenguaje de la economía.

---

[18] Nótese el nulo uso de la palabra "sociedad" en el discurso oficial.

Pero ese desentendimiento no deja de ser un ideal, un sueño eterno, una tranquilidad, incluso, si no se ve a "la sociedad" más allá de la gestión de la empresa. O si solo se ve gente dispuesta a sufrir, como cree el ministro Andrés Ibarra.

> "Estamos atacando el problema de fondo y en eso está también que el Presidente llame a la responsabilidad de todos los dirigentes. Cuando *el Presidente evangeliza* sobre el tema déficit fiscal es porque es un problema de fondo de la Argentina.
>
> (…) –El Presidente va a ser reelegido, la gente nos va a acompañar. La gente se va a dar cuenta de que hay un camino de sacrificio, que para mucha gente es una cagada, que le significa un esfuerzo tremendo, pero no hay ninguna duda de que es el camino de salida.
>
> (la gente) Sufre, obviamente, hay medidas que son durísimas, pero creo que si somos capaces de seguir demostrando que estamos trabajando de verdad y con la verdad para los argentinos, la gente se banca quizá no pasarla tan bien, pero sabiendo que esto es mejor para el futuro (*La Nación*, 16-07-2018).

De tal modo, "la gente" que nombra el discurso político debe encajar, o se supone que debe encajar en esa pura lógica a la que quedan subordinadas sus vidas y necesidades. Una parcialidad a la que pertenecen quienes gozan de los privilegios de representar "la verdad de la divinidad" y de conocer "el único camino", por lo que ocupan la cúspide de lo que (como vimos en el capítulo anterior) presentan/representan como un orden justo. En ese orden, el Presidente puede arrogarse el papel de evangelizador que reclama el sacrificio de los fieles conversos a la religión del mercado.

Si a esto se reduce la representación de la vida social, "trabajar de verdad", según las palabras del ministro, debe entenderse como el esfuerzo por subordinar y ajustar todo el Estado (sus servicios de salud, educación, bienestar, etc.) al único camino de restauración del orden. En otras palabras, transformar el Estado desde el Estado. "Una revolución en el Estado", dice el Ministro Ibarra según la misma nota antes citada. Una revolución que comprende a la política social, sus normas e instituciones.[19] Y a los demás bienes y servicios que permiten reproducir la vida

---

[19] Hasta finalizar 2017, en materia de políticas sociales este proceso se advierte principalmente en el abandono, la desactivación y/o cambio de orientación de algunas políticas (Conectar Igualdad, PROGRESAR, PROCREAR, Argen-

y en términos ya clásicos constituye "los equipamientos colectivos de consumo" o el "sistema público de mantenimiento" (Topalov, 1979: 22).

La hora de la verdad (I) Política y economía

De la felicidad a las medidas dolorosas

> "Nuestro foco está en el futuro, pero para ello hay que atravesar por esta situación, que implica tomar algunas decisiones difíciles pero imprescindibles" dice la LN que "admitió Macri durante uno de sus tantos encuentros con empresarios" (*La Nación*, 05-02-2016).

No habían pasado dos meses desde que asumiera el gobierno de la República, el 10 de diciembre de 2015, cuando ya se refería a "Los aumentos de las tarifas eléctricas y del gas, el alza de hasta 30 por ciento en los pasajes aéreos, las reducciones de puestos de trabajo que se producen en el Estado y en el sector privado y los incrementos de los precios en los supermercados de los últimos días" (*Ibid*).

Desde los días previos a su asunción, se leía y escuchaba insistentemente (a favor o en contra) opiniones acerca de las "medidas económicas" o el "paquete económico" del nuevo gobierno, que venía dispuesto a hacer cambios profundos para "volver a crecer", volver a la Argentina al mundo, terminar con la pobreza y devolver la "felicidad" a la gente. Pero ya en el gobierno, llegaba "la verdad" de lo que el paquete contenía: la "pobreza cero" del candidato Mauricio Macri se transformaba en una promesa de largo plazo y el Presidente Mauricio Macri no traía felicidad inmediata, sino dolores que serían perdurables, aunque entonces se dijera lo contrario: los primeros, y con inmediatos efectos en los hogares, fueron los aumentos en las tarifas eléctricas y del gas y el incremento de los precios de los productos básicos, para algunos acompañados de la pérdida de sus puestos de trabajo. Dolores todos que se incrementarían a lo largo de los años siguientes.[20]

tina Trabaja). No obstante, en el caso puntual del sistema previsional, fue un cambio en la fórmula de cálculo de la actualización de haberes jubilatorios que alcanza a las asignaciones familiares, el punto de inicio de cambios normativos. Fue, también, el motivo de una de las mayores movilizaciones de resistencia a la medida y de mayor represión policial, ya terminando 2017.

[20] Nuestra investigación se cierra en 2017, tal como aclaramos en la Presentación. No obstante, "los años siguientes" comprende 2018, mientras trabajamos

Las medidas urgentes que se tomaron (de donde derivaría la verdad que dolería a muchos), fueron la eliminación de las restricciones a la compra de dólares, que inmediatamente incidiría en lo que, en el lenguaje eufemístico de entonces, se llamó el "sinceramiento" de los precios. Claro que la inflación era un problema no solucionado por el gobierno anterior y se había acelerado en 2015 y principalmente desde el momento en el que Cambiemos ganó las elecciones y ya se sabía que el nuevo equipo económico dejaría al dólar "flotar libremente". Pero entonces, el costo político aún iba a cuenta del gobierno saliente.

Por su parte, la eliminación de las retenciones a las exportaciones agropecuarias en general (que anunció también el designado ministro de Agroindustria, Ricardo Buryaile), afectaría, a su vez, a los ingresos fiscales y a los precios internos de algunos alimentos, en tanto no se advertía, ni esperaba, una política que transformara la estructura económica, altamente concentrada. La facilitación del ingreso de todo tipo de productos industrializados ("la apertura económica para volver la Argentina al mundo") afectaría, a su vez, a las pequeñas industrias dependientes del mercado interno y al empleo en ese sector.

Esta fue la política económica presentada como un único camino de salvación de una "crisis inminente" (como se vio en el capítulo 1), para "volver a crecer", "volver la Argentina al mundo" y para "ser felices", tal la muletilla que no dejaría de repetir nunca el Presidente. Una promesa de salvación que sigue exigiendo sacrificios y una política económica que compromete a la política social y exige, como veremos enseguida, abaratar el trabajo y controlar a los trabajadores. Más aún cumplir con el ideal de limitar lo más posible el empleo asalariado en relación de

en este libro. Este año esas mismas "medidas dolorosas" se agravaron y condujeron al cambio de Ministros. Aún peor, el estado de la economía y de las finanzas públicas llevó de nuevo a solicitar un "salvataje" al FMI. La necesidad de recurrir a un prestamista de última instancia que, inmediatamente, se convierte en director de la política local, fue presentada como "una buena noticia" por las autoridades. La experiencia de los 90, cuando el entonces director del FMI, Michel Camdessus, operaba en el ámbito político local con mayor poder y autoridad que los funcionarios de gobierno, no auguran las buenas nuevas que este año anuncian. La injerencia de la actual directora del organismo, Christine Lagarde, a quien se reporta el Ministro de Economía Nicolás Dujovne, según sus declaraciones, que reproduce lanacion.com.ar el 15 de junio de 2018, es evidencia de la reiteración de una historia poco feliz.

dependencia, protegido y estable, y alentar el trabajo *autónomo* aunque dependiente de una contratación a término.

Pero ligado a las restricciones que en los últimos años dejaba ver la economía, principalmente la falta de divisas e inversiones, reflejadas en el bajo crecimiento después de 2008 (Schorr y Wainer, 2017), durante la campaña electoral Cambiemos logró capturar el debate entre los políticos en competencia y encerrarlo en la idea de un "paquete económico", entendido como conjunto de medidas necesarias y suficientes para "ordenar el desastre que nos dejó el populismo". El enunciado de la política como un "paquete" resulta una buena metáfora de lo que el Estado, la política y la economía son para el equipo de gobierno encargado de la política económica. Más allá de la orientación neoliberal general que comparten, su comportamiento y su relación con el Estado, puede comprenderse por comparación con la visión y con la expertise que demostraban los equipos del neoliberalismo de los años 90 (los famosos *think tank* de La Mediterránea, de FIEL y de la Universidad del CEMA). Ellos se presentaban como conocedores y expertos y eran reconocidos por su ciencia (la ciencia económica) que le brindaba el conocimiento de un dominio (el mercado) cuyas reglas eran ajenas al lego. Eran ellos, los economistas meritorios y de prestigio, quienes colonizaron el Estado para el mercado, pues los "empresarios exitosos" que quiso Carlos Menem al inicio de su gobierno, fracasaron prontamente.[21] Para los *think tank* el mercado era más que cada empresa y fueron los economistas "que sabían" (Domingo Cavallo resultó el más idóneo y confiable), los que vinieron a hacer valer sus reglas y a cuidar que se cumplan sus leyes. Así se lo advirtió al "mejor equipo" que rodea a Macri un miembro de esa vieja escuela:

> En el programa de Canal 24 conducido por el periodista Charly Fernández y emitido el 2/2/2017, el ex Secretario de Finanzas hasta 2005, Guillermo Nielsen, además de criticar "la lucha de clases" de los gremios para desfinanciar al Estado, fue consultado acerca de su opinión sobre el equipo económico. Dijo al respecto que hay "gente que sabe un poquito de economía, un poquito… pero para manejar

---

[21] Al frente del Ministerio de Economía, designó a un representante del grupo Bunge & Born, el Ing. Miguel Roig, quien falleció a los pocos días, siendo reemplazado por otro miembro del grupo, Néstor Rapanelli, quien permaneció apenas unos pocos meses, de julio a diciembre de 1989.

> el Estado, "hay que saber muchísimo…." Sobre el Presidente, afirmó, "no es economista, es un empresario".

Con Cambiemos se constituyó el gobierno de una clase (de empresarios) por ellos mismos, y la imposición en el Estado de necesidades, intereses y reglas inmediatas y directas de cada sector empresario o, más aún, de cada conglomerado empresario representados en cada lugar del poder, desde su cúpula (en ese sentido se trata, efectivamente, del gobierno de los CEO). El Estado se hizo más inmediatamente clasista, no sólo por la imposición política de un régimen de acumulación del capital ciego a las necesidades sociales (y a la sociedad), sino porque los miembros del equipo de gobierno son abiertamente la clase de los grandes conglomerados trasnacionales que gobierna para sí misma. Sus agentes ubicados como funcionarios actúan naturalmente en el Estado, no sólo con los mismos criterios, sino según los objetivos de expansión de las empresas o sectores que recién dejaron de conducir, ampliándoles su espacio de poder.

Por eso también pueden parecerse más a predicadores que a expertos y comportarse como patrones a la hora de encarar los despidos de personal para modernizar el Estado (o ajustar las cuentas, sin afectar a sus respectivos sectores). Por eso también a Macri le parecía que "bajar la inflación es muy fácil" y llevar la pobreza a cero, también. Bajo esa mirada empresarial y reduccionista de la economía, la cuestión social se subsumió también en el *paquete económico* del nuevo gobierno, que no necesitaba más, creía, que la recuperación del crecimiento (si se hacían "bien las cosas").[22] De ser así, terminaría con la pobreza que, en el mismo acto, dejaba de ser problema social porque convergía en el mismo mundo feliz donde, además, terminaban los conflictos (se unían los argentinos). Así, la política pasaba a ser el obstáculo interpuesto por una oposición irredenta formada por quienes se negarían a perder sus privilegios, "no quieren que a los argentinos les vaya bien" y "ponen palos en la rueda", según expresiones habituales de funcionarios y el propio Presidente.

---

[22] Finalmente, más de dos años después, el Presidente dirá que "pasaron cosas" cuando se produjo una disparada por el dólar, la más grande fuga de divisas en pocas semanas y el mayor endeudamiento en pocos meses. Un camino asfaltado de regreso a los préstamos del FMI y del gobierno de la economía local por dicho organismo.

Sabemos que el logro de hegemonía en el espacio político-cultural se expresa en la capacidad para delimitar el terreno de los problemas y encerrar allí el debate e imponer los términos de la confrontación (aquellos con los que se auscultan, diagnostican y evalúan los problemas "que corresponden" a problemas para la política y el Estado). Si ese terreno fue "la economía" ordenada (liberada y que había que reencauzar "para volver a crecer"), los términos con que se impuso y se delimitaron los problemas parecen corresponder más a las creencias, a los mitos y a las ficciones, que a las bases fundamentales de la economía y de los mercados racionalizados en los que participan los conglomerados económicos a los que pertenecen el Presidente y los funcionarios. "Hablar con la verdad", "seamos felices", no son propiedades de ese espacio donde la permanencia y éxito de las personas y los grupos económicos se desarrollan como luchas feroces. Asimismo, corresponden a formulaciones incontestables, pues no puede haber desacuerdo acerca de la mentira o el deseo de felicidad. Pero la política, por su parte, lidia con divisiones sociales e intereses contrapuestos a los que necesita encauzar tras alguna hegemonía que dará o no cabida a esos diversos intereses. Y lidia también y cada vez más, con la falsedad y la falsificación como armas de esa lucha.

Por cierto, la economía es el terreno ineludible de la cuestión social y la política la encauza, distribuye los beneficios y sacrificios. Los economistas y los funcionarios de las áreas económicas de los gobiernos, en lo esencial, hacen y toman decisiones políticas que, consecuentemente, atienden o desatienden intereses y necesidades sociales. La "verdad" con la que prometieron hablar los funcionarios desde 2015, es la verdad de un proyecto político que subordina las demás áreas del Estado (las demás políticas), transforma (hasta donde la resistencia social lo permite) sus instituciones y estructuras normativas (las del trabajo, las que afectan a las prestaciones sociales del Estado o al consumo) en detrimento de las necesidades de reproducción de la vida de la población trabajadora y de la vida social.

Servicios públicos a valor de mercado

Un primer signo del reencauzamiento de las divisiones e intereses sociales fue el tratamiento de la política de subsidios a los servicios públicos. El subsidio estatal al consumo de gas, de la energía eléctrica y del agua potable, se había originado con la Ley de Emergencia Económica de enero del año 2002, durante la presidencia interina de Eduardo Duhalde y cuando alrededor de la mitad de la población había visto caer sus consumos a niveles de pobreza. Además de declarar la emergencia social y económica, la ley delegaba en el Poder Ejecutivo una serie de facultades extraordinarias[23], entre ellas fijar tarifas y renegociar los contratos de servicios públicos en manos de empresas privadas y regular los precios de la canasta básica. De ahí en más se sucedieron medidas como la creación, en 2006, de la empresa estatal de Agua y Saneamientos Argentinos (AySA), que reestatizó el servicio; y la nacionalización de YPF, en 2012. En ese marco regulatorio se inscriben los subsidios aludidos que mantuvieron precios muy bajos para los consumidores[24] y se transformaron paulatinamente en un problema para las finanzas del Estado. El "peso de los subsidios" fue un señalamiento de mala administración de los recursos al gobierno anterior, pero también, cada intento de suba daba lugar a títulos catástrofes aludiendo a "tarifazos". A su vez, el bajo precio de la electricidad, principalmente, y los incentivos al consumo, hicieron que se extendiera el uso de artefactos de confort, principalmente aires acondicionados. La mayor demanda de energía eléctrica, que no era acompañada por un aumento de la producción en la misma proporción, fue constituida en un problema atribuido casi exclusivamente a esta ampliación del consumo popular y como tal, se hizo sentido común. El propio Macri, ya como presidente, insistiría en esta idea en los términos que le son característicos: "El aire acondicionado es uno de los elementos más disruptivos que ha venido a integrarse a este cóctel explosivo y siniestro que dejó el gobierno anterior", dijo en ocasión de realizarse una Jornada Nacional de Eficiencia Energética, en diciembre de 2016. Sus palabras las reproducen todos los medios de prensa.

[23] También delegaba en el Ejecutivo la posibilidad de intervenir en la fijación del tipo de cambio entre el peso y las divisas extranjeras, y pautar retenciones a la exportación de hidrocarburos. Aunque se sancionó con fecha de caducidad en 2004, fue sucesivamente prorrogada pues se convirtió en una herramienta de gobierno para la anterior administración. Finalmente, terminó su vigencia recién en enero de 2018.

[24] Esta política impactaba diferencialmente en las provincias y favorecía principalmente a la población metropolitana y a las provincias a donde llegan las redes respectivas.

El diario *Página/12* titula una nota como "La maldición del aire acondicionado". Allí transcribe, entre otras expresiones del Presidente, lo siguiente:

> Juanjo –por Aranguren–, este año te ha tocado bailar con la más complicada. Tenemos que aprender la cultura de la responsabilidad, de decir la verdad. Comprometernos en lo que no es políticamente correcto [...] Los senderos de precios van a ayudar a tomar conciencia y cada uno va a tener contacto con la realidad. Queremos que se consuma menos energía. Los argentinos tenemos que poner en marcha la creatividad para proponer otras formas de ahorro de energía que escapan hoy a nuestro conocimiento, pero que estoy seguro que muchos están pensando (*Página/12*, 16-12-2016).

De tal modo, una de las primeras medidas con impacto en el consumo de los hogares fue el anuncio de una "emergencia eléctrica", la eliminación de los subsidios y actualización y liberación de los precios de producción (extracción y trasporte, en el caso del gas; generación y conexiones de la energía eléctrica), que tendrían máxima incidencia en el consumo popular y, pronto, en los costos de producción de las pequeñas empresas y de los emprendimientos de la economía social y en organizaciones culturales populares, como los clubes barriales.

La razón que se argüía, una vez más, era una situación catastrófica en materia energética, tal como justificó el ministro de Energía Juan José Aranguren: "Estamos en una situación precaria, al borde de un colapso, pero si tomamos medidas podemos evitarlo". Él tampoco dejó de hacer coro al estribillo: "Venimos a decir la verdad, como nos pidió el Presidente" (*Página/12*, 16-12-2015).

La "verdad" se anunció como presente del nuevo año, cuando se publicó la Resolución 6/2016 en el *Boletín Oficial*, dando a conocer la nueva tarifa eléctrica que "sinceraba" –en la nueva terminología– los precios respectivos.

Sin embargo, a lo largo de los años subsiguientes, "los verdaderos costos" fueron también un alimento de la alta inflación y el "aumento gradual" fue siempre exorbitante, principalmente en los primeros meses de 2016, cuando superaban el 500% en algunas provincias, donde se generaron conflictos y reclamos diversos, que lograron alguna morigeración, pero no modificaron una política para la cual los servicios son, nada más, que una mercancía que se consume individualmente, y se vende a precios de mercado.

No obstante, el costo de los servicios públicos fue motivo de protestas sociales al punto que dio lugar a intervenciones de la justicia suspendiendo la aplicación de los aumentos y del pago de las facturas emitidas en algunos casos en los que se habían presentado demandas (Tzeiman, 2017:166). Un fallo al respecto llegó a la Corte Suprema, que declaró la nulidad de los aumentos del gas (*Ibid*: 175) y ordenó la realización de las correspondientes audiencias según manda la Constitución Nacional. Estas comenzaron en septiembre de 2016 (mes en el que reiniciamos la segunda etapa del trabajo de campo), pero los aumentos seguirían y serían una preocupación central durante todo el período.[25]

Llegados a 2018, los costos verdaderos no parecen haber sido alcanzados, por lo que el Ministro Aranguren informó que a partir del segundo semestre de 2019 las tarifas se ajustarán "sólo por inflación" (Telam, 22-11-2017). No llegará a cumplir su promesa, pues fue reemplazado en junio de 2018.[26]

Recuerda Mario Wainfeld en su columna de opinión del diario *Página/12* del domingo 22 de abril de 2018 algo que, no por obvio, queda, sin embargo, invisible. Se suele justificar la suba de tarifas a precios de mercado con la afirmación de que a "los subsidios los pagamos todos" lo que tiene como supuesto, "todos los que pagamos impuestos" que, a su vez, tiene otro supuesto falso según el cual la población de menores ingresos y/o desocupados no tributan. Se desconoce el IVA, un impuesto al consumo del que solo muy pocos bienes están exentos. No es el

---

[25] Solo en el diario *La Nación*, entre septiembre y octubre de 2016 se registra más de una nota por día referida a la suba del gas en esos meses. Y apenas disminuye la frecuencia en los meses siguientes, cuando los aumentos se refieren a la luz, el agua, los peajes y la nafta.

[26] Su reemplazo se produce en medio de una crisis financiera y económica que el Presidente describe como una "tormenta que estamos atravesando" (puede verse la conferencia de prensa brindada el 18/07/2018). La tormenta incluye una inflación de los precios que, se calcula, superará el 30% a finales de año. Una tormenta es una catástrofe natural, ajena a la voluntad y las acciones humanas, igual que lo que "pasa en el mundo" frente a lo que el gobierno no puede hacer nada, según sus propias palabras. "Lo que pasa en el mundo", al que se propuso volver, será lo que lo (nos) envuelva en mayores tormentas, como vemos en el punto que sigue.

caso de los alimentos y el abrigo, bienes básicos para la sobrevivencia. Más allá de estas falacias, como recuerda el autor de la nota, a las facturas "sinceradas" de los servicios, "también las pagamos todos", ahora de manera directa, con lo cual, los hogares más pobres, además de tributar por IVA, pierden un retorno posible por la intervención redistributiva del Estado. Si el subsidio de *a todos por igual* conllevaba la "injusticia" de que beneficiaba también a los sectores con capacidad de pago de las "tarifas de mercado", su eliminación o discriminación por niveles de consumo (eléctrico, de gas, etc.) afecta más a quienes consumen naturalmente menos, porque sus viviendas tienen menos metros cuadrados y, aunque hayan incorporado electrodomésticos que ya no podrán usar, probablemente no compongan un equipamiento comparable con las clases de alto consumo. Pero además, la incidencia de los costos es muy desigual según sean los niveles de ingresos, de tal modo que "pagar precios de mercado" no cambia los hábitos de consumo de los hogares de ingresos altos, pero sí afecta importantemente la estructura del gasto de hogares de ingresos bajos, donde queda reducir al mínimo el consumo de energía o, en el extremo, prescindir de luz, gas y agua (en caso de que las redes lleguen).

Corresponde volver a esta altura al punto de los "equipamientos colectivos" aludidos antes con una cita de Topalov (1979). Estos equipamientos cumplen, por así decir, dos funciones fundamentales: constituyen infraestructura básica para la valorización del capital; y satisfacen necesidades de la reproducción que son creadas por el capital, no solo porque éste aliente consumos superfluos –como es corriente suponer– sino por la propia necesidad de disponer de ciertas condiciones de la fuerza de trabajo o, podemos decir en términos más recientes, de "capital humano". En esta extrema simplificación de la cuestión de estos equipamientos a partir de lo que al respecto desarrolla el autor citado, tenemos ya dos derivaciones: si, como es obvio, el capital no invierte sino para obtener ganancia, primero, para cualquier inversión, es condición la existencia de un sistema básico de "urbanización capitalista" (vías urbanas, transportes colectivos, redes de agua y energía, etc) para "uso" en la producción y para consumo de la fuerza de trabajo. Segundo, si el capital no invierte sino para obtener ganancia, la privatización y venta de los servicios a precio de mercado, excluye a regiones y a población no rentable/ no usable para la valorización del capital. Al dejar de lado estas cuestiones y poner la mirada únicamente en el uso para las personas (en el consumo privado), el costo de los servicios se percibe como puro "gasto" o subsidio al consumo, en tanto se invisibilizan las inversiones "que pagamos todos" en la infraestructura para el desarrollo capitalista o, para ciertas inversiones cuyos beneficios, tanto en términos de la ampliación de los servicios como en la generación de puestos de empleos, no son equitativos.

Pero esto lleva a la otra dimensión del problema, cual es la de los servicios públicos como bienes de interés colectivo porque constituyen componentes básicos de los derechos que se integran al papel social del Estado. Dice Castel (2010: 157) que los servicios colectivos no obedecen a la lógica del mercado, sino a las garantías que el Estado debe ofrecer para fundar una ciudadanía social y asegurar los lazos de interdependencia. Una concepción como esta se contrapone a la que orienta la política estatal actual porque, como venimos mostrando, en ella no cabe ninguna idea de colectividad. Tampoco de lazos, distintos de los intercambios en el mercado, por lo que los cálculos de costos, precios y ganancias son los únicos recursos argumentales de la política pública.

La vuelta al mundo o el paulatino retorno del FMI

Cuando terminamos de escribir este libro, la Argentina ya había vuelto a tomar deuda con el Fondo Monetario Internacional y su directora, Christine Lagarde, era un personaje popular entre los demás personajes de la política local, igual que en la década de 1990 lo había sido su antecesor, Michel Camdessus. Como él, pero más que él y mucho más rápido, Lagarde se convirtió en directora de la política económica local, después de firmarse el acuerdo por dicho préstamo.[27] Pero el camino de

[27] Dice *La Nación* (15-06-2018): "Desde anoche, luego de que se reuniera con Mauricio Macri y parte de su equipo en la Quinta de Olivos para determinar la salida del entonces presidente del Banco Central (BCRA), Federico Sturzenegger, el ministro de Hacienda y coordinador del equipo económico, Nicolás Dujovne, ya tenía decidido hablarles a los mercados para intentar tranquilizarlos luego de otra jornada caliente". Luego agrega que "Dujovne aseguró que el cambio de nombres en el BCRA tenía el apoyo del FMI…" Y que el Ministro "Luego contó que anoche mantuvo conversaciones permanentes con la directora del FMI, Christine Lagarde, y que el cambio de nombres en el Central tuvo respaldo del Fondo". Habría dicho, además, que "Esta liquidez que vamos a ir volcando al mercado va a contribuir a disminuir las turbulencias."

vuelta se venía tapizando desde el inicio de la gestión y era esgrimido como la "vuelta al mundo" que el Presidente se proponía.

> "Hemos comenzado una nueva etapa, de reglas claras y sensatez. En la que el Estado se moderniza y se acerca a la gente para crecer. Una etapa en la que vamos al encuentro del mundo a ofrecer con orgullo lo que sabemos hacer. [...] Ya hemos recibido millones de dólares de inversiones, pero esperamos más. Ya lo vimos en la licitación que hicimos en el sector de energías renovables, donde despertó mucho interés. Este gobierno está para ayudarlos, porque entendemos que al país lo sacamos adelante todos" (Discurso del Presidente Macri en la apertura del Foro de Negocios e Inversiones de la Argentina , realizado en el Centro Cultural Kirchner en septiembre de 2016 (*La Nación*, 13-09-2016).

Un año después, ampliaba su promesa:

> "Resolvimos el default y el mercado de cambios para que quienes vienen a invertir se puedan llevar el dinero cuando lo decidan, confiando en que vamos a crecer tanto que siempre van a seguir reinvirtiendo" (Discurso del Presidente Macri en la apertura del Foro Económico Mundial realizado en el Hotel Hilton de Buenos Aires en abril de 2017 – "La Argentina va a ser el país que más va a crecer en los próximos 20 años", y otras frases de Mauricio Macri" (*La Nación*, 06-04-2017).

Sensatez y sentimientos. La libertad para llevarse el dinero cuando quieran era, a la vez, el camino que llevaba en dirección al FMI. Entre las primeras medidas de 2016 que debían dar tranquilidad a los inversores que participaban de estos foros y serían la piedra fundacional de la estrategia de "vuelta al mundo", se cuenta la derogación de la llamada "Ley Cerrojo" y de la Ley de Pago Soberano que impedían la reapertura de negociaciones con quienes no habían entrado a los canjes de deuda acordados en la década anterior; es decir, con los llamados "fondos buitre" que litigaban con el país desde Nueva York. A ellos se libró, entonces, un pago de 9300 millones de dólares, "dejando atrás más de una década de aislamiento y conflicto" según el Presidente, que recibió el reconocimiento de los centros de poder mundial, como el FMI y el G20.

> "Al tomar una acción decisiva para resolver una disputa de larga data, la Argentina está dando vuelta la página de un período difícil de su historia", dijo ayer el secretario del Tesoro, Jack Lew, en un comunicado" (*La Nación*, 23-04-2016).

Ambas medidas fueron aprobadas por gran parte de la oposición en el Congreso de la Nación como supuesta señal de la disposición a brindar gobernabilidad al nuevo gobierno.

El arreglo con estos fondos era una condición, según se entendía, para que llegara la ola de inversiones que el Presidente había prometido en la campaña, en la forma de "lluvia de dólares". Pero el despegue productivo que se esperaba tenía otras condiciones en las que se empeñó el gobierno desde el principio, cual era "un recorte importante en el cuantioso empleo improductivo que se creó durante los últimos años del kirchnerismo." Y terminar con "la burocracia para que los emprendedores o quienes llevan adelante sus propias empresas" pudieran desarrollarse. Pronto se sabría de otra condición: una reforma laboral.

A mediados de 2016 el gobierno logró, también, la aprobación de una Ley de Declaración Voluntaria y Excepcional de Bienes en el País y en el Exterior" (es decir, no declarados al fisco) o Régimen de Sinceramiento Fiscal que le permitiría el ingreso de recursos fiscales, aunque –como siempre en estos casos– dando lugar a una inequidad manifiesta. El modo de hacer pasable la medida fue su incorporación en un paquete de cara "social" que satisfacía –simbólica, más que materialmente– a un sector de votantes de la alianza Cambiemos: la llamada "Ley de reparación histórica" a los jubilados que mantenían juicios con Estado (las causales de los juicios y los alcances de la ley se desarrollan en el capítulo 3 de este libro).

A su vez, la situación del empleo siguió siendo preocupante, las inversiones para el despegue industrial no se daban y la inflación se preveía entre el 36% (para los más optimistas) [28] y más del 40%, como finalmente ocurrió (40,9%, según el Indec). 2016 fue, además, un año de recesión y culminó con el reemplazo del Ministro Prat Gay por dos Ministros, al separarse Hacienda y Finanzas: Nicolás Dujovne, hasta entonces columnista asiduo del diario *La Nación*, ocupó el primero, y Nicolás Caputo asumió esa responsabilidad en el área de Finanzas. A pesar de ello, el ministro saliente anotaba entre sus logros haber "bajado

[28] Pronostican que el año cerrará con un alza de 36%. Es el promedio de las consultoras relevadas por LatinFocus – Martín Kanenguiser, *La Nación*, 16-06-2016.

la inflación a la mitad en el segundo semestre" (Tomás Lukin, *Página/12*, 28-12-2016).

> Al ex ministro Prat-Gay le tocó resolver cuestiones muy urgentes, como el cepo cambiario, el default, comenzar el reordenamiento y funcionamiento del Ministerio de Hacienda y Finanzas. Creo que lo hizo de una manera muy profesional y que facilitó claramente mi tarea (*La Nación*, 27-02-2017).

Dujovne le reconocía, así, lo que el mismo Prat Gay había sugerido algunos meses antes, cuando en su disertación frente a posibles inversores reunidos en NY, les aseguró a sus interlocutores que "el trabajo sucio está casi terminado" refiriéndose a los aumentos en las tarifas de los servicios públicos "que llevaron a porciones de la población a sobrellevar efectos secundarios de las iniciativas que tomamos, pero la sensación que tenemos es que la esperanza sigue ahí." (*La Nación*, 24-06-2016)

"Trabajo sucio" es, quizás, la expresión más desafortunada, por brutal, del funcionario, porque es la misma metáfora de los períodos dictatoriales, cuando aludía a los secuestros por parte de los llamados "grupos de tareas" paraestatales. Pero el ahora ex ministro también había merecido los elogios del Jefe de la División de América del Sur en el Departamento del Hemisferio Occidental del FMI y jefe de la misión para Argentina, Roberto Cardarelli, quien, según informa Alfredo Zaiad, consideraba que "los logros de Argentina hasta la fecha son admirables", refiriéndose a medidas como el "desmantelamiento completo de los controles cambiarios, la adopción de un régimen de metas de inflación con un tipo de cambio flotante, las gestiones iniciales para fijar las tarifas de los servicios públicos en niveles más próximos a los precios internacionales, el retorno exitoso a los mercados internacionales de capitales tras la rápida solución de la controversia de 10 años con los acreedores holdout, y mejoras notables en la gestión de gobierno" (Alfredo Zaiat, Nota de Opinión, *Página/12*, 11-12-2016).[29]

[29] Más tarde, la misma titular del FMI reiteraría las alabanzas: "Los primeros dos años del gobierno de Macri han sido asombrosos; y esto lo digo como ex ministra de Finanzas de Francia y como actual directora gerente del FMI. Porque en estos años, las autoridades económicas han logrado tanto en términos de política monetaria, de la reorganización del gasto público para hacerlo más eficiente, de reducir la presión impositiva, adoptar las reformas que permiten

Sin embargo, la lluvia de dólares no se produjo, el déficit fiscal y la inflación siguieron siendo un problema pendiente de un hipotético "segundo semestre" y las inversiones productivas se trocaron por un aumento desmesurado de las importaciones de productos de consumo que jaquearon a las pymes y a las economías regionales. Por eso, el nuevo Ministro se propuso bajar el déficit fiscal y reducir impuestos, simultáneamente.

> Queremos bajar el déficit fiscal, aumentar el gasto en infraestructura, que está devastada después de 12 años de desinversión, y reducir los impuestos distorsivos", afirmó, enumerando los objetivos a los que apuntaría durante su gestión […] Otra de las prioridades que se planteó Dujovne fue velar por cada peso que salga del sector público "Hay que empezar a mirar muy finito cómo estamos gastando" (*La Nación*, 31-12-2016).

Por su parte, el otro Ministro –el de Finanzas– anticipó una nueva emisión de títulos. La posibilidad de endeudamiento externo ha sido, durante todo el período, un recurso al que echó mano el gobierno desde los inicios de su gestión, aunque esta estrategia fue intensificada en 2017, año en el que enfrentaba una elección legislativa por la que se iba a revalidar su proyecto. Aunque los problemas señalados por Dujovne continuaron ese año, la inversión productiva fue escasa y la suba de precios continuó en rubros de consumo indispensable (alimentos, vestimenta, etc.), el gobierno salió airoso en las elecciones legislativas del 22 de octubre. Pocos días antes de esas elecciones, el presidente del Banco Central Federico Sturzenegger insistía en ver "mejoras importantes en materia de inflación" y anunciaba que "la meta del año que viene [2018] es 10 por ciento en más o menos uno o dos puntos" (*Infobae*, 01-09-2017). La realidad era otra y las "metas de inflación" propuestas para 2017 no se cumplieron: del 17% previsto, terminó el 2017 con 24,8%, según la información oficial.

la libre competencia y alentar el desarrollo de talentos. Todo es muy impresionante y coincide con la determinación de la Argentina de restaurar su situación y lograr el regreso del país en el círculo internacional de las naciones, y ha sido exitosa en este sentido" (Christine Lagarde en respuesta a una pregunta de *La Nación*, 18-03-2018).

Frente a eso, vino el recalculo. Todo el equipo económico, más el jefe de gabinete de ministros (Marcos Peña, Nicolás Dujovne, Luis Caputo y el presidente del Banco Central, Federico Sturzenegger), se presentó en conferencia de prensa anunciando que en 2018 los precios no subirían más allá del 15%. El anuncio se hizo en un día de mucho simbolismo: el 28 de diciembre, que figura en la tradición cristiana como el Día de los Inocentes. Martín Kanenguiser, del diario *La Nación*, registra lo siguiente:

> Dujovne explicó: "Hemos decidido recalibrar nuestras metas de inflación: postergamos un año, del 2019 al 2020, la meta del 5 por ciento".

> Con este cambio, el Gobierno podrá dejar que suba más el tipo de cambio, lo cual aumentará más la competitividad de la economía, en la medida que esta devaluación no se traslade en forma plena a los precios.

> Peña señaló que se cumplieron los objetivos económicos. "La economía volvió a crecer luego de un año de recesión. Y crece en forma sustentable, lo que nos permite pensar en un sendero para el año próximo. Teníamos también un gran desafío en materia fiscal. La Argentina necesitaba encontrar un consenso básico porque no podemos vivir en déficit", dijo (*La Nación*, 28-12-2017).

Días después, el responsable del Banco Central, siguiendo la línea argumental que va de la naturalización a la desresponsabilización, explicaba que por lo ocurrido en los primeros meses del año "surgió el desvío de la meta pautada" (Liliana Franco, Ambito.com, 22-01-2018).

La llamada apertura y desregulación de la economía que nunca fue tal, dada la emisión de títulos públicos con muy alto interés para controlar el precio del dólar y la consecuente demanda en el mercado financiero; el recurso a deuda externa a la que prontamente recurrió el gobierno y la imposibilidad de controlar el déficit fiscal, conformaron un conjunto de variables que asfaltaron el camino a los préstamos del FMI. Ello ocurriría en junio de 2018, cuando los agentes poderosos del mercado financiero aumentaron su demanda de dólares al pasar masivamente sus activos en pesos a esa moneda. Ello llevó al Banco Central a vender reservas y a incrementar desmesuradamente las tasas de interés de letras emitidas en pesos, cuya devaluación disparó nuevamente la inflación y terminó también con sus autoridades. Las condiciones para el préstamo *stand-by* del organismo por cincuenta mil millones de dólares fue acordado por su presidente saliente (Federico Sturzenegger), pero ratificados por su sucesor, Luis Caputo, que lo reemplazó cuando la crisis cambiaria (la tormenta) se hacía inmanejable. Nuestra investigación terminó antes, pero esta vuelta anunciada es un momento culminante de un proyecto político que deja fuera "de la gente" a "los vulnerables" que, acaso, tendrán que esperar "la prosperidad nacional en el futuro".[30]

La hora de la verdad (II): La política social y laboral

Los años 2014 y 2015, por ser pre-electorales, fueron de intensos debates y las políticas sociales ocuparon un lugar importante en esa escena, principalmente aquellas que indicamos antes: la AUH y las jubilaciones, así como el empleo. La AUH, puesta en el paquete común de "los planes sociales" (dados a discreción por el gobierno de entonces según el sentido común corriente y del propio equipo del candidato Macri) figuró, sin embargo, entre sus promesas de campaña asegurando su continuidad. Era comprensible, pues se dirigía a una porción importante de votantes. El discurso dirigido a los jubilados fue otro, mucho menos trasparente, entre otras cosas, porque competía con un tercer candidato –Sergio Masa– que hacía del haber jubilatorio un eje fundamental de su campaña, prometiendo elevarlo al 82%. De esa promesa se apropió Macri, como así también en dar solución a los juicios por haberes mal liquidados, enfatizando en "lo mal que están nuestros abuelos". Respecto del trabajo, lo central del discurso de campaña del actual Presidente, pasaba por la denuncia del estancamiento y la falta de creación de empleo.

(a) El trabajo en la mira: la variable del ajuste

Como consignamos en el capítulo 1, la cartera laboral quedó a cargo de Jorge Triaca (hijo) y en la Secretaría de Empleo fue designado un ex directivo de RRHH de una de las más grandes empresas del país.

---

[30] La directora del FMI se refirió así en una conferencia de prensa ofrecida en Washington, al momento de ser transferido el primer tramo de ese préstamo. En la ocasión dijo, además, que el acuerdo firmado y aprobado también con las nuevas autoridades, se basa en cuatro pilares: fiscal, inflación, protección a los vulnerables y reducción de presiones en balanza de pagos (*El Cronista*, 21-06-2018).

Prontamente se dejó en evidencia cual sería el rol de la cartera laboral y a donde dirigiría sus esfuerzos el Ministro respectivo. No obstante, las primeras medidas referidas al trabajo, tuvieron como protagonista al propio Macri. Al inicio de 2016, el Congreso de la Nación discutió y aprobó una Ley que se conoció como "antidespidos", cuando se advertía que el desempleo podría ir en aumento y como medida preventiva frente a un problema social. Básicamente, se trataba de aumentar las indemnizaciones y encarecer el despido, como ya se había aplicado en otros momentos. A pesar del consenso entre los legisladores, la ley fue vetada por el Presidente. Más tarde, el Congreso daría su apoyo al Ejecutivo, al aprobar la modificación del régimen complementario de la ley 24.557 sobre riesgos del trabajo, que impuso más trabazones para el reconocimiento de enfermedades y accidentes laborales, al establecer como obligatoria y excluyente la actuación de las comisiones médicas jurisdiccionales como "instancia administrativa previa" a la presentación del trabajador ante la Justicia en reclamo de la indemnización correspondiente.

En lo que atañe a la labor del ministro de Trabajo, su esfuerzo estuvo dirigido a ponerse en línea con la disposición de *"ayudar"* a los CEO de grandes multinacionales, en tanto posibles inversores (ver *supra*). La instancia gubernamental que, como mínimo, debería guardar equidistancia en la negociación entre representantes patronales y sindicatos, logró protagonismo con decisiones como el laudo a favor de la propuesta empresaria en la negociación por el salario mínimo, en junio de 2017, la negativa a la homologación del convenio acordado en paritarias por la Asociación Bancaria que ajustaba los salarios de los empleados del sector y el pedido de juicio político contra dos camaristas del fuero laboral que fallaron a favor de la abstención del Poder Ejecutivo en dicha discusión salarial. El acuerdo firmado y no homologado por el Ministro estaba por encima del 20% que el gobierno esperaba fijar como techo a las "paritarias libres". Esa no sería la última confrontación con el fuero laboral ni con los abogados de esa especialidad, que pronto volverían a ser considerados como "una mafia".

"Entre otras cosas [queremos] combatir la mafia de los juicios laborales, que tanto daño les hace a las pequeñas empresas y a sus trabajadores", escribió en una nota firmada por el mismo Macri en el diario *El Puntal*, de Río Cuarto, cita *La Nación* (03-07-2017) al reseñar la visita del Presidente a la Cámara Argentina de la Mediana Empresa, donde "realizó una encendida defensa del rol de las pymes en la economía".

Esto ocurría en el marco de la intención oficial de lanzar un "blanqueo laboral" que venía preparándose desde principios de 2017 (*Tiempo Argentino*, 07-01-2017). Esto es, el perdón de las multas y deudas por no declarar al personal contratado, en la búsqueda de lograr una mayor regularización del empleo por esta vía, alternativas que se incluirían en el proyecto de ley de reforma laboral (*infra*)[31]. No obstante, el enfrentamiento iba más allá del solo punto de vista de cómo enfrentar el problema de la informalidad laboral.

> "Macri los acusó [a los jueces laborales] de perjudicar a las pymes con sus sentencias. Ayer insistió en esa línea, también con la mira en los abogados: "Cuando convencen a un trabajador de una pyme de hacer un juicio indebido, y se lo hacen ganar porque tienen armadita la cosa, dejan a ocho, diez o doce trabajadores en la calle porque *la pyme cierra*". [y] contra los jueces federales [dijo]: "Si no nos representan, vamos a buscar otros [jueces]" (*Clarín*, 12/06/2017).

Los interlocutores del Presidente en el Salón Blanco de la casa de gobierno, cuando hizo estas acusaciones de abogados y jueces, eran los representantes del sector de las grandes empresas locales y no de las pymes,[32] en cuyo caso deben enfrentar problemas derivados de la política económica, como la apertura indiscriminada del mercado, el costo de las tarifas eléctricas, las difíciles condiciones del acceso al crédito por los altos intereses y la baja del consumo interno.

A esa altura de la directa intervención del Presidente en la disputa con el fuero laboral, ya había cuatro jueces con pedido de juicio político por diferentes fallos a favor de trabajadores: la ya mencionada paritaria de la Asociación Bancaria y la obligatoriedad de convocatoria a la paritaria docente, entre otros.

---

[31] "El borrador del Gobierno hace referencia a una condonación total de la deuda de capital e intereses para los privados que no registraron debidamente a sus trabajadores; algunos puntos son controvertidos" (*La Nación*, 07-11-2017).

[32] La referencia fue hecha en ocasión de la asunción del nuevo Ministro de Relaciones Exteriores, en junio de 2017, acto al que fueron invitados grandes empresarios como Eduardo Elsztain (IRSA), Cristiano Ratazzi (presidente de Fiat), Jaime Campos (titular de AEA), Gustavo Grobocopatel, entre otros.

Ante esas circunstancias, la Asociación Nacional de Jueces y Juezas del Trabajo (ANJUT), hacía conocer su "preocupación por la generalización de esta práctica de denunciar a los jueces y juezas por el contenido de sus sentencias…" Y en el mismo sentido se expresaba la Asociación de Abogados Laboristas, según la cual "es inaudito que se ataque a los jueces y se pida su juicio político por lo que dicen en sus sentencias." Esta iba más lejos, pues consideraba a estas acciones como "una amenaza" […] "a todos los jueces laborales para que sepan lo que les puede pasar" (*Clarín*, 12-06-2017).

Si bien a lo largo de 2017 se hizo manifiesta la política laboral dirigida a recortar poder al sector del trabajo, ya desde el inicio de la gestión del gobierno de Cambiemos se insinuaba esta dirección, empezando por la estrategia de contraponer la demanda de trabajo y las condiciones del empleo. El Ministro de Economía de entonces sugería que: "Cada sindicato sabrá dónde le aprieta el zapato y hasta qué punto puede arriesgar empleos a cambio de salarios", por lo que "cada paritaria discute lo que puede discutir. Me parece que acá no es solamente la dimensión del salario sino también cuidar el empleo", decía Prat Gay (Cronista.com, 01-01-2016).

A su vez, el veto a ley antidespidos al que hicimos referencia antes, guarda relación con el objetivo de lograr la facilitación del cese de la relación laboral que, en términos del secretario de Empleo, corresponde a "descomer", y que se entiende, a su vez, como una condición para la llegada de inversiones extrajeras y una mayor demanda de trabajo formal. En esta línea, como veremos, se volverá sobre la propuesta de reformas en la legislación laboral, temas y discusiones que reviven el estado de los debates de la década de 1990. Y también, las condiciones de entonces: si se recorren los principales diarios, se advierte la asiduidad de notas que informan despidos y suspensiones de empleados desde el principio del gobierno de Cambiemos. Primero fue el Estado, que dio el ejemplo cuando el Presidente ordenó al Ministro de Modernización terminar con el sobredimensionamiento del empleo público (*Boletín Oficial*, 29 de diciembre 2015) y revisar los contratos y concursos (entre ellos, los obtenidos por becarios e investigadores jóvenes del CONICET), que dio como resultado el despido de más de 10.600 personas, muchas ocupadas en diversos programas de áreas con impacto social y desarrollo tecnológico, que paulatinamente dejaron de funcionar. En el caso del empleo público, sin embargo, el saldo no será negativo, como sí fue entre los asalariados privados, porque ingresaron más del doble de empleados. En cambio, la información oficial da cuenta del empeoramiento del empleo privado formal y un aumento del cuentapropismo. En los tres primeros trimestres de 2016 ya se habían perdido cerca de 130.000 puestos de trabajo registrados, según datos de INDEC (Informe Técnico vol.1, n° 5) que reproducían los diarios.

Esta situación condujo a la firma, en noviembre de 2016, de un Acta Acuerdo con las principales organizaciones patronales (Unión Industrial Argentina, Cámara Argentina de Comercio, Asociación de Bancos –Adeba–, la Bolsa de Comercio de Buenos Aires y la Sociedad Rural Argentina), para evitar los despidos sin causa hasta marzo de 2017. Sin embargo, el acta no pasaba de ser un acuerdo de buena voluntad y no comprendía a trabajadores fuera de convenio ni a empresas no afiliadas a las organizaciones firmantes. Así lo aclaró el vicepresidente de la UIA, Daniel Funes de Rioja (*Página/12*, 03-12-2017). Además:

> No había transcurrido una semana cuando ya se tuvo noticias de 60 despidos en Electrometalúrgica Andina, 80 trabajadores de Acindar "forzados" al retiro voluntario, 270 telegramas de despido a trabajadores de Pecom Energía, 38 despidos en Tejedurías Naiberger, otros 60 despidos en Nevares, además de la decisión de YPF de desactivar definitivamente 33 equipos de yacimientos neuquinos, poniendo en peligro 1700 empleos de las empresas contratistas (*Página/12*, 03-12-2016).

Más allá de estos resultados globales del empleo, los despidos se acompañaron de formas que ilustran la desconsideración del sujeto que conlleva una ideología que ignora la vida social o la reduce a los intercambios mercantiles. Esas "formas" comenzaron, también, acompañando los despidos de estatales, cuando se trataba de limpiar la "grasa militante", como manifestó entonces el ministro Prat Gay, pero sirvieron de ejemplo en otros casos. Algunos prescindidos eran informados por whats app o mensaje de texto de su cesantía, incluso en fines de semana. Otros, figuraban en listas que otro empleado debía encargarse de controlar, evitando el ingreso de quienes allí figuraban. En otros casos, se quitaban funciones y elementos de trabajo (la computadora, el escritorio), hasta justificar la inutilidad del puesto. En algunas empresas multinacionales hasta el habitual telegrama de despido pudo reemplazarse con una nota pegada en la puerta. "Los seiscientos trabajadores de la planta PepsiCo que fueron despedidos y se enteraron anoche por cadenas de mensajes de texto...", informaba *Página/12* el 21 de junio de 2017. Y al día siguiente *La Nación* citaba al Ministerio de Producción, según el cual se habría reinsertado 90 trabajadores de los **780** [que] "sufrieron desvinculaciones" en Alpargatas, BGH, Banghó e Ingredion [y] entraron en el sistema de contención del Programa de Transformación Productiva" donde recibieron capacitación y un seguro de desempleo. No eran los primeros, ni serían los últimos despidos.

Lo cierto es que los problemas de empleo continuaron y sirvieron para justificar la proposición de la nueva reforma laboral que tenía prevista el gobierno. Una nota del diario *La Nación* nos releva de mayores comentarios acerca de lo que, en términos de los comunicadores de Cambiemos, es "haciendo lo que hay que hacer" también con el trabajo, ya que describe "algunos de los atributos presentes en la reforma laboral que fue aprobada en Brasil y sobre la cual se inspira el Gobierno". Y especifica que en ese país:

> "El preaviso se redujo a la mitad [...] los montos de las indemnizaciones se desvincularon del salario que percibía el trabajador. Además, se eliminó la obligatoriedad de negociar despidos colectivos con los sindicatos.
>
> Se introdujeron modificaciones en las jornadas laborales [...] se permitió la contratación de empleados de forma "intermitente". [...]
>
> [...]
>
> La reforma también relajó las condiciones mínimas de salubridad en las condiciones del ambiente de trabajo para las embarazadas" (*La Nación*, 16-09-2017).

Una reforma de ese tipo le habrían reclamado al presidente Macri los empresarios con los que se reunió en Nueva York en noviembre de 2017, para que se dispongan a invertir en la Argentina, lo que es comprensible en el marco de los movimientos del capital global: va hacia donde el trabajo es barato y la mano de obra calificada, aunque no sean esas las únicas condiciones necesarias ni las únicas exigencias.[33]

---

[33] Sobre la facilidad para repatriar utilidades, ver Schorr, 2017. Sobre la promesa de Macri al respecto, lo registramos en el capítulo 1.

Sin embargo, ese modelo de reforma halló suficientes resistencias, aún entre los sindicalistas más negociadores de la CGT, como para que finalizara 2017 sin que el proyecto del Poder Ejecutivo se tratara en el Congreso. Si bien lo principal del mismo pasa por la facilitación y abaratamiento de los despidos, avanza también en la rebaja de aportes patronales a la seguridad social, en la eliminación de la responsabilidad compartida cuando se trata de tareas tercerizadas y en la incorporación de algunas modalidades de contratación a término, principalmente en lo que se refiere al empleo juvenil, entre otros puntos establecidos en los 127 artículos de la norma. En general, en la propuesta resuenan los ecos de las reformas de la década de 1990, aunque presentadas con un lenguaje remozado, como la "lucha contra la evasión".

En síntesis, nuevamente los "problemas de empleo" son tratados nada más que como problemas de la marcha de la economía y, por lo tanto, como una variable de ajuste para mejorar la productividad de las empresas o asegurar las inversiones, en el mismo plano que cualquier otra variable económica. Es eso lo que ven "los inversores y los líderes empresariales" que esperan que Argentina encare "desafíos económicos fundamentales, como [...] la inflación y la reforma laboral", según declara el Ministro de Economía de Gran Bretaña, de paso por Buenos Aires (*La Nación*, 21-07-2018).

Es ese mismo encuadre ideológico el que hace del Ministerio de Trabajo una gerencia de empleo de "los inversores", contra su función política de equilibrio en una relación desigual entre ellos y los trabajadores que, con su empleo, ven comprometida su propia existencia y sobrevivencia.

El trabajo es un costo para el capital aunque esté implicada la humanidad de quienes lo hacen y de quienes quedan afuera de esa posibilidad. El capital tiende a la baja de los costos de todos los factores de producción y sin condiciones sociales y políticas, los trabajadores son el eslabón más débil en la relación del contrato de trabajo. Esto es, ya, una verdad de Perogrullo pero vale recordarlo a la hora de comprender las razones y los fundamentos que se esgrimen y dan sustento a la política laboral.

Cierto es que el desarrollo tecnológico cambia los modos de hacer el trabajo, es así ante cada revolución tecnológica. Pero la organización del trabajo no depende de la tecnología sino del régimen de acumulación económica que hará viable o inviable el sostenimiento de la vida social y el mejoramiento de la vida humana. El predominio del capital financiero hizo parecer, a la vez, que éste se reproduce a sí mismo y la inteligencia artificial también, haciendo superfluo el trabajo humano y sobrante esa masa de desempleados, convertidos y percibidos como deshechos, pero a los que hay que atender y contener, por compasión o economía, sin alterar la legitimidad de la pertenencia dada por la autovalía o el mérito de tener empleo.

Son esas condiciones las que hicieron que se estabilice un sobrante de mano de obra que deja en la pobreza a quienes dependen de sus empleos. Desde las últimas décadas del siglo pasado nuestro país vio aumentar la desocupación y el subempleo hasta perder aquellas condiciones de su mercado de trabajo que lo distinguían en la región –una relativa alta ocupación– para no reponerse cabalmente hasta el presente. Las ocupaciones precarias se tornaron el modelo ideal del neoliberalismo de fin de siglo y, conjuntamente, la asistencia focalizada en la masa de gentes sin trabajo, sin patrimonio y sin las competencias técnico-científicas que los tiempos exigen.

Como el "fin del trabajo" se tematizó, en el siglo pasado, la profunda transformación que se producía en la organización del mismo y en la productividad de la mano de obra, permitida por el desarrollo técnico-científico. No obstante ello, los "modelos" de mercados laborales eran los de aquellos países en los que tal productividad estaba sostenida por la intensidad de su aplicación y la ausencia o debilidad de las regulaciones laborales, que servían de inspiración, incluso, a los gobernantes locales. Dado el contexto actual, vale la pena recordar a quienes hicieron las mismas reformas, veinte años atrás:

> A finales de agosto de 1996, el Presidente realizó una visita oficial a Malasia y Nueva Zelanda. El régimen laboral del primer país fue interpretado por los funcionarios y empresarios que acompañaron a Menem como de máxima liberalización y un ejemplo a seguir. Según el Canciller Di Tella, *"Al no tener jubilación obligatoria, ellos mismos ahorran preservando su futuro y eso aumenta el ahorro nacional"* (citado en Grassi, 2003: 129).

Reducida la vida social como solo sistema de producción e intercambio mercantil, también la sobrevivencia de las unidades productivas medianas y pequeñas, obligadas a competir con capitales globalizados y en mercados monopólicos en los que no tienen ninguna capacidad para incidir en sus reglas, son instadas a "reconvertirse" o condenadas a desaparecer por ineficientes y enfrentadas al "costo del trabajo" (y a sus trabajadores) como causal de su inviabilidad. Los cooperativistas de la economías social, a su vez, son reconvertidos por la política en emprendedores individuales (ver capítulos 4 y 5) para los que el Estado "no está para ayudarlos". Así, el mercado es para los que se arriesgan y para los triunfadores que cada semana pone como ejemplo el diario *La Nación* porque "querer es poder" (Sección Empleos, 25-02-2018).

Pero detrás de cada puesto de empleo y de cada unidad productiva hay personas y hogares dejados u obligados a vivir en la incertidumbre. O en el menoscabo de su valía por comparación con la figura del emprendedor triunfante o, en el lenguaje empresarial, los "unicornios" (por el animal mitológico) cual son las nuevas compañías de emprendedores que superaron los US$ 1000 millones en valor de mercado.

Son los que entusiasman al Presidente para "salir de la pobreza y la exclusión" porque "son una referencia para los jóvenes. La Argentina tiene una maravillosa capacidad de generar emprendedores" como lo reafirmó en el Panel de Emprendedores realizado durante el Foro de Negocios de septiembre de 2016. "Necesitamos formar jóvenes que sean capaces de crear esos trabajos del futuro como ustedes los han creado, el desafío es enorme" dijo ante un auditorio que lo recibió de pie y con aplausos, junto a Martín Migoya, CEO de Globant; Marcos Galperín, presidente de Mercado Libre; Alec Oxenford, cofundador de OLX; Roberto Souviron, cofundador de Despegar.com, y Susan Segal, presidenta del Council of Americas" (*La Nación*, 16-09-2016).

Los que entonces aplaudieron de pie representan al capitalismo del futuro que no necesita más que a unos pocos y jóvenes. Justamente por eso, contra lo que imagina y dice el Presidente, excluir *está en su naturaleza*. Si viera más allá de la clase a la que pertenece (y de su ideología), advertiría que el Estado debe intervenir activamente *para salvar a la sociedad*, allí donde los emprendedores no llegarán a ser "unicornios", pero pueden desarrollar relaciones cooperativas en su defensa y donde el trabajo no es para valer mil millones de dólares en el mercado, sino para reproducir la vida.

Distinto al empleo informal, que se persigue por su ilegalidad, emplear trabajo sin trabajadores (desentendiéndose del sujeto) es, ya, una realidad que se hace evidente hoy día a través de la prestación de servicios como el transporte de pasajeros, en el caso de Uber; o de mensajería (principalmente distribución de comidas elaboradas a domicilio), en los casos de Rappi y Glovo, recientemente arribados a Buenos Aires. Las empresas por la que se emplean son una plataforma digital y los servicios se gestionan desde una aplicación (app). Cada persona, además de disponer de los medios para trabajar (un móvil y una bicicleta, moto o auto) decide su disponibilidad, de la que dependen los ingresos, pues cobran un monto por cada servicio prestado. Así, las jornadas pueden extenderse hasta donde se cubran las necesidades o las expectativas de ingresos. La relación de dependencia y la negociación colectiva se hacen obsoletas bajo estas modalidades.

El ideal de disponer de trabajo sin hacerse cargo de trabajadores, comenzó hace tiempo con la locación de servicios por contratos a término, por los que el empleador no asume responsabilidad alguna respecto del sujeto que emplea, aún cuando no desaparece la dependencia. Por ellos se precarizó el empleo y en su momento se denunciaron como contratos basura. Sin embargo, estas nuevas modalidades de trabajo dan cuenta de cambios culturales más profundos, entramados a las condiciones de vida urbana, a las posibilidades que brinda el desarrollo tecnológico, a las aspiraciones de trabajar sin que nadie fije los ritmos de trabajo, etc., que sumadas a la presión que implica el aumento del desempleo, componen un conjunto de circunstancias socio-culturales en las que el desentendimiento respecto del sujeto del trabajo halla oportunidad de anidamiento. Las ideologías neoliberales son, a su vez, ciegas al riesgo que ello implica e imposibilitan a los políticos y a los gobiernos que las representan, a acompañar los cambios protegiendo a la sociedad y a las personas. De esa imposibilidad trata el punto que sigue.

Las protecciones sociales

"Este gobierno va a cambiar la Historia", dijo Macri en su primer discurso inaugural de las sesiones ordinarias del Congreso Nacional, aunque en realidad se trataba de volver las cosas a su lugar, cambiando las condiciones "heredadas"; es decir, al mismo Estado, de tal modo de volverlo al servicio de los intereses empresarios representados por el equipo de gobierno (ver capítulo 1).

En lo que atañe a la política social, volver las cosas a su lugar tiene, sin embargo, un lado novedoso, al menos si se compara con la estrategia de focalización cada vez más selectiva de la asistencia social, la mercantilización de las prestaciones de la seguridad social y la idea del fin del trabajo, derivas que hacen al corazón del neoliberalismo de finales del siglo pasado.

Lo novedoso es dado por el imaginario del *propio esfuerzo emprendedor* basado en las capacidades proactivas y en la audacia para asumir riesgos, de donde el *emprendedorismo* sustituye a la expectativa del fin del trabajo sin más que acompañó la primera oleada neoliberal y cambia el sentido mismo del trabajo, que no se termina, sino que es el que crean los jóvenes emprendedores. Ese imaginario parece ser santo y seña para distinguir los derechos ganados de la *indulgencia* o la contención para grupos determinados; y el derecho a la protección de las *ayudas*, que exigen demostrar la necesidad caso por caso. El *estudio caso por caso* (para determinar quiénes merecen ayuda) y la *universalización focalizada* (en los grupos que merecen indulgencia o hay que contener) hacen esa distinción en materia de protecciones, no obstante lo cual el *control del gasto* alcanza a la totalidad de la política social. Lo desarrollamos a continuación.

(a) ¿Quiénes merecen indulgencia?

"En la Argentina no puede haber ni un abuelo del que el Estado no se ocupe. Todos los adultos mayores que reciben la (retribución) mínima van a tener los medicamentos 100% gratis… (*Infobae*, 13-10-2015) Y anunció que pondrá en marcha el programa Ingreso Universal a la Vejez para las personas de la tercera edad que "hayan hecho o no sus aportes jubilatorios".

Durante su campaña electoral, también prometió llevar las jubilaciones al 82% móvil (es decir, ajustadas al salario en actividad). Y en su primer discurso ante la Asamblea Legislativa el Presidente insistió en que:

> Los jubilados también serán una prioridad para nosotros. La enorme cantidad de juicios previsionales marcan una deuda que aún no ha sido saldada. Debemos trabajar juntos para construir el camino que nos permita ir normalizando lo pendiente y, a la vez, diseñar una respuesta sustentable al reclamo del 82 por ciento móvil (Presidente de

la Nación, discurso inaugural de las sesiones ordinarias del Congreso, 01-03-2016).

Lo que siguió fue la ley 27260/16 que permitió la rebaja de las deudas tributarias, junto con la posibilidad de la venta de acciones del Fondo de Garantía de Sustentabilidad de la Seguridad Social, para el pago de las deudas previsionales por haberes mal liquidados. Y la creación de la Pensión Universal para el Adulto Mayor (PUAM), que sustituye a la moratoria previsional. Se trata de una prestación no contributiva equivalente a 80% de la jubilación mínima y que no genera derecho a pensión derivada para deudos dependientes, destinada a las y los mayores de 65 años que no cuentan con aportes (trabajadores informales) para poder jubilarse, ni con cualquier otro beneficio o plan social. Además, es incompatible con cualquier otro beneficio de la seguridad social y permite seguir trabajando hasta completar los años de aporte y acceder, de ese modo, a una jubilación normal. Dicho en otros términos, quienes trabajaron bajo condiciones informales podrán jubilarse al límite de sus fuerzas.

Ambas medidas responden a la crítica social y al sentido de "justicia" por una parte importante de la sociedad. La PUAM cumple el objetivo de dar cobertura al conjunto de quienes hasta ahora podían acogerse a la moratoria previsional para obtener una jubilación ordinaria y satisface el reclamo social más mezquino de diferenciación entre tener o no aportes regularmente realizados, ya que mantiene a salvo la legitimidad de los mismos como condición del derecho a jubilación. Es decir, entre *pensionados* y *jubilados* legítimos, por ser aportantes al sistema. La Reparación histórica, por su parte, hace justicia al reclamo legítimo por haberes mal liquidados de otro conjunto de jubilados, en general, de mayores ingresos (el capítulo 3 describe y analiza en profundidad este proceso).

En cuanto a los medicamentos para los adultos mayores, si bien su promesa de campaña no se cumplió, iba en dirección de focalizar en un conjunto al que alcanzaría una medida de manera incondicional: "todos los adultos mayores que reciben la (retribución) mínima". Por entonces y hasta 2017, PAMI proveía medicamentos sin cargo a sus afiliados (jubilados y pensionados) sin distinción del nivel de haberes u otra condición socio-familiar. Esa prestación incondicional de PAMI fue eliminada (salvo para los medicamentos oncológicos, para el HIV y otros de alto costo, según se aclaró luego), distinguiéndose un conjunto parcial: quienes perciben poco más de un haber mínimo, más algunas otras condiciones (no poseer un vehículo de menos de diez años de antigüedad, no tener más de un inmueble ni un plan de medicina prepaga). "Un verdadero acto de justicia", dijo entonces el director del PAMI, Carlos Regazzoni, que justificó la medida en la existencia de afiliados que accedían al beneficio siendo "propietarios de embarcaciones, aviones o propiedades de lujo". Según cálculos de *La Nación* (06-01-2017), esos casos representaban el 0,2% de los afiliados de PAMI, por lo que no se explica así una decisión tan drástica.

Ante las críticas, el nuevo sistema se combinó con la revisión caso por caso: "que se queden tranquilos los jubilados", volvió a decir Regazzoni, porque "a la hora de renovar el subsidio social se va a revisar aquellos casos que tienen prepaga y automóvil" (*Página/12*, 08-01-2017). La otra razón que se adujo fue que la lista de medicamentos bonificados en su totalidad incluía algunos ineficaces. De ser esto así, correspondía adecuar la lista, retirar esos medicamentos del mercado y sancionar a los laboratorios que arriesgan la salud de la población y no sancionar a los damnificados.

Es que la concepción acerca de la política social que guía la medida parece expresarse más cabalmente en esta bajada del informe incluido en el diario *La Nación*. Allí se dice que "De los 1,6 millones que gozan de medicamentos comunes gratis, el instituto cree que poco menos del 20% *no está en situación de vulnerabilidad*" (*La Nación*, 10-01-201,7 destacado nuestro).

En materia de protecciones, la otra medida que amplió la base de beneficiarios fue la incorporación de los trabajadores monotributistas al Sistema Único de Asignaciones Familiares. Esta ampliación era un reclamo no satisfecho hasta entonces, porque quedaban fuera de su alcance los hijos de trabajadores formales por cuenta propia que, desde entonces (2016), fueron integrados al esquema contributivo. De manera similar a los asalariados formales, el monto de la asignación y, en este caso, también la prestación, depende "de la categoría a la que cada titular esté aportando".[34] Pero a diferencia de aquellos, les corresponden

---

[34] En el caso de los asalariados las categorías son establecidas por niveles de ingresos, hasta un tope.

las asignaciones que contempla la AUH: Asignación por hijo, Prenatal y Ayuda Escolar, para las categorías de la A a la H; y Asignación por hijo y Ayuda escolar por hijo con discapacidad, para el caso de las tres últimas categorías de monotributo: I, J y K (ver ANSES-prestaciones; también capítulo 3).

(b) ¿A quiénes corresponde ayudar?

Por su lado, el sentido de la protección social como "ayuda" no es una novedad de los tiempos de Cambiemos, pero había ido perdiendo primacía en el contexto de la ampliación de la asistencia estatal en la que era posible reconocer la evocación de la consigna evitista, según la cual "donde hay una necesidad, hay un derecho". Lo que se advierte a continuación es una paulatina e imperceptible reinstalación de la asistencia social como ayuda a los *verdaderos necesitados,* que reedita la preocupación por el abuso de los que viven de la limosna o de la asistencia, *sin trabajar,* que acompañó la historia del asistencialismo, el reclamo de control y de elaboración de registros únicos de asistencia (Grassi, 1989: 69). Pero además, el término *ayuda* resulta habitual en el vocabulario del Presidente y en su ideario político para el cual, en política, las cuestiones pasan por prestarse ayuda: el gobierno "ayuda" a inversores y necesitados; la oposición política debe "ayudar" a gobernar; el mundo está dispuesto a "ayudarnos", y los argentinos debemos "ayudarnos" entre todos.

> "Pero creo que más de lo que se hizo, no se podía hacer, en referencia a cambiar expectativas en el mundo. La venida de Matteo Renzi, de François Hollande y la próxima visita de Barack Obama las tomo como una muestra de confianza, y por eso les digo a los argentinos: nos están abriendo la mano. Está en nosotros agarrarla, caminar juntos y no volver a morderle la mano al que te quiere ayudar" (Entrevista al Presidente Macri, *La Nación*, 20-03-2016).

Este estado imaginario de gentes que se ayudan se presenta mucho más pragmático e inflexible en la concepción y en el quehacer de la política social, donde la ayuda llega tras controles más estrictos, que no se condicen con la supuesta mano abierta aludida por el Presidente.

> "Tras el acuerdo con los *holdouts*, Macri anunciaría mañana mejoras en la ayuda estatal para los sectores más necesitados como paliativo por las subas de tarifas" (*La Nación*, 15-04-16).

Un ejemplo del celo puesto en el otorgamiento de las ayudas a los sectores más necesitados fue la pronta creación de una Comisión Nacional de Pensiones Asistenciales, con la función de revisar las metodologías de evaluación utilizadas hasta 2015 para el otorgamiento de las mismas, que resultó en la suspensión de cerca de la mitad de beneficios. Tras las manifestaciones de los damnificados y una denuncia de la propia Comisión de Discapacidad de la Cámara de Diputados, se accedió a revisar los casos que pudieran estar mal sacados. Los reclamos podían hacerse a un 0800. La Ministra justificó la revisión hecha y emitió un comunicado oficial.

> Le aseguro a las familias que merezcan y necesiten la pensión, que la van a tener; al igual que cualquier familia en situación de vulnerabilidad va a recibir del Ministerio de Desarrollo Social todo beneficio, ayuda y acompañamiento que requiera (publicado en *LN*, 13-06-2017).

La revisión se hizo según el decreto 432/97 que, aunque había perdido sus efectos prácticos, se mantuvo vigente desde entonces y resulta llamativamente restrictivo. En primer término, porque el beneficio no está determinado por la persona que es sujeto de derecho, sino por la unidad familiar a la que pertenece, ya que el decreto indica que el titular no debería "tener parientes que estén obligados legalmente a proporcionarle alimentos (...) ni vivir con otros familiares bajo el amparo de entidades públicas o privadas en condiciones de asistirlo" (causa del 4% de bajas). Tampoco corresponde la pensión si el o la cónyuge es, a su vez, titular de jubilación o pensión, lo que originó la baja del 30% de las pensiones. Y en otro 10%, la razón del cese fue haber omitido informar un empleo en blanco por parte del titular. Entre estos, se hallan las personas con síndrome de Down que fueron desestimadas como pensionadas porque están en condiciones de trabajar. Ciertamente, la incorporación a un empleo es un medio de integración para muchas personas con alguna minusvalía, al mismo tiempo que es obvio que ninguno de los puestos en los que se ocupan son, mayormente, los mejor remunerados.

Los jóvenes que tenían becas del Plan Progresar para completar estudios tampoco quedaron al margen del control. Considerando los primeros meses de cada año, cuando se verifica el nivel más bajo de perceptores en comparación con los demás meses, el año 2017 registra la mayor reducción por incumplimiento de los requisitos (Chequeado, con datos de ANSES). La propaganda oficial decía: "lo hacemos por vos, que cumplís". Nuevamente, satisface a la crítica de sentido común acerca de la falta de control y se pone en línea con el principio de la ayuda para quien lo merece. La finalidad del plan deja de ser alcanzar a los segregados, los que pasan a ser un "obstáculo" y ya no sujeto de una política que subsiste reconvertida en premio al esfuerzo. Así, la reducción de los beneficiarios no indica el fracaso de la política, sino del sujeto.

En síntesis, lo que debe interpretarse de estos ejemplos no refiere a la dimensión de "la ayuda", sino su retorno como política social y el retorno a un componente clásico de la asistencia a los pobres, cual es la desconfianza y la preocupación por el abuso. Una preocupación coincidente con la escasa legitimidad social que tienen los programas que pretenden ofrecer prestaciones con alcances a población con mayores dificultades de acceso a los diversos satisfactores (públicos o mercantiles), y con las demandas de mayor control para detectar "verdaderas necesidades".

Estos cambios en la política social son los que inducen a pensar (ofrecen muchos indicios, en realidad) que las intervenciones sociales del Estado vuelven a tener un papel decisivo, pero no en el desmontaje de las redes de desigualdad, sino en el reforzamiento de una mirada individualista de la vida social, que se tiende como una capa oscura sobre las condiciones en que las mismas se generan, reproduciendo el supuesto de que todo depende del esfuerzo propio y, ahora, de la buena onda y la apertura de la mente, preconizada por los gurúes de la *new age* que aportan tranquilidad a los espíritus dispuestos a *ayudar a los que se ayudan a sí mismos.*[35]

---

[35] En el marco del programa "Administración Pública Socialmente Responsable" de la Subsecretaría de Responsabilidad Social para el Desarrollo Sostenible (MDS de la Nación) el viernes 9 de junio de 2017 se llevó a cabo la Segunda Jornada de Bienestar: *SABIDURÍA EMOCIONAL OPERATIVA. Nuevos hábitos emocionales-operativos para vivir y trabajar mejor.* El expositor fue Patricio Villalonga e incluyó temas como:– Nuevas maneras más benignas de intervenir en la realidad; La física cuántica: Una nueva comprensión de la realidad; El vínculo perdido entre el mundo interno y el mundo externo; El costo de rechazar emociones, etc.

Un poco de filantropía

En línea con el contacto con *la gente*, los vecinos y los timbreos y con la reposición del papel de Primera Dama para el país, se recupera para ella la relación con algunas fundaciones filantrópicas. En realidad, ese papel se hallaba desdibujado desde la vuelta a la democracia, por la invisibilidad de la esposa de Alfonsín primero, los escándalos familiares de Menem (que terminó echando a su mujer de la residencia de Olivos y llevando a la hija en cumplimiento de ese rol), y también por la poca visibilidad de la esposa de De La Rúa. Al final, se había perdido con la senadora Cristina Fernández negándose a ese lugar. Con el gobierno de Mauricio Macri reaparece una primera dama al estilo de esas figuras en los Estados Unidos, principalmente, o a la francesa, donde las esposas de los presidentes son figuras populares y dedicadas a la labor filantrópica, además de oficiar de anfitriona de la residencia presidencial y de acompañante protocolar del presidente.

En ese papel, Juliana Awada parafraseó a Alberdi: "Para Mauricio y su equipo gobernar es cuidar. Para cuidar hay que estar cerca de la gente. Y qué mejor manera de lograrlo que yendo directamente a su encuentro". (*La Nación*, 07-12-2016).

Juliana Awada se pone "cerca de la gente" visitando guarderías, residencias geriátricas y comedores, cercanos, pero también fundaciones que operan en algunas provincias. Lo hace acompañada de la ministra de Desarrollo Social cuando viaja al interior, o del propio Macri, en el caso puntual del Comedor Los Piletones de Margarita Barrientos, con quien mantienen una larga relación, desde que ocupara la Jefatura de Gobierno de la CABA. El caso de Margarita, una trabajadora barrial que comenzó dando de comer a niños cirujeando y pidiendo donaciones de comida, en la cosmovisión PRO representa por excelencia el triunfo de la voluntad y el modelo de la "ayuda" sin confrontaciones reivindicativas. Es, en ese sentido, la contrafigura de Milagro Sala y también de las militantes de movimientos sociales que reclaman ante el MDS por la implementación de la ley de Emergencia Alimentaria.

La otra organización con la que Macri mantiene una larga relación es la Cooperadora para la Nutrición Infantil (CONIN), fundada por el médico Abel Albino en 1993, siguiendo un modelo chileno para atender la desnutrición infantil y la promoción y educación de las familias.

En la actualidad existen más de 100 centros CONIN en 18 provincias argentinas y en Paraguay y Perú, según se informa en su página web oficial. En abril de 2016 el MDS de la Nación firmó un convenio con esta fundación, en el marco del Plan Nacional de Primera Infancia, que reconoce la metodología CONIN, con el objetivo de erradicar la desnutrición infantil en todo el país. Son estos centros los que visita Awada siempre en compañía de Carolina Stanley.

Según *La Nación* (27-05-2016) Juliana Awada "incrementó su exposición mediática" cuando aumentaron los cuestionamientos al Gobierno. En sus viajes a distintos centros de asistencia social del país, su papel es mostrar su ""preocupación" por la situación social y los afectados por medidas de ajuste implementadas desde la Casa Rosada", según cita el mismo diario a "voceros del Gobierno". Se la ve, entonces, con niños en Catamarca; conociendo el trabajo de la ONG Haciendo Camino (fundada por de Catalina Hornos en Añatuya, Santiado del Estero, que trabaja con CONIN). En Resistencia, Chaco, visitando un Centro de Integración y Fortalecimiento Familiar en Resistencia (30-06-16). También en Buenos Aires, en la inauguración del refugio para víctimas de la violencia de género, de Margarita Barrientos, en el barrio de Villa Soldati (24-06-2016), o "escapándose del Foro de Negocios" para visitar a quienes se rehabilitan en ALPI (*La Nación*, 13-09-16). Cada visita se acompaña de las fotografías compartidas por Instagram o en su sitio de Casa Rosada, donde se ve a ambas sonrientes y rodeadas de niños.

La relación con Margarita Barrientos es particularmente significativa, primero por cómo evolucionó su comedor a fundación, a lo largo de la relación con la familia Macri y, también, porque en ella se muestran las distancias sociales que asegura la relación filantrópica.

Al respecto, de mantenerse con el cirujeo y las donaciones de comidas, Margarita pasó a la organización de "cenas anuales" para obtener fondos. Una especie de gala a lo pobre la de 2016, porque se sirven empanadas y fideos a la bolognesa como plato principal, pero que Presidencia se ocupa de comunicar. El evento fue realizado en la sede del Instituto Superior de Seguridad Pública (ISSP) y concurrieron unas 800 personas, según dicho comunicado. El Presidente dijo estar "siempre con la convicción de que teníamos que estar cerca y ayudar a los que necesitan una mano, que ella les dio" (*La Nación*, 21-10-2016). La del 2017 se realizó el 27 de septiembre, en la Sociedad Rural y con la presencia, además de la pareja presidencial, de funcionarios de primera línea del gobierno, de empresarios y figuras del espectáculo, como la propia Mirtha Legrand. Del evento, se halla gran cantidad de fotografías de los comensales y de la misma Margarita, delante de un panel con logos de las empresas patrocinantes, publicitadas por *Infobae y Clarín*, previas al servicio de la cena, pero ninguna otra información de su desarrollo ni de lo que se sirvió en la ocasión: los platos y copas se ven vacíos.

Sobre el tipo de relación, en entrevista concedida a la revista *Noticias* (28 de mayo de 2016), Margarita dice llevarse "muy bien con la *señora* Juliana […] Es una mujer espléndida, ideal para Mauricio. Los dos son buenas personas, pero la *señora* Juliana tiene un carisma muy especial […] Antonia también es divina. Cuando viene acá, la *señora* Juliana la deja en la guardería y se come todo el guiso, junto con los chicos de acá. Es muy bonita y siempre está con hambre". Sobre Macri, agrega: "Me dona la mitad del sueldo desde que era diputado" (bastardillas nuestras).

La falta de información sobre la cena de 2017, en la que presumiblemente, dados los comensales, no se sirvieron fideos, y la deferencia en el trato, según se expresa Margarita, son expresiones de esas distancias sociales aseguradas por la relación filantrópica. El comedor Los Piletones depende de la buena voluntad de quienes asisten a las cenas, tanto como de la mediación del Presidente y su esposa. Margarita no demanda, cuanto más, expresa alguna preocupación, como cuando dijo a Radio El Mundo que la pone "muy triste ver que hay más gente en la calle, más gente desocupada y cada vez más personas en los comedores para retirar un plato de comida […] aunque igualmente aclaró que "es verdad que las mujeres se embarazan por los planes y no es gracioso" (*La Nación*, 13-08-2016).

Merecimiento y merecedores

Margarita no se sale del lugar que ocupa, igual que sus comensales de la última cena en la Rural. Cuando aumentó extraordinariamente el precio de la carne, al eliminarse las retenciones a su exportación, el entonces Ministro de Agricultura halló que a los argentinos no les apetecen los mejores cortes (el lomo, por excelencia). Según evaluó, "el común de los argentinos no le encuentra gusto (al lomo), generalmente lo comemos cuando queremos bajar de peso o estamos saliendo de alguna enfermedad". Pero enseguida reconoció un factor fundamental en la producción del gusto que, por cierto, se forma: "Hay cosas que son más caras y otras más baratas. Si uno quiere comer un corte fino de la mejor carne del mundo como así también si quiere comer el mejor caviar o tomar el mejor vino, obviamente que hay una escala de precios" (*Página/12*, 16-12-2015).

Nuevamente, no es que así no suceda o que el ex Ministro de agroindustria estuviera retirando el lomo de la mesa cotidiana de los argentinos, si no de la naturalidad con que son vistas las desigualdades. Un punto de vista "razonable" y compartido, constitutivo de los sujetos de cualquier lugar del espacio social y, por lo tanto, comprensible por todos que, en este caso, la política (el discursos político y de los políticos en funciones) reproduce y reafirma. No hay en estas expresiones y en la política de Cambiemos, un solo paso más allá de lo que, sobre la desigualdad social y las distancias de clase, está dado como estructuras hechas mente y cuerpo (Bourdieu, 1990), igual que en la deferencia de Margarita Barrientos con Awada. Por eso, por sobre la estrategia mediática, de las redes y de los asesores en imagen y comunicación (que, por cierto, son utilizadas eficazmente), manifestaciones como las del ex Ministro (u otras, antes citadas) son suficientemente genuinas como para ser comprendidas-compartidas sin necesidad de más razones. Manifestación genuina de los lugares desiguales que se ocupan, en lo dicho y hecho; es decir, en la interpretación conceptualizada e inteligible, por la que se sostiene algún argumento o se da alguna explicación de las medidas y sus efectos, cuyos fundamentos están en *cómo las cosas son* (esa desigualdad naturalizada, hecha cuerpo y mente).

En este sentido, no toda la estructura discursiva del partido PRO es pura estrategia racionalizada y engañosa, sino también manifestación ideológica genuina, en el sentido de "realidad naturalizada" constitutiva/constituyente de sujetos sociales (la ideología que interpela a los sujetos, en la más clásica concepción de Althusser (1988): quebrar su "naturalidad" necesita de la crítica (teórica, política, cultural) que se inscribe en el campo de las disputas por la hegemonía (por la conquista del sentido común), las que son de largo aliento.

Conclusiones

En este capítulo nos ocupamos de la orientación general que sigue la política social en cada uno de los dos momentos políticos comprendidos en el período 2003-2017: el que va de 2003 a 2015 y la etapa política que le continúa. En los principios que dan fundamento a las políticas y en las interpretaciones y argumentos que circulan y se confrontan en la disputa pública, buscamos reconocer qué sociedad aflora como presupuesta y como deseable en cada caso y, consecuentemente, qué Estado se configura (qué y cómo enlaza a sus miembros).

Retomando lo desarrollado en el capítulo 1, caracterizamos la primera parte del período como un momento de reconstitución de un Estado social, por entender que se produce una repolitización de la cuestión social, al imponerse al Estado un conjunto de obligaciones para el aseguramiento de la satisfacción de necesidades de la reproducción. Esa repolitización tuvo como eje el trabajo, recuperado como un valor social y como medio de los derechos y dignidad de las personas. Si se mantuvo como expectativa el pleno empleo asalariado formal, las condiciones realmente existentes en el mercado de trabajo local y las transformaciones de éste a nivel del régimen de acumulación global, impusieron la incorporación de medidas ampliatorias del sistema de seguridad social que atendieran aquellas obligaciones para la población trabajadora que quedaba fuera del asalariamiento normal.

Por su parte, hallamos que el segundo momento se caracteriza por un retroceso paulatino del Estado en esa responsabilidad y por el desconocimiento del derecho como sustento de sus intervenciones en la cuestión social. Coherente con ello, en estas se abandona la referencia a colectivos sociales como sujetos de las políticas. En general, es posible advertir en ellas la subordinación de las necesidades sociales a la realización de las prioridades que se definen por las reglas y lógicas particulares (y de particulares) del mercado que, a su vez, se impone sobre el conjunto de lazos diversos que configuran la sociedad, favoreciendo su división.

Como puede advertirse y como esperamos haber dejado claro, estas caracterizaciones (de un Estado social y otro que se desentiende de obligaciones con la sociedad) no deben llevar a suponer la posibilidad de un Estado (un órgano político) *no social* ni de una sociedad *no política*.

Contrariamente, lo que se demuestran son estos modos de existencia de la sociedad o su diferente constitución política, a través de las intervenciones del Estado.

Dadas las transformaciones producidas en el capitalismo contemporáneo, y las propias características del mercado de trabajo local, cuya fragmentación y desigualdades internas no fueron superadas, entre 2003-2015 tales intervenciones adquirieron un carácter particular, que cabalgaron entre las dos mitades del mundo del trabajo que, como decimos, volvía a recuperar su valor simbólico y de reconocimiento del sujeto que le es propio: el del empleo formal y protegido por la relación asalariada, que se esperaba ampliar; y el de las múltiples formas de empleo que escapan a esa legalidad (y a las protecciones asociadas), aún cuando se entrecruzan, en muchos casos. Pero la propiedad de la política en este período estuvo dada por el reconocimiento del trabajo y del sujeto del trabajo, cualquiera sea la modalidad de su ocupación y las condiciones de las vidas de trabajo. De ahí que, aún en condiciones que no siempre fueron equivalentes, las políticas sociales tendieron a incluir a la población desprotegida del mundo del trabajo que no participa de la relación asalariada formal.

De manera similar, las medidas de política cultural y educativa tendían a reconocer pertenencias sociales y culturales diversas; también en este caso, el lenguaje de los derechos articulaba sus fundamentos. Fue la pertenencia a la comunidad política, formulada en los términos propios de los movimientos políticos locales (el pueblo, la patria), la que justificaba la inversión pública en educación y demás bienes o servicios culturales. Cada una de estas políticas se contrapuso a la segregación que es una marca de la sociedad contemporánea. Se contrapuso no indica que lograra superar los núcleos más resistentes de desigualdad y segregación social y espacial, visible en los cordones de pobreza de las principales ciudades.

Sin embargo, estas instituciones y políticas fueron fácilmente permeables a la crítica deslegitimadora, con pie en la asociación entre el derecho y la capacidad de compra (o de aportes, en el caso de la seguridad social). Esta perspectiva es la que se expresa desde la conducción del Estado, en el segundo momento, cuando cambia nuevamente el sentido de sus intervenciones y, entonces, cada una de aquellas que tendían a acercar las distancias sociales, son paulatinamente afectadas y reordenadas, volviendo "las cosas en su lugar".

Si el intento de reconstitución de un Estado social había hallado en el trabajo un valor social tras el que reconocía un sujeto igualmente valioso y reconocía también al o a los colectivos que lo representan, en este último tiempo político se tiene al trabajo como fuerza o energía o competencias que se usan o desechan según las necesidades de la producción, desentendiéndose, hasta donde es posible mientras no encuentra resistencia, del sujeto y del colectivo que lo representa. Esta política se aúpa al ideal de una sociedad sin trabajadores (lo que no quiere decir sin trabajo) que se corresponde, también, con las tendencias que se insinúan actualmente a trabajar sin jefe, fuera de la relación de dependencia, o convertirse en emprendedor. Una modalidad en la que va a cuenta del propio trabajador (de cada persona que se ocupa) toda la responsabilidad por sí mismo y en algunos casos, todos los medios de trabajo. Incluso la de hacer más o menos esfuerzo o dedicar más o menos tiempo para ganar más o menos dinero depende de cada uno individualmente. Una modalidad por la que se esfuma el colectivo al que se pertenece y que oculta la dependencia, no la elimina.

Estas modalidades ponen de manifiesto cambios que echan raíces en la cultura y cuyo ordenamiento compromete a la política y a las intervenciones del Estado que tanto pueden apuntar a preservar a la comunidad como descargar las responsabilidades en individuos sin lazos de pertenencia. Una vez más, Polanyi viene en auxilio para advertir acerca de lo que, parafraseando sus términos, pueden ser "tensiones destructivas" de la comunidad, tan riesgosas como las que planteaba el determinismo económico de finales del siglo XIX (Polanyi, 1957-2001: 269 y 279). Si los modos de hacer el trabajo son afectados y modificados por el desarrollo tecnológico, su organización y la protección de las personas corresponden al orden de lo político y al régimen de acumulación económica que hará viable o inviable el sostenimiento de la vida social y el mejoramiento de la vida humana.

El riesgo es que en la política y entre los responsables de llevarla adelante en este último resurgir neoliberal, lo que se advierte es el desentendimiento de la sociedad, además del desacople entre trabajo y trabajadores. Esto es notable tanto en la definición de prioridades y en el modo de establecerlas y justificarlas, como en la determinación de los interlocutores de sus discursos. Como vimos, no hay colectivos más o menos afectados, sino individuos (gentes) aquejados por el descontrol de los gastos del Estado. En el mismo sentido, el lenguaje naturalizante convierte a la sociedad en un organismo biológico enfermo, cuya recuperación requiere operaciones (medidas) dolorosas. Se trata de representaciones simplistas, pero eficaces desde el punto de vista ideológico, porque eliminan del campo de visión a los intereses contrapuestos y a la necesaria voluntad política para ordenarlos. Igualmente, las decisiones políticas expresadas en términos de "sinceramiento", "verdad", "transparencia", dan lugar a una comunicación distorsionada que encierra la política en el supuesto de que las cosas son como se ven. Pero como jugar en el campo de la política exige hacerse entender, estas son expresiones que se acoplan bien al sentido común acerca de la política y los políticos, para el que todos pueden ser igualmente mentirosos. "Sincerar", aunque sean los precios y las tarifas, se vuelve, entonces, una promesa que merece una prórroga en las expectativas: la bienaventuranza que se promete vendrá con el orden en los gastos, en la economía y en el consumo.

La hegemonía (en tanto dirección del sentido común) se juega en el espacio político-cultural, es decir, de la comunicación y el entendimiento. Conlleva, a su vez, la capacidad de definir los problemas y delimitar el terreno en los que instalarlos, para encerrar allí los términos con los que se auscultan, diagnostican y evalúan aquellos "que corresponden" a problemas para la política y el Estado. Ese terreno es el de una "economía ordenada". Por cierto, la economía es un terreno ineludible de los problemas sociales; no obstante, la política encauza y distribuye los beneficios y sacrificios. Esta distribución no es natural, ni trasparente, supone definiciones y consideraciones que son enteramente políticas aunque se expresen en términos antipolíticos (naturalistas). Así, que los servicios públicos se vaciaran de toda connotación de servicios y de bienes públicos; y que el consumo se volviera a ajustar según un sentido clasista de lo que naturalmente cada uno es y le corresponde, desconectado de las necesidades, corresponde a las concepciones ideológicas en las que se nutren decisiones políticas que distribuyen más desigualmente la riqueza y los bienes sociales.

En la misma línea, las políticas sociales, particularmente las de protección social, dan organicidad a un tipo de estratificación cuyo sustento entrama autovalía y responsabilidad. Así, puede verse que, más allá de las reformas hechas y por venir en el sistema jubilatorio, la jubilación "normal" distingue a quienes se *ganaron* el derecho con sus aportes, de quienes merecen *indulgencia* porque no cumplen ese requisito pero conforman un conjunto a los que se asiste ante la pérdida de la capacidad de autovalía (la que igualmente se llevará hasta el máximo posible). La PUAM se inscribe en una modalidad que podríamos identificar como de *universalización focalizada* en un conjunto de población que no puede autovalerse, pero tampoco merece igual porque no cumple con la principal exigencia: haber aportado dinero al sistema, aunque haya aportado trabajo socialmente valioso, pero no reconocido, incluso invisibilizado. Cambia el principio de lo que se considera justo y las justificaciones pasan del sistema al individuo: mientras las moratorias previsionales de los años previos venían a saldar una injusticia derivada del incumplimiento de los derechos de aquellos que habían sido víctimas, porque fueron desocupados, trabajaron en condiciones irregulares o informales o porque no se les reconoció el trabajo realizado (las amas de casa, por caso), la PUAM se ocupa de quienes *incumplieron* con la obligación de la totalidad de los aportes, los señala, distingue y les ofrece la oportunidad de seguir trabajando para cumplir. Al mismo tiempo, se propone condonar las deudas que mantienen con la seguridad social quienes ocupan trabajadores en condiciones informales; es decir, a trabajadores que no podrán jubilarse normalmente por no tener o faltarle años de aportes.

Si, con toda justicia, se puede señalar que esa condición de *universalización focalizada* es aplicable a la AUH, se reitera, sin embargo, la diferencia por el principio de justicia que realiza y, también, por las justificaciones: su creación venía a reconocer a los trabajadores que, hasta entonces, solo habían sido asistidos como "pobres" y a reparar parcialmente ese desconocimiento; y, además, se daba en un horizonte de expectativas al final del cual la política debía ser capaz de lograr la protección por el trabajo.

También hallamos que es posible distinguir a los necesitados de ayudas (diversas), cuyo merecimiento deberá demostrarse y controlarse, para evitar los abusos de quienes, pudiendo trabajar, dependan de los subsidios. Una preocupación inscripta en la historia del asistencialismo. Por último, el entramado de la asistencia estatal con las prácticas e instituciones filantrópicas, completa un régimen de reproducción, en proceso, basado en la combinación de privilegios, merecimientos, distinción y distancias sociales.

Cabe una última reflexión acerca de las intervenciones del Estado en la cuestión social. Cuando se presentan y se las comprende desde el único punto de vista de las necesidades de las personas (por lo tanto, de su consumo privado o colectivo, como el caso de los servicios), el costo se interpreta y percibe como puro "gasto social o subsidios al consumo (que, en el extremo de las interpretaciones más individualistas e ignorantes del IVA, "pagamos todos para que se beneficien quienes no pagan impuestos"). Se desconoce, entonces, que desde la fuerza de trabajo, a la infraestructura urbana, de caminos, etc., hasta de los propios consumidores, se satisfacen también necesidades del desarrollo capitalista y de la existencia misma de la sociedad, que no se compone de mónadas, sino que se estructura por lazos, que necesitan ser mantenidos, actualizados o recreados, pero no abandonados, si se quiere conjurar el riesgo de su disolución, como ya se advirtió. En ese sentido las políticas socio-laborales hacen, como decimos al inicio, distintas sociedades.

Bibliografía

Althusser, Louis (1988): *Ideología y aparatos ideológicos del Estado*. Nueva Visión, Buenos Aires.

Boltanski, Luc y Éve Chiapello (2002): *El nuevo espíritu del capitalismo*. España: Akal.

Bourdieu, Pierre (1993): *Campo de Poder y Campo Intelectual*. Folios Ediciones, Buenos Aires.

Bourdieu, Pierre (1990): Espacio social y génesis de las clases. En: *Sociología y cultura*. Grijalbo, México.

Danani, Claudia y Estela Grassi (2018): Protección social institucionalizada. En: Salvia, Agustín y Juan Ignacio Piovani: *La Argentina en el siglo XXI*. Siglo XXI, Buenos Aires.

Danani, Claudia y Estela Grassi (2015): El sistema de protección social argentino entre 2002 y 2013: características y nuevos problemas. Jornadas de Salud y Población. Publicaciones del IIGG. FCS-UBA, Buenos Aires.

Castel, Robert (2010): *El ascenso de las incertidumbres. Trabajo, protecciones, estatuto del individuo.* Fondo de Cultura Económica, Buenos Aires.

Castel, Robert (1997): *Las metamofosis de la cuestión social.* Paidos, Buenos Aires.

De Sousa Santos, Boaventura (1998): El Estado, el derecho y la cuestión urbana. En: María Rosa Neufeld *et alli: Antropología Social y Política. Hegemonía y poder: el mundo en movimiento.* Eudeba, Buenos Aires.

Lechner, Norbert (1984): "Especificando la política". En: Juan Enrique Vega (comp.): *Teoría y política de América Latina.* Libros del CIDE, México.

Lijterman, Eliana (2018): Saberes técnicos y políticas sociales. La orientación de las políticas de asistencia y de seguridad social del Estado Nacional dirigidas al trabajo informal. Argentina 2003-2015. Tesis de Maestría. Buenos Aires, FCS-UBA.

Grassi, Estela (2016): Un ciclo de reedición del estado social en la argentina. La Política socio-laboral entre 2003-2015. *Revista Diálogos. En Historia y Ciencias Sociales*, Volumen 17, Universidad de Costa Rica. San José. http://revistas.ucr.ac.cr/index.php/dialogos/article/view/23419/26523

Grassi, Estela (2013): El Sujeto de la Política Social. Obstáculos persistentes y condiciones necesarias para el ejercicio de los Derechos. *Revista SER SOCIAL* V. 15, N. 33, Departamento de Serviço Social – Universidade de Brasília.

Grassi, Estela (1989): *La mujer y la profesión de asistente social. El control de la vida cotidiana.* Buenos Aires, Hvmanitas.

Pérez Rasetti, Carlos (2014): La expansión de la educación universitaria en argentina: políticas y actores. *Revista Integración y conocimiento* N° 2, Núcleo de estudios e investigaciones en educación superior del MERCOSUR. https://revistas.unc.edu.ar/index.php/integracionyconocimiento/article/viewFile/9243/10428

Polanyi, Karl (1957, 1992): *La gran transformación. Los orígenes políticos y económicos de nuestro tiempo.* Fondo de Cultura Económica, México.

Pucciarelli, Alfredo y Ana Castellani, coordinadores (2017): *Los años del kirchnerismo. La disputa hegemónica tras la crisis el orden neoliberal*. Buenos Aires, Siglo XXI.

Schorr, Martín y Andrés Wainer (2017): La economía argentina bajo el kirchnerismo: de la holgura a la restricción externa. Una aproximación estructural. En: Pucciarelli, Alfredo y Ana Castellani (coordinadores): *Los años del kirchnerismo. La disputa hegemónica tras la crisis el orden neoliberal*. Buenos Aires, Siglo XXI.

Topalov, Christian (1979): *La urbanización capitalista. Algunos elementos para su análisis*. Edicol, México.

Tzeiman, Andrés (2017): *Radiografía política del macrismo. La derecha argentina: entre la nación excluyente y el desafío democrático*. Caterva, Buenos Aires.

Fuentes documentales

SPTyEL (Subsecretaría de Programación Técnica y Estudios Laborales-Ministerio de Trabajo, Empleo y Seguridad Social de la República Argentina): Trabajo y Empleo en el Bicentenario. Cambio en la dinámica del empleo y la protección social para la inclusión. Período 2003 – 2010. Argentina: Ministerio de Trabajo, Empleo y Seguridad Social de la República Argentina, 2010. Disponible en: http://www.trabajo.gov.ar/left/estadisticas/bel/index.asp (consulta en 6-7-2011)

INDEC: Informes Técnicos vol. 1 n° 5 Cuentas nacionales vol. 1 n° 1 Estadísticas de registros laborales. Puestos de trabajo y remuneraciones de los asalariados registrados Tercer trimestre de 2016 – https://www.indec.gob.ar/uploads/informesdeprensa/erl_01_17.pdf

INDEC: Estadísticas de registros laborales.Puestos de trabajo y remuneraciones de los asalariados registrados. Segundo trimestre de 2016 – 14 de octubre 2016.

Subsecretaría de Políticas, Estudios y Estadísticas Laborales– MTEySS (Noviembre de 2016): Situación y evolución del total de trabajadores registrados. Datos a septiembre de 2016.

SIEMPRO-MDS (2018): Guía de Programas Sociales, febrero 2018 (Guía elaborada con información provista por el Ministerio de Desarrollo Social de la Nación en febrero de 2018)

https://www.argentina.gob.ar/sites/default/files/guia_ds_0.pdf

http://www.desarrollosocial.gob.ar/Uploads/i1/Balance%20Argentina%20Trabaja.pdf-

http://www.desarrollosocial.gob.ar/cic

http://www.desarrollosocial.gob.ar/mapa#

https://googleweblight.com/i?u=https://www.revistapetroquimica.com/la-argentina-lejos-de-los-paises-que-mas-subsidian-los-combustibles-fosiles/&hl=es-419

http://www.bcra.gov.ar/noticias/Conferencia_de_prensa_metas_inflacion.asp

https://www.anses.gob.ar/prestaciones/asignaciones-familiares-para-monotributistas/http://chequeado.com/hilando-fino/hubo-bajas-en-el-plan-progresar-que-dicen-los-datos/

http://chequeado.com/chequeoenvivo/scioli-se-crearon-17-nuevas-universidades-nacionales

http://www.hechosdestacados.com/2017/02/infierno-fiscal.html

http://servicios.infoleg.gob.ar/infolegInternet/anexos/260000-264999/263691/norma.htm

http://anses.gob.ar/noticia/mls-de-ninos-se-sumaron-al-cobro-de-las-asignaciones-familiares-578

http://chequeado.com/chequeoenvivo/scioli-se-crearon-17-nuevas-universidades-nacionales/

Referencias hemerográficas

http://www.lanacion.com.ar/1974479-pami-estiman-que-se-revisaran-300000-casos-de-jubilados-con-subsidio-social

https://www.lanacion.com.ar/2153520-andres-ibarra-el-presidente-va-a-ser-reelegido-porque-la-gente-nos-va-a-acompanar

http://www.lanacion.com.ar/391537-carlos-melconian-rechazo-ocupar-el-cargo-de-ministro-de-economia

https://www.lanacion.com.ar/1937304-mauricio-macri-abre-el-foro-de-inversiones-estamos-en-una-etapa-en-que-el-pais-esta-nuevamente-en-marcha

http://www.lanacion.com.ar/2005565-la-argentina-va-a-ser-el-pais-que-mas-va-a-crecer-en-los-proximos-20-anos-y-otras-frases-de-mauricio-macri

https://www.lanacion.com.ar/2144255-apoyo-del-fmi-al-cambio-en-el-bcra-dar-confianza-al-mercado-y-una-puerta-entreabierta-a-las-retenciones

http://www.lanacion.com.ar/1985052-diputados-convirtio-en-ley-el-proyecto-de-modificacion-del-sistema-de-art

http://www.lanacion.com.ar/1938398-macri-dijo-que-el-estado-debe-acompanar-y-no-ser-un-obstaculo.

http://www.lanacion.com.ar/1986800-triaca-denuncio-a-los-jueces-de-la-paritaria-bancaria

https://www.lanacion.com.ar/1912217-alfonso-prat-gay-ante-inversionistas-el-trabajo-sucio-esta-casi-terminado

https://www.lanacion.com.ar/2117797-christine-lagarde-los-dos-primeros-anos-del-gobierno-de-macri-han-sido-asombrosos).

https://www.lanacion.com.ar/1909417-pronostican-que-el-ano-cerrara-con-un-alza-de-36

http://www.lanacion.com.ar/1972005-macri-planea-cambios-en-el-iva-y-en-el-impuesto-al-cheque

https://www.lanacion.com.ar/2096045-expectativa-por-la-conferencia-de-prensa-del-equipo-economico-en-casa-rosada

https://www.lanacion.com.ar/2039109-macri-volvio-a-criticar-la-mafia-de-los-juicios-laborales

http://www.lanacion.com.ar/1977018-se-perdieron-127000-empleos-en-nueve-meses-de-2016

https://www.lanacion.com.ar/2155109-philip-hammond-los-inversores-quieren-ver-senales-en-desafios-como-la-inflacion-y-la-reforma-laboral

https://www.lanacion.com.ar/1881532-macri-en-el-segundo-semestre-la-inflacion-bajara-drasticamente

https://www.lanacion.com.ar/1892068-el-gobierno-les-pago-us-9300-millones-a-los-fondos-buitre-y-dejo-atras-el-default

https://www.lanacion.com.ar/1985052-diputados-convirtio-en-ley-el-proyecto-de-modificacion-del-sistema-de-art (LN 15-2-2017) https://www.lanacion.com.ar/2079933-blanqueo-laboral-la-propuesta-incluye-el-perdon-de-la-deuda-eliminar-multas-y-el-reconocimiento-de-5-anos-de-aportes (07-11-2017)

https://www.pagina12.com.ar/9081-la-maldicion-del-aire-acondicionado –

https://www.pagina12.com.ar/diario/economia/2-288337-2015-12-16.html

https://www.pagina12.com.ar/8092-vamos-a-volver-al-fmi – P12

https://www.pagina12.com.ar/30520-la-costumbre-pro-de-atacar-a-los-jueces

https://www.pagina12.com.ar/6653-plan-de-desintegracion

https://www.pagina12.com.ar/diario/economia/2-288344-2015-12-16.html

https://www.infobae.com/economia/finanzas-y-negocios/2017/09/01/el-bcra-ratifico-las-metas-de-inflacion-para-2017-y-2018/

https://www.infobae.com/2015/10/13/1762065-mauricio-Macri-anuncio-un-programa-jubilados/

https://www.cronista.com/economiapolitica/Tras-el-cambio-en-el-Banco-Central-el-FMI-chequeo-con-Caputo-si-avalaba-el-programa-20180621-0042.html

https://www.cronista.com/economiapolitica/Prat-Gay-y-las-paritarias-Cada-gremio-sabra-hasta-que-punto-puede-arriesgar-salarios-a-cambio-de-empleos-20160101-0005.html –1-1-2016

https://www.clarin.com/politica/macri-hablo-mafia-juicios-laborales-apunto-hector-recalde_0_Bk6Gvi3M-.html –

https://www.clarin.com/economia/gobierno-denuncio-jueces-laborales-allos_0_S1cb3F2MW.html

https://www.clarin.com/economia/gobierno-denuncio-jueces-laborales-fallos_0_S1cb3F2MW.html (12-06-2017)

http://www.telam.com.ar/notas/201711/224385-tarifas-gas-luz-aranguren.html

http://www.telam.com.ar/notas/201612/173570-organizaciones-sociales-emergencia-social.html

http://www.ambito.com/910125-sturzenegger-dio-los-motivos-por-los-cuales-no-se-cumplio-la-meta-de-inflacion-2017

http://www.perfil.com/noticias/politica/ponte-contratar-y-despedir-deberia-ser-natural-como-comer-y-descomer.phtml

http://www.lavoz.com.ar/politica/pobreza-macri-reglamenta-la-ley-de-emergencia-social-y-habilita-partidas-por-30000-millones

http://noticias.perfil.com/2016/05/28/margarita-barrientos-antonia-come-guiso-en-nuestra-guarderia/

https://www.tiempoar.com.ar/nota/blanqueo-laboral-analizan-subsidiar-a-empresas-por-16-mil-millones-anuales (7 de enero de 2017)

https://www.diariodemocracia.com/nacionales/170884-triaca-cupula-cgt-analizaron-proyecto-amplio-blanq/ (19-09-2017)

Lo que fue, lo que es, lo que será
Transformaciones de la seguridad social para adultos mayores y niños, niñas y adolescentes en la Argentina, 2003-2017 (¿y después?)

Alejandra Beccaria, Claudia Danani
y Sergio Rottenschweiler

Introducción

El 27 de mayo de 2016 el presidente de la Nación, Mauricio Macri, anunció el envío al Congreso Nacional de un proyecto de ley que disponía el pago a jubilados y pensionados de los haberes que la Administración Nacional de la Seguridad Social (ANSES) adeudaba en virtud de incorrectas liquidaciones iniciales o actualizaciones. El anuncio fue realizado personalmente por el presidente en un acto organizado en un Centro de Jubilados de la Capital Federal, con la presencia casi del pleno de su gabinete y transmitido por cadena nacional. El proyecto de ley constaba de dos partes: en la primera quedaba establecido el procedimiento para el pago de dicha deuda –que por ese solo acto quedaba reconocida en términos generales– y se creaba un nuevo beneficio, denominado "Pensión Universal para adultos mayores"; en la segunda parte se ponía en marcha un régimen extraordinario de "sinceramiento fiscal" para bienes no declarados ante la autoridad impositiva, afirmándose que esos fondos solventarían el pago de las deudas reconocidas mencionadas en la primera parte.

Habían transcurrido sólo cinco meses desde la asunción del nuevo gobierno, y con ese anuncio se ponía en marcha una nueva reforma previsional, que concretaba algunas líneas fundamentales de la política de ingresos del nuevo gobierno. Sin embargo, no era ni el primero, ni el único episodio, pues un mes antes (abril de 2016) el decreto 593/2016 había redefinido (hacia la ampliación) la base de beneficiarios de las asignaciones familiares, al incorporar entre los destinatarios a los trabajadores monotributistas[1] de categorías medias y bajas. Hemos dicho "nueva reforma previsional" por referencia y distinción con la reforma llevada adelante durante el período 2003-2011, que hacia 2015 había alcanzado una fase de cierta "normalización".

En este capítulo analizamos un proceso de reforma algo más amplio, pues involucramos a la seguridad social (y no sólo al sistema previsional). Caracterizamos a ese proceso como un *cambio estructural* que afecta la cobertura horizontal, la cobertura vertical y los contenidos político-culturales de los dos componentes mencionados (sistema previsional y de asignaciones familiares), así como las relaciones entre ellos. Nuestro objetivo es doble: en primer lugar, pretendemos reconstruir y presentar el recorrido político-institucional global seguido por esta parte del sistema de protección desde el año 2003, aunque señalando claramente lo que entendemos que es el cambio de ciclo que, desde principios de 2016, da lugar al cambio estructural del que hablamos. Cuando corresponda, y aunque sucintamente, en esa reconstrucción nos importará atender a las iniciativas gubernamentales y a las respuestas de resistencias o aceptación con las que han venido entretejiéndose las nuevas políticas. En segundo lugar, pretendemos caracterizar y analizar comparativamente el régimen de protección contenido en la institucionalidad vigente en cada uno de los períodos. Como parte de esa descripción diacrónica y del análisis propuesto, también nos detendremos especialmente en algunas características del financiamiento de la protección aquí involucrada.

---

[1] Los monotributistas son trabajadores que aportan al "Régimen Simplificado para Pequeños Contribuyentes". orientado a trabajadores independientes que reúnan ciertos requisitos referidos a sus ingresos brutos y a la superficie destinada a su actividad. Cabe destacar que el monotributo no es un régimen previsional en sí mismo, sino que es un esquema impositivo simplificado que permite acceder al sistema de seguridad social (por ejemplo, a través de él se tiene acceso a una obra social o bien, por medio de la realización de los aportes laborales, se acreditan años para un futuro acceso al sistema previsional).

Al cabo de este ejercicio, y dado lo relativamente inicial del proceso en curso, esperamos poder anticipar algunos de los grandes efectos que el mismo tendrá en un "mapa/esquema de la protección social", con consecuencias en el plano del bienestar de las personas y en el carácter igualitario o desigualitario de la estructura social. Ello incluye la consideración de la situación a nivel provincial.

1. La protección de adultos y adultas mayores y niños, niñas y adolescentes: el proceso histórico

1.1 La contra-reforma de la seguridad social 2003-2015

En este apartado presentaremos un breve recorrido de las transformaciones que tuvieron lugar respecto de la cobertura de los adultos mayores y de los niños, niñas y adolescentes, entre los años 2003 y 2015.

En el caso de los adultos mayores, y como mencionamos en otros trabajos (Danani y Beccaria, 2011 y 2015), desde los años 2002 y 2003 comenzó a delinearse una contrarreforma previsional. Es decir, en diferentes ocasiones, aunque sin una orientación clara, comenzaron a implementarse medidas sobre el sistema previsional que fueron imprimiéndole características diferentes de las que presentaba hasta ese entonces.

Entre estas intervenciones, cabe destacar el denominado "Plan de Inclusión Previsional", comúnmente conocido como "moratoria previsional", orientado a ampliar la cobertura de quienes se encontraran en edad de jubilarse (65 años, los varones y 60 años, las mujeres) y no cumplieran con los requisitos contributivos (30 años de aportes efectivos en el sistema). Concretamente, la moratoria otorgó la posibilidad de cancelar en cuotas las deudas previsionales. Esta medida permitió el ingreso al sistema previsional de aproximadamente dos millones de personas (para más información, ver Danani y Beccaria, 2015).

Asimismo, por medio de diferentes instrumentos (leyes, decretos del Poder Ejecutivo, etcétera), en diversas oportunidades se aumentaron los montos de los haberes previsionales, destacándose especialmente los aumentos orientados al haber mínimo[2]. En esta misma línea, en

[2] En Beccaria y Danani (2014), se muestra que entre 2003 y 2010, los haberes mínimos reales se incrementaron en un 62,8%.

septiembre de 2008 se sancionó la Ley N° 26.417, que establecía una fórmula para la movilidad jubilatoria que se aplicaría dos veces al año.

Otro hecho significativo, y que debe destacarse, refiere a la sanción de la Ley N° 26.425, en el año 2008, por medio de la cual se crea el "Sistema Integrado Previsional Argentino" (SIPA) y se reestatiza el sistema previsional, eliminando el régimen de capitalización. Desde entonces, el SIPA funciona con un único régimen, de reparto.

Por último, cabe destacar que en 2014 se implementó la "Segunda Moratoria Previsional", o la "Segunda Etapa de Inclusión Previsional", por medio de la Ley N° 26.970. Al igual que en la primera moratoria, se establecía el reconocimiento de la deuda previsional y la posibilidad de cancelarla en cuotas. Sin embargo, se aplicaron nuevas condiciones para su acceso: se estableció una evaluación patrimonial y de las condiciones socioeconómicas del solicitante; las cuotas por medio de las cuales se abonaría la deuda –a ser debitadas del haber previsional– no son fijas, sino que se les aplica la misma movilidad que a los haberes previsionales.

Aquella priorización de los haberes más bajos –que, en términos de la estructura de beneficios del sistema, por ejemplo, redujo la diferencia entre haberes mínimos y medios– fue uno de los aspectos más conflictivos del período. En efecto, esa línea de política dio lugar a demandas sintetizadas en expresiones tales como "perjuicio de los derechos contributivos", por la falta de correspondencia entre el haber de actividad y el previsional; "retraso de las prestaciones", por una menor capacidad adquisitiva del haber de retiro o, directamente, como "pérdida de la pirámide contributiva" (es decir, "pérdida" de las diferencias con otros beneficiarios, precisamente). Estas razones fueron parte de una trama argumentativa que se tejió en la cotidianeidad de "la gente común", en medios de comunicación y también en ámbitos públicos y plenamente institucionales, como el Parlamento, en ocasión del debate del mínimo garantizado del 82% del salario mínimo, vital y móvil (proyecto presentado por la oposición legislativa en 2010 y cuya aprobación fue vetada por la Presidenta de la Nación). Con lenguajes más o menos ambiguos o tajantes, según el caso, fue ganando terreno la interpretación según la cual el "perjuicio" y el "retraso" eran resultado de la "pérdida" de la pirámide; es decir: de la menor desigualdad.[3]

Por su parte, respecto de los niños, niñas y adolescentes, cabe mencionar la creación de la Asignación Universal por hijo (AUH), que permitió extender las asignaciones familiares hacia sectores que hasta ese momento habían estado excluidos de este beneficio (menores de 18 años dependientes de trabajadores informales que cobran el salario mínimo o menos, trabajadores domésticos, monotributistas sociales, desocupados y beneficiarios de programas de empleo). Desde su implementación, a finales del año 2009, se registran aproximadamente 3,7 millones de beneficiarios.

Cabe señalar que, a diferencia de las Asignaciones Familiares, el beneficio de la AUH es semi-condicionado, ya que mensualmente se paga un 80% y, el 20% restante es pagado anualmente al acreditar el cumplimiento de las condicionalidades referidas (asistencia escolar y controles sanitarios).

1.2. Año 2016 y después: el cambio estructural

A continuación, presentamos una descripción general del *nuevo* proceso de reformas de las políticas de protección social dirigidas a adultos mayores (AAMM) y a niños, niñas y adolescentes (NNA) que tuvieron lugar desde principios de 2016, luego de la asunción del nuevo gobierno.

Adultos mayores

El primer hito que consignamos es la sanción de la Ley N° 27.260 en el mes de junio de 2016. En el marco de esta nueva ley[4] se llevaron a cabo diversas modificaciones que comenzaron a delinear un nuevo camino en el plano de la concepción de la protección.

Un eje central de la ley fue la creación de un nuevo beneficio: la *Pensión Universal para el Adulto Mayor* (PUAM) destinada a todos los ciudadanos argentinos, nativos o naturalizados con residencia mínima de 10

---

[3] Ese proceso es analizado en Beccaria y Danani, 2014.

[4] La ley lleva el nombre de "Programa Nacional de Reparación Histórica para Jubilados y Pensionados", aunque corresponde sólo al Libro I de la misma, pues el Libro II está dedicado a crear el régimen de "sinceramiento fiscal".

años y extranjeros con residencia mínima de 20 años[5], que tengan 65 años o más y no cuenten con jubilación o pensión y tampoco cumplan los requisitos para obtenerla.

Una particularidad de este beneficio destinado a los adultos mayores, fue que la edad de acceso establecida se unificó en 65 años tanto para hombres como para mujeres, lo que de hecho implica una postergación de cinco años en la edad a partir de la cual las mujeres obtienen protección. En términos prácticos, y considerando la situación concreta de las mujeres de 60 años, puede verse que una porción significativa de ellas no podrá jubilarse vía el SIPA –ya que no reúnen los años de aportes requeridos[6]– y deberá esperar hasta los 65 para acceder a la PUAM.

Por otro lado, y con el fin de "acumular" los años de aportes que eventualmente le permitan en un futuro acceder a una jubilación ordinaria, los y las titulares de este beneficio pueden seguir desempeñándose en el mercado laboral sin generar incompatibilidades (siempre que NO tengan los 30 años de aportes requeridos).

Asimismo, se estableció que esta pensión brinda un haber mensual correspondiente al 80% del monto de una jubilación mínima y que su actualización queda garantizada por medio de la movilidad previsional vigente. Claramente, este punto instala una fuerte diferencia con la situación de las moratorias previsionales, por medio de las cuales se accedía al SIPA y al cobro de un beneficio *completo*, a través del pago de la "deuda" previsional en un número fijo de cuotas. Es decir, una vez cancelada la deuda, el beneficio previsional era equivalente al del jubilado que había cumplido con los requisitos del régimen *contributivo* en edad y años de aportes[7].

[5] De los cuales los últimos diez años de residencia deben ser anteriores a la percepción del beneficio.

[6] Como ya mostramos en Protecciones y Desprotecciones III (Beccaria, 2018), del conjunto de mujeres que se encontraban próximas a cumplir la edad jubilatoria, poco más de un tercio tenía menos de un año de aportes en la seguridad social, seguido de un 12% que tenía de uno a cinco años.

[7] Si en cambio la comparación se hace con las Pensiones No Contributivas (PNC) por vejez, la PUAM significa una mejora desde el punto de vista del ingreso, dado que aquellas equivalen al 70 % del haber mínimo. Y para los hombres implica una mejora en términos de la edad, dado que adelanta en cinco años la posibilidad de acceso a un beneficio (que las PNC fijan en 70 años). De todos modos, el peso de estas pensiones por vejez nunca fue de envergadura:

Otro punto que también implica una desventaja respecto de los beneficiarios de las jubilaciones ordinarias (hayan accedido vía años de aportes o vía moratoria), es que la PUAM es incompatible con cualquier otro beneficio de la seguridad social orientado a los AAMM, como por ejemplo una pensión derivada por fallecimiento de un titular. Finalmente, la PUAM no genera derecho a la pensión –lo que sí hace la jubilación– al no poder ser transferida al cónyuge y/o derechohabientes una vez que el titular muere.

Como ya señalamos en la nota Nª 2, otro de los ejes centrales de la Ley N°27.260 fue la creación del "Programa Nacional de Reparación Histórica para Jubilados y Pensionados" que se extiende, desde el momento de su sanción, en 2016, por un plazo máximo de tres años[8]. La ley invoca una *crisis de litigiosidad previsional*, por lo que el Estado Nacional propone la celebración de un acuerdo individual entre ANSES (en representación del propio Estado) y cada beneficiario, a fin de avanzar en tres direcciones posibles: (i) el pago de las sentencias judiciales firmes, (ii) el pago voluntario a aquellos jubilados o pensionados que se encuentren en un proceso judicial por el monto de haberes y que de ese modo darían por satisfecho el reclamo; y por último, (iii) con el fin de evitar nuevos juicios, la actualización de los haberes de quienes estarían en condiciones de litigar y aún no lo han hecho, en función de fallos de la Corte Suprema de Justicia de la Nación, de las Cámaras de la Seguridad Social y de las Cámaras Federales.

La ley estableció que la efectivización de cualquiera de estos tres acuerdos se realizaría con asistencia de un abogado y por homologación ante un juzgado. Es decir, cada persona, de manera individual, debería realizar una *consulta* para ver si se encontraba alcanzada por esta ley. Si la respuesta fuera positiva, ANSES formularía una propuesta.

Concretamente, están alcanzados (i) *quienes tengan iniciado un juicio con sentencia judicial firme* (se les ofrece el pago del 50% de dicha sentencia de manera inmediata y, el resto, en cuotas trimestrales, actualizadas

en 2006 se registra su mayor número, alcanzando los 92.000 beneficiarios. Desde entonces, mientras el resto de las PNC subían, las correspondientes a vejez disminuyeron sistemáticamente.

[8] Este es el plazo máximo establecido en la ley para la elaboración de un proyecto que "contenga un nuevo régimen previsional, universal, integral, solidario, público, sustentable" (artículo 12 Ley 27.260).

por el mismo mecanismo de actualización de haberes, durante tres años), (ii) *quienes están con un juicio iniciado, pero aún no tienen sentencia* (se les ofrece actualizar el haber a partir de la firma del acuerdo y se les reconocerá la deuda con un tope de hasta 4 años de retroactividad) y (iii) *quienes no han iniciado juicio, pero estarían en condiciones de iniciarlo* (se les propone reajustar el haber mensual desde la fecha de ingreso al Programa).

El segundo hito respecto de las reformas de protección orientadas a los AAMM, tuvo lugar en diciembre de 2017, con la sanción de la Ley N° 27.426, denominada "Ley de Reforma Previsional".

En términos generales, por medio de esta ley se definió una nueva fórmula para el cálculo de la movilidad previsional. La nueva fórmula de actualización se basa en dos factores: en un 70%, en el índice oficial de inflación (IPC) y en un 30% en la evolución de los salarios de los trabajadores registrados en la seguridad social (RIPTE es el nombre del índice correspondiente que resulta de ese registro). Asimismo, se estableció que la movilidad sería trimestral y no semestral como hasta entonces.

Así quedó sustituida la ley 26.417, que establecía que en cada período el 50% de la movilidad se calculaba a partir de la variación de los salarios y el otro 50% sobre la base de la variación de los recursos tributarios por beneficio. En su lugar, la nueva fórmula de movilidad, aplicada a partir de marzo de 2018, arrojaría una menor actualización de los haberes en comparación con la determinada por la Ley 26.417. Más específicamente: se determinó una movilidad del 5,71% en marzo y 5,69% en junio (11,73% acumulada en el semestre), mientras que con la anterior fórmula la movilidad habría dado 14,41% en marzo (y válida para el semestre). Además, téngase en cuenta que no sólo la movilidad es más baja (11,73% vs 14,41%), sino que también se distribuye en dos tramos, una a partir de marzo y el segundo aumento a partir de junio, mientras que con la fórmula de movilidad anterior, el aumento habría sido íntegramente del 14,41% a partir de marzo (todos los cálculos aquí expuestos son propios).

Si bien no se dispone de la suficiente información para hacer el cálculo exacto para la movilidad de la segunda mitad de 2018, es esperable un resultado similar, es decir, una actualización menor con la fórmula actual con respecto a la vigente hasta 2017.

Una cuestión fundamental del proceso radica en que por medio de esta misma ley también se instituyó una mecánica de diferenciación en las liquidaciones. Al ser creada, la diferenciación se aplicó sobre dos beneficios, pero en ambos casos se fundó en la distinción entre los beneficiarios que hubieran accedido al sistema previsional por medio de los requisitos contributivos plenos (la acreditación de 30 años de aportes efectivos en el mercado de trabajo) y quienes lo hubieran hecho a través de alguna de las moratorias previsionales llevadas a cabo entre 2005 y 2015. La primera diferenciación se efectivizó en el monto de lo que se denominó "bono compensatorio", que se pagaría por única vez en el mes de marzo de 2018, a fin de *aliviar* el impacto negativo (la pérdida) por la puesta en vigencia de la nueva fórmula de actualización. A este respecto, las diferencias fueron directas y visibles: el monto del bono de los titulares que hubieran hecho uso del procedimiento de la moratoria fue del 50 % respecto de quienes habían acreditado 30 años de aportes en actividad.

La segunda diferenciación radicó en la garantía que el sistema ofrece a los titulares que perciben el haber mínimo. En efecto, se instituyó la garantía del 82% del Salario Mínimo Vital y Móvil para quienes accedieron por la vía contributiva regular. Ello significa que, ante cada actualización del salario mínimo vital y móvil, también se ajustará el haber previsional de ese segmento, si es que ha quedado por debajo del 82% de dicho salario; simultáneamente, se retrasará el haber de quienes hayan accedido al beneficio por la vía de la moratoria.

Por último, se elevó en cinco años la edad en la cual el empleador puede intimar a los trabajadores a jubilarse (para el caso de los asalariados del sector privado), decisión vigente tanto para hombres como para mujeres; para el caso de los hombres la nueva edad son los 70 años y para las mujeres, 65 años.

Niños, niñas y adolescentes

En el caso de las políticas que afectan la capacidad de protección de NNA, deben señalarse dos modificaciones que tuvieron lugar a principios de 2016.

La primera de ellas ocurrió en marzo de ese año, cuando fueron extendidos los topes de ingresos que permiten acceder a las asignaciones familiares contributivas. Concretamente, en esa oportunidad se duplicaron los niveles previos, permitiendo ampliar significativamente el universo de quienes perciben este beneficio (hasta entonces, todos ellos trabajadores asalariados formales).

La segunda modificación data de mayo del mismo año, cuando en el componente contributivo de las asignaciones familiares fueron incorporados los monotributistas con un tope de ingresos correspondiente a la categoría H [9]. Desde ese momento, estos grupos ingresan a las asignaciones dirigidas a los dependientes de los asalariados formales. Nuevamente, esta modificación permitió sumar a una proporción significativa de NNA que históricamente no habían sido alcanzados por la normativa tradicional de la seguridad social.

Cabe señalar que, si bien se incorporó a los dependientes de los monotributistas dentro del esquema contributivo, al igual que en el caso de los perceptores de la AUH solamente se les otorga el beneficio de la "asignación por hijo", la "asignación prenatal" y la "asignación familiar por ayuda escolar anual". Por último: la modificación de la fórmula de movilidad de la Ley N°27.426 también alcanzó a la protección de los NNA, dado que los beneficios de las asignaciones familiares y de la AUH se actualizan con la misma movilidad que los beneficios previsionales (ley 27.160 de 2015).

1.3. Financiamiento de ANSES

Una breve historia reciente

Desde 2016, los cambios en el sistema previsional tienen la clara tendencia a afianzar la lógica de separación de fuentes, es decir, a considerar por un lado la atención de las erogaciones de carácter contributivo con recursos contributivos provenientes de impuestos al trabajo, y por el otro, los gastos de naturaleza no contributiva con aportes del tesoro provenientes de rentas generales. Estos cambios han estado relacionados tanto con el esquema de la protección social, como con las cuentas financieras de ANSES.

Antes de seguir con el análisis, hay que tener en cuenta que ANSES no sólo se financia con aportes y contribuciones a la seguridad social sino que también cuenta con recursos específicos que provienen tanto

---

[9] Por lo tanto, fueron incorporados quienes pertenecen a las categorías A hasta H.

de la recaudación tributaria de la Nación como de otros ingresos. En efecto, a partir de las reformas de la década de 1990, ANSES comenzó a contar con la afectación específica de impuestos que forman parte de lo que habitualmente se llaman "rentas generales", además del 15% de la masa coparticipable bruta. Esto se debió a la imposibilidad de financiar todas las erogaciones solamente con recursos de naturaleza contributiva, en especial en un contexto en el cual el organismo dejó de recibir la parte de los impuestos al trabajo que por entonces se destinaban a las Administradoras de Fondos de Jubilaciones y Pensiones (AFJP)[10]. Por ejemplo, en el período 1995-1999, los ingresos por cotizaciones a la seguridad social financiaron el 49% de los gastos de la ANSES; más aún: con tendencia decreciente, ya que en 2003 esa relación alcanzaba solamente el 36%.

A partir de 2003, y en el marco de la recuperación de la actividad económica y del proceso de crecimiento que se produjo en la Argentina, ANSES también se benefició desde el punto de vista fiscal doblemente: mediante mayores ingresos por el crecimiento del empleo formal, y también porque los gastos no subieron en la misma proporción, ya que los aumentos de haberes previsionales fueron parciales y sólo se concentraron, al principio, en los beneficiarios que cobraban el haber mínimo. A ello debe agregarse que hasta la primera moratoria previsional hubo una caída en la tasa de cobertura asociada a la dificultad de reunir los años de aportes necesarios para alcanzar la jubilación. De esta forma, ANSES comenzó a mejorar su resultado fiscal, no sólo por el fortalecimiento del financiamiento contributivo sino por el aumento de la recaudación de los distintos impuestos que nutren al organismo (Casanova, Calabria y Rottenschweiler, 2014). El aumento de los ingresos por cotizaciones a la seguridad social se reflejó en una mejora en el porcentaje de gastos financiado por ese tipo de recursos, que llegó al 49% en 2006 y luego superó el 60% a partir de la estatización de las AFJP, que implicó que los flujos de aportes que iban a dichas instituciones se dirigieran a ANSES.

En lo que respecta a los otros impuestos que financian a ANSES, cobra relevancia la *performance* del impuesto a las Ganancias, explicada

[10] Administradoras privadas a través de las cuales se viabilizó el sistema de capitalización individual creado en 1993.

tanto por el aumento de los ingresos reales de la población, como por la falta de actualización del mínimo no imponible y de los tramos de imposición. Destacamos este impuesto porque, entre los que tienen afectación específica a ANSES durante este período, es el que tiene mayor peso en su estructura de financiamiento. Es decir, durante 2010-2017 el impuesto a las Ganancias representa menos del 30% de la recaudación de los tributos nacionales (excluyendo aportes y contribuciones a la seguridad social); en cambio para ANSES representa alrededor del 50% de los impuestos con afectación específica.

GRÁFICO 1. Estructura porcentual de los ingresos tributarios de ANSES por tipo de impuesto. 2010-2017. En porcentaje del total.

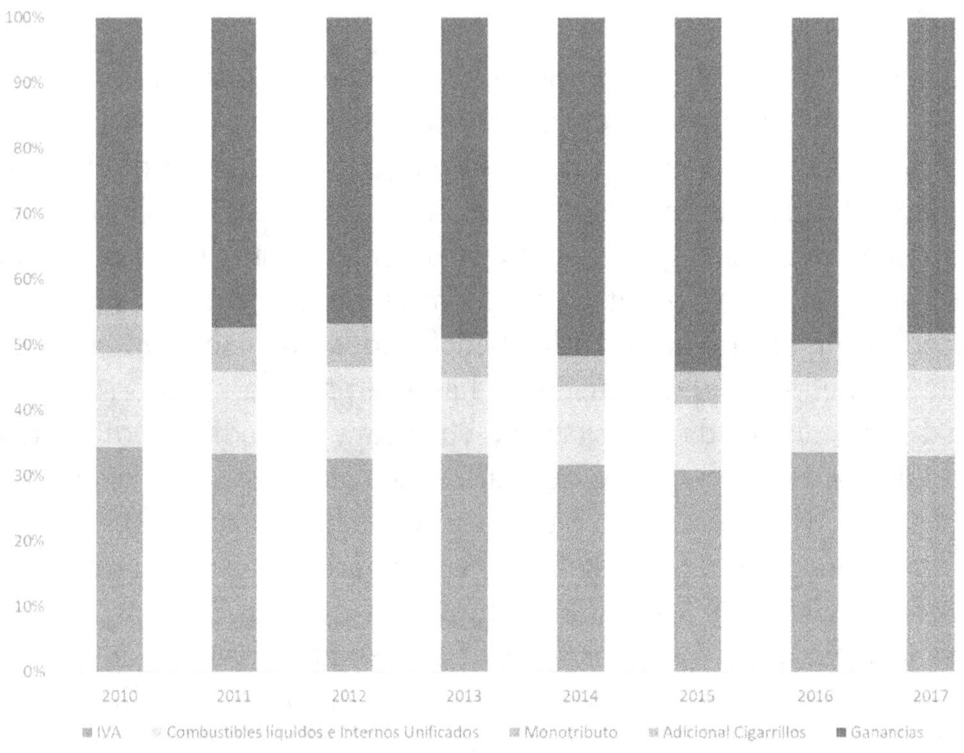

Nota: No incluye Ingresos del Sinceramiento Fiscal.
Fuente: Elaboración propia sobre la base de ANSES y Ministerio de Hacienda.

El mayor peso de Ganancias en la estructura de ingresos de ANSES, en comparación con la recaudación tributaria nacional, se destaca cuando se lo relaciona con la forma de cálculo de la movilidad establecida por la Ley 26.417 que actualizó los haberes en el período 2009-2017. Ya hemos dicho que esta fórmula establecía que el 50% de la movilidad se calculaba sobre la base de la variación de los recursos tributarios por beneficio. Es claro, entonces, su sensibilidad a la recaudación del impuesto a las Ganancias. Por otra parte, aclaramos que, en virtud de su carácter extraordinario, en el gráfico anterior deliberadamente dejamos afuera los ingresos asociados al Sinceramiento Fiscal establecido en el artículo 41 de la Ley 27.260 (Programa Nacional de Reparación Histórica). Y precisamente por ese motivo no se tuvieron en cuenta para el cálculo de la fórmula de movilidad (artículo 51 de la mencionada Ley).

Como se puede observar en el gráfico 2, los ingresos de ANSES alcanzaron el 5,5% del PBI en 2004, valor mínimo en la serie considerada, y comienzan a recuperarse a partir de ese año, alcanzando el 13,4% del PBI en 2016. Al respecto, además de la mejora de la situación económica que tuvo su correlato en una mayor recaudación tributaria, merecen destacarse dos hechos salientes: en primer lugar, en 2007 se realizó el traspaso a ANSES de las cuentas de capitalización individuales de las personas a las cuales les faltaba menos de cinco años para jubilarse y que habían acumulado menos de $20.000, recursos que se registraron contablemente como contribuciones a la seguridad social. En segundo lugar, en 2008 fue reestatizado el sistema previsional, y por lo tanto ANSES comenzó a recibir el flujo completo de aportes personales a la seguridad social. Finalmente, en 2016 en el marco de la Ley de Reparación Histórica, se establece el ya aludido régimen de sinceramiento fiscal con una afectación específica a este sistema para financiar las mayores erogaciones. Los recursos extraordinarios provenientes de ese sinceramiento se registran como ingresos tributarios, y llegaron en 2016 a 1,3% del PBI. En 2017, esos ingresos son menores (alcanzan el 0,4% del PBI).[11]

---

[11] No se cuenta con información de las contribuciones figurativas y gastos figurativos de ANSES para 2017, por lo que la serie completa llega hasta 2016.

Las contribuciones figurativas corresponden a recursos que recibe una institución que consolida en el presupuesto de la Administración Nacional. Básicamente, en el caso de ANSES, se trata de ingresos transferidos desde el Tesoro Nacional hacia el Organismo, ya sea para solventar las erogaciones de programas presupuestarios de ANSES cuyo financiamiento depende del Tesoro Nacional, tales como Progresar, Ex Presos Políticos, etc.; el porcentaje que recibe de la coparticipación bruta; como así también transferencias para cubrir las necesidades financieras del Organismo.

Los gastos figurativos son transferencia de fondos que ANSES realiza a otros organismos. Entre ellos se incluye las destinadas a las entidades militares o de

GRÁFICO 2. Evolución de los recursos de ANSES por tipo de ingreso. En porcentaje del PBI

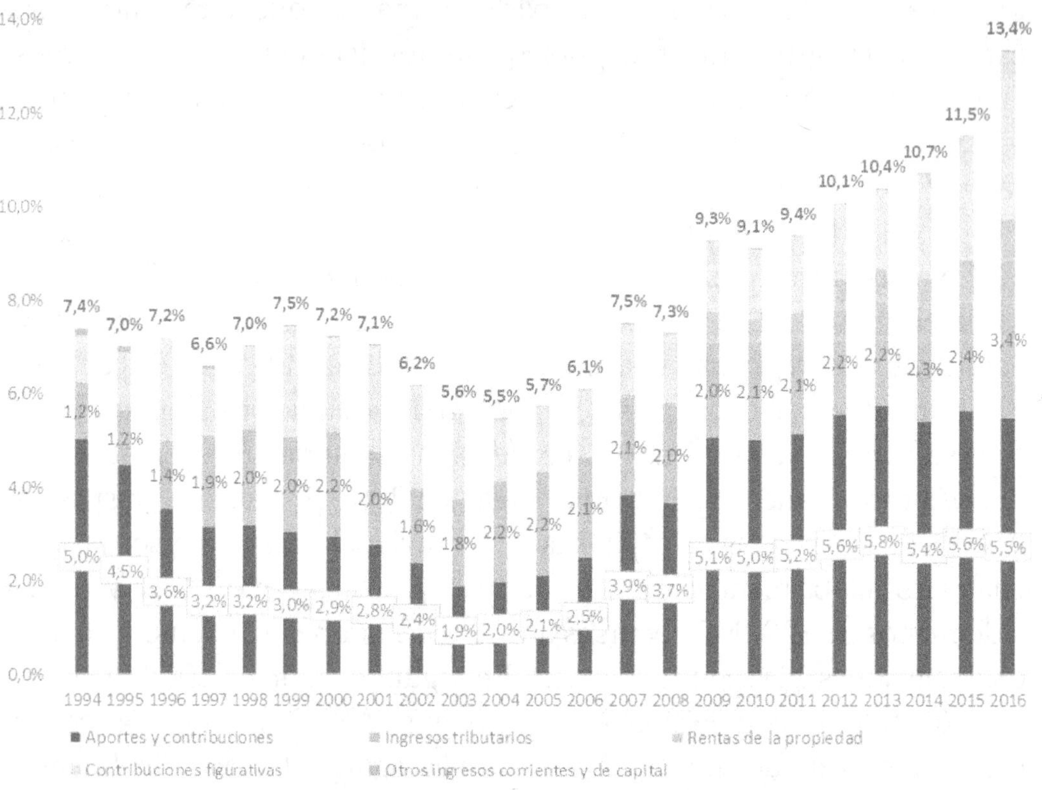

Nota: Los ingresos tributarios en 2016 incluyen Sinceramiento Fiscal (1,3% del PBI).
Fuente: Elaboración propia sobre la base de ANSES e INDEC.

Otro de los aspectos particulares del financiamiento de ANSES tuvo que ver con el rol del Fondo de Garantía de Sustentabilidad (FGS) del SIPA. En efecto, a partir de su creación en 2007 mediante el Decreto 897/2007, pero especialmente a partir de 2008 (cuando se nutrió del total de los fondos acumulados en las cuentas individuales de las AFJP como consecuencia de la estatización del sistema previsional), el FGS genera rendimientos que forman parte de los recursos de ANSES. Asociados a las rentas líquidas de los activos del FGS, estos rendimientos constituyen las llamadas rentas de la propiedad, y comienzan a tener una participación creciente en los ingresos del organismo. Véase: las

fuerzas de seguridad para financiar sus pasividades, las transferencias para el pago de pensiones no contributivas del Ministerio de Desarrollo Social, etc. Se trata de contribuciones hacia otros Organismos, cuyas erogaciones figuran también en el Presupuesto General de la Administración Nacional.

rentas de la propiedad, que hasta 2006 habían representado un porcentaje ínfimo de los recursos de ANSES, significan en 2007 un 0,07% del PBI y desde ese año llevan una trayectoria creciente, hasta llegar a un 1,04% del PBI en 2017.

El FGS, cuyo stock de activos representa el 11,4% del PBI en 2017, también fue un instrumento importante como fuente de financiamiento de algunos programas desarrollados durante el período 2003-2015, como programas dirigidos a la vivienda (PROCREAR) o al consumo de jubilados y pensionados (ARGENTA), etc. De hecho, por entonces en ANSES solía hacerse hincapié en mostrar los ingresos y el resultado presupuestario sin contar las rentas de propiedad del FGS, debido a que el organismo no las utilizaba para financiar erogaciones corrientes y de capital, sino que se reinvertían en el fondo.

Si prestamos atención a las erogaciones de ANSES, podemos destacar que, mientras que en el período 2003-2006 el gasto total de ANSES representó, en promedio, el 5,1% del PBI, en 2007 ese porcentaje llegó al 6,4%, como consecuencia del aumento de la cobertura previsional a partir de la moratoria. *Es interesante destacar que ese valor estaba todavía por debajo de los observados durante la segunda mitad de la década de 1990, contraste que aumenta al considerar las diferencias en la protección efectiva durante cada uno de los períodos.* Es decir, mientras que a fines de dicha década la cobertura previsional del SIPA era de alrededor del 60%, en 2007 ésta alcanzó el 76,4% (ANSES, 2011). Sin embargo, el gasto era inferior porque los haberes aún estaban en niveles bajos, situación que cambiaría radicalmente a partir de 2009, con la ley de movilidad.

Esa tendencia se consolidó con la creación de la AUH y la sanción de la Ley de Movilidad Jubilatoria que estableció aumentos automáticos de los haberes, que en general estuvieron por encima de la inflación: así, en 2009 y 2010 el gasto total de ANSES alcanzó 8,1% del PBI, y posteriormente continuó incrementándose, llegando a un 10,5% en 2015.

Además, hay que tener en cuenta que ANSES también tiene a su cargo el financiamiento de las pensiones no contributivas (PNC) que otorga el Ministerio de Desarrollo Social, así como el déficit de los sistemas previsionales de las fuerzas armadas y de seguridad. Estas partidas se contabilizan en el rubro Gastos Figurativos[12]. En lo que respecta a las erogaciones asociadas a las PNC, también se incrementaron por los mismos motivos que el gasto previsional: un aumento en el número de prestaciones, por un lado, y por el otro, los incrementos de los montos como consecuencia de la aplicación de la Ley de Movilidad.

En 2016, el primer año completo de la presidencia de Mauricio Macri, se alcanzó un total de erogaciones de ANSES del 11,0%, aunque la principal explicación de este aumento proviene de los cambios en las prestaciones del sistema de asignaciones familiares, que incluye la extensión de la protección a los trabajadores monotributistas, el aumento del tope de ingresos que habilita el cobro de la prestación y el incremento de los montos y los tramos de los distintos grupos de trabajadores.

GRÁFICO 3. **Evolución de los gastos de ANSES por tipo. 1994-2016. En porcentaje del PBI**

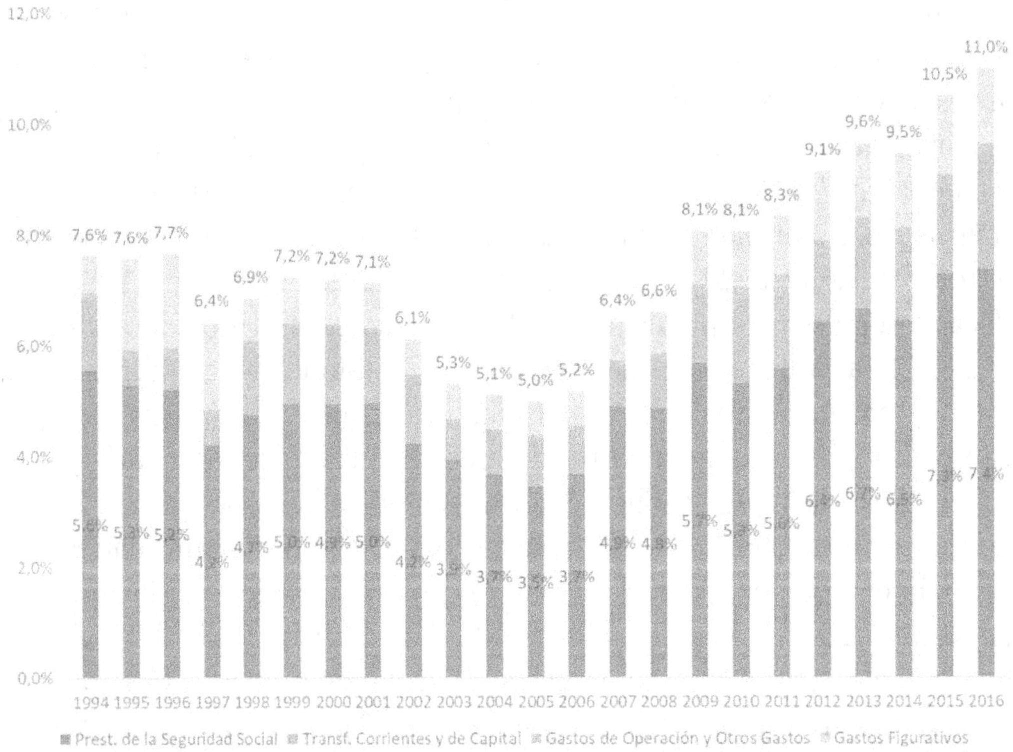

Fuente: Elaboración propia sobre la base de Ministerio de Hacienda de la Nación e INDEC.

[12] A partir del 1 de octubre de 2017, se transfieren las PNC (con excepción de las de invalidez) a ANSES, por lo que esas partidas serán contabilizadas como gasto previsional del organismo.

En consonancia con lo anterior, el resultado fiscal de ANSES, sin considerar las contribuciones figurativas y los gastos figurativos,[13] empieza a mejorar de forma continua desde 2003 hasta el año 2012, cuando los ingresos comienzan a crecer a un ritmo superior a los gastos. Sin embargo, el resultado continuó siendo positivo hasta 2015, cuando se registra un déficit del 0,2% del PBI. En 2016, el resultado antes de contribuciones se vuelve positivo (1,1% del PBI), pero hay que tener en cuenta que eso incluye los ingresos extraordinarios asociados al Sinceramiento Fiscal. Si se descartan esos ingresos, el déficit llega al 1,1% del PBI, y en 2017 al 1,3% del PBI. Como se puede observar, el continuo deterioro de las cuentas fiscales de ANSES explica el interés por parte del gobierno de realizar modificaciones a la fórmula de cálculo de la movilidad previsional, a fin de atenuar esta tendencia.

GRÁFICO 4. Resultado antes de contribuciones de ANSES. 1994-2017. **En porcentaje del PBI**

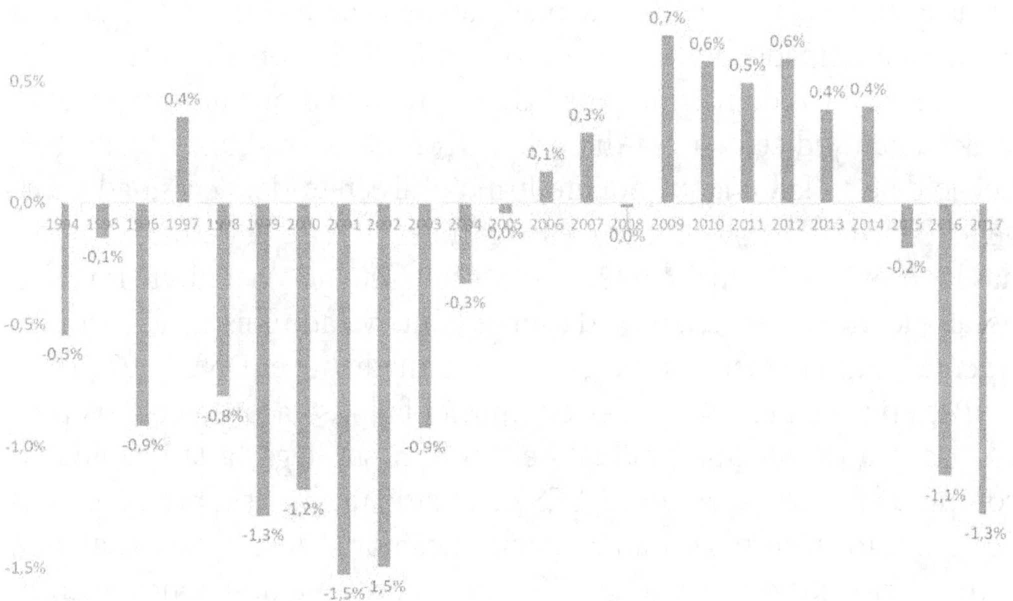

Nota: No se incluyen las contribuciones y los gastos figurativos, y los recursos extraordinarios del "Sinceramiento Fiscal".

Fuente: Elaboración propia sobre la base de Ministerio de Hacienda e INDEC.

[13] La inclusión de las *contribuciones figurativas* y los gastos figurativos permite calcular el resultado fiscal de ANSES, pero al incluirse (dentro de las contribuciones) la asistencia financiera del Tesoro Nacional para atender posibles déficits y no contar con información sobre dicho monto, preferimos realizar el cálculo sin dichas partidas para evitar un sesgo no deseado.

El proceso actual

En la sección anterior ofrecimos un análisis de la evolución de la situación fiscal de ANSES en los últimos veinte años, y también comenzamos a estudiar los cambios registrados a partir de 2016. Esta evolución es importante por dos motivos: en primer lugar, porque incidió en reformas que se implementaron con el objetivo de mejorar las cuentas fiscales; y, en segundo lugar, porque permiten estudiar cómo dichos cambios se reflejan en el financiamiento de la seguridad social, aunque en virtud de lo relativamente breve del período de implementación, ese análisis sólo puede ser parcial y tentativo.

Con respecto a la evolución de la estructura de financiamiento de ANSES, pueden destacarse distintos hitos. El primero de ellos corresponde a la presidencia de Cristina Fernández de Kirchner, hacia fines de 2015.

En efecto, en noviembre de 2015 un fallo de la Corte Suprema de Justicia estableció la inconstitucionalidad de la deducción del 15% de la masa coparticipable bruta que se dirigía a ANSES, y ordenó que se dejara de realizar esa detracción para las tres provincias que habían iniciado la demanda judicial en esa dirección (Córdoba, San Luis y Santa Fe). Luego de este fallo, la presidente firmó el Decreto de Necesidad y Urgencia (DNU) 2635/2015, que estableció el cese de la detracción a todas las provincias. Finalmente, y como consecuencia del fuerte impacto fiscal que provocaba esa medida sobre la nueva administración, el presidente Mauricio Macri anuló ese decreto mediante el DNU 73/2016.

Posteriormente, para poder cumplir el fallo, se acordó con las provincias una devolución gradual del 15%, hasta llegar a la devolución completa en 2020, cuando ANSES dejaría de recibir esta pre-coparticipación. Estos recursos serían compensados por el Tesoro Nacional, que le transferiría los recursos a ANSES, a fin de evitar su desfinanciamiento.

En segundo lugar, en 2016 se aprobó la Ley de Reparación Histórica, que implica el reconocimiento de haberes adeudados desde períodos previos a un grupo de beneficiarios del sistema previsional. En la misma ley se crea el ya mencionado régimen para el Sinceramiento Fiscal, que establece la posibilidad de realizar un blanqueo de activos por parte de residentes en el país que no hayan declarado el total de su patrimonio a la AFIP. De esta forma, hay un doble efecto: por un lado, un aumento en las erogaciones previsionales asociado a mayores flujos de gastos por el incremento de los haberes de los jubilados beneficiados por la medida (además del pago de retroactivos y sumas adeudadas), y por el otro, mayores recursos para ANSES, ya que se estableció que los ingresos del blanqueo se destinarían exclusivamente a ese organismo. Como ya dijimos, si bien dichos fondos fueron cuantiosos (1,3% del PBI en 2016 y 0,4% en 2017), son de carácter extraordinario, mientras que los flujos asociados al aumento de los haberes son permanentes. Para responder a este problema, en la ley de Reparación Histórica también se abrió la puerta a la utilización de los recursos del FGS.

En tercer lugar, a fines de 2017 se firma el Consenso Fiscal entre la Nación y las provincias y la Ciudad Autónoma de Buenos Aires, que entre varios puntos establece cambios que afectan al financiamiento de ANSES. Se establece la desafectación del impuesto a las Ganancias a ANSES, y su reemplazo por el impuesto a los débitos y créditos bancarios, más comúnmente conocido como "impuesto al cheque". Esto implica una ganancia para ANSES en términos fiscales, ya que los montos percibidos en concepto de dicho tributo son superiores a la asignación que recibía del Impuesto a las Ganancias. Pero a la vez se establecen incrementos en las partidas destinadas a las provincias que no transfirieron sus cajas previsionales en el marco de la armonización de los sistemas previsionales provinciales, y su actualización en línea con el aumento de las erogaciones previsionales. En resumen, la nueva situación implica tanto un aumento de los ingresos como de los gastos comprometidos, y su saldo final dependerá de la *performance* concreta de cada una de dichas variables.

Por último, también debe recordarse que la creación de la PUAM implica el compromiso por parte del Tesoro de transferir los recursos a ANSES para su financiamiento. Esta lógica está asociada a uno de los puntos planteados en el trabajo, v.g., el propósito de separar las fuentes contributivas de las no contributivas. Al mismo tiempo, el traspaso del Ministerio de Desarrollo Social a ANSES de todas las PNC (a excepción de las correspondientes a invalidez, según Decreto 746/17), puede significar un paso opuesto a esta dirección, aunque está en el sentido de "transparentar" en mayor medida las fuentes de financiamiento del gasto.

Hasta aquí hemos observado los grandes aspectos que marcan a la seguridad social en el período bajo estudio, tanto en términos institucionales como de la protección, así como hemos señalado los cursos de acción que, a nuestro juicio, nos permiten hablar de dos ciclos de políticas. En el próximo apartado, entonces, reconstruiremos comparativamente los regímenes de protección prevalecientes en cada uno de ellos.

2. El régimen de protección desde 2016 y comparativo con el período 2003-2015

Al igual que en otros países de América Latina, en la Argentina el nuevo milenio se inauguró con una grave crisis político-institucional, social y económica, a cuya "salida" tuvo lugar un ciclo relativamente breve de características muy diferentes de la que habían predominado en la década de 1990; y como ya fuimos adelantando, varias de esas características dieron lugar a polémicas que aún no han sido saldadas. En lo económico se lo denominó "el super ciclo de las materias primas" (Bertranou, 2017) y la discusión puede situarse en términos de los modos de conceptualizarla, al atribuírsele carácter neodesarrollista y/o depredador y/o reindustrialista y/o reprimarizador. También las instituciones políticas fueron objeto de debate, en virtud de reformas en las instituciones de los tres poderes del Estado (Ejecutivo, Legislativo y Judicial), en la normativa electoral y en la de amplios campos jurídicos que regulan derechos individuales, civiles y sociales. En cambio, hay cierto acuerdo respecto de las políticas vinculadas con el bienestar –sea por el lado de las políticas laborales o de las políticas sociales–, en el sentido de que durante el período se experimentó una mejora de las condiciones de vida, atribuida a la combinación de mayores y mejores oportunidades de empleo y a políticas sociales con importantes efectos redistributivos (Beccaria *et alli*, 2017).

En ese marco, las políticas de ingresos tuvieron un papel fundamental. Nos referimos a las intervenciones directa y explícitamente dirigidas a modificar el ingreso disponible para trabajadores y hogares, y que en el período 2002-2015 tuvieron una dirección claramente a la suba. Ello ocurrió en primer término por intervenciones gubernamentales que tendieron a fortalecer los ingresos laborales al aumentar, primero, y sostener, más adelante, el salario mínimo, así como a estimular el funcionamiento y la dinámica de las convenciones colectivas de trabajo. Pero también tuvo lugar una crítica frontal a las políticas laborales y sociales de la década de 1990, acompañada por la puesta en marcha de un proceso de lo que en otras oportunidades denominamos "contra-reforma" de diversos componentes de ambos sectores de políticas (Danani y Beccaria, 2011 y otros). En el caso de la política social, ello se materializó en una extensión de la cobertura horizontal (es decir, más población cubierta) y en un aumento de la cobertura vertical (es decir, mayor alcance de los beneficios).

Así como se había encontrado en el centro de las reformas neoliberales en la línea de la *mercantilización*, la seguridad social volvió a ser una palanca de transformación de las condiciones de bienestar, aunque con contenidos por cierto muy diferentes a los de aquellas reformas (antes bien, opuestos) y con un elemento adicional, ya mencionado (ver supra, punto 2.2, Niños, niñas y adolescentes): nos referimos a la AUH, luego complementada con la Asignación Universal por Embarazo (AUE). Ello hizo que ambos extremos de la vida (la adultez mayor y la niñez y adolescencia) estuvieran cruzados por un proceso de gigantesca transformación "material", alrededor de la cual se debatieron deberes y derechos de las instituciones estatales y de la población involucrada.

Como podrá verse a continuación, las reformas que a partir de 2016 introdujo el nuevo gobierno incluyen importantes rupturas en el sistema de protección que había quedado configurado hasta entonces.

Los fundamentos y las razones

La concepción que guió la política de ingresos durante el período 2003-2015 es bien conocida: la demanda agregada "manda" en la economía, y el crecimiento, la renta y el bienestar dependen de ella, tanto por la vía del mayor ingreso de los consumidores, como de la inversión pública o privada, gasto público en subsidios de servicios, etc. Es por ello que la política de ingresos ocupó un lugar tan central: como es obvio, para los activos aumentaron los ingresos laborales por el aumento de la tasa de ocupación en el marco de una mayor actividad económica, así como por la puesta en práctica de instrumentos económico-laborales que buscaban el crecimiento de los salarios reales. Pero a partir de 2009 un importante contingente de trabajadores activos informales fueron también los receptores de esa transferencia de recursos por directa intervención estatal que significó la AUH: de tal modo, esos "ingresos no laborales" tuvieron como destinatarios primarios a los hogares con niños, niñas y adolescentes de los trabajadores y trabajadoras informales y asalariados precarios que estaban quedando relativamente afuera de los beneficios del crecimiento económico. En lo que hace a los AAMM, por la vía del sistema previsional fueron también destinatarios principales del incremento de los "ingresos no laborales", que treparon tanto por la expansión de la cobertura horizontal como por el reforzamiento de los haberes reales (el mínimo primero y para la totalidad de los estratos a partir de 2009, al modificarse y legislarse el mecanismo de movilidad).

La concepción de la política global puesta en marcha desde principios de 2016 es muy distinta, aunque no puede hablarse en este caso de una única orientación ni en sí misma, ni en el curso de los dos años y medio transcurridos[14]. En efecto, durante el período que dista entre la asunción presidencial y la renovación parlamentaria de medio término (octubre 2017) abundaron las referencias a la necesidad de control del gasto público y de disminución del déficit fiscal –que sirvieron de fundamento a la sostenida política de aumento de las tarifas de servicios públicos, como contrapartida del retiro acelerado de subsidio tarifario–, que sin embargo coexistieron con políticas que en buena medida pueden considerarse expansivas, tanto por los instrumentos (que comprometían mayor gasto y ampliación de la población destinataria de transferencias no laborales) como por sus efectos de crecimiento del ingreso laboral (cierre de paritarias 2016 con acuerdos por encima de lo indicado como pauta general).

A partir de octubre de 2017, en cambio, la política pareció orientarse a una mayor coherencia en la línea de disminución del gasto, por un lado, y de mayor "ofertismo", por el otro, entendiendo por tal la perspectiva según la cual la dinámica y el funcionamiento económico dependen de la oferta de bienes y servicios que realizan los sectores del capital (por clara oposición a la perspectiva keynesiana, centrada

[14] Este capítulo está escribiéndose a mediados de 2018, mientras transcurren las negociaciones del Gobierno Argentino con el Fondo Monetario Internacional. De acuerdo con la información trascendida y con los términos de un memorándum de ese organismo del año 2017, el acuerdo tendrá efectos sobre el sistema de seguridad social (especialmente, el sistema previsional).

en la demanda). Para esa visión, entonces, es imperioso atender las demandas de los sectores empresarios referidas a disminución de la carga tributaria y a la flexibilización del mercado laboral. Ello comenzó con una presión a la baja de los salarios reales (principalmente, del salario mínimo, vital y móvil –sobre el que el Ministerio de Trabajo tiene incidencia directa–, en la negociación de ese año) y continuó con el envío de los proyectos de reforma tributaria, laboral y previsional a partir de octubre. Como se sabe, "desregulación de la economía" y "baja de impuestos" son dos consignas que funcionan como un credo para las vertientes neoliberales.

La combinación de esas medidas implicó una menor presión impositiva y la clara satisfacción de algunas de las exigencias más insistentes de los sectores que constituyen la base social del nuevo gobierno, principalmente los propietarios agrarios. Y, como en un calco invertido de la reforma del gobierno anterior, también se concretó una baja de facto del *ingreso mínimo*, al instalar como piso de la protección para AAMM el haber correspondiente a la Pensión Universal para Adultos Mayores (80 % del haber previsional mínimo). Finalmente, tan paradigmática como esta (aún parcial) reforma previsional, es la "Reforma Tributaria", contenida en el proyecto también ingresado al Congreso Nacional, que proponía una reducción de los aportes patronales destinados al sistema previsional, el PAMI, el Fondo Nacional de Empleo y las asignaciones familiares. Esta reforma, implementada a través de la Ley 27.430 (2017), implica una detracción de la base imponible sobre la cual se calculan las contribuciones patronales de $12.000 del salario bruto. Esta detracción se aplica en forma gradual, comenzando en 2018 con una suma de $2.400 y un incremento progresivo hasta llegar al monto de $12.000 en el año 2022,[15]*con independencia del tamaño de las empresas* (Cifra, 2017). En virtud de ello, algunos cálculos preliminares indican que el 45 % de los aportes patronales no ingresados podrían corresponder a las empresas de mayor tamaño (Etchemendy, 2017). Sólo con el propósito de poner en perspectiva el contenido y consecuencias de estas medidas por lo que en sí mismas implican –pues no disponemos de cálculos propios que refuercen o cuestionen la estimación de

---

[15] Estos valores se actualizarán a partir de enero de 2019 con el Índice de Precios al Consumidor (IPC).

Etchemendy–, llamamos la atención sobre lo siguiente: en el momento de elaboración de este trabajo, el salario medio de la economía es de \$29.338,79.[16]– En consecuencia, la eliminación de contribuciones patronales a partir de los \$ 12.000 implica que el financiamiento del sistema de relaciones laborales en sentido amplio (trabajo y seguridad social) dependerá más directamente de los aportes de los trabajadores y de los fondos del Tesoro Nacional. Por supuesto, ese desfinanciamiento será cubierto por el Estado (es decir, por la sociedad en general) y por los trabajadores en particular, en este último caso a través de menores prestaciones. Beccaria (2018) estima que hacia 2022, la pérdida de ingresos fiscales asociadas a la reforma ascendería a alrededor de 1% del PBI.

Deberes y derechos ante la nueva reforma

El cambio de orientación, de instrumentos y de ganadores y perdedores que sintéticamente acabamos de presentar anticipa un período de distribución de deberes y derechos que ordenará el sistema previsional y de asignaciones familiares de un modo muy diferente al actual.

Dicho esquemáticamente, el gran reorganizador del sistema de protección es el principio del contributivismo; es decir, el criterio según el cual la protección social se acerca al estatus de un derecho a partir de la previa contribución realizada. En el caso típico del seguro social, ese principio se materializa en los aportes de los trabajadores y en las contribuciones de los empleadores, en ambos casos generalmente sobre la nómina salarial.

La literatura del campo de la política social recoge un debate clásico entre el contributivismo y el universalismo (Esping Andersen, 1993; Molina, 2006; Martínez Franzoni y Sánchez-Ancochea, 2012, entre muchos otros)[17], al que en los años 80 y 90 se sumó con tanta fuerza el recurso al instrumento de la focalización, que desplazó en su visibilidad al primero. Combinación de teoría y política, ello llevó a que

---

[16] Valor del RIPTE en mayo 2018.

[17] Y que echa raíces en la conceptualización fundacional de Tittmus de los tres modelos de política social –residual, logro personal/resultado laboral o institucional distributivo– más conocidos en la actualidad como residual liberal, corporativo conservador y socialdemócrata universalista (Danani, 2017).

la oposición *focalización vs universalismo* dominara completamente el debate.

En los años 2000, una "nueva" combinación de teoría y política renovó el debate en nuestro país a la salida de la crisis a la que aludimos al inicio de este apartado. Aunque, para situar correctamente las cosas, debe decirse que esa renovación de las ideas también fue compartida, al menos parcialmente, con otros países de la región, junto con la crisis en sí misma. Tal como ha sido recogido en diferentes trabajos, el proceso fue por demás contradictorio y podría ser presentado así: reformas de políticas sociales que ampliaron a una escala inusual la cobertura de los sistemas de protección de AAMM y de NNA, sostenían una cosmovisión que identificaba los derechos sociales y el bienestar con los derechos del trabajo (lo que instalaba a esas políticas en la modalidad contributiva), y simultáneamente traían por primera vez al lenguaje oficial de la política social argentina el concepto de *"universalismo"*. Desde entonces (2005-2006 en torno de la moratoria del sistema previsional y 2009 para la AUH) pudo seguirse el desarrollo de una discusión que tuvo más de acusación recíproca que de exploración de criterios de justicia y de valores socialmente deseables. Nos referimos a las posiciones de quienes, de un lado, criticaban a las políticas por invocar un falso universalismo, ya que se imponían condicionalidades; y que confrontaban no sólo con las políticas sino con quienes, desde un universo de sentido completamente opuesto, se negaban a reconocer el derecho al acceso a grupos que no cumplían con los requisitos para su incorporación a servicios y beneficios (aportes y contribuciones).

Llegado este punto, conviene puntualizar una distinción, pues son dos las dimensiones de la protección definidas por los regímenes contributivos: el acceso a los beneficios y el alcance de estos. Ello quiere decir que el estricto cumplimiento de los requisitos de edad y años de aportes es condición para obtener el beneficio previsional, pero también que la cuantía del beneficio será proporcional a la magnitud de los aportes. Como se ve, se trata de dos efectos diferentes, que no necesariamente van juntos, ni en los sistemas de retiro ni en otros sistemas contributivos, aún en la propia historia argentina[18].

---

[18] Por ejemplo, el seguro de salud argentino (las obras sociales) funcionaron históricamente bajo una lógica plenamente contributiva y de cajas separadas

Las reformas llevadas adelante en el período 2003-2015 actuaron con fuerza en lo que hace al acceso, al facilitar las condiciones para obtener un beneficio previsional a través de las moratorias. Y también lo hicieron en lo que respecta al alcance de los beneficios, aunque en este caso hubo dos acciones y etapas: la primera en ser puesta en marcha y que se extendió durante todo el período, fue lo que –como ya señalamos– se expresó en la suba y el relativo sostenimiento del haber mínimo, en el que se igualaban *todos* los beneficiarios, cualquiera hubiera sido la vía por la que hubieran obtenido el beneficio. La segunda se inició en 2009, con la sanción de la Ley de Movilidad, que rigió para todos los beneficios y beneficiarios del SIPA, pero que claramente benefició más a quienes, en virtud de una trayectoria laboral-contributiva más establecida, se encontraban en una situación ventajosa. Así, tenemos delante tres medidas que actúan de manera diferente: la primera (la moratoria) amplía claramente la población cubierta; la segunda (el reforzamiento de los haberes mínimos) establece una garantía de ingresos mínimos idénticos para toda la población comprendida, sin distinciones; la tercera (la ley de movilidad) instituye un mecanismo de movilidad que, aunque aliviadas, tiende a preservar las distancias de ingresos de la vida activa (supuestamente, reflejadas en el haber inicial a partir del mínimo).

Aunque lo dijimos de otro modo, ya anticipamos que el "formato" de ese par *derechos-deberes* fue el centro del conflicto al que dio lugar la política previsional del período, que en algún sentido desdobló los escenarios (o los argumentos) en las dos dimensiones. Por un lado, fueron muchas las críticas al acceso a través de la moratoria, por constituir un mecanismo engañoso que simulaba lo que no era: el cumplimiento continuado de las obligaciones contributivas (a este respecto, fue y es común oír y leer acerca del acceso espurio de quienes "nunca trabajaron" o "nunca aportaron", indistintamente y con bastante confusión).

(entidades de salud por grupos ocupacionales), pero con beneficios completamente igualitarios "hacia adentro" del grupo. Es cierto que se registraron procesos de secesión de grupos de mayores ingresos que así intentaban hacer un aprovechamiento particularista de esas ventajas, pero el que eso sucediera indica precisamente que la norma aceptada era la del reparto pleno e igualitario. Recién en 1993, con el Decreto 9 del PEN (Presidencia de Carlos Menem), denominado de "Libre elección de la Obra Social", se abrió el esquema de la correspondencia *personal* entre el aporte y el beneficio (Danani, 2011).

Sin embargo, los embates mayores estuvieron referidos a la escasa diferencia en el haber percibido entre quienes accedieron a través de las moratorias y quienes lo hicieron por el mecanismo "regular". Por lo general, estas críticas provinieron de quienes se encontraban en esta segunda condición, pues entendían que las diferencias en los ingresos percibidos no reflejaban las desigualdades "en el esfuerzo" (y/o en el mérito/resultado) realizado por unos y otros, de lo que concluían que estaban incumpliéndose con su derecho a un haber verdaderamente sustitutivo de los ingresos de actividad.

Este es el trazado de definiciones, concepciones y argumentos (en disputa) sobre los que se montó el nuevo proceso de reforma, que hemos caracterizado como un *cambio estructural* y que reconstruimos en el apartado 2. Puede considerarse que las aristas "contradictorias" de las políticas del período 2003-2015 o los efectos o contenidos "paradójicos" de los discursos en los que las mismas se sostenían fueron en buena medida despejados por este nuevo ciclo de reformas, inspirado en un rígido contributivismo. En efecto, cada nueva medida tomada desde 2016 refuerza el principio según el cual "el que pagó aportes tiene derecho a la protección; el que no aportó, puede recibir una ayuda, pero no puede esgrimir un derecho". Ese enunciado expresa adecuadamente los reajustes de haberes puestos en marcha en el marco del Programa de Reparación Histórica, cuyos beneficios tienen como destinatarios, según se ha anunciado, a los jubilados y pensionados que alcanzaron los treinta años de aportes requeridos de manera regular (y no por la vía de la moratoria). A la inversa, los trabajadores y trabajadoras que hasta fines de 2015 no cumplían con ese período de aportes por servicios, y que habían ingresado a través de los procedimientos de las moratorias, son derivados al beneficio inferior ya mencionado (80 % del haber previsional mínimo) contenido en la PUAM. Cuestión de máxima importancia a la hora de desentrañar los sentidos y el cemento de la sociabilidad de la que esta nueva reforma es portadora: el haber por debajo del mínimo consagra el principio de *menor elegibilidad, propio de las instituciones residuales que marcan con el estigma de la inferioridad a quienes "caen" en ellas.* Aunque quizás sea redundante, vale la pena decir que la perfecta contraparte del residualismo es que, como ya reseñamos al inicio, el nuevo esquema de derechos y deberes establece una nueva estratificación de quienes ya se encuentran percibiendo un haber: los y las beneficiarias que hubieren acreditado los aportes "puros" durante treinta años, en adelante gozarán de la garantía del 82 % del salario mínimo vital y móvil, garantía de la que están excluidos y excluidas quienes hubieren accedido a través de la moratoria.

Niños, niñas y adolescentes

Como señalamos, el componente de asignaciones familiares también se encuentra en importante proceso de reforma.

Si bien sus características son diferentes, ha podido verse que las políticas hacia NNA comparten con la reforma de la política previsional una tendencia a la extensión de la cobertura horizontal, principalmente a través de la incorporación de los trabajadores monotributistas[19]. Sin embargo, al considerar este componente han de hacerse dos advertencias: la primera es que llama la atención la incorporación de estos trabajadores al componente de la asignación contributiva, cuando no hacen aporte alguno con ese fin. A nuestro juicio, ello podría estar explicado por alguna de las dos siguientes razones: o bien se pretende diferenciar poblaciones (asignaciones familiares contributivas para la población "razonablemente integrada", y AUH para la población vulnerable y objeto de asistencia); o bien una razón operativa, que tendría origen en el hecho de que la AUH está fijada en un único y mismo monto para todos los y las titulares. Por ello, en el caso de haberse dispuesto que los monotributistas ingresaran a ella, no habría sido posible realizar la segmentación por categoría tributaria (o bien habría debido haberse modificado la legislación de la AUH, lo que no parece ser aconsejable). Se trata de un campo abierto a la interpretación (o a nuevas indagaciones).

La segunda advertencia es que, cualquiera sea la razón que se atribuya, es innegable la diferenciación/jerarquización social de las poblaciones destinatarias de uno u otro beneficio, y el significado asistencializador que avanza sobre la AUH. Sin embargo, y a diferencia del sistema previsional (o de protección de AAMM), el efecto del contributivismo es, en términos protectorios, inverso al de aquel, ya que mientras el sistema previsional

---

[19] Respecto de la modificación de topes de ingresos que permitieron acceder al beneficio a trabajadores que habían quedado por fuera de los límites, si bien tuvo un efecto cuantitativamente importante, la medida es más difícil de caracterizar, ya que en realidad la modificación siguió a los cambios en el mínimo no imponible del impuesto a las Ganancias.

penaliza con un beneficio inferior a quien no cumple con los requisitos contributivos, el sistema de asignaciones familiares funciona con un sentido progresivo (mayor beneficio a quien da lugar a menos aportes). Estas características darán lugar a situaciones diferentes en lo que hace al "mapa" de la protección que avizoramos, y que presentamos en el apartado 4.

3. El panorama de la protección social

En este apartado nos proponemos dar cuenta de cuál es el mapa o panorama de la protección social que, a partir de los cambios introducidos desde 2016, comienza a configurarse en nuestro país. En este sentido, y atendiendo a que el segmento más afectado fue el de los adultos mayores, avanzaremos en un análisis sobre la protección de este grupo.

Una primera mirada sobre el impacto que las políticas de protección social tienen sobre las condiciones de vida de la población a las que están orientadas, refieren a los niveles de cobertura que las mismas presentan. En este sentido, y respecto del sistema previsional, tal como fue ampliamente estudiado (Danani y Beccaria, 2011 y 2015; Bertranou et all., 2012), durante los años 2003-2015 se logró ampliar significativamente la proporción de adultos mayores que reciben jubilaciones y/o pensiones, logrando alcanzar tasas de cobertura que rondaban el 90%. Como señalamos en otros trabajos, en gran medida esa ampliación estuvo explicada por las dos "moratorias previsionales", que implicaron la inclusión de aproximadamente dos millones y medio de personas al Sistema Previsional Argentino (Beccaria, 2018).

En este marco, cabe señalar dos aspectos que, a nuestro entender, son centrales para dar cuenta del objetivo de este punto, y que se relacionan con el efecto que los beneficios de las moratorias tuvieron sobre diversos segmentos, dando lugar a la muy elevada protección horizontal a la que hacíamos referencia. Al observar de manera más detenida ese proceso, es posible identificar grupos específicos que vieron ampliada su cobertura más intensamente y/o de manera diferencial.

Indudablemente, el primer señalamiento toca a las mujeres quienes, mediante estas políticas, lograron acercarse a los niveles de protección de los varones. De hecho, entre 2003 y 2015 las mujeres pasaron de una tasa de cobertura de aproximadamente 57% a una de 83% (ver Danani y Beccaria, 2011 y 2014).

Una segunda referencia corresponde al impacto que la moratoria tuvo a nivel territorial Como se puede observar en el siguiente gráfico, en 13 de las 24 provincias, más de la mitad de los beneficiaros del sistema previsional accedieron al mismo través de ese mecanismo. En esa línea, hay casos paradigmáticos: en las provincias de Formosa y Chaco, por ejemplo, los beneficiarios de las "moratorias previsionales" representan más del 70% del total de jubilados y/o pensionados del SIPA de dichas provincias.

GRÁFICO 5. **Proporción de "beneficiarios moratoria" en el total de beneficiarios del SIPA, por provincia (2016)**

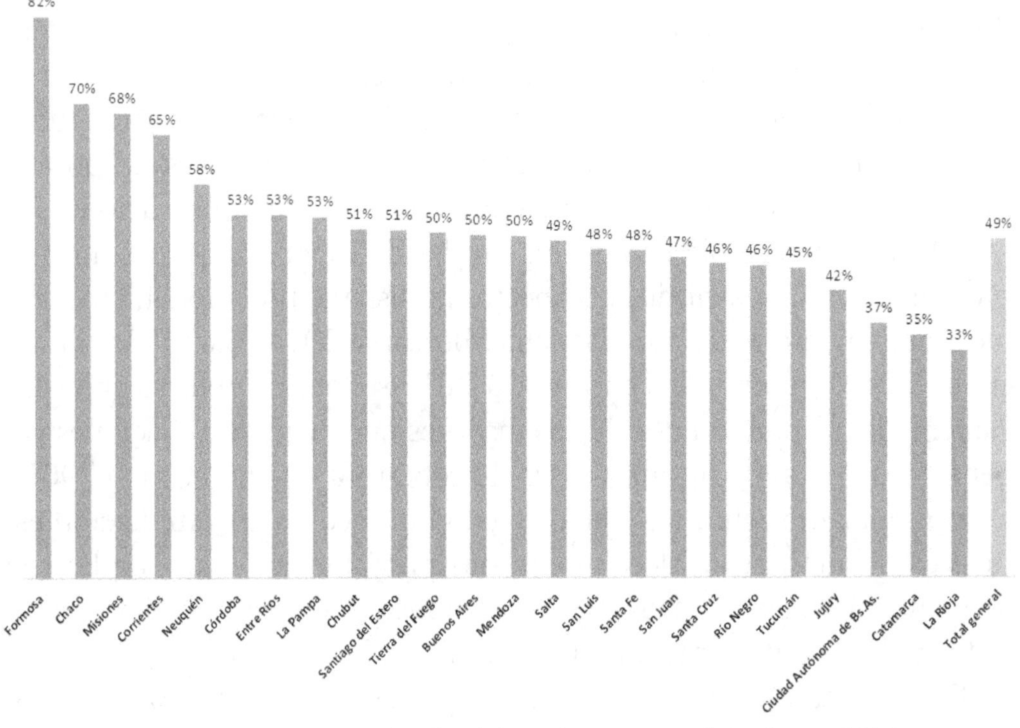

Fuente: Elaboración propia sobre la base de Ministerio de Trabajo – 2016.

Llegado este punto, y en relación a los objetivos de este capítulo, cabe que nos preguntemos por el efecto que los cambios más recientes tendrán en la protección de los adultos mayores. Si bien se necesitarán algunos años para contar con una respuesta basada en evidencia, el análisis de una serie de datos permite proyectar lo que sería un posible panorama de la protección.

Recordemos que actualmente son dos las condiciones de acceso al sistema previsional: una exigencia de edad (65 años para los varones y 60 para las mujeres) y otra referida a la historia laboral (30 años de aportes efectivos en el mercado de trabajo formal). Asimismo, las moratorias previsionales actuaron sobre el segmento poblacional que cumplía con los requisitos etarios pero no sobre aquellos referidos a la historia laboral; es decir, permitió acreditar años de aportes a quienes no los habían reunido por motivos tales como episodios de desempleo, inserciones laborales precarias, etc.

Ello significó que aquellos grupos poblacionales que no habían cotizado en la seguridad (es decir, que no tenían "aportes") y que por eso no podían ingresar al sistema, aunque hubieran alcanzado la edad requerida, pudieron hacerlo mediante ese mecanismo. Considerando el volumen de beneficios que las moratorias otorgaron, se observa que el peso de la población con problemas de aportes era elevado.

En el siguiente gráfico se observa que durante el período 2003-2015, se redujo significativamente la proporción de población económicamente activa con problemas de aportes (es decir, los desocupados, los asalariados no registrados incluyendo el servicio doméstico y los trabajadores familiares sin salario), que pasaron de un 47% a un 31% de la Población Económicamente Activa (PEA). No obstante, persisten elevados niveles de desprotección que nunca logran perforar ese piso.

GRÁFICO 6. Evolución del peso de la Población Económicamente Activa sin aportes a la seguridad social

Fuente: Elaboración propia sobre la base de EPH–INDEC.

Indaguemos, entonces, cómo se presenta esta situación en las diferentes provincias. En el gráfico 7, se puede observar nuevamente una fuerte disparidad territorial, en la que se destaca la situación de las provincias de Tucumán y Salta, con casi un 40% de la población económicamente activa sin aportes a la seguridad social y, en el otro extremo, la Ciudad de Buenos Aires, Entre Ríos y las provincias de la región de la Patagonia (Río Negro, Neuquén, Santa Cruz y Tierra del Fuego) con aproximadamente un 22 o menos de PEA sin aportes.

GRÁFICO 7. Peso de la Población Económicamente Activa
sin aportes a la seguridad social
(IV. Trim. 2017)

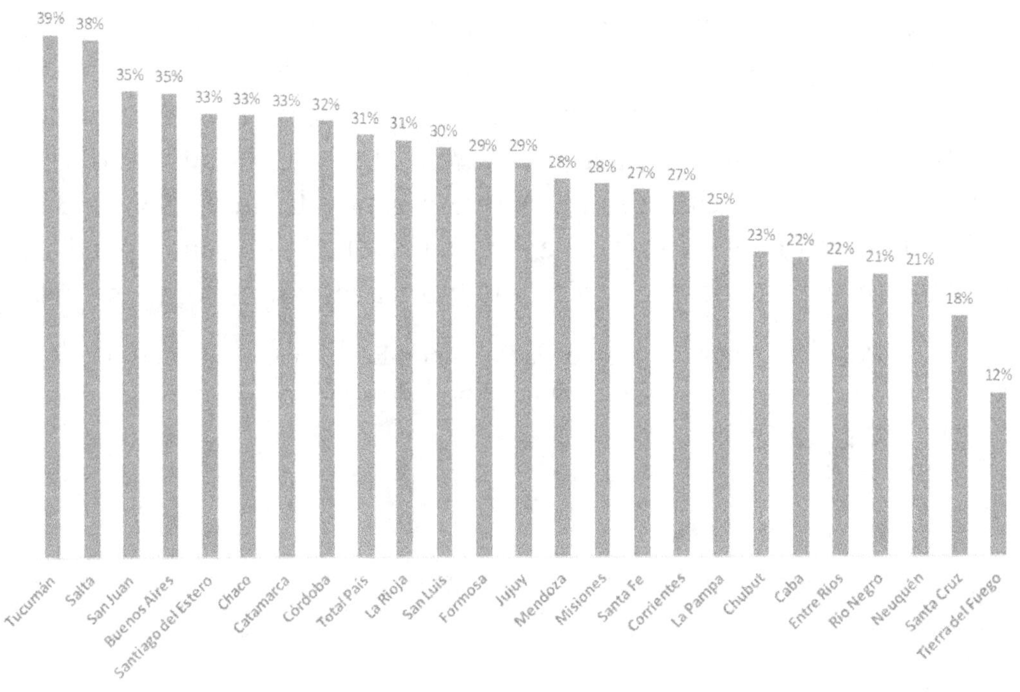

Fuente: Elaboración propia sobre la base de EPH– INDEC.

Por último, y siguiendo con esta misma línea a de análisis, cabe profundizar la indagación respecto de quienes *no* reúnen los requisitos contributivos para ingresar al SIPA. Ello lleva a sumar a lo anterior –la PEA sin aportes– a la población "inactiva".

Dado que nuestro objetivo es aproximarnos a la población que no cotiza en los sistemas de seguridad social y que, de mantenerse en esa condición en el tiempo indudablemente presentará problemas para acceder al SIPA, analizaremos la situación puntual de la población de 18 a

59 años[20], estimando la proporción de quienes actualmente NO aportan por diversos motivos: están desocupados, son trabajadores informales o bien son inactivos.

GRÁFICO 8. Población de 18 a 59 años, sin aportes a la seguridad social (IV. Trim 2017)

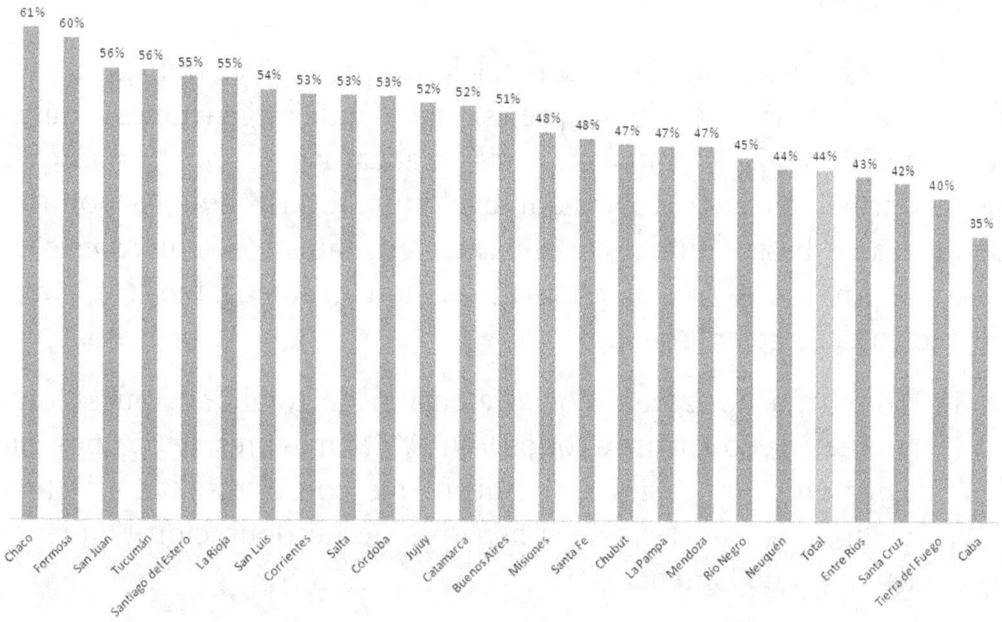

Fuente: Elaboración propia sobre la base de EPH– INDEC.

El grafico 8 permite observar cuál es el peso actual de la población, de entre 18 y 59 años, que de mantener esta situación, no estaría en condiciones de ingresar en el SIPA ya que no aporta en la seguridad social: 44% Es decir, podríamos suponer que este 44% sería el potencial destinatario de la PUAM, lo cual coincide plenamente con la proyección realizada por Grushka (2018). Sin embargo, podría agregarse que podría haber niveles aún más elevados para este beneficio asistencial en ciertas provincias, como el caso de Chaco y Formosa, con más de un 60%.

[20] La consideración de esta franja etaria tiene como objetivo estimar la "población inactiva" que se encuentra en edad de trabajar; es decir, si se considerara la población inactiva total, estaríamos incluyendo, por ejemplo, a la población jubilada y a los niños, niñas y adolescentes.

Como mencionamos previamente, en este 44% confluyen diversas situaciones (población desocupada, población inactiva y población ocupada informal); y agregamos que la complejidad del fenómeno requerirá de nuevas indagaciones e hipótesis que permitan afinar proyecciones, interpretaciones y propuestas.

Conclusiones

En este capítulo pusimos en paralelo las principales transformaciones que atravesaron el sistema previsional y el de asignaciones familiares entre 2003 y 2018, intentando sistematizar las razones por las que, según afirmamos, en 2015 se ha iniciado una reversión de las políticas desarrolladas hasta entonces, y que caracterizamos como un *cambio estructural*. En lo que hace al sistema previsional, sintetizamos esa caracterización del siguiente modo:

i) Cobertura horizontal con pretensión de totalidad, pues compromete la cobertura a todos los AAMM mayores de 65 años *que carezcan de beneficios*. Cabe decir que con el resaltado pretendemos marcar el carácter negativo de tal definición ("quienes carezcan de beneficios").

ii) Beneficios de naturaleza diferente según la condición frente a los requisitos contributivos: de carácter sustitutivo de los ingresos en la edad activa *(con derecho a reclamar ese carácter sustitutivo)*, para quienes cumplen con los años de aportes y contribuciones; y de carácter asistencial, inferior al anterior, para quienes no cumplen con esos requisitos. Puede decirse que el primero de los beneficios materializa indudablemente el derecho contributivo, institucional y políticamente ejecutable. El carácter del segundo como materialización de un derecho, en cambio (¿derecho a la asistencia de los AAMM?) es, hasta aquí, al menos discutible. También en este plano tendrá incidencia el cambio en la movilidad previsional (que también actualiza las prestaciones del sistema de asignaciones familiares), con un claro objetivo de reducir la "generosidad" del sistema.

En conjunto, estos cambios pueden resultar "entendibles" al mirarlos desde la evolución de la situación fiscal de ANSES durante los últimos años, que se ha visto deteriorada como consecuencia de un mayor aumento de las erogaciones con respecto a los ingresos (pese a que estos tuvieron una tendencia creciente desde la estatización del sistema previsional). Además, la pérdida de la detracción del 15% de la masa coparticipable bruta, más los compromisos asumidos con respecto a las cajas previsionales provinciales no transferidas, implicó la transferencia de recursos de la Nación a las provincias. En definitiva, esta mayor presión fiscal sobre ANSES puede verse como el origen de medidas del gobierno nacional que intentan reducir el gasto previsional. Sin embargo, no puede ignorarse el hecho de que *ninguna de las medidas adoptadas y que reseñamos ha mejorado la posición del organismo; por el contrario, han contribuido a su debilitamiento. Como hemos mostrado, en esa dirección se encamina sólo el cambio de la movilidad, por lo que puede afirmarse que hasta aquí sólo los y las AAMM cargarán los costos de ese objetivo, a través de la pérdida de capacidad adquisitiva de sus haberes.*

En lo que hace a la situación provincial, y dados los cambios que se han producido en el régimen previsional, podemos observar que las provincias con peores indicadores del mercado de trabajo son las que tendrán una mayor incidencia de la PUAM. De acuerdo con las proyecciones de Grushka (2016) –y con lo que hasta aquí hemos encontrado– que estima que alrededor del 45% de los AAMM será beneficiario de la PUAM en 2050 [21], esa relación será más alta en esas provincias, que son justamente las que experimentaron mayor peso de la "moratoria".

En conjunto, creemos estar ante un proceso que, en lo que al sistema previsional concierne, muestra que, en tanto principio de sociabilidad y organizador de la protección, el contributivismo no sólo es desigualador: también es *asistencializador.*

Distinta parece ser la situación respecto de la AUH en el conjunto del sistema de asignaciones familiares, ya que en lo que hace a la dimensión "inmediatamente material", ese componente no contributivo en principio conserva su característica de contrarrestar las desigualdades.

En cambio, una última reflexión plantea un serio reparo respecto del futuro del sistema de protección globalmente considerado: hemos

---

[21] Obsérvese que al hablar de proyecciones al año 2050 estamos hablando de *la generación de jóvenes que están ingresando a la actividad y al mundo laboral en el mismo momento en el que este libro ve la luz.*

analizado dos componentes del sistema de seguridad social que se refieren a los extremos de la vida (adultez mayor y niñez y adolescencia) en los cuales se invoca el término *universal*. Sin embargo, y aunque de distintos modos, en ambos *ese "universal" designa a la población que no tiene, que no alcanza, que no puede:* como ya lo apuntamos, la PUAM fue creada precisamente para brindar una cobertura (inferior) a esa población; en cuanto a la AUH, creemos que puede estar acosada por un proceso que *de hecho* carcoma su sentido original, de derecho a la protección, desplazándola hacia el lugar de la vergüenza de quien "no cumple".

Ello obliga a pensar en los modos de conjurar el riesgo de una redefinición regresiva del principio de universalidad y de universalismo, tal como creemos que ha sido emprendido. Puede resultar reiterativo, pero las circunstancias lo ameritan: el concepto de universalismo exige dos condiciones, la *totalidad* como atributo de la cobertura (o la marcha hacia ella) y *la igualdad de prestaciones y de trato*. Sólo así será apropiado hablar de derechos y de ciudadanía, en una etapa en la que el contenido *de todo* (de las relaciones, de las instituciones, de las demandas) requiere vigilancia y defensa sin distracciones.

Bibliografía

ANSES (2011): Análisis de la cobertura previsional del SIPA: Protección, Inclusión e Igualdad. Observatorio de la Seguridad Social. Recuperado de http://observatorio.anses.gob.ar/archivos/documentos/An%C3%A1lisis%20de%20la%20Cobertura%20del%20SIPA.pdf

Beccaria, Alejandra (2018): La dimensión nacional de la protección de adultos mayores y niños, niñas y adolescentes. En Claudia Danani y S.Hintze (coordinadoras): *Protecciones y desprotecciones (iii): la seguridad social a nivel territorial: el sistema nacional y provinciales seleccionados – Argentina, 2003-2015*, Universidad Nacional de General Sarmiento, Los Polvorines. En prensa.

Beccaria, Alejandra y Claudia Danani (2014): El sistema previsional: aspectos institucionales y protección, entre la transformación y la normalización (2003-2013). En: Claudia Danani y S. Hintze (coordinadoras): *Protecciones y desprotecciones (II). Problemas y debates de la seguridad ¬social en la Argentina 1990-2010*, Universidad Nacional de General Sarmiento, Los Polvorines.

Beccaria, Luis (2018): "Un análisis de la reforma laboral y de la reducción de las contribuciones patronales", Fundación CECE. Recuperado de http://fcece.org.ar/wp-content/uploads/informes/analisis-reforma-laboral.pdf

Beccaria, Luis.; Roxana Maurizio; Martín Trombetta y Gustavo Vázquez, (2017): Inestabilidad de ingresos durante un periodo de mejoras laborales y sociales: América Latina en el último decenio en *Revista de Economía Política* N°16, *Vol.11*, Buenos Aires.

Bertranou, Fabio, Oscar Cetránolo. Carlos Grushka y Luis Casanova (2012): *Encrucijadas en la seguridad social argentina: reformas, cobertura y desafíos para el sistema de pensiones*, CEPAL y OIT, Buenos Aires. Recuperado de: http://www.ilo.org/wcmsp5/groups/public/---ed_protect/---soc_sec/documents/publication/wcms_secsoc_29187.pdf

Bertranou, Fabio (2017): El futuro de la protección social en América Latina: reflexiones para los debates sobre el futuro del trabajo, OIT, Santiago de Chile. Recuperado de: http://www.ilo.org/wcmsp5/groups/public/---americas/---ro-lima/---sro-santiago/documents/publication/wcms_614677.pdf

Casanova, Luis, Alejandro Calabria y Sergio Rottenschweiler (2014): Financiamiento de la extensión de la previsión social: la experiencia argentina desde una visión comparada y perspectivas futuras". Presentado en la XLIX Reunión Anual de la Asociación Argentina de Economía Política.

CIFRA (2017): Principales lineamientos del proyecto de Reforma Laboral. CIFRA-CTA. Buenos Aires. Recuperado de http://www.centrocifra.org.ar/publicacion.php?pid=116

Danani, Claudia (2017): Políticas Sociales Universales: una buena idea sin sujeto, en *Revista Sociales* Nª 37. Buenos Aires.

Danani, Claudia (2011): El sistema de obras sociales y la complementariedad con el sistema público: ¿modelo vigente o necesidad de cambio?, en ASET-Friedrich Ebert Stiftung, *El modelo sindical en debate*. Buenos Aires.

Danani, Claudia y Alejandra Beccaria (2011): La (contra)reforma previsional argentina 2004-2008: aspectos institucionales y político-culturales del proceso de transformación de la protección. En: Claudia Danani y S. Hintze (coordinadoras): *Protecciones y desprotecciones (II). Problemas y debates de la seguridad social en la Argentina 1990-2010*, Universidad Nacional de General Sarmiento, Los Polvorines.

Danani, Claudia y Alejandra Beccaria (2015): El camino argentino para la expansión de la cobertura previsional: fundamentos, condiciones y efectos en la protección de las moratorias previsionales argentinas de los años 2005 y 2014. Presentado en el 12° Congreso de ASET, Buenos Aires.

Etchemendy, Sebastián (2017): Apuntes sobre la economía política de las Reformas PRO, en *Artepolítica*, 20/12/2017. Recuperado de: http://artepolitica.com/articulos/apuntes-sobre-la-economia-politica-de-las-reformas-pro/

Grushka, Carlos (2016): Perspectivas del Sistema Integrado Previsional Argentino y de ANSES, años 2015-2050. Observatorio de la Seguridad Social, ANSES. Recuperado de: http://observatorio.anses.gob.ar/archivos/documentos/Perspectivas%20del%20Sistema%20Integrado%20Previsional%20Argentino%20y%20de%20ANSES%20anios%202015-2050-1.pdf

Kulfas, Matías (2016): *Los tres Kirchnerismos. Una historia de la economía argentina, 2003-2015.* Buenos Aires, Siglo XXI.

Martínez Franzoni, Juliana y Diego Sánchez-Ancochea (2012): "The Double Challenge of Market and Social Incorporation: Progress and Bottlenecks in Latin America", desiguALdades.net. Working Paper Series N° 27, Berlin: desiguALdades.netResearch Network on Interdependent Inequalities in Latin America.

Ministerio de Trabajo (2015): *Un legado. 12 años de trabajo.* Buenos Aires.

Molina, Carlos (editor, 2006), *Universalismo básico. Una nueva política social para América Latina.* México, BID-Planeta. Recuperado de: https://publications.iadb.org/bitstream/handle/11319/217/Universalismo%20b%C3%A1sico%20Una%20nueva%20pol%C3%ADtica%20social%20para%20Am%C3%A9rica%20Latina.pdf?sequence=1&isAllowed=y

Rottenschweiler, Sergio y Alejandro Calabria (2016): Evolución reciente y perspectivas de las Asignaciones Familiares en la Argentina: una discusión sobre cobertura, incentivos y financiamiento, trabajo presentado en la LI Reunión Anual de la AAEP.

Trujillo, Lucía y Martín Retamozo (2017): Economía política de la desigualdad en Argentina (2003-2015). Instituciones laborales y protección social, en *Revista Temas y debates* N° 33 – vol 21. Buenos Aires.

SEGUNDA PARTE:
La trama de los recursos y la autovalía. Trabajadores, reflexividad y sentidos en disputa

CAPÍTULO 4

El trabajo y las políticas sociales en debate
La construcción del "merecimiento" en el nuevo contexto neoliberal en la Argentina

Malena Victoria Hopp
y Eliana Lijterman

Introducción

La obligación de trabajar y, a contraluz, el derecho a depender de forma legítima del trabajo social y/o de otros, se constituyen como configuraciones socio-políticas en los procesos de problematización e institucionalización de las políticas sociales. Como numerosos autores han señalado, lo que se considera socialmente como "autovalerse" no se deriva únicamente del trabajo ni de las condiciones en que es realizado, sino de un complejo entramado político-institucional y cultural que sostiene la existencia de los individuos y hace posible (o limita) el desarrollo de las capacidades, los talentos y los méritos propios, que son siempre potenciales. Sin embargo, los soportes político-institucionales que moldean de manera fundamental la vida social e individual suelen ser naturalizados e invisibilizados. De allí la relevancia de interrogarse por los modos en que estos son reconocidos y/o desconocidos y los fundamentos que sostienen su valoración o su impugnación social.

A partir del análisis de once grupos focales realizados en el marco de la investigación colectiva que desarrollamos[1], en este capítulo

[1] En el marco de los siguientes proyectos: Proyecto "Autovalía y dependencia legítima. La política social y los soportes socio-institucionales de la vida social". Universidad de Buenos Aires– Secretaría de Ciencia y Técnica, dirigido por Estela Grassi y proyecto PIO CONICET UNGS N° 144-20140100006-CO

analizamos la construcción social del merecimiento de las transferencias monetarias y la relación establecida con el trabajo[2]. Como una marca de coyuntura destacada, el merecimiento constituyó un tema central en el tratamiento de la política social como cuestión pública en todos los grupos focales. En especial, asumieron centralidad las controversias sobre los criterios de asignación de las transferencias monetarias (en palabras nativas, los "planes sociales") e, inclusive, acerca de su conveniencia y deseabilidad. En estos discursos, la valoración de "los planes" se conectaba estrechamente con las formas de acceso a recursos estatales, percibidas como justas, poniéndose en juego diferentes modos de valorar social y moralmente a los sujetos asistidos.

Los grupos de discusión fueron los vértices de una estrategia metodológica dirigida a aproximarnos a los discursos sociales que conforman el sentido común sobre los principios que sostienen o critican los regímenes de política social y dan fundamento a distintos modelos de Estado. Este eje de indagación se torna especialmente relevante en la actual coyuntura argentina, en la que se expresa una intensa transformación de los mismos. A partir del nuevo gobierno de la alianza Cambiemos, iniciado en diciembre de 2015, se cerró el ciclo político de administraciones *kirchneristas* y se evidenció una reorientación de las intervenciones sociales del Estado, movimiento que generó una intensa polémica pública cuyas marcas es posible rastrear en nuestro *corpus* discursivo.

La presentación de los resultados se organizará del siguiente modo. Primero analizaremos la relación entre merecimiento y trabajo en la asistencia social. Partiendo de esta conceptualización, presentaremos un breve recorrido histórico sobre la distinción entre asistencia y seguridad social en la Argentina, que nos ayudará a comprender los sentidos y la centralidad que adquiere el trabajo como contexto de referencia de los debates sobre el merecimiento de las intervenciones sociales del Estado que se desplegaron en los grupos focales. En este orden, reponemos la relación entre las interpretaciones sobre las situaciones de "no trabajo",

"Los fundamentos socio-político y culturales de la protección social: alcances y legitimidad de los sistemas institucionales", dirigido por Susana Hintze.

[2] En Hopp y Lijterman (2018) presentamos un primer análisis de la construcción social del merecimiento, a partir de la información de siete grupos focales.

los modos de distinción entre trabajadores y asistidos a las que ellas dan lugar y el cuestionamiento de los "planes sociales" como respuesta a esta problemática. El último apartado presenta las conclusiones, a partir de la síntesis y reconstrucción analítica delas miradas, justificaciones y controversias que encontramos en los diferentes grupos de discusión.

Políticas y sociabilidades: la cuestión del merecimiento en la asistencia social y su relación con el trabajo

La vinculación teórica entre la política social y el mundo del trabajo operó sobre una oposición, construida históricamente entre el registro de la reproducción y el de la producción. El proceso de constitución de un mercado y una civilización "del trabajo" ha implicado la construcción de una barrera entre el fenómeno de la pobreza y el trabajo asalariado, hasta llegar a oponerlos simbólica e institucionalmente (Morell, 2002). Esta oposición resulta constitutiva de la definición de las formas de integración social o de "utilidad en el mundo" (Castel, 1997), procesos en los que las políticas sociales son protagonistas.

La política social no solo produce y moldea las condiciones de vida, sino que fundamentalmente reconoce y define las necesidades sociales y contribuye a constituir los sentidos del trabajo y de su sujeto, el trabajador, como parte de la producción de formas legítimas de pertenencia social en nuestras sociedades (Danani, 2004).En este sentido, se torna analíticamente significativa la diferenciación histórica, al interior de la política social, entre la seguridad social dirigida a los trabajadores y la asistencia, destinada a los grupos en condición de pobreza. Siguiendo a Castel, podemos caracterizar las prácticas asistenciales por dos factores: la proximidad entre el destinatario de la ayuda social y quien lo asiste, siendo "en la medida de lo posible, un *analogon* de la sociabilidad primaria" (1997: 62), destinada a aquellas personas en riesgo de desafiliación social. El segundo elemento, es la ineptitud para el trabajo. La condición de pobreza, e incluso la de indigencia, no es suficiente para ser considerado sujeto de la asistencia: la legitimidad de la ayuda social (y de sus destinatarios) reside en las definiciones, históricamente variables, de la incapacidad de trabajar. La asociación entre la incapacidad para el trabajo y la inserción en la comunidad moviliza la distinción entre "buenos" y "malos" pobres, o pobres "merecedores" y "no merecedores" de asistencia.

El merecimiento refiere a una condición distintiva constituida como una *exigencia moral* que, en el campo de la política social, se despliega sobre el sujeto destinatario de la asistencia. Castaño Zapata (2015) distingue tres dimensiones que estructuran el merecimiento: a) la dimensión sociológica, vinculada con determinadas situaciones fácticas de necesidad; b) la dimensión normológica, referida a aquellas regulaciones que institucionalizan la intervención estatal sobre dichas situaciones; y c) la dikeológica, asociada a los valores compartidos, al ideal de justicia social que subyace a las mismas. El merecimiento a la asistencia se sustenta en razones, estrechamente conectadas con juicios de valor con pretensión de universalidad.

Los contenidos de la condición de merecimiento, que legitiman (o cuestionan) las intervenciones sociales del Estado y sus destinatarios, se construyen tanto a partir de un registro institucional –que define las condiciones y requisitos formales de acceso a un derecho o prestación– como de un registro no institucional –social, cultural y subjetivo–, vinculado a las representaciones sociales y los principios de justicia.[3] Como argumenta Castaño Zapata (2015), ser "merecedor" es más que ser "elegible" por reunir características dispuestas normativamente, pues se trata de una cualificación moral. Por eso es que los debates y consensos sobre el merecimiento refieren no solo a la configuración de derechos y obligaciones, sino también a las dinámicas del reconocimiento social y de la sociabilidad. Allí es posible identificar dos sentidos que asume el merecimiento. Uno se encuentra por fuera de los límites del campo asistencial y remite a la *recompensa* por el mérito de quien es percibido como "ganador" en una categoría determinada. En contraposición a esta idea de "éxito" en un ámbito social dado, las condiciones del merecimiento en el campo asistencial han estado históricamente ligadas a la necesidad de *compensación* a los "perdedores", definidos por su incapacidad personal o por fallas estructurales que los afectan

---

[3] Cabe señalar que la dimensión institucional no es solo formal o normativa, pues allí también se ponen en juego las prácticas específicas de los agentes estatales que se despliegan en la escala cotidiana de la política que pueden habilitar o restringir el acceso a dichas prácticas, así como construir diversos sentidos de la intervención estatal y de esa relación con los/as destinatarios/as (Grassi, 2014).

individualmente. Estos sentidos no son estáticos, pueden sedimentar en un régimen de prácticas asistenciales en un momento determinado, o bien ponerse en tensión en otras circunstancias históricas.

Los criterios de merecimiento que subyacen a un determinado régimen de política social no necesariamente se corresponden con los contenidos de los marcos valorativos sociales. Estos pueden adherir a ellas, o bien someterlas a crítica. En este capítulo nos centraremos en analizar los fundamentos que se esgrimen en este registro no institucional acerca de las condiciones y atributos que deben reunir las transferencias de ingresos y sus sujetos destinarios para devenir legítimos. Intentaremos aportar a la comprensión de la construcción social del merecimiento en el contexto de reconstrucción neoliberal argentino, a partir del análisis de los sentidos que dan diferentes grupos de trabajadores a formas de intervención estatal –existentes o ideales– y a las poblaciones que requieren de asistencia, y de las polémicas que se plantean a partir de las experiencias y prácticas de aquellos que son designados como tales.

Así como Castaño Zapata (2015) señala que el merecimiento no constituye una categoría de contenidos "esenciales" sino de significaciones específicas, nuestro trabajo muestra que las características morales exigidas a los sujetos "dependientes" constituyen un objeto de disputa y controversia. Esta polémica remite, en suma, a las expectativas sobre los alcances y contenidos de la integración social y del reconocimiento hacia los grupos excluidos de los parámetros de valoración social, principalmente, del trabajo asalariado.

Asistencia y Seguridad Social en la Argentina: un breve recorrido histórico

La oposición entre trabajo y pobreza ha sustentado un esquema de clasificación y de organización institucional entre asistencia a los pobres y seguridad social a los trabajadores, cuya construcción histórica es posible rastrear en nuestro país. Los análisis históricos sobre la política social en Argentina coinciden en señalar la diferenciación y relación complementaria entre asistencia y seguridad social (Grassi, Hintze y Neufeld, 1994; Soldano y Andrenacci, 2005; Danani y Hintze, 2011).

Al menos hasta los años 80, los derechos sociales se expandieron a partir de la amplitud que adquirió la categoría de "trabajador asalariado", sobre la cual se construyeron seguros sociales corporativos de amplia cobertura, aunque segmentada. La asistencia, en cambio, se ocupó de quienes quedaron en "los márgenes" del empleo, el vector central de integración social (Soldano y Andrenacci, 2005). La pobreza se asoció al estigma de la desocupación aunque, en esta dualidad, la integración productiva, social, cultural de los "marginados" constituyó el horizonte de sentido de las intervenciones asistenciales (Grassi, Hintze y Neufeld, 1994).

Desde entonces, la política social delimitó un campo de intensa transformación en el proceso de consolidación de la experiencia neoliberal en el país, pues la misma se caracterizó por "su fervor desocializador del trabajo y del bienestar" (Danani, 2017: 82). No solo se reconfiguraron las condiciones de vida, las políticas y las instituciones, sino las grillas de inteligibilidad de la vida social, la definición de los sujetos sociales y las formas de sociabilidad. En ese sentido el neoliberalismo debe ser comprendido en su capacidad de producción de formas de vida, de modos de existencia social que exceden la doctrina ideológica o la imposición de una política económica "desde arriba" (Danani y Grassi, 2008; Dardot y Laval, 2013; Gago, 2015). La connotación negativa que asumieron las ideas de protección y seguridad en nuestro país, condujeron a un proceso sin precedentes de individuación y mercantilización de los seguros sociales. La seguridad social perdía su sentido y capacidad protectoria, así como su soporte material: el pleno empleo. El correlato de este proceso fue el establecimiento de una estructura dual de bienestar: un mercado de seguros para los trabajadores asalariados formales, y el recurso de la asistencia pública para quienes se encontraran por fuera del mismo (Grassi, Hintze y Neufeld, 1994; Danani y Lindenboim, 2003).

La nueva estrategia reforzó su contenido asistencial al dirigirse a una categoría de sujetos "vulnerables", escindidos de la esfera de la producción, así como se disoció la pobreza de las causas del empobrecimiento (Grassi, 2004; Merklen, 2005). La exclusión social pasó a entenderse como un resultado previsible de la dinámica del mercado. Se produjo, entonces, una transformación del lugar residual que la asistencia social había ocupado hasta entonces, pasando a cobrar centralidad en el campo de las políticas sociales, en tanto el desempleo y la precariedad laboral pasaron a constituir los problemas centrales en los que se expresó la cuestión social.

La crisis económica, social y política de diciembre de 2001 canalizó y produjo un resquebrajamiento de la hegemonía neoliberal y el cierre de un ciclo político (Danani y Grassi, 2008). A partir de la caída del régimen de convertibilidad, y más fuertemente desde el año 2003, comenzó un proceso de transformación de las políticas económicas, laborales y sociales que contrastó con el carácter de aquellas del ciclo precedente. El nuevo modelo de Estado se fundamentó –y disputó su legitimidad– en la afirmación de la compatibilidad entre un crecimiento económico "genuino" (basado en el sector productivo y no en la especulación financiera) y la inclusión social, entendida como la integración a partir del trabajo formal, regular y protegido. Por ello, la seguridad social asumió centralidad en el patrón de intervención, lo que movilizó una serie de "contra-reformas" que pretendieron restablecer el carácter público y solidario del sistema y ampliar fuertemente la cobertura.

Tres transformaciones fueron relevantes en este movimiento de contra-reforma: a) la reinterpretación del principio contributivo, como en el caso de la moratoria previsional, a fin de incluir en los sistemas de seguridad social a trabajadores no registrados y desocupados; b) la relevancia asignada a componentes no contributivos para alcanzar a dicho conjunto de trabajadores; y c) el fortalecimiento de las prestaciones de las escalas inferiores de haberes.[4] Una de las políticas más novedosas del periodo fue la institución del reconocimiento del derecho a las asignaciones familiares para trabajadores desocupados, informales, por temporada, del servicio doméstico y monotributistas sociales, mediante la creación de la Asignación Universal por Hijo en 2009 (Decreto

---

[4] El Plan de Inclusión Previsional implementado por la Administración Nacional de la Seguridad Social (ANSES) en el año 2005, y su segunda etapa en 2014, buscaron garantizar el acceso a la jubilación a las personas que contaran con la edad pero no los años de aportes necesarios para jubilarse, a través de un plan de regularización de los aportes faltantes, conocido como moratoria previsional. A esta moratoria, se sumó una ampliación sin precedentes de la cobertura de las pensiones no contributivas (Lombardía y Rodríguez, 2015; Calvi y Cimillo, 2013). Asimismo, hasta el año 2009 se decretaron aumentos sucesivos del haber mínimo que posteriormente se generalizaron para todas las categorías con la Ley de Movilidad Jubilatoria.

1602/2009).[5] El alcance de estas medidas fue muy amplio y marcó un quiebre en la Seguridad Social argentina, ligada históricamente a la protección de trabajadores asalariados formales: más de 3,7 millones de nuevos jubilados por la Moratoria Previsional y 3,3 millones de niños, cubiertos por la Asignación Universal por Hijo (ANSES, 2015).

La definición del trabajo como eje de la integración social en el discurso oficial condujo a que, desde la órbita del Ministerio de Desarrollo Social de la Nación (MDS), se optara por la instrumentación de programas de generación y fortalecimiento del trabajo asociativo y cooperativo para grupos en situación de vulnerabilidad, pobreza y/o desocupación (Hintze, 2007; Grassi, 2012).[6] Concretamente, las cooperativas se dirigieron a la realización de obras públicas de baja complejidad y otras tareas de mejoramiento barrial y comunitario. Estos programas intentaron distinguirse de los planes asistenciales de la década anterior, por un lado, a partir de concebir el ingreso que brindaban a los destinatarios como una retribución por el trabajo realizado en cooperativas. Por otro, mediante la búsqueda del fortalecimiento de nuevas organizaciones de trabajadores, como parte de una direccionalidad política e institucional hacia la conformación de espacios colectivos de trabajo y capacitación orientados por los valores de solidaridad, inclusión y compromiso con la comunidad (Hopp, 2017a).

La llegada de Mauricio Macri a la Presidencia de la Nación, en diciembre de 2015, señala un quiebre en la orientación general de las políticas públicas, poniendo en el centro la reducción del déficit fiscal. El nuevo discurso oficial se sostiene en una confrontación directa con los sentidos que guiaron las políticas del ciclo previo. La profunda

---

[5] En 2011 se implementó la Asignación por Embarazo para Protección Social destinada a mujeres embarazadas en las mismas condiciones de acceso a la Asignación Universal.

[6] Inicialmente esto se realizó mediante el otorgamiento de subsidios destinados a grupos familiares y asociativos para la compra de herramientas e insumos de trabajo, mediante el Plan Nacional de Desarrollo Local y Economía Social "Manos a la Obra". En un segundo momento, entre 2009 y 2015, este Plan se reconfiguró dándole centralidad a la creación de cooperativas de trabajo mediante los Programas Ingreso Social con Trabajo "Argentina Trabaja" y su ampliación en 2013, de la línea "Ellas Hacen", destinada a mujeres con hijos en situación de alta vulnerabilidad social o víctimas de violencia de género (Hopp, 2017b).

transformación de la política económica incluyó una fuerte devaluación de la moneda, apertura económica, eliminación de retenciones a la exportación de productos agrícolas, quita de subsidios a servicios públicos, entre otras medidas que favorecieron a los sectores agroexportador, financiero y a empresas de capital concentrado en desmedro de las PyMES y la industria local. Todo ello en un contexto de creciente inflación, acompañado del aumento del desempleo y la pérdida de poder adquisitivo de los salarios (CESO, 2016).

El campo de las políticas sociales también experimentó transformaciones. En el marco de una relativa continuidad de las transferencias monetarias inscriptas en los campos asistencial y de la seguridad social, se produjeron algunas alteraciones en los sentidos de las políticas y en la definición de su sujeto de referencia.[7] Una de las más relevantes tiene que ver con el cierre de la Moratoria Previsional y su reemplazo por una Pensión Universal para el Adulto Mayor de carácter no contributivo[8]: se

[7] De hecho las transferencias monetarias se mantuvieron o se ampliaron con el fundamento de una pretendida búsqueda de igualdad de oportunidades o de la necesidad de "ayudar" a los que más lo necesitan. Por ejemplo, en abril de 2016 se extendió el acceso a las asignaciones familiares para trabajadores en relación de dependencia a los monotributistas, cuyo efecto fue el ingreso de casi 220.000 niños al sistema. También se aumentaron los topes de ingreso familiar para el cobro de estas asignaciones. Recuperado de http://noticias.anses.gob.ar/noticia/mas-de-un-millon-de-ninos-se-sumaron-al-cobro-de-las-asignaciones-familiares-en-abril-1724. Asimismo, se otorgaron aumentos a los programas Argentina Trabaja y Ellas Hacen y pagos extraordinarios de fin de año para los titulares de programas y prestaciones sociales.

La excepción a esta ampliación fueron las pensiones no contributivas que de acuerdo a información de prensa, el nuevo gobierno suspendió y eliminó alrededor de 173 mil pensiones por invalidez (Carrillo, 2017. *Página/12*, 23/6/2017. Recuperado el 18 de agosto de 2017 de https://www.pagina12.com.ar/45809-cambiemos-una-menor-cobertura-social-por-ahorro-fiscal). Esta situación generó un fuerte reclamo de la sociedad civil y distintas organizaciones sociales que lograron la revisión de los casos de pensiones por discapacidad y la supuesta restitución de las mismas. Sin embargo, al momento de publicación de este artículo, no existían datos oficiales que dieran cuenta de la magnitud de bajas y reincorporaciones.

[8] La Pensión Universal para el Adulto Mayor fue creada mediante la ley 27.260. Está destinada a personas de 65 años de edad o más que no cuenten con otras prestaciones de la seguridad social, jubilación, pensión o retiro. El monto equivale a un 80% de la jubilación mínima.

estableció, así, un régimen diferenciado para los sujetos sin la cantidad de aportes suficientes para obtener una jubilación ordinaria, a diferencia del reconocimiento que realizaba la moratoria del trabajo realizado en condición de informalidad. Recientemente, la aprobación de una reforma previsional en el marco de una intensa conflictividad social alteró la fórmula de movilidad de los beneficios, lo que junto a lo anterior señala un nuevo proceso de transformación del sistema.[9]

En el caso de los programas del Ministerio de Desarrollo Social mencionados, se realizaron modificaciones normativas enfatizando la formación laboral y el fortalecimiento de la empleabilidad de los destinatarios (Res. MDS 456/16, 592/16 y 2055/16), que desplazaron la relevancia asignada al trabajo asociativo y a la figura de las cooperativas como forma de organización del mismo. En diciembre de 2016 se sancionó la Ley 27.345 que prorroga la Emergencia Social hasta el año 2019 y explicita la paulatina reestructuración de los programas sociales existentes y la transferencia de recursos hacia la instrumentación de un Salario Social Complementario, destinado a los trabajadores/as de la economía popular inscriptos en un Registro creado por la misma Ley. Finalmente, en febrero de 2018, se eliminaron los Programas "Argentina Trabaja" y "Ellas Hacen". Sus destinatarios fueron transferidos a "Hacemos Futuro", la nueva línea de política social creada en la órbita de la Secretaría de Economía Social, con el objetivo de "empoderar a las personas o poblaciones en riesgo o situación de vulnerabilidad social" y fomentar su "progresiva autonomía económica a través de la terminalidad educativa y cursos y prácticas de formación integral que potencien sus posibilidades de inserción laboral e integración social" (Res. MDS 98/18).

Este breve recorrido histórico señala la centralidad que adquirió la asistencia en el campo de la política social nacional desde fines del siglo XX, así como la progresiva masividad del alcance de las modalidades de transferencia de ingresos. En contraste, la definición de sus problemas, sujetos de referencia y objetivos, se alteró en sucesivos ciclos históricos y continúa haciéndolo hasta la actualidad. Ante estas reconfiguraciones interesa problematizar la relación entre los registros –institucional y social– por los que discurre la definición del merecimiento de la

[9]Ver Capítulo 3 en este volumen, de Beccaria *et alii*.

asistencia, a fin de reflexionar sobre las condiciones de legitimidad de las transformaciones pasadas y en curso.

Metodología[10]

Los grupos focales o de discusión constituyen una técnica orientada a construir una situación de interacción social bajo condiciones controladas para captar la visión de un grupo determinado respecto de una serie de cuestiones problemáticas propuestas por la coordinación. Esta herramienta permite captar las articulaciones entre el discurso social, el sentido común y la expresión individual, habilitando el análisis sobre una trama de discursos y prácticas, debates y controversias, que constituyen los temas propuestos. Es por ello que "el grupo actúa como una retícula que fija y ordena (…) el sentido social correspondiente al campo semántico [propuesto]" (Scribano y Fraire, 2008: 117).

El presente capítulo se sostiene en el análisis de once grupos de discusión realizados durante el año 2016, con diversas categorías socio-ocupacionales. Nuestra indagación se propone ahondar en: los fundamentos a través de los cuales se disputa la legitimidad (o por el contrario, se cuestionan) las intervenciones sociales del Estado; las controversias al respecto al interior de cada grupo de discusión y en la serie compuesta por estos; las identificaciones colectivas surgidas de la discusión, así como las distinciones respecto de otros y las valoraciones sobre los miembros "dependientes" de la sociedad y las intervenciones estatales destinadas a ellos. La técnica de los grupos focales habilitó la construcción de un vasto material discursivo al respecto, a su vez sensible a los estados de opinión pública de la coyuntura en la que fueron producidos.

Los grupos fueron conformados de acuerdo a una segmentación por categorías ocupacionales. La hipótesis subyacente era que la inserción laboral tiene un peso preponderante en la determinación del *lugar social* de los sujetos, desde el que se conforman las representaciones y

---

[10] A continuación exponemos los criterios metodológicos adoptados en la elaboración del presente capítulo. En la Presentación del libro se explica el enfoque que orientó la investigación en su conjunto, sobre los grupos focales ver anexo de la Presentación.

visiones del mundo, los modos y condiciones de vida.[11] De este modo, fue elemental la construcción de las categorías que definieron nuestras "clases en el papel". Éstas se distribuyeron para la conformación de los grupos de discusión, procurando lograr un balance entre proximidad social y heterogeneidad en las inserciones ocupacionales concretas, residencia, género y edad.[12] Se realizaron dos sesiones de discusión para cada uno de los siguientes grupos, durante los meses de septiembre y octubre de 2016[13]:

Obreros/as formales y trabajadores/as no registrados/as.
Trabajadoras del servicio doméstico y cuentapropistas.
Trabajadores/as administrativos/as del sector público y privado.
Profesionales independientes.
Cooperativistas y destinatarios/as Programas Ingreso Social con Trabajo y Ellas Hacen.[14]

En cuanto al análisis, en una primera instancia realizamos una lectura "horizontal" de las sesiones de discusión, buscando identificar temas comunes, términos en los que se expresaban los problemas identificados, los modos en que entendían que esas cuestiones sociales debían

---

[11] Por ello fue materia de análisis indagar en qué medida estas segmentaciones ordenan (o no) la repartición de los núcleos de significatividad identificados, los consensos y las controversias.

[12] Se atendió a una conformación mixta entre la Ciudad Autónoma y el Gran Buenos Aires, entre varones y mujeres, y entre distintas franjas de edad.

[13] La única excepción fue el grupo de obreros/as y trabajadores/as no registrados/as, debido a la centralidad que asignamos a ambas categorías en cuanto a los efectos en estos segmentos de las políticas socio-laborales implementadas durante el ciclo 2003-2015.

[14] La relevancia y el interés de considerar el sector del trabajo cooperativo, se vincula, por un lado, con la necesidad de producir información sobre formas de trabajo menos estudiadas y que fueron impulsadas activamente desde la política pública como estrategia de abordaje de los problemas del desempleo y la pobreza, especialmente desde el año 2003. Se trata de experiencias desarrolladas desde distintos sectores sociales pero que aún no cuentan con categorías que las capten en las estadísticas oficiales, ni con formas de protección social adecuadas. Por otro, porque pueden constituirse en un contrapunto en tanto se trata de prácticas de trabajo no asalariadas que buscan poner en juego otras formas de relación social y laboral.

ser abordadas, y sus experiencias y vínculos con el Estado y las políticas sociales. Luego, profundizamos en la distinción de las visiones compartidas y las controversias en cada grupo focal, entre distintas sesiones de iguales categorías ocupacionales, y de manera transversal. Asimismo, distinguimos los temas emergentes de aquellos planteados por la coordinadora. Progresivamente, fuimos construyendo categorías que nos permitieran comprender los sentidos del trabajo y de la política social, y los fundamentos y principios de justicia que organizaban los debates en torno a distintas formas de intervención estatal.

La cuestión de los "planes sociales", el trabajo y el "merecimiento" de la asistencia social que analizamos en este capítulo, fue uno de los temas que tuvo una presencia transversal y generó intensos debates en todas las categorías ocupacionales.

La centralidad del trabajo en la discusión sobre merecimientos y "planes sociales"

Los debates acerca de los merecimientos y la justicia de las políticas de transferencia de ingresos, así como sobre las características que éstas deberían asumir, encuentran en el trabajo un contexto de referencia central.[15]

Identificamos algunos nudos de significatividad respecto del trabajo que atraviesan transversalmente a las distintas categorías ocupacionales con las que conformamos los grupos de discusión. Entre ellos, el sentido del trabajo como eje definitorio de la pertenencia a la sociedad: en virtud del aporte productivo al conjunto, en el trabajo se encontraría el núcleo de la valía de los sujetos. El trabajo *construye* a la sociedad, no solo porque crea la riqueza sino porque la organiza, articulando derechos y obligaciones, aportes y aspiraciones legítimas sobre qué dar y qué beneficios se van a percibir. El trabajo emerge como vector de subjetivación y soporte en la construcción de identidad y del proyecto de vida propio. Se plantea como fuente de reconocimiento de los otros, de la auto-valoración y de dignidad.[16] En ese sentido, hallamos

---

[15] En lo que sigue, en los extractos de los grupos de discusión utilizamos la cursiva para indicar el énfasis de las autoras.

[16] La idea de la dignidad del trabajo atraviesa las discusiones vinculadas a los planes sociales. La falta de trabajo se comprende como una de las causas de las

múltiples referencias en los grupos de discusión al "aprendizaje" de los participantes, desde su hogar y a través de distintas generaciones, de la "cultura del trabajo" y "del esfuerzo" y de los valores morales asociados a ellos.[17]

> Yamila: Estoy de acuerdo con que haya gente que necesita [programas sociales]…[Pero] más que el dinero, por ahí darles otro tipo de ayuda [...] Necesita otros medios, ayudarlos a sembrar, es [Argentina] un país que tiras una semilla y crece. Hacer cosas, oficios también.
>
> Entrevistadora: ¿Por qué te parece que eso es mejor ayuda que el dinero?
>
> Yamila: *Porque el país crece.* Porque si vos *producís* en algún momento vas a tener que vender. A los mismos el país, si haces más, vas a tener que exportar. A mí me parece que *crece el país, no con planes que la gente no hace nada.* (Obreros/as y trabajadores/as no registrados. Grupo 2)
>
> Gabriela: A veces uno trabaja de lo que puede, pero tener esa conciencia de que la forma de obtener el dinero que yo necesito para vivir es a través del trabajo, no a través de un plan social [...] (Empleadas domésticas y cuentapropistas. Grupo 4).

Estos sentidos emergentes no son absolutos sino *relacionales*: se despliegan en diálogo y contraste con otros, acerca de modos diferentes de ganarse la vida y participar de la sociedad. En la mayor parte de los argumentos que esgrimen los participantes de los grupos focales, la vida

situaciones de necesidad en algunos casos, aunque ésta se encuentra vinculada a la falta de voluntad del sujeto que no busca activamente un empleo o prefiere "vivir de planes". En el grupo 5 de empleadas domésticas y cuentapropistas, por ejemplo, uno de los participantes problematizó la idea de dignificación por el trabajo a partir de la experiencia de quienes quieren trabajar pero no son contratados por ninguna empresa: "si nosotros hablamos como que el trabajo dignifica, ¿qué es esa la palabra?, el empresario te va a tomar al tipo que estudia, al tipo que tiene un título y no al tipo que no tiene nada".

[17] Chaves, Fuentes y Vecino (2017) analizan la experiencia de jóvenes de sectores populares e indagan los modos en que se construyen fronteras y lógicas de merecimiento, a través de un discurso meritocrático que justifica y legitima la desigualdad. Allí observan tres retóricas en las que el esfuerzo es el núcleo organizador de las diferencias entre "unos" y "otros". Estas retóricas emergen también en los debates que se desplegaron en nuestros grupos focales para dar fundamento a la construcción del merecimiento y la legitimidad de las políticas sociales.

244

anclada en el trabajo propio se reafirma en su valía distinguiéndose de los *"planes sociales"*, como política de Estado y modo de vida de "otros". El sentido del trabajo como clivaje identitario, como fundamento de la solidaridad y de la integración a la sociedad, promueve una mirada de quien es asistido como un "otro" moralmente distinto, no adscripto a la cultura del esfuerzo y sostenido por la comunidad sin realizar aportes de ningún tipo.Siguiendo a Simmel, Paugam (2007) plantea que lo que hace que una persona sea considerada pobre (y nada más que pobre), es precisamente, la ayuda que recibe públicamente. Cada sociedad define y confiere un estatus diferente a quienes otorga asistencia y en esa relación de interdependencia se construye la identidad, la valoración y las formas de reconocimiento de los sujetos y grupos asistidos.

> Entrevistadora: Esto de la autovalía, ¿cómo ustedes, en el día a día, entienden su autovalía?
>
> Edith: *Trabajando.* [...]
>
> Silvana: Conservando el trabajo también. *Hay mucha gente que falta por cualquier cosa. Yo he ido con fiebre a trabajar* [...] Me parece que acá *falta cultura de trabajo.*
>
> Entrevistadora: ¿Y qué es eso? La cultura del trabajo, porque muchos me mencionan esto.
>
> Silvana: *Que la gente tome el trabajo como una responsabilidad. Como que vos vivís de tu trabajo y no pongas cualquier excusa para faltar.* Yo tengo a mi hijo trabajando hace tres años que aparte de estudiar trabaja.[...] *El chico fue aprendiendo de los padres, primero obviamente escuchan, ven como es el movimiento en la casa y me dijo: 'mamá yo quiero trabajar y ganar mi propia plata'.*
>
> Entrevistadora: ¿Y eso de que depende?
>
> Silvana: *De la casa.*
>
> José: *De nosotros.* (Obreros/as y trabajadores/as no registrados/as. Grupo 1)
>
> [Ante la pregunta de la entrevistadora ¿qué es la autovalía?"]
>
> Patricia: Arreglártelas solo [...] con lo que podés.
>
> Marcela: Con lo que podés [...] rebuscándotela como sea.
>
> Flavia: Salir adelante vos mismo, esforzándote *vos* día a día (Empleadas domésticas y trabajadores/as informales. Grupo 5).

La distinción moral que se erige entre quienes viven de su trabajo y los que viven del trabajo de otros, justifica en ciertos momentos la propuesta de un tratamiento diferenciado de estos últimos. El trabajo aquí se presenta como una obligación y un mandato, que diluye la consideración de las condiciones éste debería reunir para cristalizar los valores económicos, sociales y morales que se le suelen atribuir.

> Luisa: [discutiendo sobre alternativas a la existencia de "planes"] Hacer algo a cambio, no ir a aplaudir y el choripán *¿qué hiciste por la sociedad además de cobrarlo?*" (Trabajadores/as administrativos/as del sector público y privado. Grupo 6).

> Susana: [discutiendo sobre alternativas de gestión de los "planes"] Por el estado de la gente –que, por ejemplo, está cobrando los planes– [personal del Estado debería] ir, focalizar el lugar, "mirá, estamos queriendo dar una lavada de cara a una escuela, o limpiando [...] bueno, *ustedes, que están sin trabajo*, vamos en un micro, [...]", *sin dar a elegir*, ¡que hagan algo! (Profesionales independientes. Grupo 8)

Como contrapunto a estas apreciaciones, Solange, una vendedora de ropa por cuenta propia, señala ciertos soportes sociales de la autovalía individual, como la inserción en una comunidad, la familia y los amigos. Su discurso enfatiza la importancia de mirar qué le pasa al otro y ayudarlo en la medida de las propias posibilidades. Esta mirada funciona como un contra-argumento en la discusión del grupo de discusión en el que participaba respecto de la visión individualista dominante y que enfatiza el esfuerzo propio, derivando en la idea del trabajo "a cualquier precio y en cualquier condición" (Grassi, 2003). Recuperamos un fragmento de la discusión sobre el tema de la autovalía que muestra el debate sobre los soportes sociales:

> Solange: El tema es que somos una comunidad también.

> Oscar: Sí, bueno pero [...]

> Solange: Está bien uno que tenga autovalía y que uno haga lo mismo para uno mismo, pero también es cierto de que al vivir en una sociedad uno no puede autovalerse y encerrarse en sí mismo y decir: "si yo estoy bien el resto... yo trabajo, yo hago esto, yo hago lo otro", *pero uno vive en una sociedad.*

> Patricia: Tal cual.

> Solange: Uno tiene gente, familia, amigos, o no, que no son ni siquiera conocidos y [...] a mí hay cosas que me duelen *del afuera* también. [...] Entonces, uno puede autovalerse por uno mismo y todo, pero *la sociedad tiene que ser* como una especie, no lo digo literal, pero *una especie de como padre* (Empleadas domésticas y cuentapropistas. Grupo 4).

Por otro lado, quienes vivieron en su propia experiencia las dificultades para conseguir un empleo o son titulares de un programa social, discuten la representación dominante que los estigmatiza y el mandato social que lleva al trabajo en cualquier condición (expresado en la valoración positiva de concurrir al trabajo, aun estando enfermo: *"he ido con fiebre a trabajar"*[18] o *"y por ahí hay momentos donde te toca trabajar [...] ganar un poco menos [...] trabajar 12 horas y pagar el hotel y la comida, punto"*[19]). Desde otro lugar social se problematiza la idea del trabajo como pura obligación que pesa sobre los sujetos considerados carecientes, vagos o incapaces, pero que en sí mismo no es objeto de ningún tipo de protección, reconocimiento o garantías.

Estos sentidos se despliegan en yuxtaposición con la idea general y compartida del trabajo como vector central de la integración social. Ello se expresa justamente en una diferenciación fundamental entre el plan y el trabajo, asociada inmediatamente a la demanda de otra forma de intervención estatal que posibilite acceder a un *trabajo genuino*. Este acuerdo respecto de la incapacidad del plan para garantizar el reconocimiento no se fundamenta en la necesidad de que todos aporten por igual al crecimiento de la sociedad, sino en las desigualdades de clase, de acceso al mercado laboral y en el propio deseo de formar parte de ese mundo del trabajo para contar con la seguridad y los derechos que éste garantiza:

> Agostina (destinataria del Programa Argentina Trabaja): *A mí me gustaría que abran industrias, trabajar, hacer otra cosa, cumplir un horario* [...] porque es solo una hora y media, *yo quiero trabajar, un laburo de 6 horas, 8 horas, lo que sea* [...]. Lo que yo hago es trabajo insalubre, ¿me entendés? Por eso me gustaría estar dentro de la Municipalidad. Nosotros estamos barriendo la mierda de los perros, hay cloacas que salen a las calles, la mierda de la gente de las casas y nosotros barremos eso.

---

[18] Grupo 3 de Obreros y trabajadores/as no registrados/as.

[19] Grupo 4 de empleadas domésticas y cuentapropistas.

Leonardo: ¿Pero no tenés el sueldo de barrendero común?

Voces: *¡Nooo! Los del plan. Sin aguinaldo, sin nada.*

Agostina: No. $3400 pesos[20]. *Es un trabajo insalubre* […].

Cecilia (destinataria de Ellas Hacen): *Está perfecto, que eliminen los planes pero que generen trabajo, que abran industrias.* Mi marido es aparador de calzado, de 30 aparadores del año pasado, ahora están quedando 10, los más antiguos, y no se les puede largar por largar nada más, entonces el patrón está haciendo malabares para tratar de cortar, quizá aunque no tenga pedidos para mantener a esos 10 antiguos… entonces uno está diciendo cómo sacarse esto pero no vemos un…no sé, *para nosotros los que estamos muy abajo es como que todas las luces son prendidas para los que están arriba. La luz se ve desde arriba nada más, de abajo todo oscuridad.*[21] (Cooperativistas y destinatarios/as de Argentina Trabaja y Ellas Hacen. Grupo 10).

La centralidad del trabajo en la construcción de identidades resulta un eje insoslayable para comprender las demandas de reconocimiento, las retribuciones esperadas por el aporte productivo realizado a la sociedad y las distinciones frente a un otro social y moralmente distinto, asociado con el "no trabajo". Recurrimos a la idea de "no trabajo" para referirnos a diversas situaciones que se alejan del ideal de trabajo "normal" (Grassi y Danani, 2008) y que, por ello, conforman un espacio ideal caracterizado por la inscripción de una falla o carencia. En su dimensión simbólica, el "no trabajo" se asocia con la pobreza y el desempleo y su efecto es el desconocimiento de otras modalidades de ocupación y de producción de valores de uso diferentes al trabajo asalariado (las changas, el autoempleo, el trabajo doméstico y de cuidado, las tareas que se realizan en el marco de programas sociales, etc.).

---

[20]Al momento de la realización de los grupos focales (septiembre-octubre de 2016) el valor el Salario Mínimo, Vital y Móvil era de 7.560 pesos.

[21] En junio de 2016, la vicepresidenta de la Nación, Gabriela Michetti, se refirió a la situación económica del país a partir de la metáfora de un túnel del cual se saldría lentamente, en el futuro. La "explicación" de la estrategia del gobierno nacional para resolver los problemas económicos, se popularizó y difundió en distintos medios de comunicación, siendo blanco de duras críticas. Diario *Clarín* (5/6/2016) Michetti: "En el segundo semestre aparece la luz allá lejos, pero seguís en el túnel" https://www.clarin.com/politica/michetti-segundo-semestre-aparece-seguis_0_EJh7dzpm-.html

Los modos históricamente variables de identificar, explicar y dar sentido a las situaciones de "no trabajo" suponen construcciones y cualificaciones morales diversas en torno a los sujetos afectados.[22] Asimismo, son un elemento clave para comprender el "deber ser" de las políticas sociales y la "justicia" o "injusticia" asignadas a las transferencias monetarias. Nos dedicamos a ello en lo que sigue.

Trabajo y planes, trabajadores y asistidos: explicaciones del "no trabajo" y formas de reconocimiento

Los sentidos del trabajo que relevamos entrañan formas de auto-percepción (acerca de la trayectoria laboral, propia y familiar), junto con una reiterada distinción respecto de los destinatarios de programas sociales de transferencias de ingresos. La expresión utilizada en los grupos de discusión *"vivir de planes"*, señala la idea de que estos delimitan formas de vida y opciones morales arraigadas.[23]

> [Ante la pregunta si debieran mantenerse los panes sociales, Graciela responde]: Y pero no, porque *hay gente que no lo necesita y lo tiene.* [...] Yo tengo una amiga, *viven todos del plan* [...].

> Nadia: puede despegar, puede encaminarse, puede trabajar, *y se asiste a personas que se quedan súper cómodas viviendo del plan.* (Empleadas domésticas y cuentapropistas. Grupo 4).

> Flavia: No, y encima cobran el plan de amas de casa, de mujer golpeada [...]

> Marcela: Sí, *al final terminan cobrando un sueldo como laburando.*

---

[22] De la Garza Toledo (2005) afirma que los límites entre trabajo y no trabajo no son naturales o universales, sino que dependen de las concepciones sociales dominantes. Además de la variabilidad de estos límites, nuestro análisis muestra que estas fronteras son disputadas y dependen tanto de las concepciones dominantes como de las experiencias laborales y de participación socio-política de los sujetos y grupos.

[23] Esta cuestión también es abordada en este volumen en el Capítulo 6, a partir de interrogantes relativos a los procesos de distinción y jerarquización social. Asimismo, el Capítulo 1 aborda los modos de tematización de los "planes sociales" en el discurso político y el debate público.

> Flavia: Exactamente, mi marido me dice `al final yo me levanto todos los días a las seis de la mañana para ir a trabajar, estos se levantan a las dos y cobran más que yo´.
>
> Patricia: Pero eso es un riesgo también, *porque esos casos son los que hacen mal algo que puede llegar a ser bueno* [...] Algo que puede ser bueno, si no está controlado caen, pagan justos por pecadores. [...]
>
> Entrevistadora: Y ¿cómo se daría cuenta, digamos, cómo es Estado puede decir: esta es la persona recibe y esta no?
>
> Oscar: Por estudio.
>
> Estela: *Con estudios y controlando.*
>
> Flavia: *Controlar* en la casa. (Empleadas domésticas y trabajadores/as informales. Grupo 5).

Estos argumentos suelen entrelazarse con una explicación del desempleo como situación voluntaria, solo posible por la degradación moral de los sujetos. Aquí, los "planes" dejan de ser una forma específica de "respuesta" a los problemas socio-laborales para pasar a convertirse en parte fundamental del problema, al producir efectos moralmente negativos en las personas. Estas consideraciones justifican las propuestas de eliminar este tipo de intervenciones. Esta opción tan extrema es contestada fundamentalmente señalando el riesgo de generalizar los "malos casos sociales" al conjunto de los destinatarios. En este punto emerge la propuesta de fortalecer el control estatal en la gestión, idea que se presenta de modo transversal en los diferentes grupos de discusión y que unifica posiciones en debate.[24] En palabras de un participante, se trata de salir del *"rol pasivo del Estado"* para *"ir a las bases [...], [meterse] en una villa, ver la situación que está ahí, cómo está conformada esa familia, a qué se dedica el padre, la madre, son tareas de campo"*.[25]

En otras ocasiones, la desocupación fue explicada por una pérdida intergeneracional de la cultura del trabajo, que condensa sus efectos negativos en los más jóvenes. Los argumentos que se esgrimen al respecto coinciden mayoritariamente con la percepción de la juventud como un

---

[24] La necesidad de control se planteó recurrentemente en los debates de los grupos de discusión vinculados con la asignación de recursos públicos, trascendiendo la cuestión de los "planes sociales".

[25] Grupo de Profesionales Independientes 8.

grupo problemático, desligado de la *"cultura del trabajo"* y de la retórica meritocrática "del esfuerzo" (Chaves, Fuentes y Vecino, 2017).[26] En palabras de un participante del grupo de profesionales, se trata de un grupo *"a la deriva"*.[27]

> Laura: Hablando de gobierno, *el gobierno anterior creó mucha gente ignorante con planes* y con todas cosas que vos decías, 'tengo esta plata así', '¿para qué voy a trabajar si tengo esta plata?' *Hoy en día, no quieren trabajar.* Si un pibe hay que llamarlo. El otro día vino el pintor y me dice 'no, no tengo a nadie'. Porque no quieren trabajar. Por más que les paguen $200, $300 si es plata, vas a trabajar igual.
>
> Entrevistadora: ¿Por qué no quieren trabajar?
>
> Laura: Porque no, no. 'Por eso no trabajo'. Y se cansan, trabajan uno o dos días y están cansados.
>
> Entrevistadora: Pero ¿y de qué viven?
>
> Martín: Y, de planes la mayoría.
>
> José: Algunos tienen planes.
>
> Entrevistadora: ¿Viven de planes? [...]
>
> Sergio: Si ve al padre que está todo el día en la casa, el chico ve eso.
>
> Micaela: Sigue los pasos del padre.
>
> Sergio: *Antes tu papá te decía 'o estudias o trabajas'. No te quedaba otra.*
>
> (Obreros/as y trabajadores/as no registrados/as. Grupo 2)

Sin embargo, en la discusión emerge un contra-argumento que problematiza las condiciones sociales y laborales en las que esos jóvenes deben insertarse y crecer para formar parte y ser plenos miembros de la sociedad. La propia experiencia de ser destinatarias de programas sociales (y la de sus hijos en relación con ella) se pone en juego para cuestionar la visión dominante. Este es el caso de una de las destinatarias del Programa "Ellas Hacen":

> Entrevistadora: Algo que escuchamos es esto de la cultura del trabajo. ¿Qué me dicen con respecto a esto?

---

[26] Se realiza un tratamiento de esta cuestión en el Capítulo 8 de este volumen.

[27] Grupo de Profesionales Independientes 8.

> Estefanía (destinataria de Ellas Hacen): *La juventud viene muy vaga,* porque eso no se lo implanta desde la casa, la enseñanza empieza por casa. *Está perdida la juventud.*
>
> Leonardo: Gente de *menos de 30 años, ¡intomable!*[para un trabajo].
>
> Entrevistadora: ¿Están de acuerdo con esto de que tiene mucho que ver con los padres? ¿O tiene que ver con otras cuestiones?
>
> Cecilia (destinataria de Ellas Hacen): *¿Qué se le ofrece a la juventud hoy en día? A alguien de 17 o 18? Lo fácil.* Yo escuche que iban a eliminar todos los planes porque mantienen y fomentan vagos y ahora estamos llegando a diciembre y nos quieren tapar la boca con un bono de 1000 pesos, entonces *está perfecto, que eliminen los planes pero que generen trabajo, que abran industrias.* (Cooperativistas y destinatarios/as de Argentina Trabaja y Ellas Hacen. Grupo 10).

En otros grupos, la distancia social, pero fundamentalmente moral, moviliza un temor compartido hacia el lugar social que la juventud encarna, percibida como desenganchada del mundo laboral, del estudio y, en términos más generales, de ciertas coordenadas normativas básicas que orientan la sociabilidad; y que por ello son comprendidas como pura alteridad que debe ser controlada.

> Rodrigo: Yo creo que *si le das un plan les tienen que dar de pronto una capacitación.* Mínimo. Capacitarlo para algo o enseñarle algo a la persona *porque si le das el plan y no los obligas a nadase desperezan,* se quedan tranquilitos y como en la vida cotidiana *empiezan a buscar de hacer, como quien dice, hasta maldades y ahí empieza todo.*
>
> Laura: Que *se vuelven vagos,* sí.
>
> Rodrigo: Entonces *tienen que tener una obligación, un chequeo,* tienen que presentarse a algún lado, *controlarlos.* (Obreros/as y trabajadores/as no registrados/as. Grupo 2)
>
> Gabriela: […] no hay alguien que vaya y que se fije en el Estado [...].
>
> Javier: Y, que hagan un censo.
>
> Nadia: Que averigüen.
>
> Laura: Tendrían que dar los planes, pero, no sé, *vas a barrer la vereda aunque sea cuatro horas por día.*
>
> Gabriela: Claro, dale algo.
>
> Laura: *Te doy pero vos me das.*

Gabriela: *pero sacale algo a cambio*

Laura: Claro. Como una tarea comunitaria, paga. O sea, eso sí estaría perfecto que pasara". (Empleadas domésticas y cuentapropistas. Grupo 4).

Tal como señalamos al inicio del apartado, estos argumentos se asocian con un cuestionamiento hacia los *"planes sociales"* en virtud de sus efectos negativos, morales y sociales que reforzarían la descalificación, la pérdida de la cultura del esfuerzo y de la incapacidad de realizar un aporte valioso a la sociedad. La propuesta planteada respecto de asistir a quien lo necesita con la condición de brindarle *"otros medios"* para que pueda producir, remite a la idea liberal sobre el progreso material de la sociedad que se realiza a partir de la contribución de cada individuo a ella. Desde esta perspectiva, Schmidzt (2000) representa el funcionamiento de la sociedad como una marea intrínseca que hace subir a los barcos que toca y deja atrás al resto. Esta metáfora interpreta la sociedad a partir de un movimiento "natural" (el mercado) que empuja a quienes participan en él, pero deja atrás a aquellos que no lo hacen, ya sea porque son improductivos y no logran contribuir al progreso social o bien porque no pueden responsabilizarse por su propio bienestar o no son capaces de realizar algo valioso para el conjunto. Esta forma de comprender el funcionamiento social que desconoce e invisibiliza los soportes sociales e institucionales necesarios para ello, da fundamento al rechazo del "plan" como estrategia de intervención sobre las situaciones de desempleo o pobreza. Al mismo tiempo que coloca al sujeto destinatario de la intervención pública como una carga para la sociedad que debe sostenerlo, sea éste o no responsable de su situación.

Frente a la asociación de los "planes" con la vagancia y el desconocimiento de los destinatarios como miembros plenos y valiosos para la sociedad, quienes han participado de los programas sociales discuten la mirada que homogeneiza las distintas experiencias que se despliegan en el marco de las políticas, poniendo de manifiesto los logros personales y colectivos que esta forma de intervención estatal habilita. Esto se percibe principalmente en los grupos de cooperativistas y destinatarios de "Argentina Trabaja" y "Ellas Hacen", en los que algunos participantes destacaron el esfuerzo por salir adelante y superar la situación en la que se encontraban previo al ingreso al programa:

> Cecilia: Por eso *duele* cuando se escucha que *todos los que reciben plan son vagos*. Sabes lo que cuesta levantarse a las 5 de la mañana para llegar a la universidad a las 8.30, 9 porque tenés que viajar de González Catán, tomarte 3 colectivos y llegás a Constitución y se te cancela el tren que te llevaba a horario [...] y también le digo a cualquiera que me encuentre, porque esta *es nuestra oportunidad*. Es la oportunidad para relucirnos y hacer las cosas bien, para que los que tanto se llenan la boca diciendo que no servimos para nada o que somos vagos, hay que *demostrar* que *de verdad hubo gente que utilizó ese tiempo para algo valioso* [...].
>
> Leticia: [...] pero *yo sí aproveché las oportunidades que me daban. Yo quiero estudiar* gastronomía, hice curso de auxiliar de familia, de cuidador de persona. *Aproveché todo ese tiempo de oportunidades.* (Cooperativistas y destinatarios/as de Programa "Argentina Trabaja y Ellas Hacen. Grupo 10)

El contrapunto está dado por otros casos en los que se cobra *"sin hacer nada"*, sin dar algo a cambio:

> Lucía: Para "Argentina Trabaja" yo trabajo cuatro horas en el Municipio de Quilmes. Todos los días, de lunes a viernes. Hay gente que, *por supuesto que hay grupos que no van, porque no hay un control en sí. Yo voy. Yo tengo una planilla que me firma el encargado de mantenimiento.* Me la firma todos los viernes. Y yo presento la planilla en Empleo. Ahí mismo, en el edificio. Voy, la presento, tiene mi nombre y mi apellido, mi número de documento. Yo misma lo firmo porque nadie se encarga de mí. Mi grupo de cooperativa está dividido. Antes éramos un grupo que estábamos en el gobierno de Cristina, estábamos en una delegación. Después, digamos. *El tema era trabajar. El tema era trabajar. No importaba dónde pero bueno, el tema era trabajar.* [...] Siempre quise cambiar, dejar la cooperativa. Porque cuando me ofrecieron y entré me pintaron que era para trabajar en el barrio, que ibas a cobrar un sueldo, bueno... *la obra social que tengo es la del sindicato de los empleados de comercio. Es muy buena. Es lo único bueno que rescato de la cooperativa.* [...] *no tengo recibo, no tengo aguinaldo.* (Cooperativistas y destinatarios/as de Programa "Argentina Trabaja y Ellas Hacen. Grupo 11).

Para comprender esta mirada y las discusiones que plantean respecto de la política social, del trabajo y de los derechos asociados a la condición de trabajador/a, es importante contextualizar estos discursos en la experiencia de los programas de promoción de cooperativas implementados en el período 2003–2015 que describimos anteriormente, en particular por su objetivo de integración social a través del trabajo y el reconocimiento de derechos que impulsaron para trabajadores históricamente excluidos del sistema de seguridad social. Este marco de sentido que se intentó construir a partir de los valores, principios y prácticas de la Economía Social y el cooperativismo en espacios colectivos de trabajo, atraviesa los discursos y da fundamento a la distinción entre los *planes* definidos como aquellas experiencias en las que se cobra sin trabajar y los *programas* de capacitación, trabajo e inclusión social como "Ellas Hacen" en los que participan. Esta diferenciación es tanto un medio para discutir el valor social de estas iniciativas, cuya legitimidad es permanentemente puesta en cuestión, como una forma de evadir el estigma ante el desprestigio que afecta a sus protagonistas. Tras ella, la categoría de "planes" permanece en un registro negativo, asociada al "no trabajo" o a un trabajo devaluado en tanto fuente de derechos y reconocimiento social.

> Alejandra (socia de cooperativa gráfica): [...] Cultura del trabajo me hablás, ¿qué trabajo me hablás? Trabajo genuino. Yo lo que sí entiendo y respeto es la postura de mucha gente que dice, "bueno, planes sociales", sí, son planes, ¿están tirando la plata? No, yo *conozco fehacientemente que laburan.* [...] Pero este tipo de cooperativas, se tendría que haber profundizado. O sea, ser un *laburo genuino.* ¿Sí? Para mí tendría que haber sido el proyecto de que una empresa privada, más el dinero que da el Estado, entonces hacemos un sueldo, como quiere acá encarar la compañera. *Pero no es trabajo genuino. No es trabajo, no lo hay.* (Cooperativistas y destinatarios de Argentina Trabaja y Ellas Hacen. Grupo 11).

Entre los argumentos de rechazo hacia los programas de transferencias estatales, emerge también un sentido espurio de la política, ligada exclusivamente a la búsqueda del interés personal y al clientelismo. A esta mirada, se contrapone una perspectiva que recoloca el foco del problema en la responsabilidad individual y colectiva por el uso que se hace de los recursos públicos y en la capacidad para aprovechar las oportunidades que se les ofrecen.

> Estefanía (Destinataria Ellas Hacen): *Existen las dos partes* [...] *Están los que son arreglados políticos y los que realmente quieren trabajar.* [...] que se rompen el alma por llevar el peso a su casa, *a esos 8 no se los*

> *ven trabajar y ven al resto que son unos vagos, entonces por eso está mal visto el programa.*
>
> Ricardo (cooperativista): También tiene que ver mucho con esto de la política, la política te agarra y utiliza los planes para rosquear a sus propios punteros. *La gran mayoría de gente que tiene deseo de trabajar no accede a los planes, porque cada uno de los punteros va metiendo a su familia.* […]
>
> Leticia (Destinataria Ellas Hacen): El programa está espectacular, el tema es que *nosotros* como sociedad, como ciudadanos *no queremos hacernos responsables* de tener una empresa, porque eso es lo que es una cooperativa, y *tomar las responsabilidades y las riendas de nuestra propia empresa.* (Cooperativistas y destinatarios/as de Argentina Trabaja y Ellas Hacen. Grupo 10)

De este modo se presentan dos lecturas alternativas del desempleo: una mirada moral e individual; y otra orientada a discutir el estigma de los titulares de programas sociales desde la experiencia de la desocupación. Entre estos dos extremos emergen otro tipo de argumentos que expresan la desigualdad de oportunidades en el acceso a la educación y a los puestos de trabajo. En este sentido, participantes de los distintos grupos se refieren a la discriminación simbólica hacia los sujetos que habitan en "villas de emergencia" u otras zonas desprestigiadas en entrevistas laborales. Las "zonas marginales" se vuelven en estas explicaciones *zonas marginadas* por el propio abandono estatal y la segregación respecto de los servicios públicos, en la que el deterioro de la educación cobra un peso determinante. Estas interpretaciones dan cuenta de que las "opciones personales" dependen, en realidad, de una estructura de oportunidades y de esos soportes sociales e institucionales invisibilizados y desigualmente distribuidos.

> Rodrigo: Por supuesto. Hay una vulnerabilidad increíble y no hablo de gente que vive al margen de la ley ni mucho menos, que sea marginal. *A veces la marginalidad proviene de los gobiernos, de las políticas sociales y económicas que empujan a la marginalidad.* (Obreros/as y trabajadores/as no registrados/as. Grupo 1).
>
> Flavia: Y si me, vas a buscar trabajo y decís: vivo en el pasaje 345, en medio de la villa y nadie te toma. […]
>
> Oscar: Sí, toman la villa como zona peligrosa.

> Flavia: Exactamente, y vos estás yendo a buscar un trabajo y no te lo dan, porque vivís en la villa, lo primero que piensan es: ah, este me la va a traer toda la villa para acá, es así (Empleadas domésticas y cuentapropistas. Grupo 5).

En otros momentos del debate, el desempleo emergió en su relación con las formas de crecimiento o desarrollo económico seguido por el país, estableciéndose una relación con la coyuntura en la que se realizaron las sesiones grupales. Las coordenadas macroeconómicas que asumen los gobiernos constituyen modelos productivos con capacidad de crear o destruir puestos de trabajo, incidiendo en las condiciones de vida. Por ejemplo, se advirtieron los efectos negativos de la creciente inflación y del incremento extraordinario de las tarifas de los servicios públicos en el desempeño de las pequeñas y medianas empresas. En este sentido, algunos/as participantes visualizan que sus propias inserciones *dependen* de las políticas estatales para fomentar ciertos sectores de actividad privada. Otros observan las consecuencias negativas de los cambios recientes en la política económica para determinados grupos cuya inserción laboral ya era precaria, pero que al menos antes podían optar por el trabajo (*"hacer una changa"*) como alternativa a la delincuencia.

> Entrevistadora: Algo concreto. Dame un caso concreto. ¿Hay algo hoy que te está prestando el Estado?
>
> Carmen (trabajadora en una empresa de cosméticos): Me da la posibilidad para poder trabajar y me da el dinero que necesito para vivir. [...]
>
> Entrevistadora: ¿Cómo es que te lo presta, cómo te lo da?
>
> Carmen: Yo cumplo con mi trabajo, el Estado es el que me da la oportunidad de poder trabajar. [...] *Me da la posibilidad de que la empresa pueda producir.*
>
> Entrevistadora: ¿Y por qué el Estado le da esa posibilidad a esa empresa?
>
> Carmen: Ellos nos hacen entender, los dueños, que tenemos ayuda.
>
> Entrevistadora: Los demás [...] ¿Dependemos en algo del Estado?
>
> Ramiro (trabajador en una fábrica de envasado): De las decisiones que toman. [...]

Edith (trabajadora en una fábrica): Si el Estado me sube el doble a todo lo que estoy pagando entonces dependo porque ya no puedo pagarlo. (Obreros/as y trabajadores/as no registrados/as. Grupo 1).

Leda (trabajadora en cooperativa metalúrgica): A nosotros, por lo menos *a nuestra cooperativa, el gobierno de Macri nos arruinó.* Porque la luz, de estar pagando 42.000 pesos por mes, más o menos, ahora estamos en los 260.000 mensuales. Que eso, de todas las ganancias que uno va formando para tener un capital, lo tuvimos que ir sacando. Sacamos de esos capitales que la cooperativa tenía para, en vez de poder invertirlos, tener que pagar los servicios. […]

Entrevistadora: Los demás, ¿en qué cosas se van fijando a la hora de medir cómo un Estado, en los niveles que sea, contribuye o no a nuestro mantenimiento, a nuestro bienestar? ¿En qué cosas ponemos el foco?

Yamila (trabajadora en cooperativa gráfica): En este momento estamos en un momento de ajuste total. O sea, las cooperativas la están pasando súper mal. Y las [empresas] recuperadas, también. […]

Antonio (trabajador en cooperativa de producción de pintura): Está complicado. *Nosotros tenemos parada una máquina y no la pensamos poner en marcha por el incremento de gas. Sumado a la recesión. Es imposible.* Es más, estamos considerando traer cosas de afuera y no fabricar.

Yamila (trabajadora en cooperativa gráfica): *Nos complica también en armar presupuestos. Todos los días cambian las cosas.* (Cooperativistas y destinatarios/as Argentina Trabaja y Ellas Hacen. Grupo 11).

Hernán: En lo que decían un poco de lo que es el trabajo y todo, yo lo que vi, más o menos en el gobierno anterior y en este, no soy muy partidario de la política, no, soy más que nada neutro en ese sentido, pero miro un poco y un poco cómo son cada cosa ¿no? Yo vendo ropa en la feria de La Salada, y ahí están en Bunge sería, es un lugar más o menos, bastante jodido el lugar, están los pibes que llevan el carro y que se ganan la changa ¿no?, bueno, son todos pibes del barrio que son todos pibes que andaban en la joda o que. Es así, cuando la feria empezó a caer por el tema de que ya no se vendía tanto, bueno, el cambio político, como saben todo lo que estamos pasando hoy ¿no?, igualmente la gente, los manteros, todos, que dejaron de vender. Y la gente ahora ¿qué, cómo, qué hace para trabajar? Entonces qué pasaba: el pibe que ya por ahí llevaba carro, laburaba ahí, eh, *el pibe, de última estaba rescatado, no salía a robar,* después ¿qué hacía?, *sale a robar el pibe, porque ya no tiene laburo, no tiene plata, quiere seguir manteniendo la familia.* (Empleadas domésticas y cuentapropistas. Grupo 5).

Estos debates ponen de relieve la situación de carencia, necesidad o las dificultades que atraviesan miembros de la sociedad, inscribiéndolas en un registro que no es puramente individual. Ello moviliza el reconocimiento de la pertinencia de una acción de ayuda e intervención por parte del Estado que puede matizar el cuestionamiento radical hacia "los planes", ampliar los sentidos asociados a la política social y dar lugar al reconocimiento de soportes institucionales para el sostenimiento del trabajo.

> Alfredo: Catamarca [provincia del norte argentino] es muy sencilla y más de la mitad tiene el plan social y son gente buenísima. *No hay trabajo, si no hay industria, no hay trabajo, no hay billete, panza, la comidita. No hablemos más de nada ni de la gente, porque no hay trabajo.* Es más, lo poco que había [...] se inventaron en España cosechadoras que un tipo con una máquina, *ya no necesitás a la gente para cosechar* [...]. *Y esa gente ¿el Estado qué hace? ¿Qué se mueran? ¿Qué se maten?,* decir que son pocos habitantes en Catamarca. Y los planes sociales, como decís vos, son mil pesos y la vida igual o más cara que acá, lo único barato es el membrillo, dirían las viejitas del barrio, pero *la vida vale igual...* me parece muy bien. (Trabajadores/as administrativos/as del sector público y privado. Grupo 7).

Finalmente, resta destacar que esta diversidad de argumentos por lo general no dio lugar a la emergencia de una controversia expresa, pese a que estos puedan pensarse, a priori, como mutuamente excluyentes: los argumentos de matriz moral e individual acerca del desempleo conviven con otros que advierten factores de responsabilidad colectiva y, en ocasiones, se producen modos de ensamblaje entre estos. Un ejemplo de estos ensamblajes complejos es la distinción que muchos participantes realizaron entre *"programas"* y *"becas"*, destinados al trabajo y la formación , valorados positivamente, de *"los planes"* a los que se asocia un estigma.

Fueron pocos los momentos en que en los grupos se conformó un diálogo polémico a partir del cuestionamiento al argumento moral e individual sobre el desempleo, que se presentaba de forma sólida y reiterada. En ocasiones los debates discurrieron por aristas laterales de dichos modos de concebir los planes sociales, por ejemplo, cuestionando la evidencia con que otros participantes referían al *"descontrol"* o la *"corrupción"* en su gestión:

"Gustavo: *Es mentira* que haya muchos planes sociales que tiran al techo, ¿eh? Hay un control muy grande en los planes, en la Asignación Universal de ahora, y de antes también. Porque a mí me paso en la época de Cristina, hasta me dirigí a Bossio cuando estaba [como Director Ejecutivo] en ANSES, hablé con él, presenté un amparo. Si se hubiera creado trabajo en mayor cantidad no hubieran hecho falta tantos planes" (Profesionales Independientes. Grupo 9).

Los cuestionamientos directos visibilizaban el carácter ideológico de estas lecturas, haciendo aparecer –por debajo de éstas– múltiples formas de desigualdad, distinción y estigmatización:

Ramiro: ¿Puedo hacer una pregunta? Yo, gracias a dios, trabajo y *no me tocó* cobrar un plan pero quiero saber cuánto es un plan, porque capaz que cobrás dos mil pesos y una familia no vive con dos mil pesos. Incluso con el tema de la Asignación Universal por Hijo. La cantidad de cosas que escucho decir: 'tienen hijos los negros para poder cobrar el plan'. ¿De verdad pasa eso? Porque si pasa, eso a mí me sorprende. *Tener un hijo para poder cobrar dos mil pesos por mes me parece irreal. Creo que es una ayuda para todas las familias humildes.* Creo que hay oportunismo que dicen que si pueden cobrarlo, lo cobran pero no creo que vivamos con eso realmente y que puedan vivir por mes. *Considero que hay algo más de eso.*

Entrevistadora ¿Qué es ese algo más?

Ramiro: Que cada uno se las arregla de otra manera. No creo que con dos mil, no sé cuánto es una asignación y cuánto es un plan pero con respecto a distintos tipos de planes como Procrear, yo creo que eso ayuda a muchísima gente [...]. *No hago política* pero si estaba con el gobierno anterior porque si tenía la *integración social.* [...]Te doy un ejemplo. Hay gente que tiene mucha plata y no está de acuerdo en compartir unas vacaciones en Cuba con un negro villero y el "negro villero" hace dos años se podía ir a... Negro villero estoy diciendo entre comillas [...]. Las familias ricas les llaman negros villeros, *que somos los trabajadores en realidad,* para ellos nosotros somos esa clase de persona y nosotros estamos ahí o cualquier persona trabajadora en un lugar a donde antiguamente acostumbraba a ir solo la clase alta y para ellos es chocante. Yo creo que lo que hizo el gobierno anterior es tratar de achicar la brecha entre los más ricos y los más pobres, que los más pobres tengan un poquito más. (Obreros/as y trabajadores/as no registrados/as. Grupo 1).

Yamila (trabajadora cooperativa gráfica-audiovisual): *El resentimiento de la clase media, que pudo acceder a un montón de cosas que la clase baja no pudo, o no puede. Y entonces no les deja ver la necesidad de ciertos planes y programas que se necesitan, orientados a estas clases más vulnerables.* Desde ese punto de vista, el punto de vista de la clase media, trabajadora, se ve como que la plata les cae del cielo de pronto. No llegan a ver el porqué de la necesidad.

Alejandra (destinataria Ellas Hacen): Y de repente tampoco saben el laburo que hace, ponele, yo te digo *Argentina Trabaja.* [...] Para empezar, estamos diciendo que estas prestaciones, los planes, lo que sea. *Había que salir con eso porque no hay un mango.* Si hoy no alcanza, y estamos hablando de Argentina Trabaja y de otros programas, 3.400 pesos, ¿no es cierto? Calculá. O sea, antes le podías comprar la zapatillita, un montón de cosas antes.

Voces: Podíamos ir al cine antes. (Risas.)

Alejandra (destinataria Ellas Hacen): ¿Era un pecado, o sea, acceder a beneficios de clase media? Ir al cine, poder comprar zapatillitas, llevarlos al cine, por ejemplo. Un montón de cosas que hoy por hoy no se pueden hacer. (Cooperativistas y destinatarios/as Argentina Trabaja y Ellas Hacen. Grupo 11).

Planes no, empleo. Las alternativas más allá del "plan"

Hasta aquí, hemos reconstruido las miradas, justificaciones y controversias que se recrean sobre la asistencia, los sujetos destinatarios y su relación con el trabajo, en los diferentes grupos de discusión analizados. Los discursos sobre el merecimiento suponen diversas visiones acerca del "deber ser" de la política social y del rol del Estado en relación con las problemáticas vinculadas al trabajo. Asimismo, ponen en juego modos de explicar las situaciones de "no trabajo" y de pobreza que afectan a un sector de la sociedad. Dichas redes de causas son fundamentales en los juicios expresados sobre la conveniencia, efectividad y justicia de las intervenciones asistenciales. Finalmente, los discursos relevados ofrecen perspectivas de las condiciones y atributos morales para "merecer" de forma legítima la ayuda estatal.

Hemos destacado el fuerte cuestionamiento hacia los llamados planes sociales que se expresa en el abordaje de la política social y, en particular, del tema de las transferencias monetarias. Asimismo, observamos la particularización de la población destinaria de las transferencias de ingresos como un otro social y moralmente distinto, en el marco de una explicación del desempleo como un problema eminentemente individual. Estos argumentos se enlazaban, en ocasiones, con una crítica radical hacia los planes por promover efectos negativos en quienes los reciben y para el conjunto de la sociedad, asociados al abandono de la cultura del trabajo. Ello evidencia la gravitación en el sentido común de las narrativas sobre la pobreza que la entienden como producto de los efectos desmoralizantes de las políticas de protección, aglutinadas en la crítica hacia el *welfare* (O'Connor, 2001; Sommers y Block, 2005; Krumer-Nevo y Benjamín, 2010). De este modo, al decir de O'Connor, se percibe que los programas sociales (y, sobre todo, la dependencia respecto de estos) sería perjudicial para la población pobre.

Sin embargo, observamos también resistencias y lecturas alternativas sobre el mundo del trabajo y la sociabilidad, que se basan en explicaciones sobre el "no trabajo" que contemplan ciertos factores estructurales y colectivos. Como resultado de esta interpretación del problema, colocan en el registro del trabajo (y no en la asistencia) las alternativas y soluciones genuinas.

Pese a que estos discursos aparecen como contrapuestos, en los grupos de discusión no se presentan como formaciones polares y excluyentes. En este orden, identificamos ciertas convergencias que permitían su ensamblaje. Una de las centrales es el consenso general sobre un horizonte ideal en el que los "planes sociales" dejaran de existir, pues no constituyen soluciones de raíz al problema del desempleo, no reemplazan el valor social del trabajo, ni garantizan la seguridad, la protección y las garantías que éste ofrece. El trabajo constituye el horizonte deseable de la participación en la vida social, tanto para sí como para otros.[28]

De este modo, en general los participantes ubican la política económica como el vector principal para ejercer una transformación eficaz de los problemas socio-laborales, mientras que los "planes sociales", son visualizados como formas de compensación o meros paliativos. Ello se evidencia en diversas formas de nominarlos y definirlos recogidas del debate en los grupos focales como *"enmiendas que de raíz no pueden*

---

[28] Esto se cristaliza en las distintas formulaciones de los participantes: "No te tienen que dar plata sino la posibilidad de trabajo" (trabajadores/as administrativos/as) o "Está perfecto, que eliminen los planes pero que generen trabajo, que abran industrias" (cooperativistas y destinatarios/as Argentina Trabaja y Ellas hacen), entre otras.

cortar nada", "maquillaje", "apariencia, para que se vea que se hace algo cuando en realidad de fondo no lo es"[29]; "políticas tapa baches", "un paliativo sustituto, es lo que sustituye la falta de un laburo genuino"[30]; "siempre fue tapar baches, nunca fue realmente una política de Estado"[31].

De acuerdo con estos razonamientos, mayormente compartidos en los grupos, se trazan dos lógicas de intervención estatal diferenciadas: una política "de Estado", orientada al desarrollo de la población y la economía nacional; y otra dirigida a compensar de forma transitoria los problemas de desempleo. Estos dos carriles de intervención delimitan, a su vez, lógicas de relación entre el Estado y los sujetos: una promotora de la cultura del trabajo y del esfuerzo; y otra, contrapuesta, cristalizada en una supuesta lógica del plan, que relaja los principios morales que sostienen las normas de sociabilidad compartidas.

El acceso a oportunidades de trabajo se vislumbra, en ciertos tramos de las discusiones, como un asunto de responsabilidad colectiva. Sin embargo la apelación a la política laboral para atender la situación de los grupos sociales afectados estructuralmente por problemas de empleo, no alcanza más que un sentido genérico. En cambio, la responsabilidad individual para hacer frente a las situaciones de dificultad o aprovechar las oportunidades que se ofrecen tiene un peso muy importante para todos los participantes. En esta trama de sentidos se enmarca la mirada crítica hacia la figura de aquellos que, percibiendo planes, no realizan las contraprestaciones o no cumplen con las condiciones exigidas, o bien no ponen algo de sí ante lo que se les ofrece. En este punto, emerge la opinión generalizada de que la perspectiva de eliminar los planes sociales, no sería sostenible. La imposibilidad de desplazar una política de corte asistencial que, pese a los matices muy diversos que hemos mostrado, no es plenamente valorada, plantea –sino una paradoja– la pregunta acerca de las alternativas disponibles socialmente para reconocer la utilidad social de los sujetos desplazados del ámbito laboral y afirmar su pertenencia legítima a la colectividad.

[29] Profesionales y trabajadores/as independientes. Grupo 8.

[30] Profesionales y trabajadores/as independientes. Grupo 9.

[31] Cooperativistas y destinatarios/as de Ellas Hacen y Argentina Trabaja. Grupo 11.

Dada la percepción de que los planes son, en algún punto, imposibles de erradicar la discusión sobre las alternativas a los mismos se centra en los problemas identificados en su gestión y uso. Los participantes proponen una serie de arreglos institucionales dirigidos a alterar la lógica de funcionamiento de los mismos, dirigidas fundamentalmente a revertir los efectos morales negativos que se les asignan y, en cambio, habilitar una trayectoria asociada al esfuerzo y la superación personales. En este punto, ciertas transferencias monetarias se separan de los planes sociales, por el fomento a los estudios, el establecimiento de condicionalidades, o la realización de un trabajo *realmente* productivo. Este tipo de perspectiva sobre el deber ser de la asistencia se expresó, incluso, en un relato autobiográfico de un profesional que reconoció haber sido usuario de un plan social durante la crisis del año 2001, reconociéndolo positivamente debido a que tenía otra lógica a la cuestionada.

De este modo, a la *"lógica del plan"* se le opone un deber ser de contenidos disímiles, en los que los soportes del mismo deberían promover la transformación de la situación de pobreza atravesada, habilitando a los sujetos a estudiar, trabajar y, así, ascender socialmente. Es por ello que los participantes valoran especialmente la voluntad de capacitarse, de estudiar, o de realizar trabajo en sentido genérico por parte de los sujetos asistidos. Este deber ser remite a una intervención asistencial diseñada para *superar* la dependencia y no para perpetuarla. En palabras de una profesional, la ayuda puede ser válida de forma transitoria, pero es preciso extremar la vigilancia respecto de los posibles desincentivos hacia estos comportamientos pues, como argumenta una profesional, *"no se puede depender eternamente"*.[32]

En este orden parece generarse un consenso relativo a que, en pos de alterar la lógica del plan, se tornan necesarias acciones dirigidas a controlar y promover comportamientos individuales adecuados por parte de los agentes implicados en las políticas sociales. Adquiere tenor una figura clásica conformada por los sujetos dependientes que deben ser sostenidos socialmente, aunque se encuentran en condiciones de trabajar. Dicha figura constituye una alteridad completa, pues incluso los/as titulares de programas orientados a la promoción de la economía social se desmarcan de ella. Como plantea Agnes Heller (1994), es la

---

[32] Profesionales independientes. Grupo 9.

consideración del otro como parte de una categoría social común la que habilita el tratamiento como iguales y no la existencia de reglas o normas abstractas, las que sancionarían esta posibilidad. La cualificación moral de los asistidos como un otro privado de valor social (Elías, 2003) por su desenganche duradero respecto del mercado laboral precede al estigma que la categoría de "plan social" cristaliza sobre ellos. Con ello parece reformularse la lógica del mérito en el campo asistencial: por un lado, la acción asistencial se fundamenta en el reconocimiento de la compensación hacia quienes perdieron en el mercado; por otro, su legitimidad radica en premiar, entre los perdedores, a quienes demuestran vocación de superación para reinsertarse en la sociedad y "devolver" la asistencia prestada realizando un aporte productivo.

La fuerte asociación entre "planes" y política social que atraviesa los debates en los grupos focales realizados, da cuenta de la gravitación de la lectura neoliberal de la sociedad como una agregación serial de individuos, que diluye el reconocimiento de los soportes sociales y político-instituciones en los que se funda la autovalía de los sujetos.Muestra también los límites de la crítica social para plantear alternativas que los trasciendan y expresa la perdurabilidad de los sentidos construidos por el proyecto neoliberal en nuestro país sobre la experiencia de sociabilidad vinculada con esta forma de intervención social del Estado.

El mérito y el esfuerzo se revelan en los debates que reconstruimos como valores esenciales en la construcción de un nosotros. Por eso, las demandas de reconocimiento social que expresan los participantes, desde las diversas posiciones sociales en las que se inscriben, interrogan permanentemente la medida en que el esfuerzo realizado es valorado socialmente, así como el aporte que realizan a la sociedad. Estas demandas se sostienen en el ideal de la igualdad de oportunidades, cuyo fracaso se constata en la realidad, y que vislumbra un horizonte de competencia equitativa que trasciende al ámbito propiamente mercantil para extenderse hacia múltiples esferas de la vida social (Dubet, 2011). En este punto, las expectativas sobre la integración social y la vida en común resultan sumamente alteradas.

Todo ello nos exige pensar el neoliberalismo no sólo como un conjunto de políticas sino como un "régimen de existencia de lo social" (Gago, 2015: 9), como un proyecto político-cultural que entraña formas de expresión y percepción del mundo. Tal como se evidenció en los grupos analizados, las interpretaciones neoliberales sobre las políticas sociales y el desempleo son puestas en cuestión, en muchos casos por sujetos que participaron de formas cooperativas de organización del trabajo. Estos cuestionamientos, no obstante, no se presentan de forma compacta y recurren a fundamentos diversos.

Quedan abiertos, entonces, algunos interrogantes y desafíos para pensar la política social en el nuevo contexto de reconstrucción neoliberal. ¿Cómo superar los límites de la crítica social a la asistencia al desempleo para construir formas alternativas de integración y sociabilidad? ¿Cómo abordar la tensión entre responsabilidad colectiva y responsabilidad individual y cuáles son las posibilidades y límites de la intervención estatal en este camino?

Bibliografía

Calvi, Gabriel y Elsa Cimillo (2013): Transferencias estatales y distribución personal del ingreso en la Argentina reciente, en *Voces en el Fénix*, Facultad de Ciencias Económicas, 22. Recuperado de: http://www.vocesenelfenix.com/content/transferencias-estatales-y-distribuci%C3%B3n-personal-del-ingreso-en-la-argentina-reciente

Castaño Zapata, Daniel (2015): ¿Merecer o no merecer? Un análisis estructural de la cuestión. Ponencia presentada en el VI Encuentro Regional de Estudios del Trabajo Crisis capitalista y situación del trabajo y los/as trabajadores/as. Universidad Nacional del Centro de la Provincia de Buenos Aires, Buenos Aires. Recuperado de: http://proieps.fch.unicen.edu.ar/cds/2015/pdf/mesa5/castanozapatadaniel.pdf

Castel, Robert (1997): *La metamorfosis de la cuestión social. Una crónica del salariado*. Buenos Aires, Paidós.

Chaves, Mariana; Sebastián Fuentes y Luisa Vecino (2017): *Experiencias juveniles de la desigualdad. Fronteras y merecimientos en sectores populares, medios altos y altos*. Buenos Aires, Grupo Editor Universitario– CLACSO.

Danani, Claudia (2004): *Política Social y Economía Social: debates fundamentales*. Buenos Aires, Altamira.

Danani, Claudia y Estela Grassi (2008): Ni error, ni omisión. El papel de la política de Estado en la producción de las condiciones de vida y de trabajo. El caso del sistema previsional en la Argentina (1993-2008). En Javier Lindemboim (comp.): *Trabajo, ingresos y políticas en Argentina. Contribuciones para pensar el siglo XXI.* Buenos Aires, Eudeba.

Danani, Claudia (2017): Políticas sociales universales: una buena idea sin sujeto. Consideraciones sobre la pobreza y las políticas sociales, en *Revista Sociedad*, Facultad de Ciencias Sociales, Universidad de Buenos Aires, 37.

Danani, Claudia y Javier Lindenboim (2003): Trabajo, política y políticas sociales en los 90: ¿hay algo de particular en el caso argentino? En Javier Lindenboim y C. Danani (coord.) *Entre el trabajo y la política. Las reformas de las políticas sociales argentinas en perspectiva comparada.* Buenos Aires: Biblos.

Dardot, Pierre y Christian Laval (2013): *La nueva razón del mundo. Ensayo sobre la sociedad neoliberal.* Barcelona, Gedisa.

Dubet, François. (2017): *Lo que nos une. Cómo vivir juntos a partir de un reconocimiento positivo de la diferencia.* Buenos Aires, Siglo XXI Editores.

Elías, Norbert (2003): Ensayo acerca de la relación entre establecidos y forasteros, en *Reis*, Revista Española de Investigaciones Sociológicas, 104.

Gago, Verónica (2015): *La razón neoliberal: economías barrocas y pragmática popular.* Buenos Aires, Tinta y Limón.

Grassi, Estela, Susana Hintze y María Rosa Neufeld (1994): *Políticas sociales, crisis y ajuste estructural.* Buenos Aires, Espacio.

Grassi, Estela (2003): *Políticas y Problemas sociales en la sociedad neoliberal. La otra década infame (I).* Buenos Aires, Espacio.

Grassi, Estela (2004): *Política y Cultura en la sociedad neoliberal. La otra década infame (II).* Buenos Aires, Espacio.

Grassi, Estela (2012): La política social y el trabajo en la Argentina contemporánea. Entre la novedad y la tradición, en *E-l@tina Revista electrónica de estudios latinoamericanos*, Facultad de Ciencias Sociales, Universidad de Buenos Aires, 10(39).

Grassi, Estela (2014): Regímenes universalistas, derechos e igualdad. La escala cotidiana de las políticas sociales. En: Ana Arias (coord.) *Debates en torno a la construcción de institucionalidad.* Buenos Aires, Espacio.

Heller, Agnes (1994): *Más allá de la justicia*. Barcelona, Planeta– Agostini.

Hintze, Susana (2007): *Políticas sociales argentinas en el cambio de siglo. Conjeturas sobre lo posible*. Buenos Aires, Espacio.

Hopp, Malena (2017a): Transformaciones en las políticas sociales de promoción de la economía social y del trabajo en la economía popular en la Argentina actual, en*Cartografías del Sur*, Universidad Nacional de Avellaneda, 6.

Hopp, Malena (2017b): Políticas de promoción de la economía social en Argentina: desafíos para la construcción de una nueva institucionalidad. En: José Luis Coraggio (Ed.) *Miradas sobre la economía social y solidaria en América Latina*. Buenos Aires, IAEN-UNGS.

Hopp, Malena y Eliana Lijterman (2018). Trabajo, políticas sociales y sujetos "merecedores" de la asistencia: acuerdos y debates en el nuevo contexto neoliberal en Argentina, en *Revista Perspectiva de Políticas Públicas*, Universidad Nacional de Lanús, *en prensa*.

Lombardía, María Laura y Karina Rodríguez (2015): La experiencia argentina en políticas de transferencias monetarias durante la última década. Documento de Trabajo N° 7. Secretaría de Política Económica y Planificación del Desarrollo. Recuperado de:

http://www.economia.gob.ar/peconomica/basehome/DT_07%20la%20experiencia_03.pdf

Merklen, Denis (2005): *Pobres ciudadanos. Las clases populares en la era democrática (Argentina, 1983-2003)*. Buenos Aires, Gorla.

Morell, Antonio (2002): *La legitimación social de la pobreza*. Barcelona, Antrophos Editorial.

Paugam, Serge (2007): *Las formas elementales de la pobreza*. Madrid, Alianza

Schmidtz, David (2000): Asumir la responsabilidad. En David Schmidtz y Robert Goodin. *El Bienestar y la Responsabilidad Individual. A favor y en Contra*. Cambridge, Cambridge University Press.

Soldano, Daniela y Luciano Andrenacci (2005): Aproximación a las teorías de la política social a partir del caso argentino. En Luciano Andrenacci (comp.) *Problemas de política social en la Argentina contemporánea*. Buenos Aires, Prometeo.

Scribano, Adrián y Victoria Fraire (2008): El grupo de discusión: posibilidades y estrategias. En Adrián Scribano (comp.) *El proceso de investigación social cualitativo.* Buenos Aires, Prometeo.

Fuentes documentales

Administración Nacional de la Seguridad Social (2015), Libro Blanco de Gestión, ANSES.

ANSES. Recuperado de http://noticias.anses.gob.ar/noticia/mas-de-un-millon-de-ninos-se-sumaron-al-cobro-de-las-asignaciones-familiares-en-abril-1724

Casa Rosada (16/4/2016): Recuperado de http://www.casarosada.gob.ar/slider-principal/36022-el-presidente-macri-anuncio-un-paquete-de-medidas-sociales

CESO – Centro de Estudios Scalabrini Ortiz (2016) *Informe económico mensual, enero 2016.* Recuperado de: http://www.ceso.com.ar/informe-economico-mensual-enero-2016

Decreto del Poder Ejecutivo Nacional 1602 de 2009.

Diario *Clarín* (5/6/2016): Michetti: "En el segundo semestre aparece la luz allá lejos, pero seguís en el túnel" https://www.clarin.com/politica/michetti-segundo-semestre-aparece-seguis_0_EJh7dzpm-.html; https://www.youtube.com/watch?v=Kc5Gy0Vf43c

Ley 27.345, 2016.

Ley 27.260, 2016.

Página/12 (23/6/2017): Recuperado el 18 de agosto de 2017 de https://www.pagina12.com.ar/45809-cambiemos-una-menor-cobertura-social-por-ahorro-fiscal

Resolución Ministerio de Desarrollo Social 456 de 2016.

Resolución Ministerio de Desarrollo Social 592 de 2016.

Resolución Ministerio de Desarrollo Social 2055 de 2016.

CAPÍTULO 5

El trabajo en cooperativas en la Argentina del siglo XXI
Procesos, políticas e interpretaciones

Susana Hintze

Introducción

En este capítulo nos proponemos reflexionar sobre los sentidos atribuidos a las actividades realizadas en cooperativas de trabajo de distinto tipo durante esta etapa inicial del siglo en nuestro país. Al respecto nos interrogamos acerca de su visibilidad pública, su valoración por parte de quienes lo hacen y de aquellos que lo ven hacer; en síntesis, sobre su legitimidad social en tanto trabajo. Lo que nos lleva a la discusión sobre el papel del Estado y las políticas que lo promovieron entre 2003/2015 y sus transformaciones en los últimos años.

Hasta mediados de la segunda década del presente siglo América Latina experimentó un proceso de cambio especialmente acentuado en el marco de los llamados gobiernos progresistas, populismos democráticos o redistributivos. Más allá de las denominaciones y de las diferencias entre ellos, tanto en los aspectos abarcados como en las características políticas, la región confrontó el pensamiento neoliberal hegemónico en el último tercio del siglo anterior. Si bien los procesos de inclusión social y los avances en derechos para amplios sectores de la población fueron significativamente superiores a los cambios realizados en la estructura económica, en estos procesos políticos nacionales surgieron novedosas formas de organización, prácticas sociales y políticas.

Las basadas en principios de economía social y solidaria (ESS) aparecen en la agenda de la mayoría de los gobiernos de este signo con distinto nombre en cada país[1] y han implicado iniciativas de respuesta a la cuestión de la reproducción a través del trabajo con propiedad colectiva o social, asentado en principios de reciprocidad y cooperación. Las políticas que lo promueven son distintas en cada país, pero tienen en común hacer eje en el financiamiento, la comercialización, la formación, la capacitación y la asistencia técnica. En la Argentina, país con una larga tradición cooperativista que se remonta a la inmigración europea de la segunda mitad del siglo XIX, las cooperativas de trabajo en particular han tenido un fuerte crecimiento en las últimas décadas a partir de políticas públicas ligadas a un discurso de promoción de la ESS.

Los procesos políticos mencionados están sufriendo en la actualidad una etapa de reversión, en la que destacan: la presencia de un gobierno neoliberal democráticamente elegido en Argentina a partir de diciembre 2015; el golpe de estado parlamentario-judicial-mediático contra la presidenta de Brasil Dilma Rousseff en mayo 2016 y la asunción este año de Sebastián Piñera para un nuevo periodo de gobierno en Chile. El triunfo electoral de Manuel López Obrador en México en julio del 2018 –momento en que se escribe este libro– podría expresar un cambio de signo.

El capítulo inicia con una descripción del cooperativismo de trabajo y la incidencia del Estado y las políticas en su desarrollo en las dos últimas décadas. Nos detenemos luego en las características de este proceso y las maneras en que ha sido interpretado desde el ámbito académico y desde actores del propio sector. Nos preocupa qué se discute y en qué términos sobre las nuevas formas que ha asumido el cooperativismo de trabajo, pero también cuánto debe su conocimiento/reconocimiento actual al peso de las modalidades surgidas en este siglo. Consideramos que en los periodos de gobierno de 2003/2015 se puso en agenda el tema a través de políticas específicas, ligado en el plano discursivo a la economía social, la solidaridad, la autogestión. Por medio de los resultados de una investigación basada en información documental y en trabajo de campo cualitativo, se analiza cuánto se logró hacer y cómo se lo visualiza desde la perspectiva de quienes participan en distintas modalidades de trabajo cooperativo. Desde una *hermenéutica de las emergencias*

---

[1] Economía Solidaria en Brasil, Economía Popular Solidaria en Ecuador, Economía Comunitaria en Bolivia, Economía Social en Argentina entre otras.

(Santos, 2002) finalmente nos interrogamos sobre los aportes y los límites de las políticas en el desarrollo de la asociatividad y la autogestión y los efectos de los cambios políticos actuales en su maduración.

En el marco del trabajo de campo de los proyectos de investigación que le dan sustento a este libro[2], realizamos en 2015 entrevistas a trabajadores con distintas inserciones laborales y en el 2016 llevamos a cabo grupos focales con la misma perspectiva. Partimos del supuesto de que esta inserción tiene un peso preponderante en la determinación del lugar social de los sujetos, en las representaciones y visiones del mundo, en los modos de vida, en el acceso diferencial a recursos públicos[3].

Tanto los participantes en las entrevistas como en los grupos focales fueron personas pertenecientes a distintos sectores del mundo del trabajo y vinculadas a diferentes espacios político-institucionales de la Ciudad Autónoma de Buenos Aires y el Conurbano. Señalamos en la Presentación que "con *mundo del trabajo* abarcamos al conjunto de las formas y condiciones de realización de las capacidades para la generación de ingresos de los hogares, globalmente subordinadas o dependientes del capital aunque no las emplee, porque las condiciones generales de la ocupación están dadas por la dinámica de la acumulación capitalista, de la que depende también la viabilidad y productividad de las unidades económicas de reproducción de la economía popular. En consecuencia, el mundo del trabajo rebasa el empleo directo por el capital (formal o informal) y abarca el autoempleo, el trabajo cooperativo, los servicios personales y la participación en economías de subsistencia."

En el caso de los grupos focales, una de las dimensiones de análisis que pretendimos reconstruir son *los sentidos* que se expresan sobre necesidades y recursos disponibles así como las justificaciones y fundamentos sobre los distintos y desiguales recursos de los que disponen

---

[2] Proyecto "Autovalía y dependencia legítima. La política social y los soportes socio-institucionales de la vida social". Universidad de Buenos Aires-Secretaría de Ciencia y Técnica (2014-2017), dirigido por Estela Grassi y proyecto PIO CONICET UNGS (2015-2016) Nº 144-20140100006-CO "Los fundamentos socio-político y culturales de la protección social: alcances y legitimidad de los sistemas institucionales", dirigido por Susana Hintze.

[3] Al respecto la seguridad social constituye un ejemplo particularmente significativo, tratado específicamente en el capítulo 3.

diversos sectores sociales. En tanto posibilitan y construyen diferentes formas de autovalía y dependencia, las *necesidades y trama de recursos* conforman otra de las dimensiones estudiadas e implican dispositivos socio-institucionales y redes de interacción a través de los cuales distintos grupos satisfacen sus necesidades, entendidas como ineludiblemente sociales.

En la Presentación también pusimos énfasis en la perspectiva metodológica adoptada en la investigación, que supone que la información no se agota en "datos objetivos y pre-constituidos, directamente accesibles a la observación, medición o registro, sino que proviene de una fuente en constante producción, cuyo significado debe ser *reconstruido* todo el tiempo por el investigador. El carácter dinámico del objeto y la conceptualización del problema en términos de proceso, hacen que el registro sea dependiente del curso de los acontecimientos, siendo necesario reconstruir cada vez el proceso en su totalidad". En ese marco para la reconstrucción político-cultural de los procesos e instituciones y sus fundamentos generales la investigación se ha apoyado no solo en el trabajo de campo cualitativo que venimos reseñando sino también en material proveniente de fuentes secundarias de muy diverso tipo.

1. La evolución histórica del cooperativismo de trabajo en la Argentina y el papel de las políticas públicas en lo que va del siglo

Para reflexionar sobre el trabajo asociativo y autogestionado en la Argentina es necesario ligar su evolución y desarrollo al devenir del cooperativismo, y en particular a las cooperativas de trabajo, que en la Argentina se remontan a la segunda década del siglo XX, si bien el movimiento cooperativo es muy anterior (las primeras cooperativas –de consumo, crédito, agrarias y seguros– son del último tercio del siglo XIX)[4].

En el momento de auge neoliberal de la década de 1990 el ritmo de creación de cooperativas de trabajo aumentó a causa de las condiciones estructurales del mercado laboral y de la economía nacional. Entre ellas cabe mencionar la tercerización de secciones de empresas públicas como resultado de las privatizaciones, particularmente las áreas de

---

[4]Lo siguiente retoma parcialmente Hintze (2016).

274

mantenimiento. En estos procesos los trabajadores fueron impulsados a constituirse en cooperativa de trabajo para realizar, por la vía de contratación externa, las tareas que venían haciendo en la empresa (Rebon y Kasparian, 2015). Según las cifras del "Reempadronamiento nacional y censo económico cooperativo y mutual" (realizado por el Instituto Nacional de Asociativismo y Economía Social/INAES en 2008), entre los años 1991 y 2000 se crearon 1.327 cooperativas, valor que casi triplicaba a las entidades creadas en la década anterior.

En la década siguiente, ya en el presente siglo, se observan nuevas situaciones. La crisis que derivó en la salida del régimen de convertibilidad intensificó, entre otros efectos, la destrucción de puestos de trabajo. En ese escenario, algunos trabajadores de empresas en quiebra ocuparon los establecimientos que iban a ser vaciados, para recuperar la actividad y los puestos de trabajo, asumiendo bajo su responsabilidad la gestión y conducción de la producción, mayoritariamente bajo la forma de cooperativas de trabajo. Si bien los procesos de recuperación de empresas tienen una larga trayectoria en la Argentina y contemporáneamente se venían registrando desde mediados de la década de 1990, a partir del año 2001 las experiencias se multiplicaron y se difundió el fenómeno nacional e internacionalmente bajo el nombre de "empresas recuperadas".

Entre 2003/2015 el desarrollo del cooperativismo de trabajo también fue fuertemente modificado por la implementación de programas públicos que promovieron la conformación de cooperativas de trabajo como un instrumento eficaz para la creación de empleo y el estímulo a la participación colectiva.

Siguiendo a Vuotto (2011 y 2014) mencionamos los diferentes planes y programas correspondientes a las entidades de nivel nacional que tuvieron el mayor peso en la promoción de este tipo de acciones: (i) Ministerio de Desarrollo Social: programas Manos a la Obra, Ingreso Social con Trabajo, Programa de Inversión Social, Centros Integradores comunitarios. Incluye también al Instituto Nacional de Economía Social/INAES (organismo descentralizado del Ministerio) a través de todas sus líneas de intervención en relación con la promoción, regulación, fiscalización y control de la acción cooperativa y mutualista. (ii) Ministerio de Planificación: Programa Agua + Trabajo, Programa Federal de Emergencia Habitacional. (iii) Ministerio de Trabajo, Empleo y Seguridad

Social: Programa de Competitividad para Empresas Autogestionadas y Sistematización de Modelos de Gestión.

Como resultado de sus intervenciones para el año 2014, se registraban 15.838 cooperativas creadas en el marco de estos programas, de las cuales el 51% correspondían al Ministerio de Desarrollo Social (Vuotto, 2014). Específicamente en lo que hace al Programa Argentina Trabaja en 2015 existían 7.781 cooperativas, de las cuales 2.671 pertenecían a Ellas Hacen y 5.110 al Programa Ingreso Social con Trabajo; esa cantidad representaba el 32% de las 24.483 cooperativas de trabajo registradas ese año en el INAES (Ministerio Desarrollo Social, 2015).

De manera indirecta podemos aproximarnos a lo ocurrido en los últimos años. Pese a que no es posible inferir estrictamente la incidencia de las políticas públicas en estas cifras, pero teniendo en cuenta su relevancia en las anteriores, los siguientes datos dan idea de la dirección de las transformaciones operadas a partir del 2015. Gustavo Sosa (2018) utilizando como fuente el sistema buscador de entidades de la página web del INAES registró las cooperativas con matrícula nacional vigentes entre 2015/17 (el buscador no permite distinguir las cooperativas de trabajo aprobadas en el marco del Programa Argentina Trabaja). En el 2015 se aprobaron 2.085 matrículas cooperativas, de las cuales 1.919 (92%) correspondieron a cooperativas de trabajo. En 2016 los valores fueron 568 y 486 respectivamente (85%); en 2017 se registraron 543 matrículas, siendo 501 de trabajo (92% del total). Si bien el peso relativo de las cooperativas de trabajo respecto del total se mantiene, los datos citados muestran un descenso del conjunto de cooperativas registradas y de las cooperativas de trabajo en particular a partir del último año del gobierno anterior, tendencia que se acentúa en los dos primeros de la gestión del actual.

2. La situación resultante: la heterogeneidad del cooperativismo de trabajo y sus interpretaciones

Como resultado de los procesos políticos, económicos y sociales reseñados se ha ido conformando un heterogéneo sector cooperativo, que ha sido caracterizado de distintas maneras.

Enfocando en el desempeño empresarial y asociativo, Vuotto (2011) identifica tres "modelos cooperativos": las cooperativas integradas, las cooperativas reivindicativas y las inducidas por el Estado. Un enfoque coincidente es el de Schujman (2015) quien distingue el *cooperativismo histórico o fundacional* de aquellas entidades, surgidas de la lucha contra la pobreza y la exclusión o de las políticas sociales recientes, a las que denomina *cooperativas emergentes*. Dentro de ellas ubica como cooperativas "nacidas desde abajo y desde adentro" a las empresas recuperadas y analiza como ejemplos que aportan a la ESS las generadas con fondos públicos por organizaciones sociales como la Tupac Amaru, surgida en Jujuy y luego extendida a otras provincias.

Volviendo a Vuotto (2011), las cooperativas de tipo *"integradas"* son aquellas creadas a partir de una visión compartida entre sus socios fundadores, y sustentadas en valores y principios del sector. En términos generales se trata de experiencias "exitosas desde un punto de vista económico y en su desempeño organizacional" (Vuotto, 2011: 21) y se corresponden con la tradición cooperativa de Argentina. Junto a ellas ubica las cooperativas *"reivindicativas"*, que tienen como antecedente inmediato anterior una experiencia de trabajo salarial en una organización no cooperativa. En este tipo, la autora incluye específicamente a las cooperativas surgidas de procesos de recuperación de empresas. Finalmente, las cooperativas *"inducidas por el Estado"* son las promovidas en el marco de las políticas y programas antes mencionados.

Al igual que ocurre con las organizaciones, también son apreciables las diferencias entre los sujetos que las integran. En términos generales, los asociados a cooperativas de tipo integradas comparten una misma perspectiva y responden al proyecto cooperativo. Quienes integran cooperativas de tipo reivindicativo se caracterizan principalmente por compartir experiencias previas de trabajo en relación de dependencia, situación que acentúa su identificación como "trabajadores" –más que su posición como asociados a una cooperativa– y las reivindicaciones ligadas a la protección y la seguridad social de los trabajadores autogestionados. En el tercer caso, los integrantes de las cooperativas "inducidas por el Estado" son predominantemente "sujetos excluidos", condición que en algunos casos actuó como móvil para su inserción en movimientos sociales reivindicatorios de derechos y necesidades (Vuotto, 2011).

Haciendo eje en la intervención estatal en la forma cooperativa, Hudson (2017:17) propone la siguiente tipología de cooperativas: las no-estatales (empresas recuperadas producto de procesos específicos, y que han recibido apoyo en los últimos años), sintéticas (creadas y sostenidas únicamente por el Estado, entre las que considera las del Programa Ingreso Social con Trabajo/PRIST) y anfibias "que se ubican en una frontera precisa entre las no-estatales y las sintéticas", en las cuales la voluntad cooperativa precede a la intervención de los gobiernos nacionales, "aunque surge en un contexto estatal favorable para el impulso de este tipo de emprendimientos colectivos. Aunque operan exclusivamente en el mercado, dependen de fondos estatales y, en ese sentido, son también resultado de políticas públicas."

La siguiente caracterización nos aproxima a nuestra preocupación por el sentido atribuido al trabajo asociativo. Hopp (2013 y 2015) registra tres situaciones diferentes en su estudio sobre cooperativas gestadas por impulso público, que configuran distintas maneras en que sus integrantes construyen representaciones sobre el trabajo que hacen. En la estructuración de estas situaciones considera que son determinantes las trayectorias ocupacionales, la experiencia de vida de los sujetos, sus condiciones familiares y las del propio emprendimiento, ligado al contexto económico en que se inscribe su actividad.

Cuando analiza el caso de una cooperativa a la que sus integrantes no se sumaron voluntariamente, sino que accedieron estando vinculados con la organización política que la gestiona, lo define como de "asociatividad forzada o instrumental". Señala que las posibilidades de pensar este trabajo, y su sostenibilidad en el tiempo, como una alternativa laboral genuina "se encuentran tensionadas por la organización vertical y jerárquica del trabajo y las relaciones que se establecen entre los destinatarios y referentes en el territorio, sumado al sesgo asistencial y la débil articulación con la esfera productiva que caracteriza al programa". Rescata que las tareas que realizan son consideradas por sus integrantes como un trabajo, si bien "la participación en estas singulares cooperativas creadas por la política social, no parece habilitar la posibilidad de construir una identidad colectiva, vinculada con el trabajado asociativo y autogestionado" tal como proponía normativamente el diseño del programa (Hopp, 2015:221).

Esta "asociatividad forzada o instrumental" la registra también cuando los integrantes se inscriben en el programa y son incorporados luego a una cooperativa para trabajar, por ejemplo, en una dependencia municipal. La actividad implica aquí la seguridad de un ingreso estable, y es vivida sin mayores diferencias con la inclusión en planes sociales con contraprestación laboral (en los que muchos de ellos ya participaron). La autora observa también casos que define como experiencias de "militancia cooperativa" y refiere a quienes asumen la participación en una cooperativa como una herramienta para la transformación colectiva a la vez que un proyecto de vida. Son casos relacionados con trayectorias laborales y prácticas políticas y sociales previas basadas en valores de cooperación y reciprocidad.

Como una situación intermedia registra la de quienes en un primer momento se incorporan a la cooperativa por la necesidad de generar trabajo e ingreso, pero luego lo asumen como proyecto de trabajo autogestionado, buscando constituir cooperativas genuinas, con integrantes que comparten el proyecto común (Hopp, 2013).

Las caracterizaciones anteriores conforman tipologías que describen dentro de categorías más o menos precisas un fenómeno nuevo, surgido en una coyuntura política y social específica, y al hacerlo proponen esquemas clasificatorios que contienen y dan sentido a lo emergente.

Tomando distancia de intentos clasificatorios Kasparian (2017:114) se pregunta si "más allá de que el Estado imponga la forma cooperativa, el modo en que es puesta en práctica dicha forma, en vinculación con los conflictos constituyentes, ¿no podría dar lugar a formas cooperativas enmarcadas en políticas públicas para cuya caracterización no sería suficiente la referencia a la inducción estatal o al carácter sintético de su conformación?" En su análisis de una cooperativa del PRIST, impulsada por un movimiento de trabajadores desocupados, pone el foco en las luchas subyacentes a la conformación, lo que le permite incorporar al carácter inducido del surgimiento, lo que denomina dimensiones contenciosas y reivindicativas. Rescata el proceso de lucha por el cual se logra ingresar al programa, que a la vez busca obtener mayores grados de autonomía, de modo de limitar las potenciales relaciones de subordinación que plantea el PRIST. A la luz de este proceso encuentra en una cooperativa PRIST "atributos propios de los tipos reivindicativos o no-estatales, dando cuenta de las hibridaciones presentes en las formas sociales concretas" (Kasparian, 2017:133)[5].

---

[5] "Las luchas, reivindicaciones e interacciones de cooperación o conflicto con el Estado, principalmente durante los procesos constituyentes de las coope-

Una postura más extrema es la de Fernández Álvarez (2015), para quien las nociones de "cooperativa", "autogestión", "economía social" constituyen modelos cuya existencia tiene más lugar en el papel que en las prácticas cotidianas concretas. Para deshacerse de una "lectura teleológica" que supone un horizonte prefigurado, la autora en sus investigaciones propone pensar a "las cooperativas como categorías de la práctica". Entiende que esto le "permite capturar de manera vívida su carácter contradictorio, en el curso del cual se desarrollan procesos que a la vez internalizan formas de dominación y generan espacios de autonomía, suponen relaciones de poder y acciones igualitarias, implican lógicas individuales y prácticas solidarias" (Fernández Álvarez, 2015: 20)

3. La construcción del sentido sobre el trabajo en cooperativas

Son diversas las críticas a la gestación de cooperativas de trabajo impulsadas desde el Estado. Desde el mundo cooperativo, académico y de organizaciones sociales, se ha señalado que las entidades formadas de este modo no respondían a principios básicos del cooperativismo: no eran resultado de asociación voluntaria de sus integrantes, no se autogestionaban democráticamente, no se formaban con aportes de los socios constituyendo propiedad colectiva.

Lo anterior hace que —reconociendo su importancia en la búsqueda de inclusión por el trabajo— se sostenga que fue utilizada "equivocadamente" la forma jurídica cooperativa para actividades para las cuales no se han "conformado tipos jurídicos específicos que respondan a su verdadera naturaleza" (Schujman, 2015:100). En esa línea Vuotto plantea que "el carácter masivo de los programas gubernamentales no permite superar la lógica de las iniciativas orientadas a la resolución de las urgencias sociales y restringe la consolidación de un espacio integrado

rativas, resultan indicadores que permiten diferenciar a unos tipos de otros. Por esta razón, consideramos que profundizar en las caracterizaciones de las matrices de surgimiento de las cooperativas enmarcadas en políticas sociales puede resultar en un aporte enriquecedor, que nos permita vislumbrar las hibridaciones e interpenetraciones en las formas cooperativas concretas" (Kasparian, 2017:113)

por organizaciones sostenibles, eficaz para responder a las aspiraciones de democratización de las experiencias y de participación de sus miembros" (Vuotto, 2014:45). Para Hopp lo anterior "limita las posibilidades de consolidación de experiencias genuinamente cooperativas" (2015: 221).

Más allá de lo referido a la preocupación por las cooperativas promovidas por políticas públicas como las que acabamos de mencionar, las representaciones sobre el trabajo en cooperativas por parte de quienes lo hacen, de aquellos que tienen relación con quienes lo hacen, pero también de quienes sólo lo observan a distancia son significativas para entender el alcance del cooperativismo de trabajo que emerge en este siglo. Y permiten una mirada que enfoca en otros aspectos no incluidos en las críticas anteriores, sin ninguna duda válidas desde las perspectivas mencionadas.

Coincidimos con Rebón y Kasparian (2015) en que la valoración de las cooperativas de trabajo es un elemento que colabora en su desarrollo si bien las razones por las cuales se las juzga pueden ser de muy distinto tipo. Por un lado, valorar a la cooperativa como modalidad de integración o asistencia puede justificar la pura asistencia, aunque esté revestida de formalidad cooperativista. Por el otro, considerar a la cooperativa como mera defensa de la fuente de trabajo puede obstaculizar la posibilidad de avanzar sobre nuevas formas productivas. Sin duda "el abordaje de estas tensiones en el campo simbólico es un elemento que debe analizar y enfrentar cualquier estrategia política de avance hacia nuevas formas de control social de la producción" (Rebón y Kasparian, 2015:22-23)

Para registrar una perspectiva más amplia –y referida al momento histórico de auge de estos procesos–, contamos con los resultados de una encuesta representativa a mayores de 18 años del Área Metropolitana de Buenos Aires (AMBA)[6] que indagó en 2012 sobre la valoración

---

[6]Encuesta domiciliaria representativa de la población mayor de 18 años del AMBA; cuestionario semiestructurado con preguntas cerradas y escalas de opinión y preguntas para la clasificación de los entrevistados y sus hogares. Diseño muestral polietápico, estratificado y probabilístico con una muestra de 599 casos con un margen de error ±4% y un nivel de confianza del 95%. La encuesta indagó sobre la valoración de la forma cooperativa por parte de la población y los valores en se fundaba; cómo eran percibidos los procesos emblemáticos

del cooperativismo de trabajo. Formó parte de una investigación que partía del reconocimiento del peso de la dimensión simbólica en la lucha por la transformación de las relaciones productivas, considerando a la opinión pública como uno de los terrenos donde esta lucha tiene lugar. Los cambios que en ella ocurren, son entendidos como expresión de dinámicas de confrontación social y, a la vez, un elemento ordenador de las mismas (Rebón y Kasparian, 2015).

Muy brevemente los resultados más significativos de esta encuesta mostraban: (i) el 70% de los encuestados consideraba al cooperativismo de trabajo de manera positiva (pese a que muy pocos conocían o habían integrado personalmente una cooperativa). (ii) Si bien la mitad de los encuestados definió a la cooperativa por sus principios básicos, casi un tercio las relacionó a planes sociales. (iii) Respecto de la autogestión, un hallazgo central del relevamiento fue que el 83% de la población consideraba que una empresa dirigida exclusivamente por trabajadores es viable económicamente y que no implica ineficacia económica (esto es, la función de dirección no resultaba ser un atributo naturalizado del capital y era también concebida como asociada a la organización de los trabajadores). (iv) La viabilidad de las cooperativas, para la mitad de los encuestados, se sostenía en el reconocimiento de la capacidad y experiencia de los trabajadores; y poco más de un tercio señaló que el trabajar para su propio beneficio promueve un involucramiento activo que asegura el funcionamiento de la empresa, estimula la tarea y la capacidad organizativa. Sin embargo cuando se preguntó por la eficiencia, la mitad de los encuestados consideró que la empresa privada tradicional es la forma más eficiente de organizar la producción y sólo un cuarto lo atribuyó a la forma cooperativa.

La investigación puso también el acento en la opinión sobre las dos formas centrales de las cooperativas de trabajo en ese período, las empresas recuperadas por sus trabajadores y las promovidas por la política pública. Sobre las primeras, casi tres cuartos del total de los encuestados, las conocía e identificaba sus características (incluyendo la toma de la empresa). Casi el 90% de éstos las evaluaban positivamente, en su

de cooperativismo de trabajo de la Argentina reciente y si las cooperativas eran valorizadas como una forma de cambio social en las relaciones de producción (Rebón y Kasparian, 2015).

gran mayoría por ser una forma de preservación de la fuente de trabajo, y en baja proporción por la autogestión y la democratización laboral.

Con respecto a la vinculación entre cooperativa y política pública la encuesta mostró un amplio consenso en torno al apoyo estatal a la formación y desarrollo de cooperativas. El trabajo como valor social fue el elemento clave en la consideración de la legitimidad de estas políticas. Esto se refleja en la percepción sobre cuál debería ser su objetivo: la mitad de los encuestados optaron por la finalidad de inclusión social (dar trabajo a los desocupados). Casi un tercio de los encuestados sostuvo que el apoyo debía aportar a la construcción de una economía más solidaria, que exprese un cambio en los patrones económicos existentes. Sólo el 15% consideraba como objetivo de estas políticas el desarrollo del país (Rebón y Kasparian, 2015).

3.1 De las interpretaciones a la experiencia vivida en 2015

Como señalamos más arriba en el trabajo de campo llevamos a cabo en 2015 entrevistas a trabajadores con distintas inserciones; dos de ellas fueron a cooperativistas. En una entrevistamos a un trabajador con historia de integración en varias empresas recuperadas y con militancia en una federación de cooperativas de trabajo.

En lo que hace a su acercamiento a esta forma de trabajo, durante la crisis de la convertibilidad cuando *"el país se caía todo a pedazos, los bancos se quedaban con la guita de todo el mundo"* empezó a *"ver el tema de las cooperativas como una opción"* y a conectarse con quienes podían transmitirle la experiencia de las empresas recuperadas (IMPA, Gutiérrez entonces intendente de Quilmes) con la finalidad de mantener *"la fuente de trabajo"*. Respecto de la identidad como trabajador y sus condiciones en el 2015 señalaba:

> [...] al ser monotributista, las cooperativas en sí mismas digamos, están en una zona gris con respecto a lo que significa el trabajo organizado [...] el acuerdo que hicimos nosotros es que si bien el monotributo es responsabilidad personal la cooperativa es responsable solidaria de que pague, o sea, vendría a ser la retención de la cooperativa para garpar ese monotributo."

> [...] pero nosotros nos reivindicamos laburantes, somos trabajadores sin patrón por decirlo de alguna manera [...] todos los meses cobramos una guita determinada, nos fijamos más o menos cuanto paga el

gremio, siempre estamos por arriba en esa guita y de ahí se paga el monotributo, que lo paga la cooperativa a cada uno de los asociados, todos los meses se deposita.

[...] Depende de qué gremio sea cada uno, nosotros por ejemplo, estamos en el gremio de la pintura entonces el gremio tiene un acuerdo salarial con la patronal y hay un mínimo establecido para las labores que desempeña cada uno, entonces nosotros a partir de ese mínimo sabemos cuánto es lo que se paga, pero nosotros siempre estamos por arriba" (Manuel, entrevista 31.8.2015).

Este testimonio y los siguientes de Manuel reflejan el peso que tiene, en un integrante de "cooperativas reinvindicativas" en términos de Vuotto (2014), su historia laboral anterior como trabajador en relación de dependencia, así como la preocupación por la protección y la seguridad social de este tipo de trabajo.

Si bien Manuel no menciona aportes de programas públicos en las empresas recuperadas en que trabaja, la posibilidad de acceder a recursos de este tipo aparece a través de la venta de materiales de su cooperativa para la fabricación de viviendas realizadas por programas financiados por el Ministerio de Planificación, específicamente cooperativas de mujeres en el sur del país y de zonas indígenas que valora fuertemente. Su experiencia es un ejemplo de búsqueda de articulación entre empresas recuperadas y las cooperativas generadas y sostenidas por el Estado, sin que esto aparezca mencionado como una estrategia promovida por las políticas sino referida al interés de la federación de cooperativas de la que forma parte.

Cuando en la entrevista se indagó sobre el rol del Estado y sus políticas, Manuel valoró fuertemente las de construcción cooperativa de vivienda y otras como el PROGRESAR y la AUH, a la vez que fue muy crítico sobre la exclusión de los monotributistas[7] de esta prestación y de los problemas que tienen este tipo de trabajadores en el momento de jubilarse: *"nosotros al ser monotributistas y empresas recuperadas nos jubilamos con el mínimo, estamos peleando también por ese tema, [...] yo sé que voy a tener que laburar hasta que me muera porque con una jubilación no podes vivir, no podes sostener nada. Entonces mientras me dé a mí el cuero*

---

[7] Sobre el esquema impositivo simplificado que implica el monotributo ver capítulo 3.

voy a laburar seguramente, y si no hasta que logremos el tema este de la jubilación para las empresas recuperadas" (Manuel, entrevista 31.8.2015).

La entrevista a Elsa, integrante de una cooperativa de Luján que produce indumentaria, recupera el caso de una cooperativa nueva formada por doce miembros (cuatro son hermanas de Elsa). Proveniente de una familia en la que ella es *"tercera generación de costureras",* había trabajado siempre en talleres de costura (como asalariada formal) y como trabajadora por horas en casas particulares, sin el debido registro legal. Aparece aquí la participación estatal en la génesis de la cooperativa, una de las tantas formas en que el impulso público incidió en esos años. En sus palabras la cooperativa se origina *"de golpe y porrazo"* por el interés del Municipio de Luján en apoyar iniciativas de este tipo:

> [...] por intermedio de la municipalidad la Cámara Textil estaba buscando una cooperativa para armar porque ellos tenían muchos volúmenes de sábanas para hacer y estaban en tallercitos esas sábanas, ellos querían armar un espacio amplio [...]y está acá en Jáuregui, el polo textil [...] y bueno así empezamos, así abrimos la cooperativa, nosotros nos juntamos, éramos cuatro hermanas que nos habíamos quedado sin trabajo y dos chicos que venían de afuera que sabían coser, igual nos fue mal al principio porque la Cámara Textil nos había dicho que nos iba a conseguir el lugar y la tela[...] No nos consiguió el lugar, nosotros salimos a buscar con el municipio acá de Lujan el lugar, gracias a ellos conseguimos el lugar, y cuando fue el momento de darnos los 10.000 juegos de sabanas que nos habían prometido, nos terminaron dando 600 sabanas de abajo y a otro precio. Así que no nos quedamos quietas y salimos a buscar cualquier cosa, ahí enganchamos con los chicos de escuelas con buzos de egresados[...] (Elsa, entrevista 20.11.2015).

Bajo la forma cooperativa y con monotributo social[8] (del cual apreciaba el acceso a obra social) en el momento de la entrevista producían para empresas textiles con pago por producción. Recibían capacitación

---

[8] El monotributo social es un régimen tributario particular creado con el objeto de facilitar y promover la incorporación a la economía formal de personas tradicionalmente excluidas, posibilitándoles que puedan emitir facturas, acceder a una obra social y realizar aportes jubilatorios. Se crea con la promulgación de la Ley 25.865/04 a instancias del MDS, y como categoría tributaria permanente reconoce la realización de actividades productivas, comerciales y de servicios por parte de la población en situación de vulnerabilidad social. Funciona bajo la órbita del mencionado ministerio.

en gestión cooperativa por parte del Municipio. La valoración de la cooperativa es expresada de este modo:

> Tomé la decisión de tener esta cooperativa yo que antes siempre dependía de terceros, que estaba sujeta [...], estaba esclavizada por una persona que me decía lo que yo tenía que hacer y que lo tenía que hacer, con maltrato verbal y entonces decidí salir de ese ambiente y armarme mi propio grupo de socios, y acá todos tenemos voz y voto y eso a mí me benefició tanto moralmente, psicológicamente, económicamente y anímicamente [...] (Elsa, entrevista 20.11.2015).

La suya es la perspectiva de una mujer de mediana edad con una hija de 21 años (a su vez madre) y tres hijos varones entre 13 y 8 años, un marido trabajador informal, que comparte con las otras hermanas el cuidado de una madre enferma. Como ocurre con las trabajadoras de espacios asociativos, lo valora también por la libertad en la organización del trabajo, la disposición de tiempos para las tareas de cuidado y la posibilidad de tener con ella a los hijos y el nieto cuando nadie puede ayudarla.

En las entrevistas se indagó específicamente acerca del conocimiento sobre los subsidios[9]. En el 2015 aparecía naturalizado el acceso a ellos por *"todo el mundo, vos también, hasta los ricos los tienen"* (Manuel). Para Elsa el subsidio del Estado *"está bien, porque es como un ida y vuelta porque me parece que a nosotros nos descuentan de un lado pero después a su vez te lo sacan por el otro"* (señalaba esto en relación con el impuesto a las ganancias a partir de la experiencia de su cuñado). En ninguno de los entrevistados se registraba preocupación por los montos de las tarifas, aunque en el caso de Elsa sí por la calidad del servicio (cortes de agua). La electricidad le era provista por una cooperativa eléctrica de la zona, junto con la factura de luz estaba pagando una heladera en cuotas *"porque tiene un Hogar Eléctrico se llama, venden todo tipo de mercaderías electrodomésticos."*

---

[9] Sobre el tema de los subsidios y sus modificaciones a partir del gobierno Macri ver el capítulo 2 de este libro.

3.2 *Los procesos en 2016: miradas sobre el pasado reciente y prefiguraciones del futuro*

Un año después la investigación indagó sobre nuestras preocupaciones con una técnica distinta, grupos focales definidos también por la inserción en el mundo del trabajo de sus integrantes. Para el caso del trabajo en cooperativas enfocamos la atención en integrantes de cooperativas gestadas autónomamente y de promoción estatal. En el segundo caso participaron trabajadores del programa "Argentina Trabaja" del Ministerio de Desarrollo Social, cuyo diseño se proponía el objetivo de "generación de empleo digno y genuino" para lo cual promovía "la producción sustentable en las distintas etapas de la cadena productiva, el trabajo en red, la creación y el fortalecimiento de las empresas sociales, mutuales y cooperativas en el marco de la Economía Social (solidaria, democrática y distributiva)"[10].

Su origen remite al Plan Nacional de Desarrollo Local y Economía Social "Manos a la obra" del 2003. En el año 2010 se produjo una adecuación de dicho Plan y se unificaron diversos programas como componentes de "Argentina Trabaja". Las cinco líneas de acción que incorporó son: (1) *Proyectos Socio-productivos "Manos a la Obra"* (para proyectos productivos personales, familiares o asociativos contempla la financiación de maquinaria, herramientas e insumos para emprendimientos productivos, de servicios o comerciales y asistencia técnica permanente a través de la capacitación, organización y seguimiento); (2) *Marca Colectiva* (destinada a fortalecer la producción y la comercialización por medio de un "signo distintivo común" que identifica los productos elaborados y/o servicios prestados por agrupamientos de emprendedores de la Economía Social); (3) *Microcréditos* (financiamiento para quienes no cuentan con garantías patrimoniales o no reúnen las condiciones para acceder a créditos bancarios tradicionales); (4) el *Programa Ingreso Social con Trabajo* (de creación de oportunidades de inclusión socio-ocupacional integral de personas en situación de vulnerabilidad, sin ingresos formales en el grupo familiar, sin prestaciones de pensiones o jubilaciones nacionales ni otros planes sociales, requería "estar incluido

---

[10] En http://www. Desarrollo social.gob.ar/ArgentinaTrabaja (consulta 15-11-2015). Para una revisión del contexto del surgimiento del programa y la concepción de la política ver Arcidiácono y Bermúdez (2015), Hopp (2015).

en una cooperativa de trabajo convenida a los fines del Programa"). En el año 2013 se inició una línea específica orientada a mujeres en situación de alta vulnerabilidad social y ocupacional, denominada Ellas Hacen (Resolución MDS 2176/13)[11]. (5) *Monotributo social*: régimen tributario que permite facturar por actividades productivas, comerciales y de servicios a la "población en situación de vulnerabilidad social". Incluye cobertura de salud personal y familiar durante las etapas activa y pasiva, de vejez y fallecimiento y la percepción de la Asignación Universal por Hijo para Protección Social.[12]

Si bien "Argentina Trabaja" en general y el PRIST en particular son conocidos (y objeto de numerosa producción académica) por la creación de cooperativas señalemos que la promoción del trabajo cooperativo era el tercero de los objetivos específicos del PRIST. Los dos primeros refieren a la inclusión social a través del trabajo, tendiente a mejorar espacios de uso público y/o patrimonio comunitario; el desarrollo de capacidades humanas desde "una perspectiva integral": acceso a la educación (alfabetización, terminalidad educativa, capacitación profesional); promoción del cuidado de la salud optimizando el acceso a servicios, promoción del desarrollo de las potencialidades culturales y de participación ciudadana, personales y colectivas. El objetivo de promoción de la organización cooperativa estaba destinado a propiciar y favorecer el acceso a espacios de asociación y organización para el trabajo, fomentando la constitución de cooperativas de producción y trabajo que pudieran insertar a sus miembros en el mercado formal. Se promovieron cooperativas para la ejecución de obras públicas de baja y mediana complejidad para el mejoramiento de la calidad y condiciones de vida de los habitantes de los barrios (Ministerio de Desarrollo Social, 2015). Estas particularidades del diseño del programa son destacadas

---

[11] Esta línea, de acuerdo con la mencionada resolución, tenía como finalidad la realización de actividades de capacitación y terminalidad educativa en mujeres que debían incorporarse a cooperativas de trabajo. Estaba destinada jefas de hogar monoparentales desocupadas, que perciban la AUH, preferentemente con tres o más hijos a cargo, menores de 18 años o discapacitados, o que sufriesen violencia de género, que viviesen en barrios emergentes de extrema vulnerabilidad.

[12] En http://www. Desarrollo social.gob.ar/ArgentinaTrabaja (consulta 15-11-2015).Ver también nota 8.

por Arcidiácono y Bermúdez (2015) en lo que hace al mayor peso del discurso del capital humano en su combinación con el de la economía social. Lo encuentran también expresado en la manera en que el PRIST centra los logros en los saberes transmitidos, en los aprendizajes de oficios y la adquisición de hábitos de trabajo por parte de los titulares.

Retomando el trabajo de campo, nos centraremos en este capítulo en dos grupos focales llevados a cabo en el mes de octubre de 2016, de los que formaron parte miembros de cooperativas gestionadas autónomamente (participaron socios de cooperativas gráficas, de mantenimiento y seguridad, de vivienda y de producción de óxido de hierro). Prácticamente en la misma proporción que las cooperativas anteriores, las integrantes de las cooperativas resultado de la acción estatal pertenecían al programa PRIST y Ellas Hacen. Dos tercios del total de participantes fueron mujeres, mayoritariamente entre 25/35 años; los hombres se encontraban en un rango de edad entre 36/49 años (ver anexo de la Presentación)[13].

Por las características de la técnica, los grupos focales permiten captar interpretaciones, puntos de vista distintos respecto de los aspectos puntuales sobre los que se centra la interrogación al colectivo. Relacionando el análisis con la pertenencia al tipo de cooperativas, los grupos permiten aproximarnos –desde la polifonía de voces de quienes lo practican– a diferentes sentidos sobre el trabajo en los distintos tipos de cooperativas y los recursos a los que acceden, sentidos construidos a partir de sus muy diversas experiencias de género, ciclo de vida, territoriales, de trayectorias laborales y, fundamentalmente, por las condiciones de trabajo en las que estaban inmersos. Las voces nos hablan de lo ocurrido en años anteriores, del presente del 2016 y a la vez anticipan el porvenir.

En la exposición siguiente nos detendremos en los diferentes, y en algunos casos opuestos argumentos, que los participantes de los grupos focales desarrollaron, tomando como eje algunas cuestiones que consideramos significativas en cómo es visto, valorado o no valorado este tipo de trabajo y las políticas de las cuales es tributario y en qué medida es posible advertir que aporta a la autovalía o al sentido de autovalerse.

---

[13]Cuando contribuyan a contextuar mejor las intervenciones, en algunos casos, incluiremos datos adicionales sobre participantes específicos.

De acuerdo con la perspectiva metodológica que describimos al comienzo, lo haremos complementado los testimonios con información macro y apoyándonos en estudios previos que nos permitan reconstruir el contexto de nuestro trabajo de campo[14].

Formar parte de una cooperativa: llegada, actividad y valoración del trabajo

En los grupos focales fueron mujeres quienes pertenecían a las cooperativas gestadas vía promoción estatal. Por un lado, el programa Ellas Hacen está destinado exclusivamente a mujeres, por el otro, el PRIST tenía una alta proporción femenina que se fue incrementando en el tiempo, alcanzando en diciembre del 2015 al 61%, siete puntos porcentuales más que en el 2011 (AT 2016).

Las experiencias de acceso al programa que describen las participantes de los grupos varían mucho. Dependiendo del municipio y las situaciones personales, van desde el azar, pasando por el conocimiento a través de redes informales (familiares, conocidos, miembros de organizaciones sociales barriales) o el ingreso vía punteros:

> Cecilia: [...] fue muy loco porque justo se había enfermado mi hijo, me acuerdo perfectamente, fui a la salita del barrio y había un cartel pegado y estaban convocando para el programa y siempre por numeración del documento y justo ese día me tocaba el mío.

> Estefanía: Y yo por ejemplo entré por una amigo de mi marido que laburaba con el intendente de Ituzaingó.

---

[14] Entre otros materiales nos basaremos en los documentos Argentina Trabaja, 2016 (en adelante AT 2016) y Ellas Hacen, 2015 (en adelante EH 2015). El primer documento presenta datos de los titulares del PRIST sobre un "universo de encuestas" de 140.479 titulares, el 80 % de los titulares vigentes. El programa se ha caracterizado por una gran imprecisión en lo que hace a la cantidad de destinatarios informados y la inconsistencia del dato entre distintos documentos del mismo Ministerio de Desarrollo Social, e incluso dentro de un mismo documento. El número anterior (que incluye la línea Ellas Hacen) estaría indicando un total de unos 168 mil titulares a fines del 2015.

Según consta en EH 2015 se llevaron a cabo actualización de datos en 2011, 2013, 2014 y 2015, relevando información sobre "titulares activos" en lo que hace a datos personales y de sus familiares convivientes, condiciones de vivienda, situación de salud, educación y actividades realizadas desde la inclusión al programa y expectativas generadas a partir de su participación en el mismo.

> Estefanía: La mayoría del Plan Argentina entraron todos por punteros políticos [...] yo al plan Argentina no pude ingresar porque no tenía conocidos políticos... Ituzaingó es uno de los Municipios que se maneja todo políticamente (Cooperativistas y destinatarios/as Programas Ingreso Social con Trabajo y Ellas Hacen. Grupo 10).

Las respuestas de los integrantes de cooperativas autónomamente generadas apuntan a lo colectivo y refieren a distintas situaciones en relación con el Estado y acompañamiento desde la sociedad civil:

> Ricardo: En el caso de nuestra cooperativa, somos una cooperativa gráfica, no tenemos el aporte de ningún gobierno, ni de este ni del anterior, en realidad siempre fue tratar de sobrevivir dentro de lo que nosotros hacemos que es la gráfica. Trabajamos en conjunto con muchas cooperativas gráficas y textiles [...] porque consideramos que podemos crecer pero juntos, ayudándonos, apoyándonos porque de otra forma no podemos, no salís [...]

> Alicia: La cooperativa se conformó porque se ganó un subsidio del Ministerio de Trabajo y gracias a eso se compró la máquina que estamos usando ahora, o sea sin esa ayuda de ese proyecto que se presentó para la cooperativa no existiría esta cooperativa porque no se tenía para comprar esa máquina.

> Antonia: [se refiere a lo anterior] Las compañeras que se presentaron están dentro de una federación que es la "Federación de cooperativas argentinas" que son de trabajo auto gestionado y claramente la federación acompaña a las fábricas recuperadas y esto que hablábamos antes de que el patrón bajó la persiana y los trabajadores tomaron el lugar. Es una federación para eso, para acompañarse y no estar solos (Cooperativistas y destinatarios/as Programas Ingreso Social con Trabajo y Ellas Hacen. Grupo 10).[15]

En el marco de los tres objetivos reseñados más arriba, el PRIST incluía las siguientes líneas de acción: la capacitación en obra (mejora de espacios públicos, comunitarios y otros, en obras de baja o mediana complejidad materializadas en la ejecución de los módulos constructivo/productivos, bajo responsabilidad técnica de los distintos Entes

---

[15] Alicia es diseñadora de imagen y sonido, egresada de la UBA en 2016, trabajaba desde hacía dos años en una cooperativa gráfica formada años antes. Antonia, está terminando el CBC luego de pasar por varios terciarios, es socia de otra cooperativa gráfica y se refiere a FACTA/Federación Argentina de Trabajadores Autogestionados.

Ejecutores[16]; terminalidad educativa; cuidado de la salud personal, familiar y comunitaria; integración laboral (capacitación introductoria a la construcción, el saneamiento y la producción); formación ciudadana y recuperación de la cultura del trabajo; desarrollo de la identidad cultural; formación de orientadores (los orientadores eran miembros del programa capacitados en diplomaturas y tecnicaturas en economía social que acompañaban grupos asociativos[17]); promoción de la organización cooperativa (capacitación, acompañamiento y asistencia técnica a los grupos asociativos en funcionamiento cooperativo, aprendizaje de los aspectos administrativos, operatoria cooperativa y los libros sociales).[18]

Como "incentivo de inclusión social" (al que a partir del 2012 se le agregó adicionales por productividad y presentismo) los integrantes percibían un monto, transferido de manera directa a su cuenta bancaria individual, que en el momento de los grupos focales correspondía al

[16]El diseño del PRIST establecía que el MDS acordaba con los Entes Ejecutores (gobiernos municipales, provinciales, universidades y organizaciones sociales entre otros), las condiciones para la ejecución del programa, incluyendo la organización de las cooperativas. El Ministerio también les giraba los recursos necesarios para las obras y los Entes eran los encargados de definir las tareas, planificar y organizar el trabajo de las cooperativas. El INAES era responsable de la formalización de las cooperativas, que eran inscriptas por el propio MDS. En http://www. Desarrollo social.gob.ar/ArgentinaTrabaja (consulta 15.11.2015).

[17]Al respecto ha sido importante el papel cumplido por las universidades públicas. De particular relevancia fue el "Diploma de Extensión Universitaria de Operador Socioeducativo de la ESS" que desarrolló entre 2010/2014 la Universidad Nacional de Quilmes, con financiamiento del MDS, extendido posteriormente a otras universidades. De un año de duración estaba dirigido a referentes de las cooperativas PRIST, becados para cursarlo. La Tecnicatura Universitaria en Economía Social y Solidaria (en articulación con UNQUI) fue desarrollada por la Universidad de La Matanza y estaba destinada a egresados que contaban con título secundario (AT 2016).

[18] El INAES tuvo a cargo la capacitación en estos temas, en 2015 en estas capacitaciones participaron el 39% de los titulares. A su vez el MDS, en convenio con las Universidades Nacionales de Buenos Aires y La Matanza, realizó durante el último semestre 2014 y el primer semestre de 2015 en el Gran Buenos Aires y diversas provincias del país una "Capacitación en Valores Cooperativos", que incluía conceptos tales como cooperativismo, economía social, aspectos técnicos y contables en relación a las cooperativas y su relación con los contextos de desarrollo económico y producción social (AT 2016).

50% del salario mínimo. Disponían de monotributo social, con el cual accedían a las prestaciones asociadas a éste.

Mirado desde las tareas abarcadas por el diseño del programa[19] y en el marco de lo que se podría considerar una acepción laxa de "mantenimiento", las trabajadoras que participaron en los grupos focales, indican que se ocupan de tareas de limpieza de oficinas en un centro comunitario, de calles y oficinas municipales o de tareas administrativas en un centro comunitario. Más cerca de las definiciones programáticas reseñadas, varias refieren hacer trabajos de albañilería tanto por la disponibilidad de ese tipo de capacitación como por la construcción de viviendas cooperativas en las que participaron (considerado como "capacitación en obra").

> Mariana: Yo hace 8 años que estoy en "Argentina Trabaja" y hace 8 años que salimos nada más que a barrer la calle. Antes hacíamos cursos [...]
>
> Estefanía: por ahí pintar el cordón para decir [...] un poquito
>
> Mariana: también [...] o cortar el pasto...
>
> Entrevistadora: y cómo es el día a día?
>
> Mariana: Entramos a las 8 de la mañana y hacemos como 30 cuadras [...] somos 8 nada más [...] Hacemos las 30 cuadras, terminamos y nos vamos (Cooperativistas y destinatarios/as Programas Ingreso Social con Trabajo y Ellas Hacen. Grupo 10).

En las palabras de Mariana aparece el reclamo por la poca utilidad de su trabajo que podría reforzar un sentimiento de dependencia. A lo anterior se opone una experiencia diferente como la de Alejandra (integrante de una cooperativa PRIST) quien señala *"nosotras estuvimos en la*

---

[19] Las tareas de que se ocupaban abarcan saneamiento (redes de cloacas y agua); infraestructura urbana (veredas, pavimento, cordón, cuneta, obras de acceso para personas con discapacidad, iluminación y desagües pluviales); mejoramiento de espacios verdes (plazas y parques, limpieza de las márgenes de ríos y arroyos, tratamiento de residuos sólidos y urbanos); infraestructura comunitaria (mantenimiento y construcción de obras locales, escuelas, centros administrativos, comedores escolares, centros de salud sociales, clubes e iglesias); viviendas (mejoramiento habitacional). El programa proveía elementos de seguridad: cascos, calzado y ropa de trabajo y contrataba un seguro de vida personal y ante terceros En http://www. Desarrollo social.gob.ar/ArgentinaTrabaja (consulta 15.11.2015).

Feria de Ciencias presentando agroecología y economía social, que es lo que enseñamos, y presentando el trabajo de los compañeros de Argentina Trabaja. Los compañeros de Argentina Trabaja no hacen mesas y sillas ahora, desde diciembre, para vender. Las hacen desde la gestión pasada. Y las hacen para los colegios" (Cooperativistas y destinatarios/as Programas Ingreso Social con Trabajo y Ellas Hacen. Grupo 11).

Posiblemente la suya corresponda a la experiencia del 13,5% de titulares activos que afirmaba estar desarrollando un proyecto ocupacional o socioproductivo con su cooperativa o grupo cooperativo (53% mujeres y 47% varones). En 2015 esto implicaba unos 26.000 cooperativistas con proyectos propios de ambas líneas del programa. Dos participantes mencionaron estar iniciando proyectos, uno para fabricar almohadas y en el otro caso, un vivero comunitario.[20]

Por el tipo de tareas, y la relación laboral generada, en una parte de las integrantes seguía presente el imaginario de una sociedad salarial, en realidad poco probable desde hace muchos años para este tipo de actividades, expresado en el anhelo del cobro del aguinaldo, en tener posibilidad de *"crecimiento"* en el trabajo y en el nivel del ingreso, en el deseo de trabajar en una empresa o un municipio en condiciones formales; en la conveniencia de *abrir industrias* en vez de crear *planes,* con los que asociaban su situación.[21]

Tal como es analizado en las distintas interpretaciones reseñadas más arriba, aparecen en los grupos focales las implicancias de la "asociatividad forzada o instrumental" (Hopp, 2015) y las falencias de los programas en aportar a cambiar esta situación, a la vez que se pone el acento en la propia responsabilidad en el proceso de encarar la autogestión:

[20] El documento AT 2016 aclara que en la categoría de "proyectos por afuera del horario de la cooperativa" entraban la totalidad de titulares con proyectos productivos, desde aquellos en fase de formulación hasta los proyectos que se encontraban ya produciendo y comercializando sus productos.

[21] Este aspecto es extensamente desarrollado en el capítulo 4. Ver en especial la discusión sobre trabajo/no trabajo/planes que considera las percepciones de los integrantes de los grupos focales trabajados en este capítulo. Respecto de la organización del trabajo dentro de las cooperativas PRIST y su distancia con la concepción clásica del cooperativismo, ver Arcidiácono, Kalpschtrej y Bermúdez (2014).

> Leticia: Viene un programa social a atacar una problemática como es la vulnerabilidad social de las mujeres, "Ellas Hacen" [...] entramos todas como manadas, no nos conocemos, no elegimos estar ahí, simplemente una situación nos llevó a estar en ese programa, no conocemos lo que es una cooperativa ni las leyes, ni de los principios y valores [...] y de repente te dicen que vos tenés que trabajar con una persona que no conoces y justo te llevas malísimo y así [...] los conflictos personales nacen [...] y este incentivo vos lo tenés sí o sí, así no hagas nada o que trabajes como te pida el programa, que te van a dar igual, entonces no tengo porque verte la cara a vos o discutir si vamos a hacer artesanías o manteles. La gran particularidad de los programas sociales es que no se ha trabajado la conformación de grupos o equipos de trabajo, el compañerismo [...][22] (Cooperativistas y destinatarios/as Programas Ingreso Social con Trabajo y Ellas Hacen. Grupo 10)

La misma participante considera sin embargo que:

> [...] El programa está espectacular, el tema es que nosotros como sociedad, como ciudadanos no queremos hacernos responsables de tener una empresa, porque eso es lo que es una cooperativa, y tomar las responsabilidades y las riendas de nuestra propia empresa. Tenemos miedo. Te están dando los libros, tenés el monotributo, tenés un incentivo todos los meses y te dicen que presentes un proyecto, que te van a bajar las cosas y vos tenés miedo? (Cooperativistas y destinatarios/as Programas Ingreso Social con Trabajo y Ellas Hacen. Grupo 10).

Un testimonio como el anterior hace necesario resignificar el "tenés todo y vos tenés miedo" desde la práctica y la experiencia de vida, la trayectoria laboral y organizativa de los destinatarios de este tipo de programas. Como vimos más arriba los trabajadores de las cooperativas

---

[22] El tema aparece en cuarto lugar de importancia en las "debilidades" del programa registradas en la encuesta de actualización de datos. Un 19% del total de los titulares lo menciona como problema importante en el grupo que afecta la cohesión. En el documento se relacionan "las relaciones conflictivas" con "la divergencia de intereses que tienen los integrantes del grupo". Como falencias del programa en primer lugar en orden de importancia (29%) es mencionada la "falta de equipamiento o herramientas", en segundo lugar (22%) la "desmotivación y/o apatía", correlacionado con el acompañamiento psicosocial de partes de los técnicos del Programa, en tercer lugar (21%) figura la "carencia de conocimientos técnicos" (AT 2016).

autogeneradas perciben de una manera muy diferente los mismos recursos.

Ante estas situaciones aparece en algunas participantes la necesidad de *saber más* sobre el trabajo autogestionado como reclamo al programa Argentina Trabaja. En una clara demostración de las diferencias territoriales en la gestión de la política, integrantes que pertenecen a otros municipios señalan que han visitado cooperativas y empresas recuperadas para conocer sus experiencias, a lo que se suma el reconocimiento de la importancia de los diplomados en economía social, impulsados por el programa, en la comprensión del tema.

El discurso de los programas parecía asumir que los sujetos quieren y pueden gestionar una empresa colectivamente aunque para esto sea necesario la formación y las capacitaciones en cooperativismo. En apoyo de los testimonios citados los documentos del PRIST exponen diversos tipos de motivaciones por las cuales los cooperativistas consideraban importante realizar actividades como miembro de un grupo cooperativo. Nuevamente la mejora de la inserción laboral es lo más valorado (56%). Interesante en términos de convertir este tipo de trabajo en "visible y creíble" (Santos, 2002), el 17% consideraba que las actividades con el grupo ayudaban a mostrar y desarrollar su potencial de solidaridad y capacidad de trabajo y un 16% opinaba que estas actividades contribuyen para que los vecinos y comunidad reconozcan en forma más positiva las actividades que realizan. Finalmente había un 9% para quien las actividades realizadas en la cooperativa ayudaban a tener más contención grupal y autoestima personal (AT 2016).

La valoración de este tipo de trabajo es generalizado entre quienes provienen de cooperativas autónomamente generadas y eso se relaciona a la horizontalidad de las relaciones, el sentir como propia la actividad:

> Antonia: Tener un trabajo cooperativo es valerse por sí mismo y es un trabajo de 24 horas… por momentos la cabeza se te agota, la paciencia, el cuerpo se te agota [...] y bueno después no me meto a laburar en relación de dependencia porque mi trabajo me gusta, tiene un montón de cosas malas o que me cuestan un montón [...] pero me gusta y me siento mejor que todas las veces que labure en relación de dependencia por un sueldo [...] era sentirme mal, estar mal y no querer estar ahí [...]

Ricardo: [...] yo he ganado más plata bajo dependencia que en una cooperativa, pero estoy mil veces más conforme en la cooperativa que bajo dependencia. El permitirte que crezcas con tus compañeros de la misma forma, saber que vas a llegar a un ámbito que más allá de que a veces llegas y hay peleas porque somos seres humanos esas peleas las vamos a poder solucionar charlando entre nosotros. En el otro sentido, si vos discutís con tu patrón te dice que estas liquidado y mañana te vas y no venís más. Además vos lo que haces lo estás haciendo porque es tuyo. Estás en la cooperativa y vos sos el dueño (Cooperativistas y destinatarios/as Programas Ingreso Social con Trabajo y Ellas Hacen. Grupo 10).

Cuestión de género: las mujeres en las cooperativas de promoción estatal

Si bien no lo indagamos específicamente en la investigación, diversos estudios muestran que las prácticas en unidades productivas autogestionadas tampoco escapan a roles estereotipados de género y comportamientos patriarcales. Por ejemplo, para Rodríguez Enríquez y otras, superar estas prácticas requiere articular producción y reproducción, repensar tanto las formas de producción y comercialización como "las formas de organización interna, los tiempos de trabajo "remunerado y no remunerado", la división sexual del trabajo, la construcción de espacios participativos de decisión y referencia política dentro del movimiento cooperativo y de experiencias autogestionadas" (Rodríguez Enríquez y otras, 2018:5)[23] .

Las políticas públicas referidas a la economía social que estamos considerando aquí en general no han incluido una perspectiva de género, ni siquiera en sentido binario considerando los distintos roles de

[23]Las autoras refieren a la tensión entre quienes "producen" y quienes "administran" o "gestionan" en las unidades autogestionadas, mencionando entre otros factores una sobrecarga en quienes asumen tareas fuera de la jornada laboral; la falta de reconocimiento por parte de los trabajadores hacia las tareas administrativas realizadas por mujeres y consideradas de "poco esfuerzo"; cierto menosprecio sobre las tareas de limpieza, cocina y mantenimiento de la cooperativa. Cuando la exigencia del cuidado de los menores recae exclusivamente sobre las mujeres esto las ha llevado a combinar estrategias como la existencia de un espacio de cuidados en la unidad productiva o a forzar la combinación de sus horarios en la organización cotidiana de las tareas (Rodríguez Enríquez y otras, 2018).

mujeres y hombres; tampoco respecto del peso de las mujeres en el trabajo reproductivo, ni apoyos en lo que hace a las tareas de cuidado. A comienzos de la década Pilar Foti (2011) encontró que el PRIST no registraba información estadística por sexo[24], situación que fue cambiando en los años siguientes. Ellas Hacen sí reconocía entre sus fines que las integrantes comprendan y desnaturalicen las relaciones de poder, así como la importancia de la construcción de valores que aporten a "relaciones igualitarias entre varones y mujeres en las diferentes etapas de la vida y en los distintos ámbitos de desarrollo", lo que aparece reflejado en las instancias de formación de esta línea[25].

Veamos algunos datos que permiten contextuar los discursos en los grupos focales. En lo que hace a inserción previa en el mundo del trabajo en el PRIST el relevamiento del 2015 muestra que el 22% no tenía ningún oficio anterior, seguido en importancia por un 15% de hombres con oficio de albañil y otro tanto de mujeres con oficio en servicio doméstico y servicio de limpieza. En Ellas Hacen, el 49% de las titulares informaron no tener oficio al ingresar al programa, seguido por un 17% que indicaba experiencia en servicio doméstico y de limpieza (AT 2016).

Posiblemente relacionado con lo anterior la apreciación por género sobre los nuevos aprendizajes realizados en el programa es muy diferente. Para los cooperativistas varones entre las actividades más valoradas estaban las que hacían a la socialización, y empatía grupal; las mujeres en cambio valoraban especialmente el hecho de haber aprendido tareas técnicas tradicionalmente desarrolladas por varones, como las actividades de la construcción. Es interesante en esta perspectiva que, en el PRIST, los titulares reconocieran que el cambio más importante que el programa les había generado fuera el "reconocimiento y visibilización de los derechos de las mujeres" (AT 2016).

---

[24] Tampoco lo registraba la información producida por el Plan Nacional de Desarrollo Local y Economía Social "Manos a la Obra", Marca colectiva, el INAES (Foti, 2011). Si bien en el documento AT 2016 hay información por género, ni en éste ni en EH 2015 hay referencia a personas trans y travesti para quienes el trabajo en cooperativas fue una alternativa relevante.

[25] Ministerio de Desarrollo Social (2015): Políticas Públicas con Impacto Social, Buenos Ares. En relación a cómo esto se expresaba en los ámbitos de formación y trabajo, ver Pacífico (2016).

Esto se registra también en los grupos focales, en los que la valoración en la participación en estos programas va más allá del trabajo realizado, la estabilidad en el ingreso y acceso a obra social[26]. En coincidencia con lo anterior la capacitación/formación prevista en el diseño del programa es fuertemente rescatada (varias refieren a la terminación del primario y secundario, la realización de diplomados en economía social, cursos de cuidados, de gastronomía, auxiliar de enfermería entre otros) y la posibilidad de alcanzar o mejorar la vivienda:[27]

> Estefanía: Gracias al plan Argentina Ellas Hacen tengo casa propia, es más la cañería de agua la hice yo porque hice el curso de plomería gracias al programa. Aprendí a preparar cemento y hace un par de meses terminé mi casa porque pegué esos ladrillos yo [...] Si necesitan plomería yo tengo todas las herramientas yo les paso, soy plomera.

> Mariana: Yo gracias a esto terminé el secundario porque pusieron FINES [...] hicieron un solo curso que es de la UOCRA que era para poner ladrillos y poner paredes [...] revocar. Gracias a eso ahora sé revocar.

> Leticia: Entro en el 2014 a trabajar y me dicen que en La Plata hacen casas con sistema de paneles y [...] bueno, aprendí mucho de esos paneles: donde iban, porque [...] luego nos decían "la que quiere ir a obra" [...] que en ese momento las obras eran en las casas de las compañeras que tenían cedido un terreno legalmente por la familia (o que era propio legalmente) [...] entonces el Ministerio construía solo en esas condiciones [...] entonces nosotros íbamos y montábamos toda la estructura de hierro hasta el final de la casa [...] entonces podíamos ver los desperfectos que generamos nosotros en esas placas, los veías cuando ibas a hacer la casa, entonces decías [...] "ah, si le hago esta mocheta acá y no importa no pasa nada [...] y cuando voy a encastrarla no entra" [...] aprendíamos muchas cosas cuando íbamos a obra, luego más o menos

---

[26] Si bien en el documento AT 2016 se menciona como las mayores ventajas de las obras sociales respecto del sistema público, el factor de la rapidez, la posibilidad de una oferta más cercana en términos territoriales y el descuento en medicamentos, sólo el 29 % de los titulares la usaba, mientras que el 70% se atendía en el sector público. Las razones del no uso en un 52% de los titulares se relacionaba con no haber hecho los trámites de adhesión y en el 27% se debía a no haberla necesitado.

[27] Un 84% de trabajadores PRIST consideraba las actividades de capacitación en obra como muy importantes; también las que hacen a las de organización e integración de equipos de trabajo, formación ciudadana, género y cooperativismo en ese orden (AT 2016).

> en finales del 2014 se nos dice que el programa va a brindar vivienda social a las compañeras que no tengan vivienda por diferentes motivos. Entonces se hace un convenio y se nos cede un predio grande, detrás del hospital Melchor Romero, que son más de 500 casas con construcción por nosotras mismas por nuestro sistema, pero también había muchas otras cooperativas (Cooperativistas y destinatarios/as Programas Ingreso Social con Trabajo y Ellas Hacen. Grupo 10).

Al crear condiciones que, para otros integrantes de la sociedad, vienen dadas y parecen naturales (como la educación o la vivienda) lo reseñado muestra como desde las políticas sociales pueden generarse condiciones de autovalía, poniendo en cuestión el sentido peyorativo en que es vista la dependencia de instituciones y políticas públicas.

Como señalamos más arriba las tareas de cuidado no fueron incluidas en el diseño de los programas. Una participante que critica el hecho de tener que dejar a su hijo de tres meses para ir a trabajar recibió como respuesta que lo llevara al sitio de trabajo o que viera con otras madres la manera de dejar los niños en *"la casa de alguna y la que tiene el nene más chiquito que cuide todos los nenes"*.

> Estefanía: [...] yo hablaba con un superior que era [...] no me acuerdo el nombre ahora y le decía [...] pasa esto, esto y esto cómo hago con el bebé [...] y me decía que no tenía jefe que nos manejemos entre nosotros, de última que hable con mi presidenta o con la vicepresidenta o con el secretario y arregle para ir una vez por semana o una vez cada 15 días" (Cooperativistas y destinatarios/as Programas Ingreso Social con Trabajo y Ellas Hacen. Grupo 10).

Contrariamente a la visión de que los "planes son para los que no quieren trabajar" (ver capítulo 4) los programas han sido diseñados para cubrir parte de la reproducción, hacerlo en su totalidad requiere su complementación con un conjunto amplio de tareas para las madres que aportan o sostienen el hogar. El siguiente testimonio es un buen ejemplo de este tipo de situaciones, que además en su parte final, muestra el efecto del desmejoramiento de la situación económica sobre el esfuerzo realizado:

> Noelia: Yo estoy en un programa, el Ellas Hacen, y yo tengo cinco hijas. 3.450 pesos no me alcanzan para vivir. Entonces, ¿qué pasa? Yo, los viernes a la mañana doy los talleres de arte y ecología con las compañeras. De 8 a 12. Tengo un almacén en mi casa. Trabajo de noche. Por ejemplo, hoy a la noche trabajo, mañana a la noche trabajo en

un puesto ambulante vendiendo hamburguesas. O sea, mirá todas las cosas que hago para llevar de comer a casa. El año pasado yo trabajaba en una tienda de ropa de nueve de la mañana a una del mediodía y de cinco de la tarde a ocho y media de la noche. Trabajaba en ese horario y en el medio hacía el trabajo de educación que corresponde al programa. O sea, no es que yo cobro y no hago nada. Tengo que presentarme yo también. Y aparte de eso hice la diplomatura dos años. O sea que yo trabajaba de lunes a domingo en una tienda, después el lunes iba al sector de educación, el martes y jueves íbamos a la universidad, y los viernes tenía que presentarme en otro lado también con respecto al programa. O sea que estaba todo el día fuera de mi casa. Pero, por ejemplo, el año pasado yo decía, el domingo como una falda y me iba al carnicero, me compraba una falda y me la hacía a la parrilla. Este año yo estuve enero, febrero, marzo, abril, mayo y creo que en junio, cuando cumplieron los años mis hijas, que recién pude comer un asado (Cooperativistas y destinatarios/as Programas Ingreso Social con Trabajo y Ellas Hacen. Grupo 11)[28].

En el caso de Ellas Hacen es claramente percibida la importancia del programa en situaciones de violencia y vulnerabilidad de género y la capacidad de generar autonomía en las mujeres:

Estefanía: "Además el programa Ellas Hacen está destinado para madres solteras o madres en problemas con violencia y el programa en sí está hecho para que la mujer se valga sola y no dependa nada de ningún hombre. Simple. Entonces te dan un curso de electricidad, de plomería… onda que no dependas de ningún hombre, onda que no dependas de nadie y te abastezcas sola" (Cooperativistas y destinatarios/as Programas Ingreso Social con Trabajo y Ellas Hacen. Grupo 10).

Comenzamos la Presentación expresando la intención, de las investigaciones en que se basa este libro, de comprender la producción socio-política y cultural de la idea de *autovalía de las personas y de la legitimidad del derecho a disponer de las protecciones sociales*. Señalamos que,

---

[28] Noelia vive en el Conurbano, tiene 34 años, su esposo fue despedido de una empresa metalúrgica, situación que ella asocia con un reclamo laboral posterior a un accidente de trabajo. Sostiene que es *"difícil ser madre de cinco hijas y trabajar y hacer un montón de cosas"*, pese a lo cual estaba por inscribirse en la Universidad. Y discrepa con quienes se sorprenden por esto: *"es como que veo que muchas mujeres llegan a un punto que dicen bueno, ya soy madre, ya está, me quedo en mi casa y no hago nada. Me parece que no"*.

a primera vista, la idea de autovalía –entendida como la aptitud para sostener/reproducir su vida por el propio trabajo, medio legítimo en la sociedad capitalista– aparece como contrapuesta a la de dependencia. Son dependientes aquellas personas que necesitan ser sostenidas por instituciones y políticas específicas. Tales instituciones y políticas, en particular las sociales, a la vez, al delimitar las condiciones para serlo, construyen quién es un sujeto autoválido y quién el merecedor de protecciones. Contra esta idea simplista indicamos que "la complejización de las sociedades capitalistas y sus propias necesidades de reproducción dieron lugar al desarrollo, no sin conflictos y disputas por su conveniencia y necesariedad, de las estructuras institucionales (los sistemas públicos de seguridad y asistencia social y los equipamientos colectivos, en general) que sostienen la vida de las personas más allá de las redes cercanas (la familia o la comunidad inmediata)". Tales entramados institucionales son objeto de la permanente reflexividad política y cultural y de la crítica que, enraizada en distintas y opuestas ideologías y visiones del mundo, erosionan su legitimidad.

Los testimonios citados muestran cómo los programas sociales de este tipo –cuya legitimidad es cuestionada cuando se los asocia a planes que fomentan la dependencia al desestimular el esfuerzo individual hacia el trabajo (ver capítulo 4)– han contribuido a la percepción de autovalía de las mujeres. Y a ampliar sus horizontes de vida a partir de la valoración de las propias capacidades para producir, realizar tareas vistas como masculinas (por lo tanto tradicionalmente alejadas de sus propias capacidades), al abrirlas al deseo de seguir estudiando. En definitiva han aportado a construir "sujetos autoválidos" al asumir las modalidades específicas descriptas, como medio de atender legítimos requerimientos de dependencia de soportes institucionales por parte de las mujeres a los que estaban dirigidos.

Percepciones sobre el Estado y las políticas

Respecto de lo anterior la investigación indagó especialmente sobre el papel del Estado en relación con los distintos grupos ocupacionales. La AUH fue considerada *"una igualación de derechos porque nosotros no somos trabajadores asalariados, somos trabajadores"*.[29] Sin embargo la noción de derechos asociados con este tipo de trabajo es aún débil, por ejemplo en un caso se consideró falta del control del programa que se le permitiera el ingreso estando al final del embarazo[30], sobre lo cual otras integrantes le respondieron que era un derecho disponer de un ingreso en esa situación (*"en realidad estás con carpeta médica y se te sigue pagando"*).

Respecto de la pregunta concreta sobre en qué es clave el Estado en un proyecto de impulso a cooperativas, se menciona la provisión de los servicios básicos (luz, gas, agua). Hacia fines del 2016 el aumento de las tarifas y su impacto constituía ya una fuerte preocupación que ponía en duda la posibilidad de subsistencia. El financiamiento y asistencia técnica aparecen en relación con el gobierno anterior:

> Ángel [miembro de una cooperativa que produce óxido de hierro desde 2009]: Nosotros tuvimos mucha ayuda del gobierno. No hubiésemos llegado a lo que llegamos. Compramos el predio con una ayuda de Provincia. Lo terminamos de pagar hace dos meses. Terminamos de pagar el préstamo con un fideicomiso de Provincia [...] el fideicomiso de nosotros fue un préstamo. A una tasa bárbara para pagar. No la recuerdo pero súper pagable. Nos salía más barato que pagar un alquiler. [...] Nosotros tuvimos en la cooperativa visitas del INAES, de los ministerios, de todos, siempre controlando [...] siempre tuve el Ministerio de Desarrollo. Cuando trabajamos en algo siempre estuvo.

> Alejandra: Nosotros también tuvimos cuando nos cooperativizamos toda la ayuda del INAES, de la Universidad de La Matanza (Cooperativistas y destinatarios/as Programas Ingreso Social con Trabajo y Ellas Hacen. Grupo 11).

Retomemos lo reseñado más arriba sobre la autovalía y dependencia legítima. En la Presentación definimos como autovalía "la capacidad para vivir del propio trabajo, libre de dependencias y tutelas. La

---

[29] Antonia (integrante de una cooperativa gráfica): *"Es un derecho y es justo que las familias que no tienen un trabajo en blanco también puedan acceder a ese derecho porque los chicos son los mismos, no importa si tu papá trabaja en una fábrica o vende choclos en la esquina de tu casa. Me parece que los trabajadores y los hijos de los trabajadores merecen los mismos derechos"* (Cooperativistas y destinatarios de Argentina Trabaja y Ellas Hacen. Grupo 9). Sobre la AUH ver capítulos 2 y 3.

[30] Sobre el tema de la necesidad de control en los programas sociales ver capítulos 2 y 4 de este libro.

determinación de las condiciones de autovalía instaura, en el mismo acto, el no derecho a ser mantenido por el trabajo de otros" y se expresa en el par autovalía/autonomía. Desde nuestra perspectiva la noción de dependencia refiere a "un estado legítimo de sujetos a los que se reconoce alguna condición que merece ser atendida", ya sea por alguna razón aceptada de imposibilidad para autovalerse (la edad, la enfermedad son ejemplos típicos) o por la consideración de situaciones sociales que impiden/dificultan el acceso al "propio trabajo".

En los grupos focales la pregunta por la autovalía generó intervenciones que estuvieron orientadas a distinguirla del trabajo en relación de dependencia: así autogestión es equiparada a autovalerse, a independencia económica respecto de otros, *"tener un trabajo cooperativo es valerse por sí mismo y es un trabajo de 24 horas"*. En línea con lo expresado más arriba, en el siguiente testimonio aparece la relación de ambos conceptos con el Estado y los lazos sociales: *"Autovalia es valerse por sí mismo pero nunca solo, siempre acompañado o colectivamente. Dependencia legítima me parece que viene por parte del Estado. Yo legítimamente necesito que el Estado me apoye. Es mi derecho como ciudadano, para eso se vota y se los elige, me parece legitima esa dependencia."*

Amenazas, incertidumbre y prefiguraciones del futuro

En el momento en que se hicieron los grupos focales, si bien se mantenían los programas dirigidos al trabajo en cooperativas las integrantes del PRIST y Ellas Hacen hicieron referencia a la incertidumbre sobre el futuro:

> Leticia: Falta de comunicación que genera desconfianza dentro de las cooperativas en si esto va a continuar o nos vamos cada uno ya ahora con nuestro incentivo [...] o no hacemos nada porque, ¿para qué? si total se va a ir a pique [...] como que la falta de información genera esto, ¿no? Desconfianza.

> Estefanía: [...] o la misma gente que mandan a las reuniones [...] últimamente estamos teniendo reuniones, te dicen: o siguen en las cooperativas o renuncian a las cooperativas [...] bajan con la orden del ministerio que dicen que esto es así [...] o siguen en la cooperativa y empiezan a armar proyectos o tienen la posibilidad de renunciar [...] que es lo que te están diciendo. Y empiezan a implantar el miedo en la mayoría de los que estamos en programas como estos [...] que no se

sabe si continúan o no continúan [...] están generalizando un miedo [...] (Cooperativistas y destinatarios/as Programas Ingreso Social con Trabajo y Ellas Hacen. Grupo 10)

Cuando recién comenzaba el gobierno de Macri en las cooperativas autónomamente constituidas, los aumentos en las tarifas, las importaciones, los precios estaban presentes en las preocupaciones de los integrantes de los grupos focales[31]. La inflación se hacía notar desde fines del gobierno anterior, y en el 2016 se suma la menor ejecución de los programas y trabas burocráticas que afectaban a las que tenían algún aporte público:

Alicia [cooperativa gráfica]: A nosotros nos pasa más o menos lo mismo [...] comparando los ingresos del años pasado en esta época, hubo un parate en noviembre, diciembre porque se veía todo medio raro. Incluso habíamos ganado un concurso y teníamos que comprar cosas y nadie nos quería vender nada porque no sabían si iba a subir el dólar o no. Habíamos ganado [...] un fomento para cooperativas y para el sector comunitario más que nada. Este año costó mucho remar en el dulce de leche porque nos piden presupuesto todo el tiempo pero las ventas no se terminan de concretar [...] y cada vez está bajando más la venta y los costos siguen subiendo y llega un punto en que ya no sabes cómo manejar [...] no sé, el mes que viene no sé qué vamos a hacer con la luz. Con respecto a esto de los programas [...] ganamos este concurso antes de que cambie el gobierno nos pagaron la mitad del subsidio y ahora todavía estamos esperando que nos paguen la otra mitad. Es un montón de tiempo, los precios se fueron muy altos y el presupuesto que teníamos en ese momento ya no nos sirve. Hay una cosa medio rara, como si fuese que la cooperativa no funciona entonces no te doy la plata, una cosa así [...] como que hay observaciones [...] nosotros estamos en una red con otras cooperativas y a todos les pasa lo mismo y no les desembolsan los subsidios. Como que hay observaciones pero tampoco te dicen qué observaciones hay [...] hay un ambiente raro. Nos mandaron un mail: están observadas "tal, tal, tal y tal expediente [...]." pero [...] en ningún momento nos llamaron por teléfono [...] vos llamás y no te atienden [...] no te dan información.

Cecilia: No somos una inversión, somos gastos, esa es la realidad (Cooperativistas y destinatarios/as Programas Ingreso Social con Trabajo y Ellas Hacen. Grupo 10).

---

[31] No incluimos aquí testimonios dado que se detallan en el capítulo 4.

La política macroeconómica, sobre la que volveremos en el punto siguiente, y específicamente la referida a subsidios públicos es vista como una amenaza a la continuidad del trabajo en las cooperativas:

> Alejandra [cooperativa gráfica]: Está destinado a destruir el mercado interno. Yo lo que pensaba es que frente a las empresas internacionales, muchas subsidiadas junto también a grandes empresas nacionales, las cooperativas no lo estaban. […] Los compañeros son compañeros que están en cooperativas formadas; nosotros no, estamos en formación. No podemos hablar mucho del caso más que del día a día que nosotros vivimos. Pero pagar cinco veces más de luz [...] una persona que tenía tarifa social por ser cooperativista [...] Reconozco que hay empresas que probablemente no la necesitaban y fueron beneficiadas en diferentes gobiernos. Pero las cooperativas justamente no. Las compañeras dicen que no pueden prender la caldera, y bueno [...] se están fijando todo el tiempo en el presupuesto ya pensando en comprar afuera. Cosas que vengan de afuera, más baratas. Y estamos humillados a eso [...](Cooperativistas y destinatarios/as Programas Ingreso Social con Trabajo y Ellas Hacen. Grupo 11)

Los testimonios anteriores son expresivos de los temores ante el futuro de los integrantes de los grupos, más allá de su pertenencia. Mientras la sostenibilidad de las cooperativas autogeneradas es afectada por las políticas macro, las impulsadas por el Estado lo son, además, por la opacidad de la información y falta de precisión sobre la orientación de las políticas sociales, generando mecanismos que hacen aún más vulnerables a sus destinatarios.

4. La reconfiguración de los procesos: de las prefiguraciones a las certezas

Un año después las incertidumbres y prefiguraciones que aparecen mencionadas en el apartado anterior se convirtieron en certezas y lo percibido como amenaza se materializó en decisiones de política que confirman los temores.

El informe de situación de las empresas recuperadas a fines del 2017 elaborado por el Programa Facultad Abierta (Facultad de Filosofía y Letras/UBA) muestra el enorme impacto del aumento de tarifas en la rentabilidad de las cooperativas, sumado a la contracción del mercado interno y la fuerte competencia de las importaciones (abarca un total de 368 recuperadas y 15.323 trabajadores en todo el país en ese año). Algunos datos significativos que refuerzan lo expresado en el punto anterior: en una muestra de 73 empresas, el 80% experimentó bajas de producción y un 12% directamente estaba sin producir. Como consecuencia, los montos netos de los retiros (el equivalente en la cooperativa del salario individual de cada trabajador) bajaron en términos reales en todos los casos. En su mayoría las empresas recuperadas consideradas atribuyeron estos problemas a las condiciones macroeconómicas y la política del gobierno, solo un pequeño número lo refirió a problemas internos. El informe considera sin embargo que el dato más preocupante es la pérdida de puestos de trabajo, resultado del alejamiento de los trabajadores en búsqueda de mayores ingresos. Hasta diciembre del 2015 se registraba un panorama de expansión del número de empresas y trabajadores, en el 2017 se observa una disminución absoluta de 1400 puestos de trabajo respecto del 2015 pese a la existencia de nuevas recuperaciones, unas 25 en el gobierno de Macri (Programa Facultad Abierta, 2017).

En lo que hace a los ingresos de los integrantes de cooperativas de promoción estatal, la Universidad Nacional de Avellaneda estimaba un deterioro del ingreso medio de los cooperativistas de un 28,2% en el actual periodo de gobierno (Observatorio de políticas públicas / Módulo de políticas económicas, Infografía Economía Popular, UNDAV, mayo 2018).

En febrero de 2018 los programas que venimos analizando, pasaron a formar parte de uno nuevo denominado Hacemos Futuro[32]. En términos de nuestra preocupación por la construcción del sentido es interesante detenernos en cómo se trasmite oficialmente qué es el nuevo programa, qué se propone hacer y con cuáles herramientas. En el capítulo 1 Grassi describe el desplazamiento en el discurso oficial del "nosotros al vos"; de modo que el sujeto al que se dirigen las intervenciones, tanto de Macri como de otros funcionarios de su gobierno, no apelan nunca a colectivos sociales sino a interlocutores particulares. Esto está también presente en la página web del MDS, en la que de manera coloquial y

---

[32] En el capítulo 4 Hopp y Lijterman reseñan brevemente los cambios en las políticas para el sector. Ver también Hopp (2017) y Logiudice (2017), para Hacemos Futuro ver Ferrari Mango y Campana (2018).

refiriéndose a los intereses de un destinatario individual al que se tutea (y debería estar capacitado para manejarse en ese entorno) expresa:

> Fomentamos el desarrollo de las personas para que tengan más oportunidades de insertarse en el mundo del trabajo. Por eso, unificamos el plan Argentina Trabaja, Ellas Hacen y Desde el Barrio, bajo el nombre de Hacemos Futuro. A través de este programa te acompañamos para que termines tus estudios primarios y secundarios, te capacites en oficios y puedas lograr autonomía económica[33].

Los requisitos obligatorios para seguir cobrando el incentivo mensual (no varía el modo en que se venía haciendo) son: "Finalizar tus estudios primarios y secundarios. Capacitarte en el oficio que más te gusta. Realizar la actualización de datos y presentar tus certificados en ANSES cada vez que te lo soliciten."

Como manera de reafirmar la idea de que los programas anteriores fueron básicamente herramientas de utilización política, luego de aclarar *"No debés realizar ningún pago para pertenecer al programa y nadie puede obligarte a concurrir a actos y movilizaciones"*, la página tiene dos derivaciones. Por una parte al Portal del Empleo: al entrar en "Mirá las opciones que tenemos" se solicita registrarse en una base de datos y actualizar una solicitud para postularse on line para las ofertas laborales[34].

La segunda derivación es a "Formate en red – Buscá tus opciones de formación para cumplir con los requisitos del programa", lo que parece implicar la apelación a construir un propio camino a partir de iniciativas personales. En la sección de "Estudios primarios y secundarios, aparece un listado de "puntos de inscripción-información" para terminalidad educativa en 15 provincias. "Oficios y capacitaciones" tiene un buscador que incluye 12 provincias y las siguientes "secciones":

---

[33] Hacemos Futuro es definido como "un programa de transferencia condicionada de ingresos que comprende la percepción de un subsidio para capacitación de carácter personal que facilite el acceso y permanencia en los cursos y prácticas de terminalidad educativa y formación integral" (Lineamientos Programa Hacemos Futuro– EX-2018-05588116-APNSES#MDS).

[34] Por ejemplo, las ofertas disponibles para el día 4/7/18 en todo el país abarcaban en total 23 puestos de bajo nivel de calificación en los siguientes rubros: Administración y Finanzas (1), Comercial y atención al cliente (4), Oficios y técnicos (5) Operaciones (13). En http://www.hacemosfuturo.gob.ar/ (consulta 9.7.2018)

Economía Social y Emprendedurismo, Formaciones en Salud, Herramientas digitales, Intervenciones socio-urbanas, Oficios y formación técnico profesional y Temáticas socio comunitarias[35].

Para completar esta caracterización del diseño del programa a partir de la forma en que se lo presenta y difunde oficialmente, señalemos que entrando en "Quiero ser parte de una Red" aparece una solicitud para inscribirse en "Redes Tutoriales de Soporte." La opción, expresada en términos personales, indica: "Si te interesa formar parte de una red y participar de encuentros para ser Promotxr de Redes en tu comunidad, te invitamos a sumarte a las Trayectorias Tutoriales de Redes de Contención. La propuesta es encontrarnos para compartir la experiencia de pensar juntos qué pasa en nuestra comunidad, cómo podemos organizarnos y qué podemos hacer desde nuestro lugar."[36] Hasta para el trabajo en red la convocatoria es a pensar juntos y organizarse como personas e individuos que se "encuentran" en algún espacio que el programa no aclara.

En un campo temático separado del de Hacemos Futuro ("perfiles" en la página web) con el lema "te acercamos herramientas para poner en marcha y fortalecer tus proyectos" aparece "Emprendedores y cooperativas sociales", destinado a generar oportunidades para crecer, innovar y generar nuevos puestos de trabajo, con acompañamiento para el ingreso en la economía formal, apuntando al financiamiento, capacitación y comercialización. Aquí están incluidos el Monotributo Social, Manos a la Obra (subsidios), 100% Nuestro (fomento de compras inclusivas y cadenas de valor, marca digital, para emprendimientos y cooperativas de la Economía Social), Microcréditos (Programa Nacional de Microcrédito, Comisión Nacional de Microcrédito) y Mesocréditos (para grupos asociativos autogestionados formales e informales, urbanos o rurales).[37]

---

[35] Las ofertas son indicativas del diseño del programa, algunos ejemplos, en ES y emprendedorismo aparecen 89 instancias de formación, 11 en Temáticas socio comunitarias y 4.674 en capacitaciones en oficios.

[36] Las redes a seleccionar en la solicitud son educación, diversidad, justicia, salud, cuidados integrales y emprendimientos.

Toda la información aquí reseñada sobre Hacemos Futuro en: http://www.hacemosfuturo.gob.ar/ (consulta 9.7.2018)

[37] En: http://www.hacemosfuturo.gob.ar/ (consulta 9.7.2018)

Conceptualmente, y visualmente en su sitio oficial, el MDS termina de desarmar los componentes que aparecían juntos como Argentina Trabaja en el gobierno anterior. Si en ambos periodos la población vulnerable es la destinataria de las acciones, las formas de interpelarla son muy diferentes. Hasta 2015 (con variaciones y matices) la *inclusión* apelaba a la asociatividad y el trabajo cooperativo para el mejoramiento de barrios y comunidades, la generación de capacidades y de puestos de trabajo en espacios comunes con vinculación local, la propuesta de un nosotros colectivo y cuyo reconocimiento era una de las bases del proyecto. Sin duda, se trata de proposiciones con grandes dificultades para concretarse en la práctica y, aún más, para generar condiciones de desarrollo de un sector de economía social en el marco de una economía mixta con hegemonía del sector empresarial capitalista.[38] Si en el gobierno anterior la unificación en un mismo programa podía dar la posibilidad del tránsito de una a otra situación a partir de la combinación/coordinación de sus componentes, en el gobierno actual esa misma población vulnerable es convocada de manera diferenciada: algunos vía la educación/capacitación individual, otros por medio del apoyo a cooperativas y grupos asociativos[39]. Los programas se dirigen fundamentalmente a personas que son llamadas al estudio, al emprendedorismo y son las propias capacidades individuales las que resultan condición de realización de la *inserción laboral y la integración social*. En

[38] Al respecto ver Grassi, 2012; Arcidiácono, Kalpschtrej y Bermúdez (2014); Arcidíaconoy Bermúdez (2015), Hopp (2015).

[39] Se aclara que los titulares que integren "unidades productivas" que hayan surgido en el marco de Hacemos Futuro podrán acceder a programas de "fortalecimiento de la economía social", para lo cual contarán con una primera etapa de diagnóstico y capacitación general y una segunda etapa de fortalecimiento productivo y acceso a mercados, en ambas etapas "se brindará asesoramiento para abordar la formalización y/o regularización societaria y tributaria" de las unidades. Formando parte de un *"Régimen especial en intervenciones socio comunitarias en hábitat o vivienda"* los titulares (cobrando un incentivo adicional) podrán participar de actividades y/o prácticas en intervenciones en el hábitat o vivienda, "que redunden en un beneficio para la comunidad" y fortalezcan sus capacidades de inserción social y laboral. Tales intervenciones serán realizadas por organismos gubernamentales o no gubernamentales, previamente aprobadas por la autoridad de aplicación del programa, la Subsecretaría de Políticas Integradoras, dependiente de la Secretaría de Economía Social (Lineamientos Programa Hacemos Futuro– EX-2018-05588116-APNSES#MDS).

el nuevo discurso es el mérito individual demostrado con esfuerzo lo que legitima la dependencia temporal y acotada de la que emergerán (o *dejarán de caer*) gracias a las intervenciones con que el Estado está dispuesto a apoyarlos/ayudarlos/acompañarlos.[40]

A lo anterior agreguemos con Ferrari Mango y Campana (2018:15) que la desintegración de Argentina Trabaja trae aparejada la pérdida de vinculación de sus integrantes con las redes sociales y territoriales en torno a la comunidad y la política local. Al dejar de existir los entes ejecutores los titulares pasan a establecer un vínculo individual y directo con ANSES, a través de la actualización de datos y presentación de certificados probatorios de la contraprestación, en las sedes locales de este organismo que pasan a ser responsables del control.

Reflexiones finales

En este apartado –apoyándonos muy libremente en Santos (2002:25)– trataremos de reflexionar sobre lo escrito en las páginas anteriores buscando que el análisis crítico contribuya a rescatar lo novedoso y captar las características más valiosas de las experiencias emergentes, en gestación, que hemos reseñado, para hacerlas "visibles y creíbles"; por lo tanto mostrar el potencial del trabajo en cooperativas en sus diversas modalidades para fortalecerlo como alternativa que contribuya a formas más solidarias de reproducción de la vida.

Nos interesa aquí pensar lo desarrollado en términos de su *potencialidad* para un proyecto colectivo apoyado en la autogestión de la sociedad y la economía, basado en principios de cooperación y reciprocidad, primordialmente orientado a la reproducción de la vida a través del trabajo y no del beneficio. Usamos *potencialidad* como aquello que está en lo posible y aun incipientemente en acto, y por lo tanto, lo referimos al poder y a la fuerza que requiere su construcción. Es en ese marco que consideramos central la cuestión de las políticas públicas, las que conforman las condiciones en las que se desarrolla la actividad económica en general y, en particular, las iniciativas de trabajo cooperativo.

Señalemos, como una primera constatación, que la necesidad de clasificar, ordenar un fenómeno, ubicarlo en tipos y modalidades, muestra

---

[40] Sobre el tratamiento del mérito en la Alianza Cambiemos ver capítulo 1.

que su existencia toma relevancia social: su presencia nos interpela y esto, en nuestro país, es tributario en gran parte de cuánto y cómo incidió en ello el papel del Estado y sus políticas. En buena medida las interpretaciones sintetizadas más arriba tienden a caracterizar un conjunto –que abarca desde empresas recuperadas hasta cooperativas creadas por programas públicos– por su mayor o menor distancia con el concepto histórico de cooperativas y el de trabajo asociativo autogestionado gestado por la propia voluntad[41], relacionado con la construcción de "otra economía" con las denominaciones y características que fue tomando a lo largo de las últimas décadas en América Latina.

En todas las interpretaciones la concepción tradicional de lo que es una cooperativa es puesta en tensión con la manera en que en ella incide la intervención estatal (o la coyuntura de recuperación de la empresa), incluso para el rescate de "las hibridaciones presentes en las formas sociales concretas" de las cooperativas que son objeto de estudio (Kasparian, 2017). Esto está presente ya sea para sostener que la forma jurídica cooperativa fue utilizada por los programas públicos "equivocadamente" para actividades que no responden "a su verdadera naturaleza" (Schujman, 2015:100) o, en el otro extremo, para proponer pensarlas como "categorías de la práctica", alejándose de la pretensión de buscar en ellas nociones como solidaridad, igualdad, horizontalidad (propias de los modelos cooperativos) que definirían "un objeto con contornos fijos", que de hecho se constituye "más bien como un horizonte, un proyecto, que se define, negocia y tensiona en el día a día" en el trabajo en estos espacios colectivos (Fernández Álvarez, 2015:8-20).

La incorporación en esta forma de trabajo como resultado de la exclusión del mercado laboral en las cooperativas "inducidas" (Vuotto, 2014) y la "asociatividad forzada" que generan en algunos casos (Hopp, 2013) aparecen en los testimonios contrastados simultáneamente con

---

[41] Ver por ejemplo la Alianza Cooperativa Internacional (https://www.aciamericas.coop). Al trabajo asociativo autogestionado, Vázquez lo define como "la asociación voluntaria de trabajadores que cooperan en la producción y distribución de bienes o servicios, propiedad compartida de los medios de producción, toma de decisiones participativa y democrática, relaciones internas basadas en la confianza y la solidaridad, distribución con tendencia igualitaria de los resultados y –en general– igualdad de derechos de todos los trabajadores que integran la misma organización productiva" (Vázquez, 2011: 207).

sentidos que lo muestran como un proceso transicional para aquellos que se incorporan a la cooperativa por la necesidad de generar trabajo e ingreso y luego lo asumen como proyecto de trabajo autogestionado (Hopp, 2013). El carácter contradictorio, "las hibridaciones e interpenetraciones" (Kasparian, 2017) en la descripción de las prácticas y en los sentidos atribuidos están más presentes que la delimitación de fronteras precisas.

El trabajo en cooperativas –con una larga historia en su forma tradicional– es socialmente reconocido en los tiempos presentes: un 70% lo valoraba positivamente en la encuesta en el GBA del 2012 y más de un 80% consideraba que una empresa dirigida por sus trabajadores es viable económicamente (Rebón y Kasparian, 2015) si bien tanto para empresas recuperadas como para cooperativas promovidas por el Estado lo central de la valoración radica en la preservación/creación de fuentes de trabajo. Un lustro después, la posibilidad de inserción laboral fue también la razón destacada por más del 50% de los trabajadores PRIST (AT 2016).

Aun con tal reconocimiento para los entrevistados y participantes en grupos focales que pertenecían a cooperativas autónomamente generadas, el "trabajo sin patrón" no es registrado como una alternativa al capitalismo, un proceso de constitución de otra economía. La autonomía aparece más bien cómo búsqueda frente a la alienación del trabajo en relación de dependencia, incluso a costa de "un trabajo de 24 hs" (de responsabilidad ilimitada) o de ganar menos. Se rescata la libertad de "no estar sujeto" a los otros, "tener voz y voto", "el gusto" por lo que se hace, el sentirlo como propio, ser el dueño, la posibilidad de organización de los horarios y las tareas, el hacerlas con otros que son compañeros/pares. Compartimos con Thwaites Rey (quien la refiere a lo político) la idea de *autonomía* como "la facultad de decidir sin condicionamientos externos de ningún tipo", como "un territorio a conquistar más que una cualidad natural a dejar fluir", que se gana "en el proceso de lucha y en el debate ideológico que le otorga sentido" (Thwaites-Rey, 2007: 55). En esos términos la encontramos aquí presente en un sentido de autonomía personal más que colectivo. Hay, en las voces reconstruidas en el trabajo de campo, más búsqueda de trabajo no alienante que de construcción socioeconómica alternativa.

En las cooperativas de promoción estatal encontramos la valoración de la asociatividad en sentido amplio, como encuentro, compartir, como aprendizajes nuevos que posicionan de manera diferente frente al trabajo, o como posibilidad "de valerse sola y no depender de ningún hombre" en el caso del programa Ellas Hacen.

En este trabajo partimos del supuesto de que el trabajo asociativo autogestionado en los términos de Vázquez (2011) en la Argentina de este siglo constituye un horizonte al que mirar y en cuya aproximación jugarán procesos complejos, contradictorios, marchas y contramarchas. Cuánto han aportado a esto los procesos anteriores?

La legítima preocupación por la inclusión de sectores vulnerables registró entre el 2003/2015 la promoción de formas asociativas en el marco de búsqueda de inclusión por el trabajo[42], aunque en términos de las discusiones conceptuales del campo teórico de la ESS, las políticas desarrolladas en el periodo se ocuparon más de apoyar la economía popular[43] que de impulsar un subsector de economía social solidaria. Sin embargo en este lapso y, en buena parte, gracias a sus políticas tomó visibilidad –e ingresó al debate público– el trabajo en cooperativas, tanto de promoción estatal como las apoyadas por los programas destinados al trabajo autogestionado. Aunque limitadamente, los programas –cuestionados por no crear "cooperativas legítimas"– fueron generando iniciativas grupales de asociatividad por fuera del tiempo de trabajo en ellos. Como muestran algunos de los testimonios reseñados los programas públicos operaron de manera contradictoria respecto de problemas

---

[42] Ver en este libro capítulos 1 y 4.

[43] Usamos aquí el término en el sentido de Coraggio (2003). Tomando como base las unidades domésticas y sus extensiones asociativas, refería la economía popular al conjunto de actividades que realizan los trabajadores a partir de sus capacidades de trabajo y otros recursos. Si bien su sentido no es la ganancia, sino la reproducción ampliada de la vida de sus miembros, es parte de la economía capitalista y cumple entre otras funciones la de reproducir la fuerza de trabajo que requiere el capital. Consideraba que la economía popular realmente existente no puede ser idealizada por contraposición al capitalismo. Ante su carácter interna y externamente contradictorio, inestructurado económica e ideológicamente, materialmente subordinado al capitalismo, proponía someterla "a una crítica conceptual y práctica, buscando no su `mayor eficiencia´, sino su superación" vía formas de economía social y del trabajo (Coraggio, 2003: 346).

específicos (la seguridad social de los trabajadores autogestionados por ejemplo), y en relación con determinadas organizaciones sociales y cooperativas, a las que apoyaron/desestimaron en sus intervenciones dependiendo de sus características y ubicaciones territoriales. Si tuvieron falencias en el desarrollo de capacidades para la asociatividad, como expresan los grupos focales y los propios relevamientos del MDS, a la vez aportaron problematización del tema en diplomados, tecnicaturas, cursos, talleres y capacitaciones en cooperativismo. Aunque el trabajo cooperativo sea una práctica compleja y la cooperación esté lejos de ser un principio extendido en la sociedad capitalista, a través de las políticas un número importante de quienes participaron en el PRIST y Ellas Hacen accedieron a información y formación acerca de un tema sobre el cual seguramente no tenían noción (al respecto es importante recordar que casi la mitad de las integrantes de Ellas Hacen y una quinta parte del PRIST no declaraban oficio previo al ingreso a los programas).

El desarrollo de la cuestión de género, pese a las limitaciones que se indicaron, fue también adquiriendo mayor visibilidad y atención vía el programa Ellas Hacen, lo cual sin duda es tributario de la importancia que ha ido tomando la movilización social al respecto en los últimos años.

En el marco de los nuevos procesos políticos iniciados a fines del 2015 (desarrollados en los tres primeros capítulos de este libro y en otros capítulos de la segunda parte) la potencialidad de la asociatividad está puesta en riesgo tanto por la política macroeconómica, como por las políticas específicas y por el individualismo presente en la concepción del proyecto político del gobierno, en el cual los colectivos solo adquieren representación ante la necesidad de negociar condiciones de gobernabilidad. En esta nueva coyuntura política, cabe preguntarse cuánto y cómo aportará a reproducción de estos trabajadores la experiencia vivida dentro de prácticas de cooperación autogestionada, con mayor o menor apoyo estatal, y la participación en programas, que con fuertes limitaciones, convirtieron al trabajo en cooperativas, en el mejor de los casos, en una identidad posible y, en el peor, en la referencia a algo existente. En términos de lo anterior –y de las preocupaciones de este libro– la disputa por el sentido de las políticas está también sujeta a cuánto ha sedimentado como práctica las incipientes formas de cooperación que se han analizado en las páginas anteriores.

Para terminar volvemos a abrirnos a los interrogantes que motivaron este libro. Dijimos en la Presentación que partimos de la consideración de que no hay autovalía sino en relaciones de interdependencia recíproca, en las que la existencia del individuo autoválido está sujeta tanto a las redes sociales y políticas que lo sostienen, como a los dispositivos culturales e ideológicos que lo constituyen e interpelan. Dijimos también que en su consideración es una cuestión clave el problema de la legitimidad ya que lo que hace legítima la dependencia de soportes institucionales es el reconocimiento y la disposición social a respetar una norma, una política o un sistema institucional, ya sea porque es concebido como bueno o mejor, necesario o conveniente para el desenvolvimiento del conjunto de la vida social.

Llevado a los términos de los discursos en los cuales nos hemos movido a lo largo de este capítulo: lo que pone en juego la sedimentación de la legitimidad de la identidad del trabajo asociativo es el peso práctico y simbólico de las políticas como apoyo/ayuda[44] a "la autonomía económica" de los sujetos de la concepción política del gobierno actual (expresado en la obligación de terminalidad educativa y la capacitación en oficios en el programa Hacemos Futuro) frente al de la idea de autovalía como "valerse por sí mismo pero nunca solo" expresado en el testimonio del cooperativista al que aludimos más arriba, que muestra la necesidad de dispositivos públicos perfeccionados que contribuyan a desarrollar la potencialidad de formas de trabajo basadas en la asociatividad y la cooperación.

Bibliografía

Arcidiácono, Pilar; Karina Kalpschtrej, y Angeles Bermúdez (2014): "El Programa Argentina Trabaja ¿Transferencias de ingresos, cooperativismo o trabajo asalariado?". En *Trabajo y Sociedad– Sociología del trabajo* N° 22, Verano 2014. Santiago del Estero,UNSE-INDES.

Arcidiácono, Pilar y Angeles Bermúdez (2015): La expansión del cooperativismo de trabajo bajo programas. Una mirada sobre el Programa Ingreso

---

[44] Sobre el tema de la "ayuda estatal" ver capítulos 1 y 2.

Social con Trabajo– Argentina Trabaja. 12° Congreso de la Asociación de Estudios del Trabajo. 5 a 7 de agosto 2015, Buenos Aires.

Coraggio, José Luis (2003): "El papel de la teoría en la promoción del desarrollo local", en Coraggio, José Luis *La gente o el capital. Desarrollo local y economía del trabajo,* Buenos Aires, Espacio Editorial.

Fernández Álvarez, María Inés (2015): Contribuciones antropológicas al estudio de las cooperativas de trabajo en la Argentina reciente. En *Revista del Centro de Estudios de Sociología del Trabajo* N° 7/2015, Buenos Aires.

Ferrari Mango, Cynthia y Julieta Campana (2018): Del "Argentina Trabaja – Programa Ingreso Social con Trabajo" y el "Ellas Hacen" al "Hacemos Futuro". ¿Integralidad o desintegración de la función social del Estado? Observatorio sobre Políticas Públicas y Reforma Estructural, Informe N° 11, FLACSO, Buenos Aires.

Foti, Pilar (2011): Participación de las Mujeres en las Políticas dirigidas a la Economía Social y Solidaria. Argentina. En Angulo, Caracciolo, Foti y Sanchis: *Economía Social y Solidaria. Políticas públicas y género.* Asociación Lola Mora, Buenos Aires.

Hintze, Susana (2016): Potencialidades y riesgos de las cooperativas de trabajo en la Argentina. *Revista Temas*, julio-diciembre de 2016, La Habana

Hopp, Malena (2013) *"El trabajo ¿medio de integración o recurso de la asistencia? Las políticas de promoción del trabajo asociativo y autogestionado en la Argentina (2003-2011)".* Tesis para obtener el título de Doctor en Ciencias Sociales. Facultad de Ciencias Sociales. Universidad de Buenos Aires.

Hopp, Malena (2015): "Identidades laborales de destinatarios del Programa Ingreso Social con Trabajo "Argentina". En *Revista Trabajo y Sociedad,* N° 24. Santiago del Estero, UNSE-INDES.

Hopp, Malena (2017): "Transformaciones en las políticas sociales de promoción de la economía social y del trabajo en la economía popular en la argentina actual". En *Revista Cartografías del Sur,* N° 6, diciembre 2017, Buenos Aires, Universidad Nacional de Avellaneda.

Hudson, Juan Pablo (2017): Gobiernos progresistas y autogestión en la Argentina 2003-2015: cooperativas no-estatales, sintéticas y anfibias. En *Revista Latinoamericana de Estudios del Trabajo,* 21 (34), Buenos Aires.

Kasparian, Denise (2017): De la inducción estatal a la cooperativa sin punteros. El conflicto constituyente en una cooperativa del Programa Argentina Trabaja. En *Argumentos, Revista de Crítica Social,* IIGG-FSOC-UBA, número 19, Buenos Aires.

Logiudice, Ana (2017): La política social asistencial argentina y el nuevo escenario político. Las incipientes transformaciones del gobierno de "Cambiemos". Trabajo presentado en el 9° Congreso Latinoamericano de Ciencia Política, Asociación Latinoamericana de Ciencia Política (ALACIP). Montevideo, 26 al 28 de julio de 2017. En http://www.congresoalacip2017.org/

Pacífico, Florencia (2016): "Más allá del programa". Políticas estatales, mujeres y vida cotidiana en el Gran Buenos Aires. Tesis de Licenciatura en Antropología, Facultad de Filosofía y Letras, UBA, Buenos Aires.

Programa Facultad Abierta (2017): Datos preliminares del informe de situación de las empresas recuperadas por los trabajadores a fines de 2017. Facultad de Filosofía y Letras, UBA, Buenos Aires. En http://www.recuperadasdoc.com.ar/preliminar2017.pdf

Rebón, Julián y Denise Kasparian (2015): "La valoración social de las cooperativas en el Area Metropolitana de Buenos Aires. Una aproximación a partir de la investigación por encuesta" En *Cayapa, Revista Venezolana de Economía Social,* Año15, N° 29, Trujillo, Universidad de los Andes-CIRIEC.

Rodríguez Enríquez, Corina, Florencia Partenio y Mariana Laterra (2018): Lecturas feministas de la economía y la autogestión. En *Revista Autogestión para Otra Economía.* En autogestionrAliciasta.com.ar/index.php/2018/06/23/lecturas-feminis tas-de-la-economia-y-la-autogestion/

Santos, Boaventura de Souza (2002): *Produzir para viver: os caminhos da producaonao capitalista,* Río de Janeiro, Civilizacao Brasileira.

Schujman, Mario (compilador) (2015): *Las cooperativas de trabajo en América Latina. – 1ª ed. – Rosario.* Ediciones Del Revés.

Sosa, Gustavo (2018): Matrículas de cooperativas aprobadas por el INAES en los años 2015, 2016 y 2017. En *Revista Idelcoop,* N° 224, marzo 2018. Buenos Aires.

Thwaites Rey, Mabel (2004): *La autonomía como búsqueda, el Estado como contradicción,* Buenos Aires, Editorial Prometeo.

Vázquez, Gonzalo (2011): "Sobre los conceptos de trabajo asociativo y autogestionado, sus organizaciones y trabajadores". En Danani, C. y Hintze, S. (coord) *Protecciones y desprotecciones: la seguridad social en Argentina 1990-2010*. Buenos Aires, Editorial de la Universidad Nacional de General Sarmiento.

Vuotto, Mirta (2011): *"El cooperativismo de trabajo en Argentina. Contribuciones para el diálogo social"*. Buenos Aires, Oficina Internacional del Trabajo.

Vuotto, Mirta (2014): "El desarrollo reciente del cooperativismo de trabajo en la Argentina y el rol de las políticas públicas dirigidas al sector". En *"Ciudadanía, desarrollo territorial y paz. Una Mirada desde el cooperativismo"*. CIET 1ª. Ed. Unidad Administrativa especial de organizaciones solidarias.

Fuentes documentales

Ministerio de Desarrollo Social (2015): Informe de indicadores de resultados, Buenos Aires.

En: http://www.desarrollosocial.gob.ar/wp-content/uploads/2015/11/INFOR ME-DE-INDICADORES-DE-RESULTADOS.pdf

Argentina Trabaja (2016): Actualización de datos 2015/2016. Resultados de los perfiles de los titulares y aspectos evaluativos. Buenos Aires, Ministerio de Desarrollo Social.

Ellas Hacen (2015): Situación actualizada de titulares de la línea Ellas Hacen. Perfil de los titulares y aspectos evaluativos. Al primer semestre 2015. Buenos Aires, Ministerio de Desarrollo Social.

CAPÍTULO 6

Moral cotidiana y bien común
Procesos de jerarquización entre trabajadores de clase media

Florencia Luci

Introducción

En este capítulo[1] nos proponemos reconstruir las formas de argumentación que atraviesan las discusiones sobre la pertenencia legítima a la sociedad entre trabajadores de clase media. El objetivo es analizar los procesos de jerarquización que se movilizan –y los contenidos que se invocan– para construir y legitimar formas desiguales de participación en la vida social que estructuran un orden jerárquico, esto es, una relación de superioridad-inferioridad que se juzga justa.

Interesa pensar los criterios de justicia que se despliegan al momento de evaluar el tipo de intercambios que organiza "la vida común" y los procesos redistributivos –materiales y simbólicos– que la misma genera. Nos inspiramos en la idea de "economía moral" de E. P. Thompson, y que Didier Fassin (2009) define como "la producción, distribución, circulación y uso de sentimientos morales, emociones, valores, normas y obligaciones en el espacio social", para explorar la manera cómo se

---

[1] Realizado en el marco del proyecto "Autovalía y dependencia legítima. La política social y los soportes socio-institucionales de la vida social". Universidad de Buenos Aires-Secretaría de Ciencia y Técnica (2014-2017), dirigido por Estela Grassi y proyecto PIO CONICET UNGS (2015-2016) Nº 144-20140100006-CO "Los fundamentos socio-político y culturales de la protección social: alcances y legitimidad de los sistemas institucionales 2003-2016", dirigido por Susana Hintze.

utilizan argumentos morales en la discusión que se da en el marco de cuatro grupos focales realizados con trabajadores de clase media en los cuales se expresan controversias que ubican a ciertos grupos o tipos de individuos por sobre otros en función del aporte que realizan a ese colectivo y a su capacidad de autovalerse.

Si históricamente las sociedades se han construido sobre la base de relaciones sociales desiguales y jerárquicas, donde ciertos grupos tienen la capacidad de producir y acaparar recursos materiales y simbólicos valorados (Tilly, 2000), reconstruir los sistemas de valor y los repertorios de evaluación que emergen de los temas que propone el grupo focal nos permite observar la trama cotidiana de la desigualdad. Los grupos se han orientado a poner en debate el rol del Estado en la promoción y sostenimiento de la vida común, los aportes que deben realizar las personas para participar legítimamente de la misma y qué ocurre con aquellos que deben ser asistidos.

Abordamos estas cuestiones analizando los debates que se dan entre personas de clase media pues, como veremos enseguida, en esa "identidad madre" de los argentinos se juega mucho de una construcción histórica ligada a un imaginario-pertenencia-adscripción que asoció la demarcación de sus fronteras con las de la Nación toda. En las disputas por los límites y los contenidos que establecen la inclusión en esa categoría podemos leer la disputa más amplia por las formas legítimas de participación social en una "sociedad de iguales" (Rosanvallon, 2012) que hizo de las nociones de progreso social, esfuerzo y mérito principios superiores.

El artículo analiza, en un primer momento, ciertos rasgos de esa clase media que permiten emplazar y comprender los debates en el marco de una construcción histórica de más largo aliento. Avanza, luego, en el análisis de los modos en que se presentan las formas legítimas de participación en la vida social por la vía de la demarcación de un "otro" problemático que expresa la mayor distancia moral porque depende de la política o la ayuda social. Finalmente, a través del lugar que ocupa la educación y el consumo se examinan procesos de distinción que expresan diversos modos de pertenecer a una clase media sumamente heterogénea.

La clase media somos todos: progreso y diferenciación social

Si hay algo que probablemente defina a la sociedad argentina es su "identidad de clase media". Como dice Adamovsky (2009), los argentinos hemos aprendido a pensarnos como un país donde la brecha que separa a los más ricos de los más pobres no marca la polarización que caracterizó históricamente a nuestros vecinos (y que vuelve a Latinoamérica la región más desigual). Estamos convencidos, más bien, del espesor de esa trama intermedia cuya densidad demográfica y cultural nos define como Nación.

Sobre este punto, tanto la academia como los estudios de mercado parecen coincidir: la amplia mayoría de los argentinos se considera de clase media. Sobre la base de una encuesta que busca comprender los procesos de legitimación de la desigualdad en la Argentina, Grimson (2015) encuentra que un 80% de los encuestados afirma pertenecer a algún sector de las clases medias: media alta el 3,5%, media 42,9% y media baja 31,9%. A su vez, sólo un 20% se identifica a sí mismo como de clase baja y sólo el 0,1% como de clase alta.

En un artículo publicado en el periódico *La Nación* el 19 de febrero de 2018,[2] Guillermo Oliveto, uno de los consultores de mercado más reconocidos del país, ponía de manifiesto la aparente contradicción implicada en el hecho de que, a pesar de que la gran mayoría (sus guarismos hablan asimismo de un 80%) se vea a sí misma como integrante de las clases medias, *desde el punto de vista técnico, de acuerdo con su nivel educativo y laboral, solo el 45% está en esa clase*. Frente al contraste entre la autopercepción de clase y el quintil de ingresos de los encuestados, el consultor encuentra una vía de comprensión de nuestra sociedad: *"Gran parte de las aspiraciones, los deseos, la memoria, los temores, las ansiedades, las conductas y los vaivenes de nuestro humor social puede explicarse a partir de este dato"*.

Las ciencias sociales saben que los intentos "objetivos" por definir los contornos de una clase social –aquello que Bourdieu (1990) llamó "la clase en el papel"– se encuentran con la dimensión política y relacional que atraviesa esa conformación, así como con las nociones nativas

---

[2] "La utopía de una masiva clase media argentina", *La Nación*, 19/2/2018.

que dan cuenta del modo en que los sujetos construimos y significamos nuestra pertenencia social, anclándola en un colectivo que –en ese mismo proceso– definimos y creamos.

La construcción –social, política, cultural– de "la clase media argentina" excede a la mera delimitación de una posición en la estructura de relaciones económicas en función de la categoría ocupacional desempeñada. En la Argentina del último siglo, el hecho de "ser de clase media", esa amplia pertenencia social entre las clases altas y populares, formó parte de un proceso histórico singular que abarcó la propia construcción del imaginario nacional. Ser de clase media implicó asociarse a una idea de progreso y ascenso social, a través de la educación y el trabajo, que encarnó tanto una aspiración como una idea de mérito individual que explicaba y legitimaba el éxito social.

Es indudable que ciertos rasgos de la estructura social argentina cimentaron la construcción de este "imaginario de clase media". Ya a fines de siglo XIX e inicios del XX, el progreso económico basado en la exportación de granos y carnes, la expansión de la educación pública, las inmigraciones masivas y la consolidación de la estabilidad institucional y democrática forjaron una sociedad que, desestimando el componente "originario" de su matriz cultural, posó la vista sobre Europa para imaginar un modelo social de progreso sobre una pujante clase media instruida. En ese marco, un mercado de trabajo extendido funcionó como principal otorgador de derechos sociales, haciendo de la Argentina un país que se caracterizó durante gran parte del siglo XX por sus bajos índices de desempleo (menores al 6% hasta 1990), con buena parte de su población formalmente asalariada (en 1955 el 72% de los puestos de trabajo correspondían a este sector) y cubierta con sistemas de protección social de relativa eficacia (las obras sociales sindicales, el sistema público de salud y la previsión social) (Grassi, 2003). Por otra parte, un sistema de educación pública gratuita extendido hasta el nivel universitario redundó en niveles educativos cercanos a los de los países europeos más avanzados. Hacia finales de los años 60 las capas medias representaban alrededor del 70% de la población y la movilidad social era significativa. La certeza de la estabilidad –"el empleo de por vida"– y la perspectiva de progreso forjaron el imaginario de los argentinos por décadas (Torrado, 2003).

La idea de una sociedad abierta a las posibilidades de progreso en base al esfuerzo y el talento se forjó, también, en la baja institucionalización de un sistema de producción de elites promovido desde el Estado, como sí ocurre, por ejemplo, en países como Brasil o Francia.[3] La gratuidad del sistema educativo hasta el nivel universitario, así como la relativamente escasa segmentación de circuitos,[4] derivaron en la no linealidad entre una determinada carrera educativa y el acceso a las posiciones de privilegio (Tiramonti y Gessaghi, 2009). Hay incluso cierto acuerdo acerca de la dificultad de distinguir en Argentina un grupo preciso que, por su nivel de integración moral y social, pueda definirse como "elite". En una sociedad donde la idea de progreso fue, durante gran parte del siglo XX, un componente central del imaginario social (Svampa, 1990), la igualdad prevaleció como demanda creciente en el lenguaje de las reivindicaciones y en la lente con la que se interpretan y disputan distintas situaciones y políticas (Kessler, 2014).

La investigación histórica y sociológica coincide en señalar a la década de los 90 como un momento de transformación profunda de la estructura social de la cual la clase media no salió ilesa. La "reforma neoliberal" de aquellos años –que incluía la apertura al mercado externo, la primacía de la valorización financiera y la privatización de activos estatales– se acompasó con la trama de polarización social que comenzó

---

[3] El sistema educativo brasileño organiza desde el nivel secundario las carreras educativas de las elites, correlacionando el ingreso a las más costosas instituciones secundarias privadas con la preparación y admisión a las mejores universidades (Almeida, 2001). En Francia, un sistema educativo que distingue a las mejores *écoles* asocia las trayectorias de sus egresados a la integración de los *grands corps* del Estado o a las grandes firmas privadas (Bourdieu, Boltanski y de Saint Martin, 1973).

[4] Durante los años 90, en el marco de la degradación de los servicios públicos, el aumento de la matrícula de la educación privada y la expansión de una oferta educativa diferenciada por clase social, parece iniciar una tendencia a una mayor diferenciación y segmentación (Veleda, 2008). En el nivel universitario se observan dos procesos: por un lado, la preeminencia que comenzaron a cobrar universidades privadas de elite (como San Andrés o Di Tella) y, por otro, la creación de universidades de proximidad –sobre todo en el conurbano bonaerense– que acercaban la posibilidad de realizar estudios superiores a sectores más amplios.

a caracterizar a la sociedad argentina.[5] La desregulación del mercado de trabajo y el aumento del desempleo se tradujo en procesos de movilidad social descendente. El fenómeno inédito de empobrecimiento de las clases medias llevó a los sociólogos locales a hablar de "nuevos pobres" (Minujin y Kessler, 1995). El esquema de liberalización de los años 90 traía consecuencias regresivas en el plano social: las cifras de los principales indicadores sociales y de empleo[6] reflejaban el aumento de la desigualdad y la exclusión.[7]

La crisis que se desató a finales de 2001 marcó trágicamente el final de una década que llevó al país a las peores condiciones, al mismo tiempo que abrió un espacio de duda acerca de la validez de aquel imaginario de progreso e igualdad que nos cobijaba. Los estudios sobre movilidad intergeneracional muestran, en efecto, el cierre progresivo de la estructura social para la movilidad ascendente. El régimen de movilidad heredado de la globalización neoliberal presenta cierta clausura de las clases medias y fuertes barreras para el ascenso social de las personas de origen de clase trabajadora (Dalle, 2010).

Presentamos estas líneas para situar los debates que se dan en los grupos focales en una traza histórica de mayor profundidad que permita, por un lado, comprender aquel imaginario que sigue siendo efectivo a la hora de conjugar pertenencias colectivas y, por otro, reponer la matriz estructural más desigual que cobija las aspiraciones y temores de esa amplia clase media. En un contexto de polarización y fragmentación social, donde las exigencias para no "caer" se agudizan y la memoria colectiva sobre los procesos de empobrecimiento reciente está fresca,

[5] Los estudios sobre movilidad social en los 90 señalan dos procesos antagónicos: por un lado, la movilidad estructural ascendente vinculada al aumento del peso de puestos técnicos y profesionales y, en el polo opuesto, una descendente originada por la desaparición de puestos obreros asalariados, la reducción del empleo público y su recambio por servicios informales o inestables (Kessler y Espinoza, 2003).

[6] La desocupación pasó del 6% en 1990 al 18% en 1995 y al 21,5% en 2002; la pobreza recorre una trayectoria ascendente que va del orden del 20% en los primeros años de la década del 90 para llegar al 49% en 2002 (INDEC).

[7] Hasta los años 70 la distribución del ingreso en la Argentina era similar a la de muchos países desarrollados: en 1974 los ingresos del 10% más rico eran 12,7 veces mayores que los del 10% más pobre; el avance de la polarización social hizo que en 1999 esta diferencia ascendiera a 32,9 veces (Beccaria, 2001).

las aproximaciones de sentido que surgen de los grupos muestran qué cuestiones garantizan o ponen en jaque el mantenimiento de las jerarquías y las distancias sociales.

Los cuatro grupos que tomamos para explorar estas cuestiones fueron realizados a dos conjuntos de trabajadores de clase media: dos correspondieron a profesionales que trabajan de manera independiente y dos a empleados administrativos de los sectores público y privado. La intención fue seleccionar individuos que, tomando como proxy su nivel educativo e inserción laboral, dieran cuenta de fracciones mejor y peor acomodadas de la clase media. En el primer conjunto hallamos profesionales de distintas disciplinas: arquitectura, abogacía, odontología, contaduría, administración de empresas, obstetricia, medicina, diseño, ingeniería, psicología, entre otras. En el caso de los empleados administrativos, que se desempeñan en distintas entidades públicas y privadas (hospital, empresa, ministerio, escuela, obra social, clínica, seguros, etc.), encontramos que un tercio tiene estudios secundarios completos, un tercio terciario y universitario incompleto y un tercio terciario y universitario completo. En total participaron 36 personas en los cuatro grupos: 18 mujeres y 18 varones entre 25 y 65 años.

Las formas legítimas de participación en la vida social

Luego de una presentación general sobre los objetivos de la investigación, donde señalamos el interés por debatir sobre el rol del Estado en la promoción y sostenimiento de la vida común, la discusión en los grupos comienza con un enunciado general: qué cuestiones les parecen importantes y les preocupan en calidad de ciudadanos. En los cuatro grupos que aquí analizamos, la "inseguridad" aparece como el principal eje de preocupación frente al cual debe responder el Estado (luego sigue la educación y la salud, y un poco más tarde el trabajo). Aunque en casi ningún caso relatan haber sufrido incidentes personales, las referencias a poder sentirse seguro en las calles son categóricas.

Cuando avanza la discusión sobre las cuestiones que configuran la preocupación por la inseguridad sucede algo bien interesante: va tomando forma la representación de un "otro" que atravesará las casi dos horas de grupo focal. Un otro que, en sus trazos descriptivos, dibuja los límites que incluyen a los participantes legítimos de la vida social y los argumentos sobre los cuales se monta dicha legitimidad. La propia caracterización de los sujetos que representan esa inseguridad dice mucho acerca de cómo una parte de la sociedad concibe los modos de violentar el pacto de paz social que funda la comunidad política. Como veremos a lo largo del capítulo, son las lecturas individualistas e individualizantes las que prevalecen al poner el foco en sujetos específicos, cuyas acciones o motivaciones aparecen, en general, desancladas de procesos sociales más complejos que, eventualmente, puedan explicarlas.

La articulación de razonamientos que describe esa preocupación o temor, asocia la inseguridad con la delincuencia que protagonizan individuos pobres, desempleados, en gran medida jóvenes. Una identificación que coincide plenamente con los hallazgos descriptos en el capítulo 8.

> ¿A qué lo atribuyen? Esto de "la inseguridad".
>
> Miguel: Yo lo puedo atribuir a la falta de educación en la juventud, en el rango entre los 15 y los 22, digamos. Veo como que están a la deriva.
>
> Néstor: Creo que va acompañado, como dijo él, de la educación y después también ayudan un poco las leyes (…) saben que como son menores no pueden ir presos. Entonces empiezan a delinquir. Delitos menores, un…no es que van a robar un banco, pero ellos saben que los detienen –si es que los detienen, que rara vez pasa– y salen a las dos horas, porque son menores (Profesionales Independientes. Grupo 8).

Son justamente los jóvenes de sectores populares el grupo social más alcanzado por desigualdades socioeconómicas e institucionales: el desempleo en esa franja etaria es el mayor así como lo es el abuso por parte de fuerzas policiales (Gentile, 2015). Ha sido también durante buena parte de 2016 y 2017 una cuestión que tuvo fuerte repercusión en los medios y que ocupó los debates televisivos que se preguntaban qué hacer con los "jóvenes NI-NI" (que ni trabajan, ni estudian). Casi como una secuencia lógica indiscutible, en el debate se asocia la desocupación al delito y a los planes sociales como recursos de contención social.

> Pablo: Un gran porcentaje de la población está desempleada y de ese porcentaje hay muchos que tienen changas o trabajan en negro. Entonces el plan viene a paliar antes de que la gente salga masivamente a buscar a los que tienen más plata o que corten las calles y se arme una

revolución, eso es un paliativo. [...] Es lo que sustituye la falta de un laburo genuino (Profesionales Independientes. Grupo 9).

Así se va armando la figura del "pobre-desempleado-asistido" como una categoría que agrupa a individuos homogéneos, reunidos por una serie de atributos negativos que representan la máxima distancia moral, entre la que se vislumbra la crítica a la política social como generadora de una forma de dependencia negativa[8]. Interesa detenerse aquí en el valor del análisis categorial. Lejos de ser distinciones estáticas y puramente nominales, las categorías ponen en marcha formas de clasificación y jerarquización que funcionan activamente: "una categoría simultáneamente aglutina actores juzgados semejantes, escinde conjuntos de actores considerados desemejantes y define relaciones entre ambos" (Tilly, 2000: 75). En cierta medida, el intercambio que se da en los grupos puede pensarse en los términos en que Tilly entiende al trabajo categorial. Esto es, el proceso de construcción y atribución de cualidades que establece fronteras y formas de estratificación que ubican a distintos sujetos en una configuración jerárquica, es decir, en una relación asimétrica donde rige un principio de superioridad.

Ese principio de superioridad estará dado, como iremos viendo, por una construcción de la autovalía como un valor central que hace del "laburo genuino" la vía de realización individual y social, medio de la "no dependencia" de asistencia estatal y que configura una forma de individuación que se concibe a sí misma desprendida de los soportes sociales (entendiendo por ello un amplio abanico que va de las instituciones públicas a los orígenes de clase) que la vuelven posible. Se va organizando, por el contrario, una moral del mérito individual como forma de progreso y realización social que establece, al mismo tiempo, una forma legítima de participación en la vida social.

A ese "pobre-desempleado-asistido" se le adhieren-encadenan una serie de atributos negativos que llegan, incluso, a poner en duda su humanidad positiva: su capacidad de criar hijos decentes, la propensión a las drogas, la ausencia de cultura en general y de cultura del trabajo y el esfuerzo en particular, el gusto por vivir cómodamente sin trabajar, dependiendo de la asistencia estatal, el hábito de tener muchos hijos sin

---

[8] Ver las definiciones de autovalía y dependencia en la Presentación de este libro.

evaluar la capacidad real de mantenerlos, entre muchas otras cuestiones que se expresan en los debates. A modo de ejemplo:

Susana: Hay que estudiarlo desde la mentalidad que tiene esa gente.

Clara: Exactamente.

Entrevistadora: ¿Quién es esa gente, a ver?

Susana: La gente que viene de generaciones y generaciones de que es lo más normal, de chicas que se embarazan muy jovencitas y después de eso los terminan criando la madre, entonces ellas vuelven a hacer sus vidas con otro. Tiene otro hijo. Vuelve a hacer la vida con otro. Tiene otro hijo. Y la mentalidad de ellas, o de esas personas, es a su pareja, como para continuarlo es "dame un hijo", y después no continúo con esa pareja y así se llenan de hijos (Profesionales Independientes. Grupo 8).

Diego: Claro, el tema es que nosotros estamos hablando de adultos que en su momento no tuvieron esta educación sexual [...]. Entonces, son ignorantes al respecto y bueno, como que viven así. O sea, tienen hijos porque qué se yo.

Paula: Disculpame, yo –cuando iba al colegio– iba a una escuela pública. Iba al colegio y nunca tuve una materia que se dedicara a eso. Y no por eso me llené de hijos, para cobrar planes...

Diego: Pero nosotros, los que estamos acá, somos todos profesionales, vos pensá que yo estoy hablando de gente que por ahí ni fue a la primaria (Profesionales Independientes. Grupo 8).

Paola: Ha pasado en otras oportunidades que a la gente que ha vivido en villas "equis" se les ha construido lugares donde vivir [...] a lo mejor la vivienda no estaba en el centro neurálgico de la capital [...] y como no les queda cómodo no van porque ahí a lo mejor van a tener que pagar el colectivo, el gas, la luz y si van, a lo mejor van, terminan sacando las puertas, destruyen todo el lugar...(Trabajadores/as administrativos/as del sector público y privado. Grupo 7).

Laura: Acá todo se les regala. Lo que decía antes el Estado da, da, da... (Trabajadores/as administrativos/as del sector público y privado. Grupo 7).

Cecilia: ...lo veo en la calle, no hace falta ir a las villas. Lo veo en el centro, hay muchos chiquitos abandonados, y ese es el germen (Profesionales Independientes. Grupo 8).

Durante el desarrollo de los grupos focales, estos modos de categorizar no nos resultaron anodinos. Nos generaron, por el contrario, sentimientos de rechazo e irritación frente al modo en que sectores de clase media, muchos de ellos "ilustrados", pensaban el mundo de los sectores populares y lo que nosotros consideramos debe ser una "sociedad de iguales". ¿Cómo trabajar sociológicamente con categorías fuertemente discriminatorias? Como sostuvo Goffman (1963), la estigmatización utiliza atributos para *establecer relaciones*. Es en esos vínculos donde debemos poner el foco para comprender los modos en que la desigualdad y las distancias sociales se expresan en sentidos cotidianos que dan cuenta de configuraciones socialmente arraigadas.

A ese "otro", que por momentos parece dejar de referir a personas reales –semejantes de carne y hueso– para devenir una representación (un sujeto social, propiamente) que condensa los males sociales y morales de la sociedad, hay que educarlo, pues en su falta de cultura y educación radica su negatividad, a la vez que en ellas se halla un principio de solución. La educación a la que se hace referencia no solo remite a la escolaridad formal, sino sobre todo y muy especialmente a la educación moral que proviene del hogar. Es en hogares mancillados por la pobreza y el desempleo que lleva generaciones donde se gestan poblaciones que nacen y se desarrollan alejadas de la cultura del trabajo, del estudio y, sobre todo, del esfuerzo que implica ganar el pan con el propio sudor. Esfuerzo que no solo enaltece sino que constituye la vía de la dignidad moral que descansa en el mérito personal. Por eso los planes sociales son "anti-educativos", porque lo que en verdad necesitan los "pobres-desempleados-asistidos" no es el pescado, la solución simple y directa frente a la necesidad, sino la caña de pescar para no vivir indefinidamente del Estado.

> José: Yo no soy partidario de que el gobierno le dé a un… como lo puedo decir, una ayuda a una persona […] enséñale a pescar… el subsidio te deja en la comodidad… te hace cómodo y a vos te saca la iniciativa de mejorar. Yo para que voy a mejorar si todos los días… (Trabajadores/as administrativos/as del sector público y privado. Grupo 7).

> Néstor: Vos, a esa persona, a ese ciudadano, lo tenés que formar y después darle un oficio y darle trabajo. Porque si no, va a depender siempre del plan social que vos le des y no va a saber hacer nunca

> nada. Porque va, cobra el plan social, y vuelve a la casa (Profesionales Independientes. Grupo 8).

En las sociedades modernas capitalistas el trabajo aparece, a la vez, como vector de integración social y como exigencia de autonomía (Castel, 1997). Las personas son participantes legítimas de las relaciones de intercambio recíproco a partir del aporte que realizan a la producción de la riqueza social. El discurso del esfuerzo individual como principal elemento del progreso coloca a los destinatarios de planes sociales en el lugar de la inactividad, la vagancia, la comodidad. El imaginario de movilidad y superación ligado al trabajo y al esfuerzo que caracterizó a la clase media se incomoda frente a la asistencia estatal. Aunque como veremos, no se la niegue, el hecho de ser asistidos los excluye del colectivo virtuoso que construye la Nación. La inclusión en una trama de reconocimiento social se da por medio del trabajo socialmente útil.

> Norma: Pero no es falta de trabajo solamente […] hay algunos que no les gusta trabajar, hay gente que no le gusta…están los planes sociales.
>
> Alfredo: Están cómodos, hoy en día están cómodos.
>
> […]
>
> Daniela: Discúlpame prefiero que esas personas estén haciendo eso a que estén robando. Me parece…
>
> Norma: Tendrían que estar trabajando en una fábrica.
>
> Daniela: Ningún trabajo es indigno
>
> Norma: Pero entendeme una cosa: ¿siempre vas a estar ahí recogiendo basura?
>
> Daniela: Es la tarea que le asigna el empleador, señora. […] yo no lo veo. Discrepo totalmente que la gente con un plan social este cómoda ni nada. No sé cuánto creen que es el plan social. No son cinco mil dólares que le dan a esa persona. ¿Con cuánto dinero vive uno por mes?(Trabajadores/as administrativos/as del sector público y privado. Grupo 7).

Hay que decir también que en los últimos años se instaló un discurso muy fuerte en los medios de comunicación que manifestaba el descomunal aumento de planes sociales durante los gobiernos kirchneristas. Los programas informativos del *prime time*, así como también la prensa gráfica, remarcaban el hecho de que unas veinte millones de personas reciben planes sociales (es decir, casi la mitad de la población). La cifra, que en realidad refiere a la totalidad de erogaciones del Estado en sueldos, jubilaciones, pensiones y planes sociales quedó marcada en el imaginario social y de ese modo se expresó en los grupos. Esto fue una característica general: los participantes del debate, aludiendo a temas diversos, realizan afirmaciones que la mayoría de las veces no se sustentan en datos oficiales certeros sino en aseveraciones que se deprenden de debates mediáticos y que parecen instalarse socialmente como válidos. Por otra parte, en muy pocos casos alzan la voz para disentir con este tipo de aseveraciones, como por ejemplo con el discurso de la holgazanería y la comodidad que generan los planes sociales.[9]

Además de promocionar la vagancia y desalentar la superación por el esfuerzo individual, el plan se asocia a la actividad clientelar, es decir, al intercambio de acción estatal por eventuales réditos electorales. La literatura sobre este tema en la Argentina es vasta y no es objeto de este capítulo dar cuenta de este fenómeno. Solo diremos que desde los iniciáticos trabajos de Auyero (1998), hasta la revisión más reciente de Vommaro y Combès (2016) la sociología pudo dar cuenta de la compleja relación de las clases populares con la política. La particular forma de relación y redistribución de lo que Auyero llamó "favores por votos" enciende, en las clases medias, el alerta de la política como mala palabra. Ya sea por la supuesta manipulación de la cual serían objeto, o bien por el abuso de su capacidad de movilización en el espacio público en reclamo de planes, lo cierto es que la asistencia estatal hacia los sectores populares está atravesada por la sospecha. Así lo entiende un empleado administrativo cuando refiere a la experiencia de los gobiernos kirchneristas:

> Juan: [los planes buscan] brindarle a familias que no tienen dinero un subsidio mensual, un sueldo mensual para que tengan las necesidades básicas, no me quiero meter en política pero se termina mal utilizando [...] Termina siendo el sostén de punteros políticos, de gente que va a aplaudir y a tocar el bombo, no me gusta hablar de política perdonen si tienen otra ideología pero es mi opinión [...] en la práctica, todos lo vemos, eso lo termina usando gente que se dedica a relleno de actos públicos del gobierno (Trabajadores/as administrativos/as del sector público y privado. Grupo 6).

[9] Ver, al respecto, los capítulos 1 y 2 de este libro.

A pesar de las críticas por su uso clientelar y por alentar el ocio, no es la eliminación de los planes sociales lo que se reclama en los grupos. Al contrario, se reconoce un conjunto de situaciones –como el desempleo o el hecho de ser madre soltera– que tornan difícil la vida de los semejantes y abren un espacio legítimo de intervención de la comunidad sobre sí misma (Castel, 1997). De hecho, parece haber cierto consenso entre los participantes acerca de que las medidas económicas de ajuste implementadas por el gobierno de Mauricio Macri desde 2016 (sobre todo los aumentos de tarifas de servicios públicos y de los precios de alimentos) fueron excesivas y generan mayor desigualdad: el aumento de la pobreza no pasa desapercibido en los grupos. Ahora bien, si no es la eliminación de los planes lo que reza la mayoría, el discurso que predomina enfatiza la exigencia de control y de devolución a la comunidad.

> Florencia: No no, que dé los necesarios, que dé pero que controle y que devuelvan algo a la comunidad. Yo trabajo 8, 10 horas, no te exijo que trabaje lo mismo que yo, pero 2 o 4 como dice ella, que se perfeccionen y a su vez que trabajen (Trabajadores/as administrativos/as del sector público y privado. Grupo 6).

La falta de control, la inercia de "quedarse en la cómoda" sin trabajar, vuelve a los receptores de planes sujetos pasivos que sacan ventaja de los fondos del Estado. Al sentido que asocia a los planes con dinero público que suele ser mal utilizado –ya sea por beneficiarios que se aprovechan o por políticos que hacen un uso clientelar– se le opone un discurso que sostiene la necesidad de controlar firmemente el correcto uso de esos fondos a la vez que ejercer una suerte de educación moral: la entrega de un plan debe estar condicionada a la real necesidad, a la voluntad comprobable de conseguir un trabajo genuino y a la devolución a la comunidad del dinero público insumido a través de una contraprestación socialmente útil.

> Susana: Pero debieran poder constatar de alguna forma que esa persona tiene, tiene… tenga la voluntad, de conseguir un trabajo y salir y no recibir dinero gratis.
>
> Entrevistadora: ¿Y cómo se te ocurre que se podría constatar la voluntad de esas personas que quieren un trabajo, no?

Susana: "Bueno, usted a qué trabajo se presentó este mes, qué esfuerzo hizo para conseguir un trabajo y salir de esa situación, ¿o siguió en su casa?, en su casa no va a ir nadie a golpearle la puerta".

Cecilia: Yo veo… no se acá, pero a veces he visto que en otros países que sí se obliga a la persona a ir a una agencia de empleo. Se le ofrece…

Paula: Y si rechaza una cantidad de veces me parece que… (Profesionales Independientes. Grupo 8).

Las nociones que prevalecen muestran que el esfuerzo colectivo realizado al sostener la asistencia social exige una contraprestación. A pesar de que esto es un requisito de la mayoría de los planes, que exigen la realización de actividades laborales o educativas, el desconocimiento de este hecho o bien la sospecha de fraude lleva a Susana, profesional que trabaja de forma independiente, y a muchos otros a reclamar un mayor seguimiento y retribución por parte de los beneficiarios: *"no que no haya nada a cambio, yo te doy y vos no me das nada. O sea, ahí es donde está mal el núcleo, que a esa gente no se le exija nada a cambio por ese dinero que todos pagamos".* Por eso, entiende que a la gente que cobra planes sociales se le debe exigir un trabajo útil que compense el dispendio de fondos públicos: *"ir, o sea, focalizar el lugar, 'mirá, estamos queriendo dar una lavada de cara a una escuela, o limpiando, bueno, ustedes, que están sin trabajo, vamos en un micro', sin dar a elegir, ¡que hagan algo!".*

En una comunidad forjada alrededor del trabajo como modo central de construir la riqueza social pero también como exigencia de individuación, formar parte del espacio de intercambios tiene sus reglas. Transgredir la norma que coloca al trabajo como vía de integración moral a la sociedad es castigada con particular dureza por quienes perciben trayectorias cercanas a las de aquellos que parecen preferir la asistencia. Así lo expresa Paula, empleada administrativa de una clínica privada, cuando interpreta como una injusticia que su esfuerzo no se equipare con el de quien decide no trabajar y cobrar un plan:

Paula: Si yo no trabajara, esa es mi bronca, recibiría mucha más plata. Estando en mi casa por ser madre soltera, no estoy casada, por no trabajar […] sacando cuentas, con mi hijo, no te digo a la mitad pero más de la mitad si no trabajaba, cobraba el plan por soltera por…

Entrevistadora: Prefieres trabajar.

Paula: Yo prefiero trabajar.

Entrevistadora: ¿Por qué?

Alan: Y para progresar, para salir adelante.

Paula: Porque es mi mentalidad, mi papá trabajó, mi mamá trabajó, todos mis abuelos trabajaron, yo no vi a ninguno de mis padres tirados o drogándose, yo tengo la mentalidad que tengo que trabajar, o estudio o trabajo (Trabajadores/as administrativos/as del sector público y privado. Grupo 6).

Las formas de apreciación, relación y diferenciación que establecen los participantes de los cuatro grupos adquieren distintos ribetes entre aquellos que, desde una mirada objetivista o "en el papel", podríamos ubicar como de clase media mejor o peor acomodada. En algunos casos, sobre todo el de los profesionales, la ajenidad y exterioridad desde la que se construye a ese "otro" parte del desconocimiento objetivo, material: se trata de sectores con los que tienen escaso contacto en el espacio físico (Bourdieu, 1993). Sus opiniones y menciones parten de un "deber ser" que en pocas ocasiones se sustenta en el conocimiento directo, de primera mano. Es principalmente a través del trato con el servicio doméstico como las clases medias mejor acomodadas se vinculan con los sectores populares. Entre otros participantes, sobre todo los grupos de empleados administrativos, que manifiestan tener vecinos, amigos o familiares receptores de planes, esa ajenidad busca marcar una distancia que ya no es muchas veces la del espacio físico sino la del espacio social: la exterioridad y lejanía que se busca resaltar tiene que ver con la diferenciación y distancia moral de quien se sabe objetivamente más cerca.

En ocasiones, esa distancia se mide con la propia experiencia de esfuerzo que se presenta contrapuesta a la supuesta solución fácil de quienes reciben planes.

Fabio: Es para fomentar la vagancia porque te dan plata sin hacer nada.

Florencia: El hecho es ese, vos por ahí estás fuera un montón de horas, [lejos]de tu hijo, de tu pareja, de tu familia y por ahí no sé, sale una reunión familiar y vos decís: no mirá estoy súper cansada no voy a ir, trabajé toda la semana y ver que por ahí otro cobra plata sin hacer absolutamente nada y vos decís: yo me estoy esforzando ¿para qué?,

> yo me estoy esforzando para mi familia, para mi hijo, mi familia, para yo estar bien, para no necesitar cobrar un plan y vos decís: si yo lo hago ¿por qué el resto no lo hace? (Trabajadores/as administrativos/as del sector público y privado. Grupo 6).

Quienes han experimentado trayectorias de descenso social o sienten que la amenaza de la caída es más cercana, manifiestan irritación por el hecho de quedar fuera de la ayuda estatal.

> Laura: No fue otorgada a todos lo que es subsidio, becas. No fue pensado para la persona que trabaja, fue justamente para el pobrecito inmigrante que vino sin un peso y está viviendo en el medio de la villa. Pero no se pensó en ningún momento en gente que le cuesta. Yo en mi caso soy mamá soltera con dos chicos, alquilo el departamento, jamás pude acceder a nada, ni aun crédito de vivienda ni a una asignación familiar, ni a un subsidio de absolutamente nada (Trabajadores/as administrativos/as del sector público y privado. Grupo 7).

En pocos casos los planteos relativos a la "cuestión social" (inseguridad, planes sociales, desempleo, etc.) se asocian a dinámicas societales más integrales. La situación económica de un país que alterna ciclos de crecimiento con frecuentes crisis, la pobreza y el desempleo estructural desde hace décadas que de este modo permanecen, parecen conformar un cuadro de explicación más complejo que no es, sin embargo, el que predomina ni el que parece captar el interés argumental de los participantes. Más bien el foco aparece colocado en el modo en que la inestabilidad y las crisis económicas se encabalgan a una trama de pobreza, exclusión y marginalidad –donde también aparece la mención a las drogas y los estragos que causa en los jóvenes– y frente a la cual el poder de seguridad del Estado –el monopolio de la violencia legítima– es ineficaz. Como dice Norma, empleada administrativa en una escuela, *"el Estado nos tiene que proteger a nosotros, a los buenos ciudadanos (...) el que se porta mal, bueno, castigo, listo, ya está. Porque hoy en día yo veo que están más protegidos los que roban que los que no roban".* [10]

Si la inseguridad y la violencia provienen, entonces, de esas bases sociales que portan el mayor estigma negativo, llama la atención la ausencia casi total en el debate de los grandes delitos económicos o la corrupción empresarial como elementos explicativos de la situación social

---

[10]Ver en el capítulo 1 la concordancia de estas demandas con oferta del discurso político de Cambiemos y la política de seguridad de los dos últimos años.

crítica, aunque sí reconoce, en cierta medida, la corrupción política y judicial, que aparecen como la contracara de la violencia que debería poder canalizar el Estado.

Ahora bien, estos elementos de análisis y debate son minoritarios al igual que lo es la evaluación-discusión sobre las condiciones de partida (los soportes y sostenes) de esos "otros" o de las propias. El sostén de la vida social que diferencia condiciones estructurales muy desiguales para las diferentes clases sociales no emerge en el debate, aparece eclipsado por la retórica del mérito propio y el esfuerzo individual. Las condiciones estructurales sobre las que se monta la pobreza y la desocupación no parece tener potencia organizadora de argumentos sino que más bien aparece el lema de que "no trabaja el que no quiere".

Como dice Tilly el análisis relacional de la desigualdad *"choca con el modo narrativo en que la gente piensa los procesos sociales y habla comúnmente acerca de ellos"* (Tilly, 2000: 49). La interpretación tiende a centrarse en "actores automotivados" que producen cambios significativos sobre determinadas situaciones gracias a sus propios esfuerzos. Este tipo de formulaciones favorecen análisis individualistas: *"los análisis relacionales de la desigualdad son una afrenta para el sentido común narrativo"*, continúa diciendo Tilly.

Educación y consumo: entre el temor al desclasamiento y la distinción social

La educación ha sido y sigue siendo uno de los mayores emblemas de la cultura y el progreso social. Argentina ha sido un país que hizo de la instrucción formal una bandera que levantó el estandarte de la gratuidad en todos sus niveles, desde el inicial al universitario, como garantía básica de las posibilidades de progreso. La expectativa de movilidad social ascendente que caracterizó al imaginario nacional por lo menos hasta la última década del siglo XX se sostenía en la posibilidad de acceder a una educación pública de calidad para todos los ciudadanos. Ahora bien, frente a esta idea mítica de la educación como igualadora de posibilidades se yergue la investigación social que documenta cómo la idea integracionista encontró claros límites (Gessaghi, 2010). Las distintas clases sociales siempre elaboraron formas de diferenciación social que incluyeron a las estrategias educativas como elementos de construcción de cierre social. Sin negar esto, la investigación social también muestra que:

> Durante gran parte del siglo XX, la escuela pública y el barrio constituyeron espacios en donde era posible la "mezcla" de diversos sectores sociales, es decir, espacios de integración entre diversos grupos en donde lo que primaba era una dinámica más igualitaria y donde los modelos de socialización implicaban una integración basada en la diferencia. Más recientemente, se registra una dinámica inversa, y lo que se encuentra es una distancia cada vez mayor entre los diversos grupos sociales y la constitución creciente de círculos sociales homogéneos (Del Cueto y Luzzi, 2008: 75).

La creciente diferenciación de circuitos educativos por clase social es quizás, junto con la segmentación de la trama urbana y el *boom* de las urbanizaciones cerradas (Svampa, 2001), uno de los rasgos que más claramente expresan la dinámica de polarización social que atraviesa a las clases medias y que impone nuevas exigencias y formas de distinción, desde la década de 1990, principalmente. La construcción de esa identidad de clase media no está dada de una vez y para siempre. Por el contrario, se forja sobre una trama cambiante de relaciones sociales, económicas, culturales, políticas que se inscriben en el devenir histórico.

Si la heterogeneidad social y ocupacional fue desde siempre un rasgo característico de esa amplia clase media, el tiempo presente parece estar marcado no tanto por esa diversidad de situaciones y posiciones ya existentes, sino por la profundización y la rigidización de la brecha que separa lo que –desde una perspectiva objetivista o "en el papel"– podríamos denominar fracciones de clase. Las posibilidades de reproducir la propia posición y más aún de cumplir con la expectativa de progreso se articulan con la complejización de la trama educativa que garantizaba esa promesa y que ahora parece expresar y reproducir las divisiones sociales. Nunca como ahora el equipo de gobierno proviene del circuito privado de educación y "caer en la escuela pública"[11] es transmitido por el discurso político oficial como una desgracia.

[11] El 21 de marzo de 2017, en un discurso presidencial emitido en la Quinta de Olivos, el presidente Mauricio Macri anunció los resultados de una evaluación educativa nacional haciendo referencia a la inequidad de los que "tienen que caer en la escuela pública".

Para unos, en un contexto de degradación de la educación pública, la posibilidad de acceder a una educación privada aparece como reaseguro del lugar social que se ocupa y como forma de distinción. Para otros, que manifiestan el esfuerzo que les demanda sostener la posición, el desafío ya no es progresar, sino evitar la caída.

> Néstor: Además hay una destrucción continua de la educación pública. Es decir, yo soy egresado de la educación pública y hoy en día siendo padre y me dicen: ¿por qué no mandas a tu hijo a la escuela pública? Y yo le digo: sinceramente a mi me encantaría que vaya pero lamentablemente no lo puedo mandar porque una: no le enseñan nada; los maestros que van no tiene ganas de enseñar sinceramente y la educación que tienen los demás chicos no es la misma que yo le doy a mi hijo (…) Yo veo hoy en día a la escuela pública como una guardería…
>
> Paula: Es un depósito.
>
> Néstor: …de la personas que son de clase baja y que realmente no saben qué hacer con los hijos (Profesionales Independientes. Grupo 9).

En un contexto de profundización y diversificación de las divisiones sociales, la elección educativa deviene un marcador de distancias y un medio de asegurar la propia condición de clase. Más aún en un contexto en el cual, como dice Dubet (2015), la masificación competitiva multiplica los clivajes y las jerarquías dentro del sistema. En Argentina, la investigación social da cuenta de la configuración fragmentada del sistema educativo y muestra cómo a través de ella se reproducen las desigualdades (Tiramonti, 2004).

La supuesta decadencia de la educación pública se discute en términos del desgano de los maestros[12] y de la presencia de familias de clase media baja o clases populares que utilizan la institución como depósito. Las nociones del "maestro [que] va solo por un sueldo" y "el entorno no

---

[12] La fuerte estigmatización por parte del discurso público oficial del trabajador estatal como "ñoqui" (en referencia al que cobra su salario sin trabajar), alcanzó también a los docentes de escuelas públicas. Desde la asunción del gobierno de Cambiemos en 2015, las alusiones por parte de los más altos funcionarios a la falta de capacidad, al desgano en las tareas, al uso abusivo de licencias, a los paros excesivos por parte del cuerpo docente son recurrentes en un contexto donde el ajuste al sector se manifiesta en múltiples niveles, sobre todo en el salarial.

es bueno" parecen marcar la distancia de los sectores medios con la escuela pública. Aun cuando se vivan experiencias como la que más abajo relata Ángela (psicóloga que trabaja como maestra integradora), el poco interés que parece prevalecer entre los padres que envían a sus hijos a la escuela pública coloca en el espacio doméstico de las clases populares la explicación de la migración de las clases medias de la instrucción de gestión estatal.

Una vez más, la reflexión colectiva transcurre por los carriles de la responsabilización individual, pues los argumentos que se esgrimen enfocan en determinados conjuntos de individuos (docentes, sectores desfavorecidos) y la construcción de una mirada estructural (que discuta por ejemplo el prepuesto educativo o el salario docente) está casi ausente.

> Paula: Cambió todo el sistema, los valores, desde… el maestro no va con esa dedicación de profesión, va por un sueldo, va a pasar las horas. Y el entorno no es bueno, y no tienen la preparación.
>
> Ángela: Yo trabajo como maestra integradora con una maestra de primer grado, ella va con muchísimas ganas, te lo aseguro porque lo veo todos los días, pero de 24 chicos cuando se pide algo lo traen 2, semillas de la calle, dos. ¿Quiénes leen la nota? dos padres.
>
> Flavia: Pero es un conjunto.
>
> Ángela: De los 24, 22 tiene padres separados.
>
> Eleonora: Pero no tiene nada que ver por más que sean separados…
>
> Ángela: Pero yo te digo de la realidad social de la que vienen ellos, de lo que transmiten ellos en el aula, ¿no? Lo que uno ve en la realidad, en esa realidad que yo veo…
>
> Paula: Lo que pasa es que también los padres…
>
> Ángela: Padres separados conflictivos porque padres separados puede haber.
>
> Paula: …quieren apoyar todo en la educación o el colegio. El colegio se convirtió como en un depósito. Yo lo veo así.
>
> Néstor: Si, si, si, es así…
>
> Paula: "Dejo a mi hijo que le enseñen y lo eduquen",no.
>
> Ángela: Lo llevan porque no saben dónde dejarlo

> Paula: La educación es en casa y la formación en el jardín (Profesionales Independientes. Grupo 9).

Los argumentos sobre la cuestión educativa, los problemas que enfrenta el sector y el rol del Estado desembocan, en los cuatro grupos, en un recorte que delimita el tema en los sectores más desfavorecidos. Se conjugan en la discusión elementos diversos que incluyen a padres que "depositan" a sus hijos en la escuela, no porque sea una obligación parental y un derecho del niño, sino porque no tienen donde dejarlo. La mirada puesta en los entornos domésticos, donde esos niños crecen observando familiares alejados de la cultura del trabajo, los pone en riesgo de aprender hábitos alejados de la idea del esfuerzo y el mérito propio, y los condiciona negativamente a una socialización en los valores de la asistencia.

Los programas sociales de fomento a la educación (subsidio a madres con niños en edad escolar, de finalización de la escuela secundaria, de entrega de computadoras portátiles, etc.) se juzgan con los mismos términos con que se abordan los planes sociales que veíamos más arriba. Nuevamente, el acostumbramiento a la asistencia, el control para evitar el abuso, la exigencia de "dar algo a cambio", la necesidad de instruir en el mérito y el esfuerzo, aparecen también cuando el sujeto es asistido en su condición educativa. Es decir, se recrea una moral de la asistencia que funciona bajo los términos clásicos de la meritocracia liberal: se debe comprobar la necesidad real antes de otorgar el beneficio que debe ser estrictamente controlado para evitar usos indebidos, además de ser acompañado por algún tipo de devolución a la comunidad.

> Irene: No bueno ya llega un punto que es generacional porque esos chicos que arrancan a los 8 años lo vienen viendo de sus padres
>
> Paula: Porque mamá y papá lo hacen, porque el abuelo
>
> Irene: Y claro
>
> Alan: Eso también va en la educación de cada familia (Trabajadores/as administrativos/as del sector público y privado. Grupo 6).
>
> Cecilia: Hay mucha gente que lo necesita. Aparte hay otros planes, también, que estaban buenos, donde se obligaba al chico que estudiara. Hay algunos que van a la universidad. Pero hay que constatar eso; que vaya, que muestre qué materias da… Y se les da una pequeña ayuda (Profesionales Independientes. Grupo 8).

Ana: Había, no sé si se llego a implementar, a los chicos que no trabajan ni estudian. Me parece tal vez que otra acción seria más productiva para ellos para que no se acostumbren desde chicos a recibir un monto que no les va a servir para vivir sino que...

Eleonora: Algo a cambio.

Ana: Claro, para esforzarse ellos desde chicos. Si en algún momento lo tiene que recibir bueno pero... (Profesionales Independientes. Grupo 9).

Quienes vivieron trayectorias de ascenso asociadas a la educación relatan el esfuerzo que suponía abrirse camino por sí solos. Desde esa posición de relativa desventaja respecto de otros sectores de clase media mejor acomodada aparece la sensación de injusticia que representa la supuesta facilidad que experimentan quienes reciben subsidios por parte del Estado en contraposición con la propia experiencia: "nadie me daba nada". Esa situación, lejos de generar empatía con un semejante que atraviesa dificultades similares a las vividas en carne propia, refuerza, por el contrario, la lógica meritocrática que hace del esfuerzo individual, aun en condiciones de gran desventaja de partida, un valor que consagra el éxito de esa trayectoria (Puyol, 2007). El acortamiento de las distancias sociales por parte de jóvenes de sectores populares que han recibido asistencia social no acorta la distancia moral que separa ambas condiciones: el que se hizo solo y el que recibió ayuda.

Ángela: En el 2004 yo era abanderada y a los tres abanderados del colegio les dieron una beca para estudiar en la universidad pública. Y ese es el recuerdo que yo tengo [...] después la universidad me la costeé yo, no había planes como los que hubo en este último tiempo.

Entrevistadora: ¿Y qué te parece?

Ángela: Yo lo veía, todo lo que yo hacía, como un esfuerzo. Porque el que tenia plata como que bueno: la tengo y estudio o no. Para mí era un día a día, había que pagar un alquiler, tenía que pagarme las fotocopias, todo. Nadie me daba nada, ni a mi familia ni a los estudiantes. No había ni beca de comida.

Entrevistadora: Y el hecho de que haya becas ¿qué te parece? Es verdad que te acuerdas de tu propia historia...

Ángela: Me acuerdo de mi esfuerzo, me acuerdo que la beca era por mi merecimiento. Porque yo había hecho el esfuerzo en el secundario

> y yo merecía un premio a eso, no que a todos nos daban para ver si querías estudiar o no, a ver… […] este último tiempo era todo como bueno para que te ayude a terminar como obligado, a ver, por la plata la terminás la secundaria, sino no te la doy, te la quito. No, me parece que es el valor que tiene el estudio o seguir adelante o esforzarte, eso se perdió mucho… (Profesionales Independientes. Grupo 9).

La controversia que sigue a continuación sobre el otorgamiento de notebooks a estudiantes secundarios de escuelas públicas ilustra otro aspecto de esta cuestión, asociado a la igualación de condiciones materiales.

> Norma: Yo trabajo en una escuela que está buena, y le dan subsidios hasta para que vayan a la escuela, un poco más y le ponen el título ahí. No es así… cero sacrificio…
>
> Daniela: Como el tema de la compu, que todo el mundo se quejaba de la compu de conectar, "conectar igualdad" y…
>
> Alfredo: Y las recibieron, ¿eh?
>
> Norma: ¿Vos te crees que los chicos aprenden con la computadora? Si no tienen internet en la escuela…
>
> José: Mi familia tuvo que buscarse la vida, a mi familia no le dieron computadora.
>
> Daniela: Yo fui a colegio privado y nunca me dieron una computadora, a mi me la tuvo que comprar mi papá y bueno, pero sabes lo que pasa, sabes cuál es el pensamiento que si vos tenés el dinero para abonar una cuota quizá tengas más posibilidades de comprar una computadora. Yo mando a mis hijos al colegio privado y no tengo computadora en casa pero no me quejo, porque yo tengo un plato de comida todos los días en mi casa. Y esos chicos quizá no tengan la posibilidad ni remota de tener una computadora y por ahí ni de comer tengan, ¿me entendés? Entonces no me parece mal que esos tengan una computadora, para conectarse con el mundo, para hacer lo que hacen el resto de los chicos, ¿me entendés? Es mi pensamiento (Trabajadores/as administrativos/as del sector público y privado. Grupo 7).

Como dice Svampa (2001), la capacidad de consumo es un rasgo definitorio de las clases medias que marca la aspiración a un cierto estilo de vida que, en nuestro país, se caracterizó por la vivienda propia, el automóvil, el acceso a bienes (ahora, los tecnológicos). El consumo viene a manifestar y volver palpable la promesa de progreso y bienestar que es parte de la categoría.

En los últimos años, el aumento de las tarifas de servicios públicos (entre muchas otras medidas que caracterizaron el recorte del gasto público del gobierno de Mauricio Macri) significó un ajuste en el nivel de vida de las clases medias y populares. Si durante los años del gobierno kirchnerista las clases medias fueron críticas de muchas medidas de fomento al consumo (que comenzaba a incluir al mundo popular) y del subsidio a las tarifas de servicios, el fuerte recorte que impuso el nuevo gobierno es criticado no en esencia, sino en lo abrupto del modo. Amplios sectores de las clases medias juzgaron excesivas unas políticas de redistribución y subsidio que, en cierta medida, volvían más borrosa la línea que las separaba de las populares. Los servicios baratos, el fomento al consumo sobre todo de bienes tecnológicos (televisores y teléfonos celulares en cuotas o incluso la entrega gratuita de esos bienes a estudiantes y jubilados) tornaban difusas las fronteras que, también en la capacidad de consumir, delinean las distancias de clase y constituyen el valor de la posición que se ocupa.

Por eso, como dice Luisa, empleada administrativa en un hospital público, ella fue una de las que voluntariamente dio de baja el beneficio: *"yo soy una de las que dije 'no quiero los subsidios' hace 2 años porque puedo entre comillas"*. En ese "porque puedo" se expresa la voz de una clase media que, sin pertenecer no obstante a las franjas mejor acomodadas, busca un modo de distinción de aquellos que "no pueden" darse el lujo de prescindir de la ayuda estatal. Al mismo tiempo, el acto de renuncia expresa el posicionamiento moral de quien no adhiere al proceso de redistribución generalizada del gobierno previo. En palabras de Juan: *"los gobiernos anteriores, con esto de mantener la política y la gente contenta, digamos, para que los voten, descontaban demasiada plata a la gente en la factura, ya era un extremo"* (Trabajadores/as administrativos/as del sector público y privado. Grupo 6).

Los entrevistados de los cuatro grupos reconocen ver mellada su capacidad de consumo y así, en cierto sentido, dan cuenta de uno de los grandes temores de la clase media post 2001: la caída del nivel de vida y la posibilidad de desclasamiento social.

> Florencia: Hoy por hoy el empleo quedó muy relegado, o sea, era lo que decíamos, si te sacaron los susidios […]hoy por hoy el sueldo de

> todos es comida y educación y no te das los lujos como nos dábamos antes (Trabajadores/as administrativos/as del sector público y privado. Grupo 6).
>
> Luisa: Por ejemplo ahora hay veces que me quedo a cenar, o a almorzar, yo nunca me quedé a cenar; ahora me quedo a comer [en el hospital público en donde trabaja y que brinda servicio de comedor a los empleados](Trabajadores/as administrativos/as del sector público y privado. Grupo 6).
>
> Clara: Todo lo que es ropa, olvidate, yo porque estoy con indumentaria. La gente incluso para comer, veo que también ya se están cuidando. Antes ibas al supermercado y era llenar el carrito. Olvidate, nunca más.
>
> Mariela: Ahora mirás bien la góndola
>
> Clara: Ahora te ponés a pensar dos veces si lo llevás o no. Y comprás tres o cuatro cosas y no te alcanza. Cambió mucho (Profesionales Independientes. Grupo 8).

El consumo es, en las sociedades actuales, una dimensión importante para pensar la estructura social, los lugares que en ella ocupan los sujetos y las prácticas de distinción y jerarquización que elaboran para disputarlos. Más aún en la última década, cuando buena parte de las medidas redistribucioncistas del kirchnerismo se basaron en la ampliación del consumo convocada por un mercado interno protegido que revitalizaba la producción nacional. En las controversias que expresan los testimonios arriba citados debemos leer, también, las disputas entre sujetos que hacen del consumo un elemento más desde el cual construir la posición social y establecer diferencias con otras.

Entre la distinción y la necesidad se juega la relación de las clases medias con el uso y consumo de bienes y servicios que organizan, también, desiguales formas de pertenencia a la comunidad. Desde una posición que busca denotar el rechazo al uso del hospital público y así demarcar una pertenencia social asociada a los servicios privados, Mariela, una profesional independiente de la localidad de San Isidro pregunta al grupo, ¿Quién está yendo al hospital público? Sin ser racista...

Por otra parte, una empleada del sector público que reconoce la dificultad económica para acceder a espectáculos juzga positivamente el hecho de poder acceder a un valor clásico de las clases medias: los consumos culturales.

> Laura: La cultura es importante. La noche de los teatros que fue el mes pasado fue genial. Porque yo no puedo, hoy en día es imposible pagar una entrada de teatro y a las 6 de la tarde nos fuimos a una función y a la 9.30 de la noche nos fuimos a la otra punta de la ciudad al "Stravaganza" que estaba en el Polo Circo y tenía a mi primo haciendo la cola […]los chicos pudieron ver dos funciones. "Stravaganza" la entrada está 600 mangos, imposible…(Trabajadores/as administrativos/as del sector público y privado. Grupo 7).

Como dicen Del Cueto y Luzzi (2016), el "imperativo de consumo" asocia la posibilidad de acceder a determinados recursos con la participación plena en la vida social. Esto no implica, desde luego, asociar la ampliación del consumo con su democratización: el amplio campo de los consumos[13] está atravesado por formas de diferenciación y segmentación que discriminan el acceso a bienes y servicios. Las relaciones de intercambio que organizan el espacio social están hechas, también, de esas tramas de reconocimiento intersubjetiva que, a través del consumo, ubican a los sujetos en lugares desiguales.

Conclusiones

El objetivo de este capítulo fue reconstruir la discusión que se dio en cuatro grupos focales compuestos por trabajadores de clase media sobre las formas legítimas de pertenencia a la sociedad. A través de las argumentaciones que atravesaron el debate tratamos de analizar los modos en que los participantes construyen y justifican formas desigualmente valoradas de participación en la vida social común.

Los procesos de jerarquización que se movilizaron permiten observar la construcción de un orden de justicia que ubica al "trabajo genuino" como la expresión de una forma de legitimación social que valora la individuación meritocrática despojada de soportes colectivos. Es el individuo dotado de ciertos valores morales (deseo de superación, cultura del trabajo, voluntad de esfuerzo) el que emerge por la vía del trabajo como un sujeto autónomo, capaz de autovalerse, y por lo tanto valorado pues no requiere de sostenes colectivos –sobre todo estatales– para realizar una individuación exitosa.

---

[13] Sobre consumo y diferenciación social en el discurso político de Cambiemos, ver el capítulo 2.

El orden jerárquico que así emerge ubica al "pobre-desemplea-do-asistido" como la figura que expresa la máxima distancia moral. Se trata de quien no ha logrado –las más de las veces por explicaciones voluntaristas– superar la prueba de individuación y busca en el colectivo un soporte que, al tiempo que le resta valor, puede incluso volverse ilegítimo en tanto no se demuestren esos valores morales referidos arriba. Por su parte, en dos espacios significativos para las clases medias como son la educación y el consumo puede verse la manera como se expresan estos criterios de justicia que organizan una relación de superioridad-inferioridad que se juzga justa. La trama de análisis individualizante coloca en sujetos particulares diagnósticos de crisis que no pueden pensarse sino a partir de una trama estructural que está mayormente ausente del debate. Se organiza de este modo una moral del mérito individual como forma de progreso y realización social que establece, al mismo tiempo, una forma legítima de participación en la vida social.

Referencias

Adamovsky, Ezequiel (2009) *Historia de la clase media argentina: apogeo y decadencia de una ilusión, 1919-2003*. Buenos Aires: Planeta.

Auyero, Javier (1998) *La política de los pobres. Las prácticas clientelistas del peronismo*. Buenos Aires: Manatial.

Beccaria, Luis (2001) *Empleo e integración social*. Buenos Aires: FCE.

Bourdieu, Pierre (1990 [1984]) "Espacio social y génesis de las clases". En *Sociología y cultura*. México: Grijalbo.

Bourdieu, Pierre (1993) "Effets de lieu".*La misère du monde*. Paris: Seuil.

Bourdieu, P., L.Boltanski y M. de Saint Martin (1973) "Les stratégies de reconversion: Les classes sociales et le systèmed'enseignement", *Social ScienceInformation*, 12 (5), pp. 61-113.

Castel, Robert (1997 [1995]) *Las metamorfosis de la cuestión social. Una crónica del salariado*. Buenos Aires: Paidós.

Dalle, Pablo (2010) "Cambios en el régimen demovilidad social intergeneracionalen el Área Metropolitanade Buenos Aires (1960-2005)". *Revista Latinoamericana de Población* 4(7), pp. 149-172.

Del Cueto, Carla y Mariana Luzzi (2008) *Rompecabezas: Transformaciones en la Estructura Social Argentina (1983-2008)*.Los Polvorines: UNGS y Buenos Aires: Biblioteca Nacional.

Del Cueto, C. y M.Luzzi (2016) "Salir a comprar. El consumo y la estructura social en la Argentina reciente". En Gabriel Kessler: *La sociedad argentina hoy: radiografía de una nueva estructura*. Buenos Aires: Siglo Veintiuno Editores.

Dubet, François (2015) *¿Por qué preferimos la desigualdad? (aunque digamos lo contrario)*. Buenos Aires: Siglo XXI.

Didier, Fassin (2009) Les économies morales revisitées. *Annales. Histoire, Sciences Sociales*, 6 (64e année), p. 1237-1266

Gentile, María Florencia (2015) La niñez en los márgenes, los márgenes de la niñez. Experiencias callejeras, clasificaciones etarias e instituciones de inclusión en niños/as y jóvenes del AMBA. Tesis de Doctorado, Facultad de Ciencias Sociales, UBA.

Gessaghi, Victoria (2010) La educación de las "clases altas" argentinas: límites a las tendencias integradoras del sistema educativo (1880-1945). *Revista del Instituto de Ciencias de la Educación*. Facultad de Filosofía y Letras.

Goffman, Irving (1963) *Estigma. La identidad deteriorada*. Buenos Aires-Madrid: Amorrortu.

Grassi, Estela (2003) *Política y problemas sociales en la sociedad neoliberal. La otra década infame (I)*, Buenos Aires: Espacio Editorial.

Grimson, Alejandro (2015) Percepciones sociales de la desigualdad, la distribución y la redistribución de ingresos. *Revista Lavboratorio*, Año 15, N° 26, pp.197-224.

Kessler, Gabriel (2014). *Controversias sobre la desigualdad. Argentina 2003-2013*. Buenos Aires: FCE.

Kessler, G. y V. Espinoza (2003).Movilidad social y trayectorias ocupacionales en Argentina: rupturas y algunas paradojas del caso de Buenos Aires. Serie Políticas Sociales. N°66. Santiago de Chile: CEPAL.

Minujín, A. y G.Kessler (1995) *La nueva pobreza en la Argentina*. Buenos Aires: Planeta.

Puyol González, Ángel (2007) *Filosofía del mérito.Contrastes. Revista Internacional de Filosofía*, vol. XII, pp. 169-187.

Rosanvallon, Pierre (2012)*La sociedad de iguales.*Buenos Aires: Manantial, 2012.

Svampa, Maristella (2001) *Los que ganaron. La vida en los countries y barrios privados*. Buenos Aires:Biblos.

Tilly, Charles (2000 [1998]) *La desigualdad persistente*. Buenos Aires: Manantial.

Tiramonti, Guillermina (comp.) (2004)*La trama de desigualdad educativa. Mutaciones recientes en la escuela media*. Buenos Aires: Manantial.

Tiramonti, G. y V. Gessaghi (2009) La educación de las elites en la Argentina: tensiones entre el mito igualitario y la diferenciación social. Colloque international La formation des élites. Les enjeux de l'ouverture sociale et de la mondialisation. Paris, 17-18 de septiembre.

Torrado, Susana (2003) *Historia de la Familia en la Argentina Moderna (1870-2000)*. Buenos Aires: Ediciones de La Flor.

Veleda, Cecilia (2008) La ségrégation scolaire dans la banlieue de Buenos Aires. Entre la polarisation des clases moyennes et la régulation atomisée. Tesis de doctorado, EHESS, Paris.

Vommaro, Gabriel y Hélène Combes (2016) *El clientelismo político desde 1950 hasta nuestros días*. Buenos Aires: Siglo XXI.

CAPÍTULO 7

Trabajadores e instituciones de salud: sentidos y fundamentos en disputa

María Crojethovic y Maitena Fidalgo

Introducción

En este trabajo la mirada está puesta en reconstruir desde el punto de vista de los trabajadores los sentidos y los fundamentos que brindan sobre la salud, el uso de los servicios y sus estrategias de acceso. El objetivo es indagar acerca de los sentidos que circulan públicamente, referidos a los recursos (bienes, servicios) dispuestos por la política social, y dilucidar las justificaciones y los fundamentos (morales y normativos) acerca de los distintos y desiguales recursos de los que disponen diversos sectores sociales. Asume entonces centralidad, la cuestión institucional y la desigualdad en la relación trabajador-servicios de atención.

El capítulo se enmarca en una investigación colectiva[1] en la cual se realizaron, entre agosto y octubre 2015, dieciséis entrevistas en profundidad a personas con distintas posiciones en el mundo del trabajo vinculadas a diferentes espacios político-institucionales de la Ciudad Autónoma de Buenos Aires y el Conurbano Bonaerense[2]. Conformaron una

---

[1] En el marco de los siguientes proyectos: Proyecto "Autovalía y dependencia legítima. La política social y los soportes socio-institucionales de la vida social". Universidad de Buenos Aires– Secretaría de Ciencia y Técnica (2014-2017), dirigido por Estela Grassi y proyecto PIO CONICET UNGS (2015-2016) N° 144-20140100006-CO "Los fundamentos socio-político y culturales de la protección social: alcances y legitimidad de los sistemas institucionales", dirigido por Susana Hintze.

[2] Ver en la Presentación las razones por las cuales consideramos la inserción en el mundo del trabajo como central en la construcción de sentido. Los sec-

herramienta de producción de datos fundamental, ya que constituyeron una vía estratégica para reconstruir tales sentidos a partir de los puntos de vista expresados sobre los servicios de salud. De este modo, pudimos identificar referencias acerca del uso que hacen de estos servicios y sus estrategias de acceso, distinguiendo las diferencias y/o desacuerdos en una línea narrativa que integra y explica las razones y justificaciones brindadas.

Para el análisis delimitamos algunas cuestiones conceptuales del campo de la salud, y luego pasamos revista a la historia y recorrido de dichas instituciones, considerando quiénes fueron y son sus beneficiarios. El sector de la salud en la Argentina está fuertemente marcado por la historia de su conformación. Los tres subsectores que lo integran se definen por trayectorias institucionales, lógicas de funcionamiento y características específicas, otorgando singularidad al mismo: el Estado, las obras sociales y las empresas de medicina prepaga confluyen en un diseño institucional del sector.

Antes de continuar queremos aclarar que en nuestro análisis haremos referencia al campo de la salud y al sector salud de manera diferenciada aunque en relación complementaria. La noción de campo nos permitirá reconocer la convergencia de actores, recursos, problemas e intereses (Spinelli, 2010), entendiendo a éste como un campo relacional con disputas, poder y luchas por los capitales en juego (Bourdieu, 1999), el cual se configura en relación a lo sectorial y lo societal. En este sentido, el sector hace referencia a las instituciones y recursos que se asignan sectorialmente, conteniendo actores, conflictos e intereses propios del mismo sector (Belmartino y Bloch, 1994). Coincidimos con Belmartino y Bloch, en abordar al sector salud como parte de un campo abierto cuyo análisis no puede realizarse de manera aislada del contexto social. La distancia que ponemos con el concepto de *sistema* corresponde a que el mismo no da cuenta de la complejidad de la cuestión sanitaria, al mismo tiempo que conlleva a simplificaciones atravesadas por los modelos de organización de la atención.

tores laborales incluidos en las entrevistas fueron: empleados en puestos administrativos, rutinarios formales del sector público y privado, profesionales independientes, obreros formales e informales, trabajadores cooperativizados, directivos de empresas privadas de nivel medio y alto y empleadas del servicio doméstico.

Hecha esta aclaración, entendemos que el sector de la salud, casi desde sus orígenes, se encuentra fragmentado, pero, ¿qué implica esta fragmentación en términos de provisión, protección y bienestar?, ¿qué servicios de salud están efectivamente disponibles y para quienes?, ¿quién provee y a quién le provee los servicios de salud?, ¿a quién se le asigna la responsabilidad por el bienestar?, ¿qué intervención se espera del Estado?

Por otro lado, ¿qué sentidos se ponen en juego cuando los sujetos delinean/proyectan su estrategia de acceso a la atención en salud?, ¿qué lugar ocupa la calidad que brindan dichos servicios en estas estrategias de acceso?, ¿cómo juegan las posiciones en el mercado de trabajo?

Aquí buscamos dilucidar cómo se problematiza la salud y el acceso a ciertos bienes y servicios y en qué instituciones –proveedoras del bienestar– se ubica la responsabilidad, en las sociedades en las que el trabajo se realiza en condiciones de mercado que organizan en general la vida social. Partimos de la premisa que tanto la responsabilidad individual como colectiva en salud, no está exenta de la tensión que atraviesa a la sociedad en relación con modelo de desarrollo, la reproducción social, la distribución de la riqueza, los derechos, y el reconocimiento de la dignidad de los seres humanos. Y acordamos en identificar a las instituciones, a los medios y a los recursos como soportes socio-institucionales de la vida social que son indispensables para analizar la vinculación de los trabajadores con la sociedad en su conjunto y la forma de satisfacer sus necesidades. Los sentidos y los fundamentos que (pre)definen quién debe transitar y/o habitar cada institución, darán cuenta de trayectorias personales y familiares ubicadas en el plano de la experiencia, que expresan creencias, convicciones sobre el deber ser y aquello que aparece como "lo exigible", o bien que es lo que se ubica "naturalmente" como responsabilidad de todos o individual. Esto nos permitirá analizar las nociones de autovalía y dependencia legítima que son ejes en nuestro trabajo colectivo (ver Presentación de este libro).

Organizamos el capítulo de la siguiente forma: en un plano más conceptual nos detendremos en las nociones de necesidades y estrategias de acceso a los servicios de salud, para luego repensar los sentidos y los fundamentos de los sujetos que podrían sustentar ciertos procesos de diferenciación en el acceso. A partir de allí, incorporamos la noción de microdesigualdades para reflexionar acerca de la responsabilidad en salud en términos individuales o colectivos, que servirá para revisar las nociones de autovalía y dependencia en relación a la organización de dichas estrategias. En un segundo momento, realizaremos una breve reconstrucción histórica del sector de salud argentino analizando el modo en que se fueron definiendo a los beneficiarios de cada subsector.

La presentación de los resultados del análisis de las entrevistas reconstruye la concepción de salud que los trabajadores específicamente considerados en este capítulo brindan acerca del uso que hacen del sector para comprender de qué modo organizan sus decisiones y elecciones dentro del mismo. La identificación de las estrategias desarrolladas nos permite trabajar el problema de la desigualdad y sobre quién se asienta la responsabilidad por el bienestar. Finalmente, se discute acerca del modo en que los criterios de autovalía y dependencia legítima se actualizan y se validan en el discurso de los entrevistados.

1. El campo de la salud desde lo conceptual: trabajadores, necesidades y estrategias de acceso a los servicios de salud

Para analizar la situación de los trabajadores y cómo estos se relacionan con el campo de la salud resulta necesario abordar algunas definiciones que consideramos imprescindibles para dicha tarea. En las sociedades modernas los sujetos deben enfrentar riesgos inherentes a su existencia, riesgos en relación con la reproducción de la vida en sociedad, y aquellos vinculados a su condición de trabajador. La posibilidad de que estos infortunios recaigan en un sólo sujeto (debiendo buscar una solución de forma particular) y no en la sociedad como un todo, es lo que ha llevado a la colectivización de las protecciones (Baldwin, 1992). En esta misma dirección, las previsiones en materia de salud y enfermedad han ido adquiriendo una particular importancia, por estar estos bienes y servicios también mercantilizados, dependiendo la obtención de esos satisfactores de las condiciones de acceso. Es por esta vía que tales satisfactores en salud se convierten en objeto de la lucha social, de modo que la relación sujeto-riesgos y contingencias ha dado lugar al desarrollo de sistemas de protección social por parte del Estado, y a diferentes configuraciones institucionales que han ubicado en el centro de la discusión a las necesidades en torno de la atención de la salud.

Entendemos a la salud como un campo abierto que se encuentra atravesado por muchas de las dimensiones que hacen a la vida y al bienestar –o no– de las personas. No sólo proviene de una cuestión biológica del individuo, sino de las condiciones sociales de reproducción en las cuales se vive y trabaja; condiciones de vida desigual, determinadas estructuralmente, las cuales podrían ser prevenidas y remediadas. A estos determinantes sociales en salud, se le suma la dimensión política, ya que las políticas públicas tienen un efecto sobre las condiciones de vida, a la vez que condicionan la distribución de los otros determinantes sociales. La salud es una cuestión política, sus propios determinantes sociales son sensibles a dichas intervenciones y son dependientes de su acción, en tal sentido, la ideología, el poder y lo político influyen sobre la salud de las personas (Crojethovic, 2017). Es por eso que la singularidad de los bienes y servicios, sumado a las condiciones de vida desiguales, pone en debate la necesidad de la intervención del Estado[3] mediante sus políticas sanitarias. De modo que la existencia de las personas no sólo depende del binomio salud-enfermedad[4], sino que los procesos políticos, económicos y sociales también son constitutivos de la misma, implicando riesgos que interpelan al bienestar. A su vez, los procesos de globalización de la economía, la internacionalización de la producción, distribución y consumo, junto con el avance de las tecnologías de la información, han generado profundos cambios que han ido transformando los hábitos de vida de las poblaciones y por ende su relación con los riesgos (Crojethovic, 2017). Cambios que se fueron exacerbando en complejidad y cantidad, a la vez que ha obligado a los sujetos a diseñar (en términos individuales y colectivos) nuevas prácticas frente a un mercado de la salud que se fortalece (Fidalgo, 2013).

Estudios ya clásicos dan cuenta de que las desigualdades en salud derivan fundamentalmente de las contradicciones que provienen de la forma en que la sociedad organiza su reproducción sobre la base del

---

[3] Las funciones del Estado en salud son tanto la rectoría como regulación, pero además el financiamiento y/o provisión.

[4] En los debates actuales la salud es reconocida como una capacidad humana básica, es un prerrequisito que permite a los individuos realizar sus proyectos de vida, un elemento indispensable en la construcción de las sociedades democráticas y un derecho humano fundamental para la vida en comunidad (OMS/ OPS, 2015).

intercambio mercantil, dependiendo del circuito monetario para satisfacer las necesidades. La noción de necesidades alude a aquellas que son propias de la vida de las personas, entendiendo a éstas como ineludiblemente sociales, las cuales responden a exigencias objetivas de la reproducción ampliada de los trabajadores, es decir aquello que se necesita para reproducir la vida y las condiciones de vida de las personas en cuanto tales (Topalov, 1979). En apariencia suelen expresarse como "preferencias" o "sistemas de valores" estrictamente subjetivos, aunque no lo sean; que varían con el tiempo en calidad y cantidad. En este sentido, cada vez que cambian las condiciones sociales generales de la reproducción de la fuerza de trabajo se transforman las necesidades a causa de las nuevas formas y condiciones de explotación y consumo privado. La contradicción entre la reproducción mercantilizada de esta fuerza de trabajo y las exigencias objetivas de la reproducción de la vida en la sociedad generan reivindicaciones que motorizan el sistema público de mantenimiento de la fuerza de trabajo, interpelando al Estado en su capacidad de intervención en el campo de los consumos colectivos (Topalov, 1979), entre ellos las acciones del Estado en salud.

El reconocimiento del derecho a la salud ha ido avanzando en la medida en que el desarrollo social, económico y tecnológico ha logrado correr la frontera entre lo que es un derecho exigible y lo que no lo es (Abramovich y Pautassi, 2008). La lucha por los satisfactores será entonces, un problema de la producción y de la reproducción social, de relaciones sociales complejas entre los distintos grupos o fracciones de clase (Grassi, 2006); debido a que el principio moderno de la igualdad formal de los individuos que garantiza la salud para todos entra en tensión con la dependencia que genera la relación salarial. Aquí, se debate el problema de la reproducción de aquellos sectores cuyo acceso al mercado depende de sus capacidades de trabajo y de la posibilidad y condiciones de su empleo. Así como también, la de los grupos privados de esta autovalía (niños, ancianos, enfermos), o legítimamente excluidos de la obligación de trabajar por salario o retribución monetaria (podrían ser estudiantes o aquellos que viven de rentas). Lo que está en juego en estas definiciones es la disputa por la igualdad en salud y la orientación que adquieran las políticas. Estas intervenciones sobre la satisfacción de necesidades sociales definen y delimitan una mayor o menor socialización de los bienes y servicios de salud, una mayor o menor cantidad y calidad en su acceso y cobertura. Dichos criterios terminan produciendo distinciones en relación con la equidad que contribuyen a la constitución de sujetos desiguales en lo que hace a su bienestar (Grassi, 2006). Los servicios de salud se definen de esta forma, según las necesidades de los sujetos y en la discusión y disputa por los satisfactores.

Este carácter conflictivo que asume la atención de la salud en nuestras sociedades, interpela a la intervención estatal para satisfacer aquellas necesidades de salud que no están cubiertas por el salario directo (tales como medicamentos, vacunas, servicios de diagnóstico, tratamiento y/o rehabilitación, etc.); y/o aquellos bienes que requieren de un servicio de consumo colectivo tales como los hospitales, las clínicas, insumos y equipamiento de alta tecnología, como así también el propio desarrollo de investigaciones científicas y tecnológicas que hacen al avance tecnológico en medicina. Existe cierto grado de desmercantilización en caso de que el derecho a la salud tenga un estatus legal y real; hay desmercantilización si esos derechos son inviolables, si se derivan de la ciudadanía, si no están condicionados. De modo que el bienestar en salud también dependerá del ordenamiento cualitativo que se dé según quién sea el proveedor del bienestar social: el Estado, el mercado y/o la familia (Esping Andersen, 1993). En este sentido, las diferentes formas de configuración socio estatales del bienestar, irán definiendo –de diverso modo– las responsabilidades y en qué medida las instituciones de salud se definen como garantes del acceso y la cobertura. Hecho que tensiona la enunciación formal del derecho y la respuesta que el sujeto encuentra al transitar las instituciones sanitarias y encontrar/se con los servicios ofrecidos.

El "estar protegido" en salud corresponde a una dimensión medular de la vida en sociedad, por ende sus formas y significados remiten también a una construcción socio-histórica. Es decir que no se trata de un estado "natural" sino de un proceso político institucional; por eso, las dimensiones espacio–tiempo son insoslayables en una reflexión que intente interrogarse sobre el significado del "estar protegido" para los sujetos. Las protecciones sociales son mecanismos socialmente organizados que, con diversos tipos y grados de institucionalización, proporcionan a los miembros de una sociedad seguridades políticamente instituidas ante (y contra) los riesgos que amenazan su bienestar socio –económico (Fidalgo, 2013). Como plantea Castel (2004), el desafío es comprender la forma de vinculación de las personas con esos riesgos ya que allí se definen las relaciones de protección– inseguridad. En relación con el grado de protección que se le brinde o bien adquiera en el mercado, los sujetos "hacen y dejan de hacer" ciertas cosas en la búsqueda del bienestar, de aquello que consideran que contribuye a su salud y de aquello que la perjudica. Pero sin dudas, el acceso a los servicios de salud de las personas no sólo da cuenta de las formas institucionales de organización ante las contingencias, sino que denota el posicionamiento de esas personas en relación con los recursos. Cuando hablamos de estrategias de acceso a los servicios de salud, hacemos referencia a las acciones posibles de ser realizadas por el sujeto para efectivizar la atención y la de su grupo familiar, teniendo como coordenadas la situación socio histórica del sector (infraestructura, recursos, etc.) y las posibilidades/imposibilidades inscriptas en su situación de clase (recursos materiales y simbólicos, participación en el mercado formal de trabajo, etc.). Estas estrategias se inscriben en la disputa por el bienestar de los sujetos, pero no sólo para tener como horizonte el mantener la salud, sino también para acceder –desde una concepción amplia e integral– a cierto bienestar. Al considerar estas estrategias, el análisis de los sentidos y de los fundamentos que esgrimen ante sus decisiones resulta un paso obligado.

Son los sentidos que dan cuenta de las trayectorias personales y familiares ubicadas en el plano de la experiencia, los que también refuerzan las creencias y convicciones sobre el deber ser y aquello que aparece como "lo exigible", o bien que es lo que se ubica "naturalmente" como responsabilidad individual o de todos. Nos interesan así los fundamentos y justificaciones morales y/o normativas que se le dan a dichos sentidos, en tanto evidencian las tensiones acerca del "merecimiento" de los distintos y desiguales recursos de los que disponen los diversos sectores sociales. El sentido es propio de la tarea reflexiva del sujeto, esa que le permite reconocerse a sí mismo en su acción y en su palabra y/o las mantiene vigentes como parte constitutiva de su mundo cotidiano compartido. De ahí que la comprensión de sentidos es una aproximación a la conciencia reflexiva del sujeto, capaz de hacer palabra lo que piensa y lo que siente respecto a lo vivido; es algo así como desnudar el pensamiento y abrir una ventana a su mundo interior edificado a partir de las vivencias compartidas (Franco Cortés y Roldán Vargas, 2015).

En el pensamiento de sentido común, se suele conectar las experiencias vividas del sujeto con las expectativas de las cosas por venir en el presente, el cual contiene elementos del pasado y del futuro, y cuyos límites se determinan por las experiencias pasadas, sedimentadas y preservadas. El sentido común, es una dimensión de la interacción social que genera patrones estandarizados e institucionalizados de comportamiento (Belvedere, 2013). La verdad no es algo que se descubre primero para actuar en función de ella después, sino algo que se hace en el curso de la experiencia. Así, la concepción del mundo absorbida acríticamente por los diversos ambientes sociales y culturales en los que se desarrolla la individualidad moral del hombre medio, produce en cada estrato social *su* sentido común que es, en el fondo, la concepción más difundida de la vida y de la moral. Esto no implica que no haya verdades en el sentido común, ni que sea algo rígido e inmóvil; por el contrario se transforma continuamente, enriqueciéndose con nociones científicas y con opiniones filosóficas que entran en las costumbres. Pero estas verdades no se pueden adoptar tal cual se presentan, deben ser antes expurgadas y reconstruidas a otro nivel, de manera que las conclusiones a las que finalmente se llegue guardarán con ellas, a lo sumo, un parecido de familia (Nun, 1986).

Son los sentidos y sus fundamentos los que se ponen en juego a la hora de recrear las estrategias de los trabajadores, que a la vez, sustentan micro procesos de diferenciación. Entonces, partiendo de que existen desigualdades macro estructurales, delimitadas por el capital económico, cultural y social que conforman un sistema de disposiciones distinto y distintivo (Bourdieu, 1998), nos interesa señalar que también en la vida cotidiana los sujetos pueden llevar a cabo estrategias o acciones que los distingan de los demás. En este sentido la desigualdad aparece a partir de una pequeña elección que opera como un proceso de distinción. En salud, estas micro desigualdades están compuestas de un conjunto de prácticas en las que a menudo los sujetos, brindando buenas razones para actuar de esa manera, quedan atrapados en un juego social que difícilmente dominan (Dubet, 2015). Esto vuelve como un boomerang y entonces nos plantea otro problema: si hay micro desigualdades que entrampan al sujeto y lo condicionan, hasta qué punto el bienestar es responsabilidad de uno o de la sociedad. ¿Las soluciones deben ser individuales o colectivas?

La legitimidad acerca de la orientación de las políticas y el accionar del Estado sobre el bienestar se dirime en la disputa acerca de la responsabilidad individual o colectiva. Algunos creen que la responsabilidad individual contribuye al bienestar general, argumentando que a las personas les va mejor si consideran que su bienestar es responsabilidad de ellos mismos y no del gobierno. El problema aparece en que ciertos grupos o personas tienen necesidades satisfechas mientras existen otros que no. ¿Y quién es responsable frente a ello?, ¿la responsabilidad por el bienestar es del sujeto o es colectiva, de la sociedad en su conjunto? Las respuestas pueden provenir de dos posturas ideológicas, según estas promuevan la responsabilidad individual o el bienestar social.

La primera sostiene que sólo mediante una *responsabilidad internalizada*, los agentes se harían cargo de su propio bienestar, de su futuro, de las consecuencias de sus actos. El bienestar de uno no es problema de otros, debe ser su propio problema. Por extensión, puede existir un grupo de personas que consideran que el bienestar de cada uno de ellos recae sobre ese conjunto, un grupo internaliza colectivamente la responsabilidad cuando sus miembros voluntariamente se responsabilizan de todo el grupo. Asumir la responsabilidad en tanto disponibilidades es hacia dónde se dirige el término internalización, es decir cuando cada uno aprovecha las oportunidades, por dar un ejemplo: "¿el servicio público de salud tiene largas filas de espera e instalaciones inadecuadas? Entonces, suscriba a un seguro privado". En esta dirección las instituciones no deben garantizar a sus ciudadanos que no muevan un dedo, no debe adormecerlos, sino que deben darle los medios y el deseo de luchar por su propio bienestar y por el de los demás, "les deben enseñar a pescar" (Schmitz y Goodin, 2000). Dada esta aptitud, para sostener/reproducir la vida por el medio que se considera como legítimo en la sociedad capitalista (esto es el propio trabajo), los sujetos serán más autoválidos o más dependientes. Sin embargo, esta dependencia debe ser legítima, demostrando que tiene derecho a ser sostenido por el trabajo de otros, o por políticas o instituciones determinadas (ver Presentación y capítulo 2).

A esta primera postura, se le contrapone la segunda, que promueve que la responsabilidad por el bienestar de todos debe ser colectiva y compartida: se debe distribuir la misma entre todos los miembros del grupo de manera que recaiga de igual forma sobre cada uno. Se trata de una responsabilidad prospectiva, en el sentido de que no se debe premiar o culpar al individuo por lo que ha hecho en el pasado para modelar su comportamiento de cara al futuro, sino que el objetivo consiste en especificar a quién corresponde velar para que se realicen determinadas tareas y se hagan determinadas cosas. Este tipo de responsabilidad deriva en la discusión sobre la colectivización de los riesgos brindando una solución basada en un régimen de seguro que imponga la obligación colectiva de pagar, repartiendo de manera compulsiva al mismo, en este sentido el objetivo de la provisión de la seguridad social estatal es la colectivización de dicho riesgo. Es importante que esta no recaiga en los sistemas de seguro privado, sino en la provisión estatal y debe ser obligatorio, solo así podrá hacérsele frente a los problemas planteados por los riesgos colectivos de tipo más fuerte, como lo son las crisis económicas que arrojan como resultado un gran número de desocupados, y aumento de la pobreza e indigencia, etc. (Schmitz y Goodin, 2000).

La responsabilidad individual y colectiva en la salud no está exenta de la tensión que atraviesa a la sociedad en relación a los riesgos mencionados: asuntos como el de la salud y el derecho a la salud no son ajenos al debate entre quienes disputan la hegemonía neoliberal y las posiciones que proponen relacionar la responsabilidad con el bienestar social. Para el pensamiento neoliberal se refuerza la condición de mercancía de la salud propia del capitalismo, que sólo debe estar exenta de serla en aquellos casos de extrema necesidad, en los que el sujeto, ni su familia puedan garantizar la satisfacción de la misma. De esta forma deben ser los propios individuos quienes asuman sus riesgos, siendo los responsables de obtener los bienes o servicios en el mercado (Franco Cortés y Roldán Vargas, 2015). La contingencia de enfermar se configura así como asunto de los particulares, pero entonces ¿cómo fundamentan las personas el rol del Estado como proveedor de bienes y servicios en estas sociedades?

Para cerrar este apartado nos resulta ineludible indagar en la concepción que los sujetos sustentan acerca de la salud, a partir de sus estrategias de acceso a los servicios. Tomamos distancia de aquellas concepciones idealizadas acerca de la salud y la enfermedad, para recuperar aquellas que los trabajadores reflejan en sus experiencias, en sus proyectos, sus estrategias, las cuales se cargan de sentidos poniendo en diálogo la noción de salud en relación con el bienestar. Así, "la salud no es un ente en sí, ni tampoco la representación de ese ente, sino un objeto fruto de esa interacción, capaz de sintetizar múltiples significados" (Almeida Filho y Silva, 2006). Como ya dijimos, es una construcción socio-histórica, por lo tanto plagada de significaciones y de prácticas. Desde esta perspectiva, las estrategias de acceso a los servicios de salud constituyen una dimensión que no agota la vinculación entre salud– enfermedad pero que sin dudas permitirá luego estimarla en sus narrativas y trayectorias de vida. Dimensiones objetivas y subjetivas vinculadas a la salud se entremezclan en los argumentos de los trabajadores para pensar su relación con estos servicios.

2. Una reconstrucción histórica del sector salud: diversos accesos para beneficiarios diferenciados

La propuesta en este apartado es describir el sector para comprender más adelante las estrategias de acceso a los servicios de los trabajadores, sus argumentos y sus narrativas; y así problematizar dichas estrategias no sólo a partir de su posición en el campo social (Bourdieu, 1999), sino también en su relación con la provisión de la atención y de los servicios. Por tal motivo, se apuesta a la caracterización del mismo haciendo hincapié en los beneficiarios que se han ido delimitando –y que en la actualidad se revalidan o se interpelan– en torno al mismo. Se apela a los "sujetos" en plural para anticipar que la trayectoria histórica de este sector y su composición, ha ido moldeando diversos sujetos con accesos a variadas instituciones sanitarias en calidad y cantidad.

Como fue dicho, el sector de salud argentino está conformado por tres subsectores: público (hospitales y centros de salud); seguridad social (obras sociales) y privado (empresas de medicina prepaga y prestadores de servicios). Tanto este como sus subsectores están marcados por una historia a lo largo de la cual se han ido trazando trayectorias, lógicas y características específicas, con la coexistencia de tres fuertes actores (el Estado, las obras sociales y las empresas de medicina prepaga) que aportaron a la definición de su diseño institucional.

Para eso, identificamos a continuación los momentos instituyentes de cada uno de estos subsectores, haciendo hincapié en las instituciones proveedoras de bienestar y señalando la vinculación con su conjunto, mirando especialmente al sujeto que constituye. Haremos referencia al rol del Estado para relacionarlo con la asignación de la responsabilidad por el bienestar que caracteriza a cada proceso.

2.1. Los hospitales públicos: de los pobres de solemnidad a los sujetos "sin cobertura"

Fue en la década del 40 cuando se sentaron las bases del subsector público de salud, de la mano de la transformación del Estado nacional ya que hasta ese momento este no intervenía activa y directamente en la salud de la población. Anteriormente, la Sociedad de Beneficencia –creada en 1823– había desplegado las tareas benéficas incluidas las incipientes acciones sanitarias hasta el cierre de la institución en 1948. Mientras que los hospitales de beneficencia atendía a los sectores sin recursos, los servicios mutuales de origen migratorio o de actividad laboral se dedicaban a sus afiliados, y aquellos que tenían capacidad de pago accedían a los profesionales en sus consultorios particulares en el marco del ejercicio liberal de la medicina (Fidalgo, 2008). Los hospitales públicos fueron concebidos como una institución orientada a la atención de "los pobres de solemnidad", naciendo entonces como el hospital de la caridad y era, por lo general, invocado como generador de orden.

Las primeras demandas que recayeron sobre estas instituciones a principios del siglo XX –emparentadas con las corrientes higienistas– se centraron en la atención de las enfermedades contagiosas que amenazaban la salud de la población. En 1943 el Estado comenzó a ejercer cierta función de rectoría en salud, al ser creada la Dirección Nacional de Salud Pública y Asistencia Social, dependiente del Ministerio del Interior. En 1946 asumió el Dr. Ramón Carrillo la Secretaría de Salud, dando inicio formal al desarrollo y fortalecimiento de la red hospitalaria nacional. Se inició así un período de gran expansión de la salud pública, que se materializó en una fuerte inversión para la conformación del sector y en el crecimiento sostenido de su capacidad de atención. Uno de los rasgos de la obra de Carrillo es el cambio en la concepción de hospital, no ya como "casa de enfermedad sino como casa de salud" (Carrillo, 1951). En 1949 se creó el Ministerio de Salud Pública de la Nación. En términos generales, se puede afirmar que "el proyecto peronista propone una revolución: la construcción de un estado con capacidad de ordenar a la sociedad asegurando el imperio de determinados valores que garanticen el crecimiento con justicia social" (Belmartino y Bloch, 1994).

Mientras que la década del 40 estuvo marcada por el viraje sustantivo en relación con el modelo de atención que rompía con el dictado de la medicina individual, instaurando la concepción de la medicina social que incorporaba a las condiciones de vida y de trabajo de las personas; en la década del 50, el problema pasó por el comienzo de la dualidad "medicina estatal vs. medicina comercial", favoreciendo el desarrollo del subsector privado en detrimento del público. Se produce así un fuerte sesgo anti-hospitalario público, que se origina en la Argentina al asociar a la entidad tradicional pública con la atención de indigentes que se termina constituyendo nuevamente, como beneficiario de la atención pública. Esta asociación se ve reforzada con el cuerpo que va tomando el movimiento sindical, y genera el vuelco de éste último a favor del desarrollo de la capacidad de internación propia y subcontratación de servicios con el sector privado. En esta dirección, desde finales de la década del 80 y principios de los 90, de la mano de una redefinición del Estado neoliberal se afianzó la salud como un bien de mercado, desarrollándose políticas de bajo contenido desmercantilizador. Luego de los intentos de la Nueva Gestión Pública[5], la atención pública gratuita quedaría limitada, tanto a nivel discursivo como factual, a los sectores de más bajos ingresos que demostraran no poseer cobertura de obra social y seguro privado (Crojethovic, 2013).

En la actualidad, todos los habitantes del país tienen derecho a atender su salud en los servicios públicos proveídos por el Estado (organizado según los niveles de gobierno nacional, provincial y municipal), y con independencia de poseer adicionalmente algún tipo de aseguramiento social o privado. Resulta significativa la tardía formalización del derecho a la salud en la Constitución Nacional. Hasta la reforma de la misma en 1994 –momento en el cual se incorporó el derecho a la salud a través tratados internacionales tales como el Pacto Internacional de

---

[5] Las ideas reformadoras llevadas a cabo durante la década del '90 (...) estuvieron fuertemente influenciadas por la corriente de pensamiento denominada Nueva Gestión Pública (NGP). Esta corriente renovadora de la administración pública surgió en un conjunto de países desarrollados (...) con una tradición administrativa que se ha tendido a denominar "anglosajona" (Crojethovic, 2010: 58).

Derechos Económicos, Sociales y Culturales del año 1966– quedaban garantizados sólo los derechos del *trabajador formal*. La aparición de ese marco constitucional habilita a todos los habitantes a demandar a las instituciones públicas por la atención de su salud. Sin embargo, sus principales usuarios son los sectores de bajos recursos, quienes no cuentan con una adscripción a otro subsector. Recordemos que además de las funciones asistenciales del Estado, existen otras de destacada importancia en términos de salud pública: campañas de prevención, planes de vacunación, entrega gratuita de medicamentos, etc. (Crojethovic y Ariovich, 2015), las que también son responsabilidad del Estado.

La historia del subsector público de salud muestra que no ha tenido un único beneficiario de sus servicios. Desde el enfermo infeccioso de principios de siglo XX a toda la población como potencialmente demandante de las instituciones públicas: pobres, trabajadores y todos los ciudadanos. Sin embargo, en general, el perfil de población que efectivamente hace uso de los servicios públicos de salud[6] es aquel que no puede acceder a otro subsector, es decir la población más vulnerable, con menos opciones efectivas para definir otra estrategia. Y son quienes además pasan a ser identificados institucionalmente como "pacientes sin cobertura" al transitar esas instituciones.

2.2. *Las obras sociales y los trabajadores formales: de la cautividad a la libre elección*

Las obras sociales, en tanto instituciones de salud que brindan cobertura a los trabajadores formales, han protagonizado un largo proceso de conformación institucional que implicó diferentes medidas y políticas que le otorgaron su impronta. Fue el decreto 30.655 de 1944 el que creó a los servicios sociales vinculados a las empresas. Dicha norma ha sido considerada como "acto instituyente de la salud de los trabajadores como cuestión de estado, y ya no dependiente de la buena voluntad o disposición de los empleadores, pero no para que este asumiera la función como tal sino para que (...) lo (re)enviara a las organizaciones de trabajadores" (Danani, 2005: 284-285). La implementación de dicha medida fue

---

[6] También son usuarios de las instituciones públicas aquellos beneficiarios de obras sociales en las cuales el subsector público actúa como prestador de servicios.

limitada y si bien aspiraba a vincular la inserción laboral con los servicios de salud de los trabajadores no tuvo fuerza instituyente. Será recién en 1969 con la ley 18.610, cuando se establezca esta forma de organización del seguro de salud en relación a los sindicatos. Dicha ley, a la vez, sancionó la obligatoriedad de la cobertura a todos los trabajadores en relación de dependencia, financiada con el aporte tanto de los trabajadores como de los empleadores. También implicó "la obligatoriedad de los aportes a las obras sociales y, en consecuencia, el aumento de la cobertura, de los recursos y del poder sindical" (Pérez Irigoyen, 1989: 178).

El sector de salud argentino se constituyó así, atravesado por la tensión entre universalismo y particularismo. En efecto, el modelo universalista se desarrolló en forma paralela al del seguro social, otorgándole una singular configuración al mismo, fundamentalmente por la expansión simultánea de ambos subsectores (Fidalgo, 2006). La configuración de estos dos modelos de protección social promovidos desde el Estado, arrojó uno centrado en la organización del seguro de salud en torno del trabajador formal y otro en la figura del ciudadano como beneficiario de las instituciones públicas. Se definieron entonces, dos sujetos beneficiarios que desde los orígenes tuvieron diferentes criterios de acceso, y distintos marcos legales y políticos.

En la década del 90 el subsector de las obras sociales fue radicalmente transformado con la política de la libre elección de entidad, en condiciones de personalización del aporte rompiéndose así con la cautividad por rama de actividad que había regido hasta entonces. La desregulación de las obras sociales sindicales se inició con el decreto 9/93 estableciéndose que los beneficiarios de las obras sociales comprendidas en la ley 23.660 podían abandonar la obra social que le correspondía por la actividad laboral del trabajador, optando por otra entidad sindical, *llevándose consigo* la totalidad de su aporte. Ahora, este sujeto de derechos se convertía también –al salir de la cautividad por entidad pero no por subsector– en el protagonista de la elección para definir su estrategia de acceso a los servicios de salud. Los beneficiarios del subsector continúan siendo los trabajadores formales[7].

---

[7] También se han incorporado otras figuras vía los regímenes especiales tales como monotributistas y monotributistas sociales y personal de casas particulares (ver capítulos 3 y 5 de este libro).

En relación a este proceso de reforma que se concretó sobre las obra sociales, se señala un marcado *silencio institucional* desde las instancias formales sobre el alcance de la transformación (Fidalgo, 2013). Al mismo tiempo que se declara el derecho de los trabajadores a la libre elección, se desconoce –en términos de política institucional– la gravitación del tema de los convenios entre obras sociales y empresas de medicina prepaga. Por tal motivo, postulamos a las empresas de medicina prepaga como "testigos y protagonistas" de esta política de libre elección. "Testigos", desde la formalidad de la política, ya que quedaron incluidas en el escenario formal de la misma y en las condiciones de competencia explícita con las obras sociales sindicales. "Protagonistas", porque supieron construir un *lugar* –juntamente con determinadas obras sociales sindicales– que sirvió para movilizar un determinado perfil de trabajadores que vieron la oportunidad de acceder a la medicina prepaga o bien de reducir los costos de ese acceso a través de la utilización de los aportes a la seguridad social (Fidalgo, 2013). Afirmamos entonces, que las obras sociales sindicales que "ganaron" en el marco de la libre elección, lo hicieron debido a los convenios con las empresas de medicina prepaga, ya que los trabajadores *se movieron* dentro del subsector buscando la mejor atención posible. Y desde allí, la presencia de empresas de medicina prepaga constituyó un vector de atracción de trabajadores que repercutió en la consideración de las opciones de cambio de entidad de los mismos.

2.3. *Empresas de medicina prepaga: capacidad de pago y distinción*

El primer antecedente de una empresa de medicina prepaga en la Argentina se remonta a 1930, en esa oportunidad el Dr. Schvarzer reunió a un grupo de médicos de diferentes especialidades con el fin de prestar bienes y servicios mediante la modalidad de seguros privados de salud. El inicio de este subsector se ha emparentado con el ejercicio liberal de la medicina y el desafío que implicó brindar coberturas más completas frente a la complejización del acto médico y el crecimiento de los servicios de diagnóstico y tratamiento. Si bien es posible identificar antecedentes de las prepagas en las primeras décadas del siglo XX, su origen se puede ubicar en los años 60, fortaleciéndose su expansión en las décadas del 70 y 80 (Garay, 2004).

Actualmente, el subsector privado está conformado principalmente, por los prestadores de servicios médico asistenciales, financiadores o empresas de seguros médicos, laboratorios de especialidades médicas, empresas de equipamiento e insumos médicos, farmacias y centros de diagnósticos además de las instituciones privadas responsables de la formación de los recursos humanos en las distintas especialidades médicas y no médicas que se desempeñan dicho sector. Dentro del mismo, hay organizaciones y planes asistenciales de características muy diversas aunque, en términos generales y particularmente en las grandes ciudades (Crojethovic y Ariovich, 2015).

Tradicionalmente, accedían al subsector aquellos sujetos con capacidad de pago directo de un seguro. Es decir que con independencia de contar con la seguridad social que brinda la participación en el mercado de trabajo formal, las personas podían comprar voluntariamente un seguro de salud en el mercado.

Fue recién en el año 2011, que se aprueba una ley específica de normatización y regulación de la medicina prepaga (ley 26.682), ya que hasta ese momento regía la normativa inherente a las sociedades comerciales y el encuadre de defensa de los derechos del consumidor. Además esta ley, las obligó a asegurar el Programa Médico Obligatorio en todos los planes contratados.

Pero como se mencionara anteriormente, la política de libre elección generó un reposicionamiento de las empresas de medicina prepaga en el sector, en la medida en que pudieron acceder a brindar coberturas –vía las obras sociales sindicales– a los trabajadores formales, captando los aportes correspondientes a los mismos. Entonces, si repensamos al usuario de este subsector, reconocemos que luego de la desregulación de las obras sociales, se identifican dos tipos de asociados a las empresas de medicina prepaga: los directos, que son los que contratan en el mercado un seguro privado de salud y los indirectos, que son aquellos que acceden a la cobertura de la prepaga a través de una obra social con el uso de su aporte laboral. Ambos reflejan el emparentamiento de regulaciones específicas y muestran que la figura de los asociados indirectos se ubica en la intersección de estos subsectores. A partir de la implementación de esta política de libre elección, a ese asociado directo, se le sumó el asociado indirecto, que recordemos era aquel que accedía a la atención de una prepaga a través de la seguridad social, realice o no un pago extra. Lo cierto es que ambas figuras están atravesadas por normativas diferentes y formas de acceso diferenciales confluyendo en las mismas instituciones (según el plan al que adhieren en cada entidad).

3. Las verdades del sentido común sobre las instituciones de salud (¿disputas o acuerdos?)

3.1. Concepción de salud: uso y contingencias

La forma en que los trabajadores, considerados en este análisis[8], se vinculan con los bienes y servicios (desde su uso, hasta sus valoraciones), pone de manifiesto el lugar que ocupa la atención en sus vidas, y esto es importante ya que permitirá luego explicar el modo en que organizan sus decisiones y estrategias en los aspectos de la vida que se relacionan con la salud y la protección de la misma. Por eso, nos interesa aquí identificar los sentidos en tanto conforman puntos de vista que hay que reconstruir desde las razones que las personas nos dan acerca de la utilización de los servicios[9].

A partir de estos fundamentos pudimos identificar dos núcleos principales de sentidos en relación a sus necesidades: uno vinculado a la atención de la enfermedad que le asigna importancia a los controles basados en la prevención, el diagnóstico y tratamiento; y otro referido a la calidad de la atención encontrada /esperada en los servicios.

El primer núcleo, resalta la importancia que se le brinda a la salud en relación a los usos que se hacen del sistema de servicios: los partos, el control del niño sano y el adulto, la atención de la enfermedad, y la emergencia frente a ciertas contingencias.

---

[8] En el análisis se incluyeron las entrevistas a todos los trabajadores mencionados en nota 2, excepto los cooperativizados por no haber referencias específicas al tema. Retomando lo señalado allí, las citas provienen entonces de las entrevistas a empleados en puestos administrativos, rutinarios formales del sector público y privado, profesionales independientes, obreros formales e informales, directivos de empresas privadas de nivel medio y alto y empleadas del servicio doméstico.

[9] En las entrevistas la forma de abordaje a los trabajadores no pasó por preguntar de manera directa qué entienden por salud, sino a través de indagaciones indirectas, referidas a las políticas sociales y el papel del Estado.

Para Roberto, un ex trabajador de la industria autopartista, por ejemplo la paternidad se le presenta como una *"circunstancia de la vida"* que determina el uso que hace de los mismos, lo que deriva en la importancia que la salud cobra a partir de allí. Previo a dicha experiencia, la atención médica aparecía como sinónimo de estar enfermo, recurriendo a la misma al momento del diagnóstico y tratamiento, como si tuviera un valor residual, *"cuando está enfermo realmente"*. Sin embargo, esto cambia con la llegada de su hijo, y es allí cuando la salud cobra otro significado y con ella el estar protegido. La paternidad en este caso resignifica el valor que posee, asociándose con el bienestar, no en relación con la del adulto, sino la de los hijos. A la vez, esta etapa de la vida se constituye como uno de los fundamentos que lo lleva a ejecutar acciones en relación a la adopción de un sistema prepago de cobertura. En esta misma dirección, Vanesa una directiva de empresas, cuenta que *"lo más groso fue(ron) las cesáreas que tuve con mis hijos"* y en general la referencia a la utilización de los servicios se ancla para ella en los hijos sobre todo: *"los nenes, uno va al pediatra, al odontólogo, al oculista, son más consultas diarias"*. Rina, una trabajadora de casas particulares, también rescata la importancia del uso preventivo de la medicina, en este caso justifica y valida el aumento de la cantidad de vacunas que en la actualidad se les debe dar a los niños, en tanto los protege mediante un incremento de la inmunización.

> Rina: Porque antes era la BCG, que esta, que la otra, no sé, yo tengo la cartilla de los chicos y creo que eran 5 o 6 vacunas hasta que cumplían el año, nada más. Ahora son un montón, la séxtuple que esto que el otro [...] Me parece bárbaro a mí porque ahora me parece como que hay más microbios, más enfermedades, digo yo, ¿no?

El segundo núcleo en cambio, se fundamenta por las apreciaciones que se tienen sobre la calidad encontrada en el proceso de atención reflejada en el trato y/o el saber experto: aparecen referencias al buen trato, la distinción espontánea acerca de *"me trataron bien, me atendieron muy bien"* que le brinda un valor a la salud en tanto goce de un bienestar.

Sergio, un trabajador independiente, remarca la importancia que ocupa en la dinámica familiar, y lo sustenta fundamentando la cobertura ya sea vía la obra social o una prepaga accesible por sus costos, pero también pone el acento en el saber experto de los profesionales que justifica inclusive el ir al hospital público.

Sergio: Yo durante mucho tiempo estuve con una cobertura de la UTBA, trabajaba como periodista, estaba afiliado a la UTBA y tenía la obra social de prensa. Después cuando dejé.

Entrevistadora: Y eso te lo derivaban a la familia

Sergio: Sí, sí, todo el grupo familiar tenía la cobertura, muchos años. Después, cuando dejé de trabajar de eso –profesionalmente, quiero decir–, había de esos planes de los hospitales. En ese caso el más accesible era el del Hospital Francés, que ya no existe más. Era por una cuota mensual, una cosa medio mixta, medio público, medio privado. Estuvimos mucho tiempo con el Hospital Francés hasta que colapsó. Después cada una se fue a la prepaga que quiso.

Entrevistadora: ¿Nunca lo viste como opción el hospital público?

Sergio: No. O sea, hemos ido al hospital público varias veces: guardias, emergencias. Muchas veces. Inclusive en algunos casos puntuales porque... en la universidad vos militabas con muchos compañeros, y muchos eran estudiantes de medicina que después fueron médicos, y varios, como tenían alguna formación ideológica, terminaron siendo médicos de hospital público, así que en muchos casos recurrimos al hospital público.

Entrevistadora: ¿Hoy en día cómo lo ves? ¿Apelarías en algún sentido al hospital público?

Sergio: Cosas muy puntuales, suponete, algún servicio especial de neurología, o alguna especialidad que sabés que están muy calificados, jefe de departamento del hospital, un profesional conocido, qué sé yo.

Una idea que se desprende de este último núcleo y que luego será recurrente en el análisis, la cual es central para responder a nuestras preguntas, es la asociación entre la calidad de la atención y el pago para acceder a más y mejor calidad. El pago por la salud, se constituye en un símbolo que habla del valor que se le da a ésta en términos literales. En este marco, la capacidad de pago del sujeto para acceder a lo que consideran de mejor calidad, se constituye en un organizador de las prácticas posibles, incorporando –con independencia de si tienen un acceso real a los servicios de calidad– a esta como mecanismo de acceso.

> Ana, otra trabajadora de casas particulares, nos habla sobre su hija: ella tiene Medisfe[10] ahora, se está pagando (la diferencia) con el trabajo, ahora se pasó, porque está en blanco.

Los copagos y las cuotas, algunas veces no son cuestionados, sino que están más bien naturalizados, no aparecen valoraciones negativas acerca de lo que hay que pagar para acceder a la salud. Otras veces como en el caso de Nadia, una directiva de empresas, la queja se construye aunque con resignación debido al hecho de tener una enfermedad. Esto genera que el sujeto esté pendiente del riesgo que significa no tener una prepaga, y/o tenga una valoración positiva frente a la permanencia en la institución ante *"los riesgos de cambiar"*.

> Nadia: [...] las cuotas de prepagas me parecen excesivas. Pero bueno, la verdad es que yo ya estoy un poco atada también a OSDE, por esto que te conté de la medicación. Y hay que, me parece como que hay que tener prepaga, uno tiene que estar como cubierto para esas cosas.

La valoración no sólo se evidencia en lo que estos trabajadores acceden, sino también aparece frente a lo que no se accede. Es decir, ante aquella respuesta institucional esperada y encontrada, como en aquellos casos en los que la respuesta institucional no está a la altura de la expectativa, o simplemente no está. Este sería también el caso de Nadia, y la necesidad del cuidado de atención del adulto mayor.

> Nadia: Mi papá tuvo un tiempo que necesitó enfermera en la casa. Y ahí OSDE no la cubrió, él tenía OSDE también. No la cubrió porque [...] autorizaba otra cosa, que no eran enfermeras y él necesitaba enfermeras. Y las tuvimos que salir a contratar nosotros aparte.

El cuidado del adulto mayor aparece como un momento de la vida de estas personas que suele no estar contemplado por el subsector de la seguridad social[11], entonces en este caso, la solución del cuidado debe provenir vía el mercado. No obstante, esto es posible porque Nadia y

---

[10] Empresa de medicina prepaga.

[11] En el subsector público, esto también sucede y se ilustra en los denominados pacientes sociales, adultos mayores que no pueden ser cuidados por su familia, ingresan por un problema de salud puntual al hospital público pero luego esas familias no asumen el egreso y cuidado posterior, quedando internados de manera crónica (Crojethovic, 2013).

su familia, se encuentran en cierta posición y tiene los recursos posibles para resolver el problema de un modo particular.

En general, estos dos núcleos de sentido pasibles de transformarse según las circunstancias de la vida, nos dejan comprender que es lo que a estos trabajadores les importa, aquello por lo que se movilizan en pos de cierto bienestar. Esto, a la vez se condice con el reconocimiento de la salud como una capacidad humana básica, como un prerrequisito que los habilita a ellos y a sus familiares, a desarrollar distintas estrategias que organizan los recursos disponibles para lograr mejores oportunidades que mejoren la atención.

3.2. Estrategias de los trabajadores en torno a la salud: el lugar de las instituciones de salud como proveedoras del bienestar

Explorar las experiencias que estos trabajadores han tenido con las instituciones de los distintos subsectores, nos permitirá comprender desde su perspectiva, cuál es el significado del "estar protegido /desprotegido", entendiendo a dicha vinculación como un proceso político-institucional. Las mismas, provienen de situaciones que han vivido o que ellos mismos transmiten a partir de las de otros allegados. Por supuesto que la posición que dichos trabajadores tienen en el campo laboral muchas veces condiciona su repertorio de acciones.

Hospital público entre el reconocimiento y la crítica

En relación con el hospital público, nos interesa destacar algunas cuestiones por demás significativas. Las experiencias suelen ser diversas, algunas buenas otras malas, pero la particularidad de la salud – como asunto de vida o muerte– frente a la emergencia o la crisis, suele clavar las agujas en el registro de la mala experiencia. Una experiencia puntual puede teñir una valoración en relación con la institución en cuestión.

¿Qué dicen los trabajadores considerados en el análisis?

Ana, (quien trabaja en casas particulares) responde de modo general frente a la pregunta de cómo es la atención en el hospital público: *"como lo gratuito. Malísimo"*. Dice esto por lo que vivió con su hija en el hospital público:

> Ana: Mi hija tiene asma, no tenemos obra social y los médicos se te pasean ahí en guardapolvo como nada, [...] Y estaba durmiendo la doctora (se sonríe indignada), así que salió, toda así (hace el gesto de frotarse los ojos) y le digo: "se va a morir acá mi hija". Pero viste, tenés que sacar lo malo tuyo, como un loco. Por eso, a veces, dicen "sí, fulano le pegó a los médicos". Porque los médicos (sube la voz) no tienen [...] yo veo que no tienen sangre los médicos.

Hay experiencias que por su importancia quedan marcadas dejando una huella más profunda, un peso superlativo frente a otras buenas. Rina, trabajadora del mismo tipo, en cambio reconoce que si bien su relación con el hospital público ha quedado teñida por la muerte de su madre, y por la mala praxis en el parto de su hijo, en el caso de su hija la valoración se revierte:

> Rina: Pero, mi hija quiso ir a tener familia al hospital, y la atendieron muy (remarca) bien. Yo no tengo nada que decir.

> Rina: Mi hija tuvo en el Hospital (público del Conurbano) y yo no quería que vaya [...] "no, ma, si me dijeron que está atendiendo bien, ¿viste?", fulanito, menganito, comentarios de ella. "Bueno, listo". Así que fue y se hizo hacer los estudios ahí. Todos [...] y fue a tener familia ahí y la atendieron muy (énfasis) bien.

En términos generales, en los fundamentos de estos usuarios pueden reconstruirse dos tipos de problemas: el del acceso[12] y el de la calidad de la respuesta institucional. En relación con el primero, abundan referencias que señalan las dificultades para efectivizar la atención, por ejemplo, tener que ir a sacar un turno en la madrugada. En el caso de Javier, un trabajador informal, sabe que para poder ir al médico se debe pedir el día, va al hospital y hace la fila.

En términos de calidad, las malas experiencias que tuvo Ana, fundamentan los puntos de vista negativos acerca de lo público: *"Yo nunca pude sacar nada bueno del hospital"*. No obstante, la valoración de Rina, muestra como la respuesta institucional encontrada pareciera ser una cuestión de suerte o azar para *"lograr acceder y ser atendido"*.

El caso de Mónica, una trabajadora rutinaria del sector privado y el de su marido que debió ser atendido en una centro de salud del

---

[12] El hospital público garantiza la cobertura universal para todos sus habitantes, pero esta se relativiza porque en realidad está cubierto quien logra llegar al hospital y concretar el acceso (Ballesteros y Freidin 2015).

Conurbano por una herida de bala, muestra como las barreras de acceso y las condiciones de atención que ofrece el sector público muchas veces reenvían la responsabilidad hacia los sujetos. Se ve tanto hacia el profesional de la salud, como hacia la víctima, que deben recurrir a un repertorio propio de acciones para dar solución al problema que interpela la capacidad del subsector público para dar respuesta ante las emergencias:

> Mónica: El médico mismo me dijo, fue sincero, me dijo: no tenemos herramientas, ni siquiera una ambulancia [...] nos subimos a un auto, nos trajo hasta acá y acá todo (se refiere a su obra social).

Estas condiciones de atención, en algunos casos muestran las exigencias individuales por desarrollar las mejores estrategias posibles para transitar la institución pública; en cambio en otros, como analizaremos luego, las mismas sirven para intentar salir de la institución.

La responsabilidad entonces, se construye en el plano individual, en tanto lograr la mejor estrategia posible, y aparece como disponibilidad: cada uno se responsabiliza por aprovechar las oportunidades. De ese modo, las personas van saltando de obra social en obra social, de prepaga en prepaga, de obra social a prepaga y viceversa, esperando evitar al hospital público, como sigue a continuación.

Las expresiones de estos trabajadores en relación con estas cuestiones nos brindan indicios para pensar a la responsabilidad de los sujetos por su salud, como una responsabilidad internalizada. En el sentido que son las personas quienes deben ocuparse por su propio bienestar, por su futuro. El bienestar así planteado no es problema de otros, pero tampoco es un problema colectivo, sino que debe ser asumido como propio.

A la vez, si consideramos la dimensión histórica para pensar la calidad de la atención en los hospitales públicos, hallamos referencias al pasado que confrontan con un presente marcado por el empeoramiento de las condiciones de atención y de la respuesta institucional que encontraron los trabajadores. Sergio, trabajador independiente, nos cuenta que: [...] *"muchas veces llevaba a mis hijas al hospital, porque en esa época todavía había cosas en el hospital que eran mejor que en la prepaga"*. En la misma línea, Laura una trabajadora rutinaria del sector público, que en la actualidad tiene una obra social, pero ha sido usuaria de las instituciones públicas, señala que tenía una muy buena valoración del hospital (público de Ciudad Autónoma de Buenos Aires) y que –a partir de una experiencia reciente de un allegado– pasó *"48 horas mi amigo sentado en una silla de latón [...] cada cosa que le tenía que hacer no había instrumental, no había para hacerle estudios. Pésima, pésima la atención [...] porque no hay una decisión política para que el hospital funcione como tiene que funcionar"*. Pasado y presente ponen en discusión la política sanitaria y constituyen razones para generar vías de escape –según las posibilidades y recursos en busca de una mejor atención.

Para Nadia, la directiva de empresas, la valoración acerca del subsector público está dada por la experiencia de su suegra, quién tiene PAMI, *"en el hospital, tenían que ir a las cuatro, cinco de la mañana para pedir turno, que necesitaba, después esperar mucho tiempo, digamos, la atención"*. Pero *"cuando se necesitó internar y operar fue instantáneo y no tuvo problemas"*.

> Nadia: [...] todo lo que era programado era como bastante engorroso [...]. De hecho, ella en su momento había sacado un plan de salud de la Universidad [...], para todas las consultas programadas, ambulatorias, con el cardiólogo o con especialistas, las hacía a través de la universidad y no usaba PAMI, porque el turno lo sacaba telefónico, llegaba y la atendían [...] no tenía toda la burocracia y toda la parte fea que tenía el hospital.

En este caso, la elección por una prepaga permite sortear la *parte fea* del sector público en relación con las personas adultas mayores. La experiencia no es suficientemente buena, pero tampoco es del todo mala. De modo que no hay una renuncia plena al subsector de la seguridad social que se encarga de los pasivos, pero si emergen estrategias que combinan el mismo con el privado, para obtener una atención más ágil, sin tener que trasladar al adulto mayor de un lado a otro. Entonces, combina opciones que articulan a los tres subsectores: la seguridad social irrenunciable, el público como proveedor de la seguridad social y el privado como facilitador de aquello que los otros subsectores no dan o lo dan medias.

También ocurren ciertas contingencias marcadas por las malas experiencias que refuerzan las elecciones de los sujetos. Es el caso de Mónica, quien tiene una obra social que depende de un hospital privado, un mal tratamiento odontológico en otro consultorio privado (la obra social también presta servicios a través de prestadores particulares), o la falta de insumos en una salita pública para tratar las heridas de su marido producidas durante un robo, aparecen como ciertos traumas familiares vividos que llevan a reforzar el vínculo y la confianza con la obra social.

En el pensamiento de sentido común, confluyen experiencias marcadas en general por el nacimiento de alguno de los hijos, o accidentes o ciertas urgencias, con las expectativas de las cosas por venir en el presente en relación con el tipo de atención, en una confluencia que entonces tiene elementos del pasado y del futuro (Belvedere, 2013), y dentro de las experiencias pasadas, sedimentadas y preservadas, la mala atención pareciera tener un peso específico que debiera tal vez ser explicado también por otros factores. Razones que van generando patrones estandarizados, que vinculan al hospital con lo malo, con lo que hay que evitar, más allá de que tal vez nunca se haya pisado un hospital público. Esto será retomado más adelante.

Obras sociales y beneficios del empleo formal

En relación con las obras sociales, el hecho de "estar en blanco" permite un cambio de estrategia sobre todo para aquellas trabajadoras de casas particulares, definiéndose como nuevos beneficiarios de la protección. Para estas entrevistadas, estar en blanco se centra en el beneficio de poseer una obra social. En parte porque es uno de los componentes más visibles de la seguridad social, es a corto plazo y permite que se consuma de manera individual, más allá de que la construcción del sector que la sostiene como tal, sea colectiva. El o la beneficiaria pueden acceder a las "ventajas" de la obra social con solo terminar el papeleo de registro del trabajador, y así acceder al menos a una atención que cobra valor a partir de la diferenciación con otra institución de "menor consideración".

En este sentido, Raquel una trabajadora de casa particulares comenta que por estar en blanco y acceder a obra social *"el beneficio que tengo es más por mi salud, o sea que para acceder a hacer los estudios [...] no tengo que ir al hospital público a las 3, las 4 de la mañana, a formar fila, para sacar un turno".*

En casos como el de Mónica, trabajadora rutinaria del sector privado, la evaluación de su situación laboral incluye la consideración de la obra social como un beneficio extra a ser considerado junto con su salario. *"Yo siempre digo lo mismo, yo hace veintidós años que estoy acá, [...] no es sólo la plata que te llevás en mano [....] porque tener una guardería paga, tener una obra social [...] o sea, no es sólo lo que te llevás en la mano, es mucho más lo que tenés que ver. Si hoy en día tenés que pagar una prepaga, tenés que hablar de $ 3.000 para arriba".*

Entre las principales dificultades que registramos en las experiencias de uso, se destacan las críticas por las exigencias administrativas para la efectivización de la atención (bonos, autorizaciones, tickets, trámites y gestiones). Esto algunas veces opera como fundamento para la migración hacia otra institución (otra obra social o empresa de medicina prepaga) que mantiene al menos la promesa de eficiencia y agilidad en estas cuestiones.

> Rina: Una vez al mes tengo que ir a que me den el carnecito, yo presento mi ticket de pago, de los aportes y ellos me ponen el carnecito, entonces yo con ese carnecito voy (a la ginecóloga) [...]. La cuestión es que fui a la obra social, me dijo: no, tenés que ir a hacerlo autorizar a tal dirección. Bueno, me fui con el papel a Charcas, dos horas de viaje, para mí de acá a allá, dos horas de viaje.

Como hemos mencionado, Roberto, un ex trabajador de la industria autopartista, tenía la del gremio pero nunca la utilizó, y se pasó directo a una prepaga solo para hacer atender a su hijo. Este pase se corresponde a una experiencia previa en otra obra social en la cual se manejaban con bonos, y *"si no tenía los bonos tenía que llamar a alguien para que te los traiga".* Lo engorroso del trámite y la calidad en la atención termina por justificar para él, el pago de un extra para acceder a la prepaga. Recordemos, además, que en este caso esta estrategia se activa al momento de la paternidad, en el que parece emerger un sentimiento de responsabilidad individual (Gooding y Shmitz, 2000), cobrando importancia y brindándole un valor a la salud de aquellos que él sí cree y está convencido de que deben estar protegidos. La alternancia entre el hospital público o la prepaga, adopta sólo significado al proteger a su hijo. Al estar desempleado, él va al hospital público y ha dejado de pagar la prepaga por razones obvias, pero está tranquilo porque la obra social de la mujer opera como una buena estrategia que le brinda cobertura al hijo de ambos.

De los relatos de los trabajadores, observamos que la frontera entre las obras sociales y las prepagas se presenta como más difusa, y no tan tajante como la que se construye discursivamente respecto del subsector público: evitar *"caer en el hospital o morir en el hospital"*.

Veremos a continuación, que en muchos casos el pago por los servicios, aparece como un factor de diferenciación en la vinculación del trabajador con el hospital público, la obra social y la prepaga. La tensión que se presenta entre lo gratuito como lo *malo* y el pago como *lo bueno* brindando confianza y tranquilidad, opera como un soporte socio-institucional que ubica a la prepaga en un nivel de mayor jerarquía que la obra social, y a ésta con mayor jerarquía que el hospital. Esta distinción se fundamenta en la valoración que surge frente a ciertos bienes y servicios que ofrecen las prepagas, y a ciertas condiciones de acceso, la cual *"facilita la vida"* y la resolución de la contingencia en salud; como señala Nadia, con *"OSDE 310 te engolosinas"*.

Empresas de medicina prepaga y la búsqueda de la calidad

Diversas cuestiones justifican para estos trabajadores el estar protegidos por una prepaga, algunos relacionan este recurso con la calidad encontrada, mientras otros lo relativizan poniendo el acento en la practicidad o facilidad con la que se accede a sus servicios en caso de ser necesario.

> Roberto: Si tuve una prepaga fue por mi hijo [...] Uno cuando tiene un hijo quiere lo mejor. Y no lo dudé nunca en cambiarme a una prepaga para que él esté bien atendido.

En la misma línea Victoria (profesional independiente) expresa, *"con Víctor (su hijo) se inicia la era OSDE*[13]*"*.

El buen servicio de la prepaga se asocia a las contingencias que puedan ocurrir por la noche o la madrugada con los niños, *el llamado a la*

---

[13] El caso de OSDE merece una consideración especial. La institución se define a sí misma como una *red de servicios médicos asistenciales* y se autodenomina Organización de Servicios Directos Empresarios, no obstante su forma institucional es la de una obra social del personal de dirección. La entidad ofrece la posibilidad de asociarse en forma particular como *adherente*. Por ello, en general suele ser identificada como una empresa de medicina prepaga.

ambulancia para que te venga a atender es esencial para nosotros. Además, la cercanía de las clínicas, el no traslado para obtener la atención médica, aparece como el argumento de por qué la eligen.

Para Vanina, directiva, esta no es sinónimo de calidad o profesionalismo, *"lo que tiene la prepaga es que tiene la comodidad de que tenés un carnet, y vas [...]"* y sirve en tanto le resuelve las consultas periódicas con los chicos (pediatra, odontólogo, oculista, etc.)

Sergio, como vimos más arriba, siempre contó con obra social o prepaga, es del modo en que armaron la estrategia familiar de atención. El hospital público fue en algún momento de su vida una opción cuando había un profesional conocido, o lo sigue siendo solo para hacer uso del saber experto, un tipo de atención especializada (casi exclusiva) que sólo la puede brindar alguien de mucha experiencia. Laura, una trabajadora rutinaria que posee obra social, también hace interconsultas puntuales con profesionales del hospital público: *"[...] me tenía que hacer una intervención, y fui a ver un médico del hospital. Porque yo también le tengo confianza al* (hospital público del Conurbano)".

> Sergio: (sobre el uso del hospital) Me ha pasado de ir a consultarlo por mí o por mis hijas, o a veces por algún amigo que acompaño, un amigo mío que es especialista en alguna disciplina muy calificada, sobre todo, por ejemplo, oncología o ese tipo de cosas. Entonces a veces es por la interconsulta, que por ahí la prepaga te hace un diagnóstico y yo quiero chequear. Es difícil después que siga el tratamiento.
>
> Entrevistadora: ¿Y hoy en día te manejás más que nada con prepaga?
>
> Sergio: En mi caso personal con la prepaga.

Así como vimos que en algunos casos, la maternidad y la paternidad se constituyeron en momentos bisagra de la vida de estos trabajadores, justificada en la razón de estar "mejor protegidos", para otros, la presencia de un diagnóstico de una enfermedad crónica también se define como refundacional de la estrategia individual / familiar frente a los servicios.

Nadia, la directiva de empresas a la que ya mencionamos, no ha tenido contacto con el subsector público, nunca tuvieron ni ella ni su familia, *"la necesidad de ir a alguno"* (hospital público), tal vez por la estabilidad laboral con la que cuenta, por estar registrada, y poseer buenos ingresos. El acceso a la salud de ella y su grupo familiar directo queda cubierto por el abanico de opciones de prepagas. Pero además, debido a que tiene esclerosis múltiple, por lo que debe tomar medicamentos que son muy costosos y debe hacerse diversos estudios de manera continua, valora la poca burocracia porque necesita que no le pongan *"ninguna traba"*. Sin embargo, y a pesar de manifestar que no tuvieron problemas de ningún tipo con la prepaga, existen estrategias familiares en la elección de las mismas, siempre dentro del subsector privado, que les permiten bajar los costos.

> Nadia: Y salía más barato que él (su marido) esté solo en Swiss Medical y Tito (hijo) y yo en OSDE, que meterlo a él en nuestro grupo familiar. Así que él quedó en Swiss Medical y nosotros en OSDE.

En suma, el capital cultural, social, la participación en el mercado de trabajo y los niveles de ingresos de estos trabajadores se convierten en llaves para asegurar(se) la atención, desarrollando distintas estrategias de acceso que posicionan a estos sujetos como protagonistas ante las contingencias que acarrea la salud o la enfermedad, con ciertos márgenes de acción pero también con limitaciones. En este marco, que configura su reproducción mediante estas macro desigualdades, es donde vemos que se entrecruzan las experiencias de vida con la posibilidad de elegir las *mejores* opciones entre los recursos posibles, que luego se transformarán en acciones frente a las eventualidades.

De este modo, el conjunto de las prácticas de estos trabajadores, crean y recrean las micro desigualdades en salud de las que hablamos previamente, las cuales no deben ser comprendidas como una traducción mecánica de las macro, debido a la capacidad reflexiva de los sujetos. Algunas se fundamentan por la importancia que tiene el saber experto, lanzándose a la búsqueda del mejor profesional o la mejor institución que cuente con los avances de la medicina; otras veces, la elección y la estrategia pasa por la expectativas de que lo que vendrá será mejor en su atención, en su cobertura o al menos un poco menos burocrático y más resolutivo, más fácil. Hay que mencionar que dichas estrategias y dichas acciones se basan en *buenas razones*, pero finalmente terminan entrampando a los sujetos en un juego social desigual (Dubet, 2015). Así, la responsabilidad por el bienestar de la salud recae en las condiciones de posibilidad de cada individuo o cada familia para acceder a una mejor atención. Finalmente, cabe aclarar que este juego es posible y se construye sobre la fragmentación y segmentación del sector de la salud previamente descripta al analizar a los sujetos beneficiarios del sector.

La desigualdad (las desigualdades) en el sector salud

Los trabajadores reconocen la importancia de la salud pública, no apareciendo ningún cuestionamiento al carácter universal de la misma (excepto para los extranjeros, que no abordaremos aquí por la complejidad que reviste). No obstante, dicho alcance es considerado por estos de forma residual, ya que en términos generales y como hemos mencionado, la preferencia en la elección es por las instituciones de la seguridad social o las prepagas. En las experiencias, emergen distintas prácticas ancladas en el nivel de ingreso y/o su capacidad de pago, que los aleja de ese lugar común que es la institución pública o la obra social sindical. Los ingresos marcan las estrategias y operan como organizadores de acceso y de lugares, en relación a la atención de los sujetos, organizando decisiones del ámbito laboral, y también familiar.

El relato de Victoria, la profesional independiente arriba mencionada, ilustra cómo según sus posibilidades las oportunidades se presentan y se toman, hecho por ejemplo que no le sucede a una empleada de casas particulares: *"Nos casamos por OSDE cuando me enteré que estaba embarazada"*. Entonces, se naturaliza el pago como justificativo para un mejor acceso, siendo un gasto que se prioriza frente a otros, traduciéndose en una inversión.

En el caso de Rina, recién al estar en blanco como trabajadora doméstica logró acceder a la obra social, pero ahora quiere cambiarse a OSECAC porque no está conforme con la suya:

> Entrevistadora: ¿Qué cambios en tu vida implicó el estar en blanco?
>
> Rina: Implicó tener una obra social. [...] Una obra social que [...] en todo caso yo necesito, eso es lo que me favoreció, no tengo que ir al hospital, a lo mejor, de la zona. Ya teniendo una obra social, uno a lo mejor se maneja un poco [...] un poco mejor. No estoy conforme igual con mi obra social, de las empleadas domésticas, no estoy conforme. [...] porque me he ido a hacer estudios y tengo que ir a la Capital, a Charcas. [...] Ahora estoy queriendo cambiarme de obra social.

Entonces, y como dijimos, las experiencias que contienen elementos del pasado acerca de la mala atención en hospitales públicos o en las salitas, por falta de insumos, por los tiempos de espera, por el engorroso trámite para obtener un turno, o por tener que pedir un día de trabajo completo para ir a un médico; o en obras sociales burocráticas, lentas, con bonos y pedidos de autorizaciones, componen un repertorio cuasi homogéneo. Patrones estandarizados de pensar y sentir que llevan a delinear los fundamentos del sentido común acerca de las *verdades* de ciertas instituciones de salud, que recrean las estrategias de los trabajadores en la vida cotidiana. Estos trabajadores que por sus distintas posiciones en el mercado, sus ingresos, sus acreditaciones, son desiguales, comparten el hecho de buscar mejores oportunidades mediante las distintas estrategias que realizan, aunque con diversos recursos, los que tienen a su alcance como ya mostramos, reproduciendo micro desigualdades que se reflejan en sus prácticas.

Dichas desigualdades (Dubet, 2015), toman una forma particular al analizar el subsector de la seguridad social, sustentadas por el cambio normativo, este se define por un antes y un después de la implementación de la política de libre elección. En las previas condiciones de cautividad por rama de actividad laboral, la relación empleo-sindicato-obra social, se valoraba positivamente (o no). En el 2015, los relatos nos muestran que en condiciones de libre elección, esta asociación se diluye, cobrando peso propio la entidad de los servicios de salud a la cual se desea /puede acceder. El derecho a elegir la obra social que *prefieran*, aparece como ya adquirido, siendo uno de los logros de la implementación de la política la naturalización de la elección. Atrás quedaron los análisis sobre la base solidaria de las obras sociales sindicales (Danani, 2001) y la historia fundacional del subsector. Sin dudas que otro de los alcances que refleja, es el pasaje de una responsabilidad prospectiva en términos de colectivización de los riesgos, a una responsabilidad internalizada en el cual los agentes se responsabilizan de su propio bienestar y de su estrategia de acceso individual/ familiar a los servicios en un futuro inmediato. En este sentido, más desde los argumentos de los sujetos que desde el diseño institucional, registramos que las elecciones se inscriben en las previsiones que se encuentran dentro de la esfera individual muchas veces mercantilizada.

De la consideración de las estrategias de los trabajadores, como también de la institucionalidad construida, postulamos que sobre la diferenciación de los subsectores se configuran otras diferenciaciones que no son automáticas ni previamente definidas, sino que forman parte de las prácticas de los sujetos. El hecho de "habitar" un subsector implica navegar en un repertorio de opciones institucionales muy diversas entre sí: no todas las empresas de medicina prepaga son iguales, ni todas las obras sociales ni todos los hospitales; y dentro de cada institución los diferentes planes generan también otras desigualdades.

4. Autovalía y dependencia: quién tiene la responsabilidad en el cuidado de la salud

Como hemos mostrado, la concepción que tienen los trabajadores acerca de la salud debe buscarse de forma indirecta en las afirmaciones o consideraciones que les son propias. Es decir, en los sentidos y fundamentos que fueron sustentando las formas en que satisfacen sus necesidades en salud, que en apariencia se expresaron en relación a los usos que ellos hacen de los servicios. No obstante, y más allá de la apariencia subjetiva que adoptan, estas necesidades son ineludiblemente sociales, porque también vimos que las condiciones de reproducción no son iguales para todos, sino que se disputan en un plano político, cultural y social. No todos tienen el mismo acceso, y no todos gozan de la misma calidad de bienes y servicios. Algunos asisten al sector público porque no les queda otra; otros poseen una obra social y según esta sea buena o mala, van saltando de una a otra; también están quienes tienen prepagas y dentro de ellas si pueden eligen las que te *engolosinan*.

La diferencia en el tipo de cobertura, es vivida en cada caso como una estrategia particular, cuando en realidad es producto de ser *distintos trabajadores* con desiguales soportes socio-institucionales. Lo que en apariencia es una responsabilidad individual, se dirime de manera estructural en los modos de producción y organización de la vida de las sociedades capitalistas asociado al trabajo, lo que reproduce a estos distintos tipos de trabajadores: precarios, informales o formales, todos con variados niveles de ingreso. Son estas condiciones de trabajo –formales e informales– que según su nivel de ingresos los posicionará ante las diversas opciones en la búsqueda de la atención: obras social o empresa de medicina prepaga. Mientras que los beneficiarios de la ayuda del Estado, serán aquellos que *no tienen nada*, debiendo asistir al hospital público. Es ese reaseguro último que es la institución estatal, la que pone en discusión el derecho a la salud desde una mirada de universalidad.

De esta forma, las condiciones estructurales reales que devienen del modo legítimo en que los sujetos reproducen su vida, construyen diversos entramados de relaciones de dependencia con el Estado. Sin embargo, muchas veces la menor dependencia de los sujetos, se enmascara en cierta *autovalía por el hecho de creer sostenerse con su propio trabajo y esfuerzo*[14]. Es como una concepción del mundo que se absorbe acríticamente por los diversos ambientes sociales y culturales, que genera en cada estrato social su sentido común que es, la concepción más difundida de la vida y de la moral, diría Belvedere (2013). Esta construcción de sentido común, es la que marca la distancia con el hospital público y lo constituye como *la otra institución*, la que deben habitar los sujetos dependientes de la ayuda legítima del Estado, los que tienen derecho a ser asistidos. Se reconoce a ese sujeto como legítimo pero siempre y cuando haya fracasado en la definición de su propia estrategia. Mientras que los menos dependientes a partir de una concepción de responsabilidad individual, *deberían* recurrir a las vías individuales y familiares para resolver el acceso a la salud. De modo que los fundamentos que alimentan a la noción de autovalía en salud para algunos de estos trabajadores (siendo cierto que reproducen la realidad del subsector público), tienen una carga individualista e individualizante, olvidando la importancia de la regulación del Estado, más allá del financiamiento. Pero no se interpela o se pone en discusión al sujeto dependiente, en este sentido los criterios de autovalía y dependencia legítima se actualizan y se validan, no se cuestionan. Lo público aparece como un reaseguro cuando no hay nada más, pero ese lugar es el que muchos/as evitan. Excepto cuando se reconoce a algún profesional en particular, algún servicio o algún hospital que se detecta que funciona bien. No obstante, es llamativo

---

[14] Decimos en apariencia porque el término de autovalía remite a una posición ideológica que no existe en términos puros o reales, en tanto en nuestras sociedades todos los ciudadanos somos más o menos dependientes de los soportes que brindan las instituciones estatales (ver Presentación de este libro y capítulos 1 y 2).

que los testimonios acerca de la confianza que se le tiene a las instituciones públicas de salud, por lo general provienen de estos trabajadores que tienen obra social y/o prepaga, como vimos en las entrevistas con Sergio y Laura, que recurren o recurrirían al hospital público sólo por un hecho puntual.

Para terminar, los sentidos y fundamentos que han sostenido los trabajadores para repensar las estrategias de acceso deben ser inscriptos en los procesos históricos en los cuales se construyen como escenarios de una disputa profundamente política. La definición por la orientación que tome la política estatal, será la que la sociedad en su conjunto asigne al responsable por el bienestar en salud. Sin dudas que las transformaciones analizadas en el capítulo se construyen desde las prácticas de los trabajadores poniendo en discusión también la clásica forma de conceptualizar a las instituciones y los beneficiarios del sector, son ellos los que crean y resignifican las configuraciones del mismo. En este sentido, reconocemos en los trabajadores la capacidad para "residualizar por abajo"; parafraseando a Danani (2016) instituciones que históricamente fueron y siguen siendo universales en sus postulados, se de-ciudadanizan a través de las prácticas cotidianas como el abandono institucional, excluyendo a quienes tienen otras opciones y relegando a quienes no les queda otra alternativa posible que concurrir al hospital público[15]. De este modo, la capacidad de los sujetos de construir la política "desde abajo" mediante sus estrategias de acceso, ubican en la esfera individual a la responsabilidad por el bienestar.

En síntesis, los principales hallazgos que se desprenden de este capítulo provienen de las razones o fundamentos brindados, los cuales vincularon a la institución pública con lo que hay que evitar, más allá de que tal vez nunca se haya pisado un hospital. Esta construcción de sentido común, es la que marca la distancia con el hospital público y lo constituye como "la otra institución", la que deben habitar los sujetos dependientes de la ayuda legítima del Estado, los que tienen derecho a ser asistidos sin otra opción.

---

[15] Este análisis se basa en un estudio de Mostajo (2000) que demostró, analizando el gasto social y la distribución del ingreso en América Latina y el Caribe, que por la autoexclusión de los beneficiarios que pueden pagar servicios de mejor calidad quedan como beneficiarios efectivos aquellos que no tienen posibilidad de hacerlo.

Además, a partir de las estrategias de acceso identificadas, encontramos un factor diferenciador en la vinculación del trabajador con el hospital público, la obra social y la prepaga que es el nivel de ingresos y el pago por los servicios. De esta forma reconstruimos los soportes socio-institucionales que dan confianza y tranquilidad sobre su elección, y son estos mismos los que en términos valorativos ubican a la prepaga en un nivel de mayor jerarquía que la obra social, y a ésta con mayor jerarquía que el hospital. A la vez, el repertorio de acciones analizadas, nos permitió establecer cómo éstas configuran micro desigualdades en salud, comprendidas no como una traducción mecánica de las macro, sino como producto de la capacidad reflexiva de los sujetos.

Como hemos señalado más arriba, los fundamentos que alimentan a la noción de autovalía en salud para algunos de estos trabajadores, provienen de la realidad del subsector público pero, además poseen un contenido individualista e individualizante que identifica al beneficiario de las instituciones públicas sanitarias con aquel que ha fracasado en la definición de su propia estrategia. No se interpela o se pone en discusión al sujeto dependiente, en este sentido los criterios de autovalía y dependencia se actualizan y se validan, no se cuestionan. En estos procesos los trabajadores son los que co-construyen la política y las instituciones con sus estrategias y sus elecciones –atravesadas por sus posibilidades e imposibilidades– en su lucha por el bienestar.

Bibliografía

Abramovich, Víctor y Laura Pautassi (2008): El derecho a la salud en los tribunales: Algunos efectos del activismo judicial sobre el sistema de salud en Argentina, en *Salud Colectiva*, Buenos Aires, UNLa.

Almeida, Caetano y James Macinko (2006): Validação de uma metodologia de avaliação rápida das características organizacionais e do desempenho dos serviços de atenção básica do Sistema Único de Saúde (SUS) em nível local. Série Técnica 10. Desenvolvimento de Sistemas de Serviços de Saúde. Ministério da Saúde.

Baldwin, Peter (1992): La política de la solidaridad social, en *Revista de Trabajo*, Madrid, Colección Ediciones.

Ballesteros, Matías y Betina, Freidin (2015): Reflexiones sobre la conceptualización y la medición del acceso a los servicios de salud en Argentina: el caso de la Encuesta Nacional de Factores de Riesgo 2009, en *Salud Colectiva*, Buenos Aires, UNLa.

Belmartino, Susana y Claudio, Bloch (1994): *El sector salud en Argentina. Actores, conflictos de intereses y modelos organizativos.* Buenos Aires, OPS/OMS.

Belvedere, Carlos (2013): Antes de la ciencia. El sentido común en la obra de Alfred Schutz, en *Revista Astrolabio,* UNC/CONICET.

Bourdieu, Pierre (1999): *Razones Prácticas. Sobre la teoría de la acción.* Barcelona, Anagrama.

Bourdieu, Pierre [1979] (1998): *La distinción. Criterios y bases sociales del gusto.* España, Taurus.

Carillo, Ramón (1951): *Teoría del hospital. Obras completas.* Buenos Aires, Eudeba.

Castel, Robert (2004): *La inseguridad social. ¿Qué es estar protegido?.* Buenos Aires, Manantial.

Crojethovic, María (2017): *Cuadernos de Trabajos II. Mirando al campo de la salud: Problemas, Actores, Instituciones y Territorio.* Los Polvorines, UNGS. En prensa.

Crojethovic, María y Ana, Ariovich (2015): Las redes: un modelo organizativo para contrarrestar la fragmentación institucional del sistema de salud en la Argentina, en *Revista Gestión de las Personas y Tecnología.* Chile, Universidad de Santiago de Chile.

Crojethovic, María (2013): Claves para Pensar la Dinámica del Hospital Público. En Clérico Liliana, Laura Ronconi y Martín Aldao (Coordinadores.) *Tratado de Derecho a la Salud.* Buenos Aires, Abeledo Perrot.

Crojethovic, María (2010): Desde abajo, la construcción de políticas públicas en salud. Hacia una definición de la informalidad. Tesis doctoral. Facultad de Ciencias Sociales.

Danani, Claudia (2016): Sociedad y Estado en la discusión del bienestar social. A propósito de los procesos latinoamericano de principios de siglo XXI, en *Revista Ensambles.*

Danani, Claudia (2005): La construcción socio-política de la relación asalariada: obras sociales y sindicatos en la Argentina, 1960-2000. Tesis doctoral. Facultad de Ciencias Sociales.

Danani, Claudia (2001): Gritos y susurros: la solidaridad como fundamento en el proceso de implementación de la libre afiliación a las obras sociales. Trabajo presentado a las IV° Jornadas de Debate Interdisciplinario sobre Salud y Población. Buenos Aires, FCS, UBA.

Esping-Andersen, Gosta (1993): *Los tres mundos del Estado de Bienestar*. Valencia, Alfons el Magnánim.

Dubet, Francois (2015): *Por qué preferimos la desigualdad. Aunque digamos lo contrario*. México, Siglo XXI.

Fidalgo, Maitena (2013): La transformación de la Seguridad Social en salud: la política de libre elección de obra social como parte de las redefiniciones del sistema de protecciones sociales. Área Metropolitana de Buenos Aires (1990-2010). Tesis doctoral. Facultad de Ciencias Sociales.

Fidalgo, Maitena (2009): Riesgos y contingencias de la vida: estrategias e institucionalidad confusa. En: Danani, Claudia y Estela, Grassi (organizadoras): *El mundo del trabajo y los caminos de la vida*. Buenos Aires, Espacio Editorial.

Franco-Cortés, Ángela María y Ofelia, Roldán-Vargas (2015): Sentido de la responsabilidad con la salud: perspectiva de sujetos que reivindican este derecho, en *Revista Latinoamericana de Ciencias Sociales, Niñez y Juventud*.

Garay, Oscar (2004): *La empresa de Medicina Prepaga*. Buenos Aires, Ad-Hoc.

Grassi, Estela (2006): Integración y necesidades sociales. Reflexiones desde el punto de vista de la igualdad. Tercer Congreso argentino de política social, Buenos Aires.

Mostajo, Rossana (2000): Gasto social y distribución del ingreso: caracterización e impacto redistributivo en países seleccionados de América Latina y el Caribe. Series de la Cepal. Reformas Económicas N° 69.

Pérez Irigoyen, Carlos (1989): Antecedentes del sistema de salud. En: Isuani E. y Tenti. *Estado de democrático y política social*. Buenos Aires, Eudeba.

Spinelli, Hugo (2010): Las dimensiones del campo de la salud en Argentina, en *Salud Colectiva*, Buenos Aires, UNLa.

Topalov, Christian (1979): *La urbanización capitalista*. México, Edicol.

Schmitz, David y Robert, Goodin (2000): *Bienestar Social y Responsabilidad individual*. Madrid, Cambridge University Press.

CAPÍTULO 8

La inseguridad desde abajo: postales sobre el "descontrol"

Elaboraciones sobre el miedo al delito en diferentes grupos del espacio social

Emilio Ayos yTatiana Jack

> Y me ha pasado muchas veces, en las villas de acá de Capital, desconozco en provincia, de encontrarte con dos o tres generaciones, que no saben lo que es la cultura del trabajo, chicos que no saben lo que es ver al papá levantarse todas las mañanas para ir a laburar o para ir a buscar [*trabajo*]. [...] ... [*Es necesario*] entender que el dinero, uno tiene que trabajar para conseguirlo, en lo que sea, [...]...pero tener esa consciencia de que la forma de obtener el dinero que yo necesito para vivir es a través del trabajo, no a través de un plan social, bueno, y mucho menos a través del robo... (Nadia. Empleadas domésticas y Trabajadores/as informales. Grupo 1).

Introducción

Trabajo, plan social, robo. Villas de capital, villas de provincia. Cultura del trabajo, dinero para poder vivir. Generaciones, padres e hijos, jóvenes. Series y anudamientos, espacios, sujetos y moralidades que muestra la producción social de la cuestión de la "inseguridad" en la Argentina actual. La "inseguridad" como cuestión siempre estuvo atravesada por una interpretación *social*: de modo más o menos explícito, con mayor o menor precisión teórica, la inseguridad fue *explicada*, y su explicación social, que de manera diversa asocia el delito y las prácticas de los sectores populares fue uno de sus nudos más densos. Pero, al mismo tiempo, entendemos que la inseguridad expresa y refuerza las transformaciones de las formas de sociabilidad que marcan las relaciones entre los grupos que integran el espacio social[1]. La "cuestión de la inseguridad" muestra la trama de una reorganización profunda de nuestra sociedad que, por supuesto, puede observarse en las transformaciones de las intervenciones estatales de política social o en el campo del control del delito, pero que se expresa también y tal vez, más cabalmente, en la forma en que el tema de la inseguridad organiza la relación entre diferentes grupos, estructura la mirada sobre los sectores populares, mapea el espacio urbano. El presente trabajo tiene como objetivo principal realizar una reconstrucción sobre los modos de problematizar la cuestión de la inseguridad en la Argentina actual a partir del análisis de los posicionamientos de integrantes de distintos grupos socio-ocupacionales, considerando cómo explican, problematizan y/o comprenden las "causas" sociales de esta cuestión y la vinculación de estas problematizaciones con la construcción de diferentes formas de sociabilidad. En función a ello, realizamos una lectura de las tensiones y entrecruzamientos que se suceden en relación a estos ejes.

El trabajo de campo[2] que permite arribar a los resultados que exponemos en este capítulo fue realizado durante el año 2016[3] según da

[1] "Se puede representar así al mundo social en forma de espacio (de varias dimensiones) construido sobre la base de principios de diferenciación o distribución constituidos por el conjunto de las propiedades que actúan en el universo social en cuestión, es decir, las propiedades capaces de conferir a quien las posea con fuerza, poder, en ese universo. Los agentes y grupos de agentes se definen entonces por sus *posiciones relativas* en ese espacio. Cada uno de ellos está acantonado en una posición o una clase precisa de posiciones vecinas (es decir, en una región determinada del espacio) y, aun cuando fuera posible hacerlo mentalmente, no se pueden ocupar en la realidad dos regiones opuestas del espacio" (Bourdieu, 1989:281).

[2] Este capítulo muestra los resultados del análisis de los grupos focales realizados con distintos grupos socio-ocupacionales como se describe en la Presentación de este libro, aunque quedaron fuera los grupos de Trabajadores/as Cooperativistas porque no hallamos que la cuestión de la inseguridad ha sido un emergente relevante y principal en sus consideraciones, tal vez por las similares trayectorias militantes político-partidarias y/o de inscripción institucional en organizaciones populares. Es un tema pendiente para indagar por los especialistas.

[3] Proyecto "Autovalía y dependencia legítima. La política social y los soportes socio-institucionales de la vida social". Universidad de Buenos Aires– Secreta-

cuenta la Presentación de este libro. Esto es particularmente significativo de tener en cuenta al interpretar las opiniones y reflexiones de las personas que participaron de los grupos que analizamos, especialmente en relación al escenario social e histórico que los mismos reconstruyen: es posible advertir en ellos un intento de situar las consideraciones en una suerte de balance sobre la década kirchnerista que se hace a contraluz de la mirada sobre el cambio presente en curso, recién iniciado en el año 2016, contexto reconstruido en el Capitulo 1. Es decir, las construcciones de sentido que aquí analizamos asumen en buena medida la interpretación de un proceso que se cierra desde un presente en vías de reconfiguración, una mirada retrospectiva, heterogénea, con diferentes percepciones, pero desde el supuesto de que el presente tiene un signo diferente. Este es uno de los ejes interpretativos que atraviesa nuestro trabajo.

1. Emergencia de la inseguridad y las reconfiguraciones entre los campos de la política social y del control del delito

La forma en la que el eje seguridad-inseguridad emerge en nuestras discusiones político-culturales retejiendo las relaciones entre el delito, las condiciones de vida, lo urbano, o la cuestión de lo juvenil, muestra una profunda transformación de nuestras sociedades con respecto a la experiencia social organizada previamente a lo que podemos definir como la hegemonía neoliberal desde finales de los años 70 del siglo pasado.

Si observamos los procesos de construcción histórica de la política social y la política criminal podemos advertir que su delimitación como campos de intervención mostró la forma de un proceso de progresiva diferenciación desde un conjunto de conflictos y tensiones comunes, que ha dado en llamarse cuestión social: tal como emergió durante el siglo XIX, como tensión inherente al nuevo orden político que marcaban las relaciones entre pobreza, asistencia y la constitución del trabajo

ría de Ciencia y Técnica (2014-2017), dirigido por Estela Grassi y proyecto PIO CONICET UNGS (2015-2016) N° 144-20140100006-CO "Los fundamentos socio-político y culturales de la protección social: alcances y legitimidad de los sistemas institucionales 2003-2016", dirigido por Susana Hintze.

asalariado, estuvo siempre atravesada por la cuestión de la peligrosidad de los sectores populares, por aquella vieja noción de las "clases peligrosas". Es decir, la cuestión social contuvo una dimensión referida a la preocupación por la potencialidad disruptiva de los sectores no propietarios, y a la generalización de los ilegalismos que pusieran en cuestión el orden capitalista en formación. Esta tensión propia del proceso de organización de nuestras sociedades modernas capitalistas puede rastrearse en los desarrollos posteriores que estructuraron el campo de la política social, expresado en la recurrente discusión sobre el papel que esta última tendría en el control social y la reproducción de las estructuras de dominación. El caso de la "seguridad social" es tal vez uno de los más contradictorios, aunque consideramos que dicha tensión es constitutiva de la política social en general en cada uno de sus sectores, dado que al objetivo de la "prevención del conflicto" que reiteradas veces le es adjudicado, se le suma la preocupación por el "aseguramiento" de los riesgos propios de las condiciones de vida de los trabajadores asalariados y sus familias a partir de la mecánica del derecho social.

No obstante, también es posible identificar esta dimensión constitutiva de la cuestión social vinculada a la preocupación por la peligrosidad de los sectores populares en las diversas formas en que la impronta "social" cruzó a las políticas de control del delito, sumando a las instituciones tradicionales, los tribunales de justicia penal, la policía y la prisión, la institucionalidad correccional orientada por la idea de la rehabilitación de los delincuentes, campo de los especialistas "sociales". Si la "invención de lo social" impregnó también al control del delito, ello no debilitó una marcada diferenciación entre campos, que desde ese conjunto de tensiones y preocupaciones comunes se encaminaron en un proceso de diferenciación marcado: cristalización de un ámbito de la política social escindido de las intervenciones penales. Esta escisión se expresaba en el hecho de que las expectativas de rehabilitación no excedían la justicia penal, aunque las distintas "criminologías welfaristas" confiaran en la reforma social general como verdadera forma de prevenir el delito. Pero las exigencias directas de contención del delito se difumaron en un campo de la política social que en términos generales se organizó bajo el principio de la seguridad social y el derecho social.

La emergencia de la retórica de la seguridad en cuanto al control del delito a partir de la década del setenta y del ochenta en Europa y en

Estados Unidos, implica un debilitamiento de esta distinción, en una tendencia hacia la "ampliación" de este campo, fundamentalmente a partir de un *desanclaje* de la administración del delito con respecto de la "justicia criminal" y de incorporación de nuevas agencias (estatales y no estatales) que son llamadas a participar bajo esta nueva modalidad. Esta reorientación se encuentra asentada en gran parte en el diagnóstico acerca del fracaso de las intervenciones estatales de posguerra y la necesidad de su reorganización (el diagnóstico de *"Nothing Works"*) [4] y de la emergencia de una nueva retórica de la sociedad civil, las comunidades y los ciudadanos (Garland, 1985, 2005; Crawford, 1998, 2009; Boutellier, 2001). La impronta de la seguridad reconfigura la relación de lo "social" con el campo del control del delito, marcada por el debilitamiento del ideal de la rehabilitación social y el declive de aquella confianza de los criminólogos en la reforma social generalista. La política social dejará de ser la solución para convertirse en parte del problema: promotora de una "cultura de la dependencia" que es campo de cultivo de la desviación y el delito (Álvarez Uría, 1998; Garland y Sparks, 2000; Boutellier, 2001; Pitch, 2009).

A partir de mediados de la década de 1990 en la Argentina la cuestión de la inseguridad muestra un cierto anudamiento de elementos antes dispersos, una serie de problemas, sensibilidades, interpretaciones, prescripciones y formas de intervención nuevas. Algunos de sus nudos estructurantes tienen que ver, en primer lugar, con una problematización centrada en el delito "común", es decir los delitos callejeros, fundamentalmente contra la propiedad y mediante el uso de violencia; además, como fenómeno centralmente urbano, propio de las grandes urbes. La problematización de la (in)seguridad, aparece, así, como un significativo recorte de la pluralidad de sentidos que la tensión seguridad – inseguridad adquirió en nuestra historia, marcada por la referencia a la seguridad *social* (ver el capítulo 3 en este volumen). Este proceso supuso que el fenómeno de la inseguridad excluyera los delitos de "cuello blanco", delitos económicos, o los ligados a las fuerzas de seguridad y demás agencias estatales; en suma, los ligados a los sectores

---

[4] Esta expresión emergió en el contexto anglosajón como crítica a la eficiencia de las diferentes medidas penales tradicionales. Refiere a la idea de que *"nada funciona"*, en cuanto a que las estrategias penales tradicionales no lograron ser eficaces frente al aumento de la criminalidad (Selmini, 2009).

más encumbrados socialmente (Baratta, 1997; Daroqui, 2003; Pegoraro, 2003; Rangugni, 2009).

La reorganización del campo del control del delito a partir de la idea de inseguridad implicó, a su vez, la configuración de sujetos sociales, distinguiendo de manera tajante y esencializada entre los "amenazantes" de los "amenazados", los victimarios de las víctimas. Esta producción ha sido identificada por variadas investigaciones, señalando que los jóvenes, varones y de sectores populares son los portadores de un estigma que los performa como los sujetos-objetos de la inseguridad en tanto agentes amenazantes, peligrosos, violentos (Guemureman, 2002, 2011; Guemureman y Daroqui, 2001, 2004; López et al, 2011; Calzado, 2004; Pegoraro, 2002; Vilker, 2011; Ayos, 2016).

Desde los años 90, puede rastrearse, también, la construcción de una sensibilidad social con respecto al delito que intensifica los contenidos punitivos, que es crítica de la justicia penal por su permisividad y por "atarles" las manos a las fuerzas de seguridad, y que desde un posicionamiento emotivo y moral no duda en fijar como sujetos culpables de esta inseguridad a aquellos grupos constituidos en objeto de los procesos de criminalización que realizan las agencias penales a los que antes referíamos: los jóvenes, varones, pobres, habitantes de sectores diferenciables territorialmente de la urbe, como villas o asentamientos (Pegoraro, 2003; Daroqui, 2003). Transformación que se refleja en el desempeño de las fuerzas policiales por la violencia y el hostigamiento ilegal que despliegan sobre los sujetos configurados por las imágenes de la inseguridad, y por el uso de la fuerza letal como práctica regular o normal, no excepcionalmente como "gatillo fácil" (Mouzo et al, 2010; Rangugni, 2010; Galvani, 2007; Daroqui, 2009; López et al., 2011; Tiscornia, 1998; Palmieri y Wagmaister, 2009; Daich, Pita y Sirimarco, 2007).En este sentido, algunos de los indicadores estadísticos generales permiten advertir la magnitud del "giro punitivo" en la Argentina: la tasa de encarcelamiento cada cien mil habitantes pasa de 62 en el año 1992 a 175 en el 2016 (SNEEP, 2017).

En este contexto, la discusión social sobre la inseguridad se configura como uno de los espacios centrales en la generación de estereotipos sociales, en particular asociados a la peligrosidad, de manera que el "problema de la inseguridad" opera en la producción, amplificación y naturalización de la fragmentación social (Ayos, et al., 2010), en la identificación (y segregación) social de sectores y grupos sociales y espacios urbanos, ingresando en las dinámicas de distinción entre los grupos que ocupan lugares diferentes en el espacio social. La gestión de la inseguridad se instituye como un mecanismo o "paradigma de gobernanza" (Rodriguez Alzueta, 2014) que opera a partir de la separación y/o exclusión de aquellos grupos sociales que son identificados como amenazantes para determinadas poblaciones. Es decir, vinculada a "…significaciones que la acercan a la necesidad de imponer orden a través de la exclusión del otro, muchas veces reconfigurado en la imagen del "delincuente" en tanto potencial sujeto atacante" (Calzado y Van Den Dooren, 2009:100), reactualizando la noción de peligrosidad para proteger a los "buenos ciudadanos" de las poblaciones portadores de riesgos y peligros (Pitch, 2009). Como afirma Pegoraro (1997) la lógica neoliberal no tiene como objetivo la integración social sino administrar y gestionar la fragmentación social a través de políticas de seguridad orientadas a poblaciones específicas.

Otro punto importante que puede advertirse en lo que hace a esta reconfiguración del campo del control del delito, refiere a los momentos en los que se intensifica el debate público sobre la cuestión de la inseguridad. La campaña electoral del año 1999 fue uno de esos momentos, cuando alcanzó niveles inéditos (Sozzo, 2007). El nuevo tono emocional que evocan las políticas criminales y su fuerte incorporación a los debates político-electorales marcan nuevas relaciones entre experticia y política: ya no es un tema que puede ser dejado en manos de expertos, sino que se convierte en un eje central de la competencia electoral (Garland, 2005). La inseguridad comienza a ser un tema de discusión en la agenda pública.

Otro momento significativo en este proceso se presenta en el año 2004 en torno al secuestro y asesinato de Axel Blumberg. Aquí se observa una dinámica de movilización y reclamo social sobre la inseguridad inéditos, instalándose el miedo al delito en el contexto urbano como la preocupación pública central (Calzado y Van Den Dooren, 2009). Con la consigna *Cruzada Axel, por la vida de nuestros hijos* el primero de abril de 2004 se realizó la primera de una serie de marchas y movilizaciones pública que se distinguieron por su masividad (los medios de comunicación estimaron de 100.000 a 150.000 personas en la primera de ellas), que expresaron una sensibilidad social que sustentó el liderazgo de Juan Carlos Blumberg en tanto padre-víctima (Murillo, 2008; Calzado y Van Den Dooren, 2009), mostrando una de las dimensiones centrales de la reorganización del campo del control del delito: la nueva centralidad de la víctima (Garland, 2005; Pitch, 2009).

En este contexto de alta politización, también surgieron posicionamientos polémicos respecto de dicho giro punitivo, los cuales se organizaron marcadamente alrededor del principio de pugnar por "una política democrática de seguridad": el nacimiento de las orientaciones preventivas con la creación del Plan Nacional de Prevención del Delito en el año 2000 puede ser interpretado como el primero de estos proyectos por una "política democrática de seguridad". La segunda cristalización institucional, de mayor importancia y envergadura, fue la creación del Ministerio de Seguridad en el año 2010. Las dificultades que halló la implementación de una política orientada por un principio de seguridad democrática en el Ministerio de Seguridad de la Nación, incluso antes del cambio de gobierno en el año 2015, muestran el estado de las discusiones político-culturales sobre la cuestión de la inseguridad (Ayos, 2014; 2016; Ayos y Fiuza, 2018).

Desde finales de 2015, bajo el nuevo gobierno de la alianza Cambiemos, se observa un marcado reforzamiento de los contenidos punitivistas en los posicionamientos y en la retórica del discurso de la alianza gobernante en materia de seguridad. A días de asumir como ministra de seguridad de la Nación, Patricia Bullrich se refería al discurso de la "mano justa"[5] como la "nueva" perspectiva de gestión del Ministerio, indicando que "el "narcotráfico" y "la inseguridad cotidiana" son los flagelos a atacar por las fuerzas de seguridad" (Diario Perfil, 25-11-2015). Cuando, en diciembre de 2017, fue asesinado el joven de 18 años Juan Pablo Kukoc al recibir varios disparos por la espalda por parte del policía Luis Oscar Chocobar (ver análisis en el Capítulo 1 sobre la "Doctrina Chocobar" en la discusión pública), el jefe de Gabinete Marcos Peña,

---

[5] En el año 2005, el actual Secretario de Seguridad de la Nación Eugenio Burzaco publicó un libro titulado *Mano Justa*. En noviembre de 2015, cuando asumió como secretario de la cartera de seguridad, identificó a dicho discurso como la perspectiva desde la cual desarrollaría su gestión: "Escribí hace unos años un libro que se llama 'Mano Justa', que tiene que ver con no caer en el abolicionismo penal, en el vale todo, pero tampoco en posiciones facilistas o violentas que a veces llevan a mano dura" (*El Litoral*, 27-11-2015).

se expresó en apoyo al accionar de las fuerzas de seguridad. Entonces dijo que *"en muchos sectores de la sociedad hay una "presunción de culpabilidad" sobre las fuerzas de seguridad, pero que eso no se aplica "de la misma manera" a quienes delinquen"* (Diario *Clarín*, 11-02-2018). También el Presidente de la Nación, Ing. Mauricio Macri se refirió a esta cuestión afirmando que: *"La Policía nos tiene que cuidar a nosotros, no a los asesinos y a los delincuentes. Y hay que darles las herramientas para que puedan actuar. Espero que en las siguientes instancias entiendan que queremos convivir en paz"* (Casa Rosada, 19-02-2018).

2. Problematizaciones acerca de la inseguridad: el "descontrol" como puente entre lo social y el delito

2.1. La construcción de la inseguridad

Nos ocupamos, a continuación, del propósito principal de este capítulo, cual es realizar una reconstrucción de los modos en que diferentes grupos socio-ocupacionales comprenden, explican y problematizan la cuestión de la in/seguridad, considerando las tensiones y controversias que emergen del análisis de sus construcciones de sentido. Para adelantarnos en nuestras interpretaciones y dar una idea global de los resultados de nuestra investigación, en estas páginas vamos a mostrar que en las discusiones que se dieron en el marco de los grupos focales analizados emergen, aunque no de manera absolutamente homogénea, los elementos centrales de la construcción hegemónica de la inseguridad en la Argentina. Aunque veremos que en los debates sobre el rol de las fuerzas de seguridad y en los posicionamientos e interpretaciones sobre la relación entre condiciones de vida y delito surgen elementos divergentes, es posible reencontrar de manera significativa la serie *trabajo – política social – delito* como forma de representar las causas de la inseguridad. Mostraremos cómo, en esta serie, la figura de un *sujeto improductivo*, construido como *sujeto de la asistencia* que "vive del Estado", se solapa con el *sujeto de la peligrosidad*. Esta interpretación emerge transversalmente en los discursos de los participantes de los grupos focales. Mostramos, además, que la forma de canalizar esta articulación es a través de la noción de *descontrol*, diagnóstico que opera como clave explicativa que une los registros de la asistencia social, el delito y el trabajo.

Adentrándonos en el análisis específico de nuestro material de campo encontramos, de manera transversal entre los diferentes grupos sociales analizados, una forma preponderante de tematizar o de marcar los ejes salientes de la cuestión de la inseguridad, aunque por supuesto, no de manera absoluta. En este sentido, la producción social que podemos rastrear en estos debates muestra los rasgos centrales de la mirada hegemónica de la seguridad, aunque también presenta algunos elementos divergentes, a los que luego aludiremos.

La inseguridad es identificada fundamentalmente como la amenaza cotidiana contra la propiedad o la vida de los ciudadanos vinculada a ser víctimas de un delito interpersonal violento, los "delitos de la calle". Asimismo, esta amenaza constante de ser víctima de la inseguridad es entendida en línea con lo que dijimos, como proveniente de sujetos sociales específicos, individualizados como peligrosos, principalmente los jóvenes (varones) de sectores populares, reeditando los supuestos nexos entre pobreza, juventud y criminalidad. Puede advertirse también, ese doble recorte característico de la construcción hegemónica de la inseguridad: sólo referida a la cuestión del delito, dejando de lado la problematización de otras formas de *seguridad*, y a su vez, delito se entiende sólo como un pequeño grupo de ilegalismos que tienen como figuras típicas de la peligrosidad a los sectores populares:

> Luisa:...los que me robaron en la línea 5 no son... no son pibitos que vienen paqueando y vienen y arrebatan un celular para comprar paco. Ellos trabajan, se suben de a cinco, ¿sí?, uno arrebata, hace todo un acting, los otros cuatro se bajan a seguirlo y se van, y lo hacen todos los días... (Empleadas domésticas y trabajadores/as informales. Grupo 1).

> Edith: La seguridad [es lo que más le preocupa]. Salir a la calle y poder ir tranquilo porque algunos tienen mucho miedo. [...]. Del subte a acá, vengo con la cartera adelante así, sosteniéndola porque tengo miedo de que me la roben y aparte de robártela de que me tiren (Obreros/as formales y trabajadores/as informales. Grupo 1).

> Laura: Si vos ves a los pibes de día, no ves a nadie. Tipo 6 de la tarde arrancan todos los pibes y ya no podes salir más. [...]. Porque para ellos es más fácil sacarte la cartera o el celular, es más fácil total la tienen fácil, saben que entran y salen. Te robo esto total si me llevan

al otro día me saca mi mamá (Obreros/as formales y trabajadores/as informales. Grupo 2).

De este modo, se muestra la construcción de un "otro" esencializado como portador de peligros y amenazas, que pertenece a sectores (y espacios) urbanos particulares. Más allá de cualquier otra referencia o caracterización específica, aludir a "los pibes" supone el "ya no poder salir más": la referencia a "los pibes" lleva implícita la marca de la inseguridad. Estas producciones se engloban en lo que Garland (2005) denomina como "criminologías del otro",[6] en una marcada vertiente neoconservadora.[7] Es decir, se predefinen identidades esencializadas, a las cuales se les asignan todos los males sociales, generalmente asociadas a los sectores sociales y barrios empobrecidos. De las opiniones vertidas en los grupos se desprende la polarización entre los sujetos sociales de la "inseguridad" (victimarios), percibidos como aquellos que no aportan a la sociedad, protegidos por una justicia penal que opera diferencialmente en beneficio de su impunidad, en detrimento de un nosotros auto-percibido como "buenos ciudadanos" (víctimas), sobre los que la ley sí cae con todo su peso:

> Néstor: …si a él le roban el celular, dicen: "ay, porque que es hurto, no hubo violencia"… chau, entrás, te tomo los datos y salís. Y ese [en referencia a quien comete el robo] no está socializado, ni reincorporado a la sociedad como una persona que aporte como supuestamente es. Entonces tenemos muchos baches legales, porque resulta que si a mí me entran a robar y yo por defender a mi familia mato, a mí me dan 70 años (Profesionales independientes. Grupo 2).

> Mirta: …el Estado nos tiene que proteger a nosotros, a los buenos ciudadanos. No a los que…el que se porta mal bueno castigo, listo, ya está… (Rutinarios/as del sector público y privado. Grupo 2).

---

[6] "…se trata de una criminología que comercia con imágenes, arquetipos y ansiedades… al intentar deliberadamente, hacerse eco de las preocupaciones públicas y de los prejuicios de los medios masivos de comunicación y su concentración en las amenazas más inquietantes, esta criminología, en efecto, resulta ser un discurso político del inconsciente colectivo, aun cuando proclama ser, en líneas generales, realista y de 'sentido común'…" (Garland, 2005: 228).

[7] Garland (2005) diferencia a esta deriva neoconservadora de las transformaciones más propiamente *neoliberales* dentro del campo del control del delito.

Podemos reconocer el señalamiento de Gunther Jakobs (2005) en estos reclamos, pues parecen diferenciar entre "un derecho penal del ciudadano" y un "derecho penal del enemigo", quien hay que combatir por su peligrosidad, despojándolo de su condición de sujeto de derechos, porque justamente, deja de ser comprendido como persona. Pero en la cita anterior, hay un elemento significativo más: la exclusión de la comunidad política también viene justificada porque es un sujeto que no "aporta" debidamente a la sociedad (ver apartado "La inseguridad 'de la gente'" en el capítulo 1).

Otro de los emergentes sobre la inseguridad refiere a la cuestión de la ciudad, al ponerse en el centro de la discusión la distinción entre los barrios y los fenómenos urbanos asociados. Esta forma de problematizar la cuestión de la inseguridad bajo el diagnóstico de la inseguridad *urbana* apela a una respuesta centrada en un tipo de intervención desde el Estado focalizada en los espacios empobrecidos de las ciudades, centralmente en las "villas" de las grandes urbes. Es decir, reelabora la fragmentación socio-espacial que constituye la desigualdad, segmentando espacios en los que se localiza la peligrosidad:

> Santiago: ...tenés una falencia del Estado, de un Estado que tiene que intervenir. Un Estado que tiene que...Ir a las bases. [...]. O sea, vos te tenés que meter en una villa, ver la situación que está ahí, cómo está conformada esa familia, a qué se dedica el padre, la madre... (Profesionales independientes. Grupo 1).

Si hasta aquí los emergentes referidos expresaban los ejes centrales de la construcción hegemónica de la inseguridad, centrada en la violencia intra-personal y en la asignación de los lugares de víctima y victimario en relación a los sujetos y los espacios sociales, ahora es momento de presentar una construcción de sentido diferente, centrada en las fuerzas policiales.

La referencia a la cuestión de la inseguridad y de las fuerzas de seguridad emerge en dos líneas discursivas que se yuxtaponen: la policía como solución y como problema. En primer lugar, surge de las discusiones la demanda de mayor presencia de fuerzas de seguridad en los espacios públicos y en los barrios, para brindar "mayor tranquilidad a la hora de salir a la calle", para no "liberar la zona" a los delincuentes, para erradicar el "miedo" al delito".[8] Es decir, éstas continúan representando la forma central de dar respuesta a esta cuestión:

José: [...] en Pompeya sacaron la gendarmería y si se dispara es una zona libre, en una semana robaron dos casas.

Entrevistadora: Bien. Y ahí ¿qué cosas son las que creen debieran revertirse?

Martin: Poner más policía, más efectivos (Rutinarios del sector público y privado. Grupo 2).

Gabriela: [...] por mi casa pasan los autos, de civil, con policías, muchos. [...]. Hará un mes que todos los días pasan cada 15 minutos un coche o dos, igual que con las motos. [...]. Me parece buenísimo, porque yo no podía... yo me voy a las 6 de la mañana de mi casa, y llego a las 8 de la noche más o menos (Empleadas domésticas y trabajadores/as informales. Grupo 1).

Entrevistadora: Esto de invertir en seguridad, ¿tiene una implicancia negativa o es todo ganancia? Invertir en seguridad, o que la policía gane más o tenga mejores sueldos digamos.

Florencia: Es poder salir a la calle tranquilo, sin que te afanen venga un pendejo y te afane el celular (Rutinarios/as del sector público y privado. Grupo 1).

Reforzando esta posición, pero desde otro ángulo, aparece la idea de los "límites externos" que supuestamente recaerían sobre la policía, bajo la metáfora de las "manos atadas" por la figura general de los "derechos humanos":

Jorge: Que a veces [pasa] como decía él, el tema de la juventud de salir a robar y estas cosas porque salen a robar por el tema de fomentar la vagancia y muchos salen a robar porque saben que entran y salen, por el tema de los derechos humanos (Obreros formales y trabajadores informales. Grupo 2).

Marcela: A ver, si ese chico es chorro, tendría que estar entonces en cana y si salió, ese chico volverlo a reingresar al sistema, que le den

---

[8] "El miedo al delito se objetiva como un espacio emergente del gobierno de la (in)seguridad, es así que la sensación de (in)seguridad se constituye como elemento constitutivo del problema. El miedo a ser víctima de un delito está fuertemente concentrado en los delitos callejeros, y está mucho más generalizado que la experiencia efectiva de haberlo padecido" (Rangugni, 2010: 239).

> un trabajo y no que salga y que vuelva a robar, porque suele pasar eso (Empleadas domésticas y trabajadores/as informales. Grupo 2).

Esta concepción está asociada también a la metáfora de la "puerta giratoria" de las comisarías y las cárceles, retórica neoconservadora que se ha enquistado en las discusiones mediáticas en los últimos años, junto con la demanda social de una respuesta punitiva. Al mismo tiempo que las fuerzas de seguridad son interpeladas como la institución que tiene el deber y el poder prioritario de resguardar determinados espacios públicos y prevenir y combatir la inseguridad urbana, subyace una concepción contrapuesta sobre éstas, en cuanto son comprendidas también como parte del "problema", fundamentalmente a partir de problematizar la cuestión de la "corrupción" policial.

> Carmen: No se puede poner más policía, hace falta que dejen de ser corruptos.
>
> Alfredo: La cana libera zonas.
>
> Entrevistadora: ¿Quiénes son corruptos?
>
> Carmen: La gran mayoría. Yo vivo en un barrio que vas a hacer una denuncia y el comisario hace la vista gorda, pagan (Rutinarios/as del sector público y privado. Grupo 2).

Como puede observarse, se presenta una argumentación que es crítica del accionar de las fuerzas de seguridad, en las que se las muestra como parte del problema. Sin embargo, es significativo señalar que estas posiciones no son necesariamente excluyentes o contradictorias en los discursos relevados: la problematización de una solución meramente policial a la inseguridad muchas veces convive con esta mirada crítica, que de todas maneras abre una divergencia en la forma hegemónica de construcción de la inseguridad. Luego nos detendremos en la otra forma de elaboración que marca un matiz sobre esta construcción hegemónica: la explicación social "clásica" de las prácticas delictivas que, aunque tampoco puede considerarse como absolutamente contradictoria, abre una interpretación sobre la relación entre condiciones de vida y delito diferente a la hegemónica.

Los jóvenes de sectores populares como sujetos de la inseguridad

En distintos contextos históricos, los jóvenes han sido objeto de la asignación de etiquetas, estereotipos y de mandatos sociales de género y de clase. Históricamente fueron observados como posibles subversivos de los valores y del orden establecido, sean a partir de los movimientos culturales o de la emergencia de grupos políticos radicalizados. En particular, desde los años 80 y 90, en la región comenzó un proceso de creciente estigmatización y demonización de los jóvenes y de la cultura juvenil, como portadores de violencia y peligrosidad. A la condición de la juventud, se adiciona la pertenencia social cuando se singularizan en ellos las "causas de la inseguridad", principalmente la criminalidad callejera (Bombini, 2018).

En las opiniones de los participantes de los grupos focales se puede reconocer esta mirada sobre los jóvenes de sectores populares. Ellos condensan los atributos de peligrosidad, y se les asigna gran parte de la responsabilidad por la inseguridad.

> Laura: …a los pibes no les importa nada, ya no les importa ni estudiar. Igual hay chicos que si quieren estudiar porque se quieren formar algo pero de un 100% no llega ni a un 10%. Los pibes están cada vez más vagos, más… hay más delincuencia… (Obreros/as formales y trabajadores/as informales. Grupo 2).

Se desprenden dos representaciones entrelazadas en esta afirmación: por un lado, son potencialmente sujetos peligrosos (para la sociedad), no por la efectiva realización de actos delictivos sino por la sospecha de que pudieran ser autores de los mismos; y, por otra parte, son reconocidos como sujetos apáticos, desinteresados por el futuro y por las instituciones por las cuales deberían transitar (como la escuela). Chávez (2005) se refiere al pánico moral sobre los jóvenes y sus prácticas para dar cuenta de los temores y miedos que ellos activan entre los habitantes, en los lugares de los barrios por los que transitan cotidianamente.

El barrio es leído como ese espacio donde los jóvenes se reúnen, interactúan, construyen vínculos y sociabilizan, posibilitando que otros jóvenes puedan llegar a convertirse en infractores de la ley. En este sentido, las prácticas, la construcción de vínculos, las formas de sociabilidad de y entre los jóvenes son negativizadas, se instituyen como factores de peligrosidad, de riesgo y sospecha de criminalidad. Esta preocupación es compartida por Flavia cuando piensa en sus hijos:

> …o sea, vos podés educar muy bien a tus hijos y se juntaron con dos o tres del barrio que van para el lado izquierdo y te… y si… es flojo de carácter te lo llevaron para cualquier camino (Empleadas domésticas y trabajadores/as informales. Grupo 2).

Esta deriva delictiva de los jóvenes de barrios y sectores populares es comprendida, casi de forma unánime, como consecuencia de la decadencia moral de las instituciones familiares y escolares. A la escuela se le atribuye la pérdida de la capacidad de disciplinar a los jóvenes problemáticos,-pues el rol docente se encontraría desvirtuado; y a la familia se la considera abandónica, por lo que la escuela resulta meramente un espacio donde las familias de sectores populares "depositan" a sus hijos:

> Néstor: Si, sí, yo hoy en día la veo a la escuela pública, como una guardería…
>
> Paula: Es un depósito.
>
> Néstor: …de la personas que son de clase baja y que realmente no saben qué hacer con los hijos…
>
> Paula: Yo siempre fui a educación privada hasta la universitaria y yo dije "bueno, mi nena tiene 10 años, apostemos a la educación pública" me paso que en agosto la saqué, directamente. Porque se cambió todo el sistema, los valores… el maestro no va con esa dedicación de profesión y demás, va por un sueldo, va a pasar las horas. Y el entorno no es bueno, y no tienen la preparación (Profesionales Independientes. Grupo 2).

Además, el "descontrol" de los jóvenes es asociado a la *degradación y penuria moral* de sus familias, resultado de la desestructuración de la organización familiar clásica, de la "dependencia" a la política asistencial y la falta de "cultura del trabajo" de sus padres (Wacquant, 2001; 2004). Algunas interpretaciones aún asocian las problemáticas que afectan a los jóvenes con el desdibujamiento de los roles de género social e históricamente asignados a varones y mujeres: los varones (padres) perdieron su "rol" de "proveedores" en el hogar, mientras que se desvirtuó la "genuina función" de las mujeres (madres) relacionada con las tareas de cuidado y el trabajo domestico. Es decir, la progresiva autonomía de las mujeres respecto del hogar y la familia, y su inserción en el mercado de trabajo (en actividades reconocidas y remuneradas por fuera del propio hogar), son identificados como factores que han propulsado la deriva de los jóvenes:

> Paula: La educación, la cultura del trabajo, la falta de límites. En todo los sentido, desde los adultos hasta los chicos. El avance en muchas cuestiones que, por otro lado, nos hace retroceder en otras, como familia. Antes –y no es que soy anticuada, ¿eh?–, pero, a ver… Ahora, en una familia, los dos adultos trabajan. Los chicos, no sé, se quedan con la empleada o con los abuelos. Yo, en mi época, trabajaba mi papá, mi mamá nos criaba, nos mandaba al colegio. Con lo que él ganaba se arreglaban… (Profesionales independientes. Grupo 1).

El desvío y declive de las normas morales ligadas a las "aptitudes" de cada sexo en las familias, la "desestructuración" del hogar[9] tradicional, "deviene" en jóvenes con moralidades desviadas, proclives a la criminalidad. De este modo, es posible considerar que la mirada patriarcal también atraviesa los discursos sociales relacionados a la cuestión de la inseguridad.

2.2. *Delito, trabajo y políticas sociales: visiones del descontrol*

Uno de los emergentes centrales de nuestro trabajo de campo muestra las formas de asociación entre las nociones de delito, trabajo y políticas sociales. En ellas aparece un esbozo de explicación "social" de las prácticas delictivas. Pero también se puede observar los rasgos de algunas de las transformaciones históricas generales que hemos analizado en la primera parte de este capítulo. Los hilos que tejen esa relación entre delito, trabajo y política social no son los de aquellas criminologías "sociales" que entendían al delito como producto de la privación social y veían a la reforma social como solución definitiva: en nuestros entrevistados surge una línea interpretativa en donde la política social aparece como generando el debilitamiento de la "cultura del trabajo", enfocando en espacios urbanos específicos. El delito es lo "otro" del trabajo, siendo la política social el puente de dicho pasaje:

---

[9] "El hogar como figura no sólo es el espacio que alberga lo íntimo, sino el lugar donde se prepara a los sujetos para lo público, el eje de articulación entre lo subjetivo y lo colectivo; entre lo individual y lo social (Aguilar, 2013).

> Nadia: Y me ha pasado muchas veces, en las villas de acá de Capital, desconozco en provincia, de encontrarte con dos o tres generaciones, que no saben lo que es la cultura del trabajo, chicos que no saben lo que es ver al papá levantarse todas las mañanas para ir a laburar o para ir a buscar [trabajo]. [...] ... [Es necesario] entender que el dinero, uno tiene que trabajar para conseguirlo, en lo que sea, [...]...pero tener esa consciencia de que la forma de obtener el dinero que yo necesito para vivir es a través del trabajo, no a través de un plan social, bueno, y mucho menos a través del robo... (Empleadas domésticas y trabajadores/as informales. Grupo 1).

> Martin: ...si a vos te enseñan [en tu casa] a ser de un modo lo sos toda tu vida. [...]. Porque también viene de generaciones. Capaz que los padres de esos chicos en los 90 se cagaron de hambre y no laburaron... justamente porque no había laburo porque justamente, el país era un quilombo. Entonces es todo una cadena. Entonces si vienen de los padres, de mamar eso, les van a enseñar a los hijos absolutamente lo mismo. En mi familia laburaron todos, toda mi vida yo estudié, laburé, sigo laburando, mantengo a mi hijo. Yo creo que eso se hace en la casa, hay excepciones de chicos que están subsidiados que tienen ganas de salir adelante y crecer como personas. Pero son pocos (Obreros formales y trabajadores/as informales. Grupo 2).

Asimismo, al estigma asociado al lugar de residencia en barrios populares, se suma el estigma de ser titular de alguna política social (o "planes sociales"),[10] una estigmatización conjugada,[11] como define Wacquant (2001), en cuanto se instituye a esta misma como "mecanismo criminógeno" (Crawford, 2009), como elemento que promueve la delincuencia. De este modo, el ejercicio de un derecho es leído como parte del "problema de la inseguridad" en cuanto favorece la "dependencia" al Estado, el "no hacer nada productivo, no trabajar" y recibir un estipendio sin control por parte del Estado. De esta forma, la construcción de sentido establece una relación general entre grupos sociales: ser destinatario de una política social, aunque implique el ejercicio de

---

[10] Durante la realización de los grupos focales la denominación "planes" o "planes sociales" emerge como referencia a las políticas sociales. Ver capítulo de Hopp y Lijterman.

[11] El efecto de la estigmatización "...consiste en estimular prácticas de diferenciación y distanciamiento sociales internos que contribuyen a reducir la confianza interpersonal y socavar la solidaridad social local" (Wacquant, 2001:142).

un derecho, es reconstruido con la metáfora de la "estafa", para quienes son presentados como los trabajadores-contribuyentes a la colectividad:

> Flavia: [...] cobran el plan de amas de casa, de mujer golpeada, el padre no se qué...
>
> Marcela: Sí, al final terminan cobrando un sueldo como laburando.
>
> Flavia: Mi marido me dice: al final yo me levanto todos los días a las seis de la mañana para ir a trabajar, estos se levantan a las dos y cobran más que yo.
>
> Patricia: Pero eso es un... eso es un riesgo también, porque esos casos son los que hacen mal algo que puede llegar a ser bueno.
>
> Flavia: A los chicos...
>
> Patricia: Algo que puede ser bueno, si no está controlado caen... pagan justos por pecadores.
>
> Flavia: Y me hace acordar, no sé si han visto, hace un par de años, creo que hace dos años una publicidad que salió en Facebook, que un pibe de la villa salía con un arma y decía: yo soy chorro de los boludos que van a trabajar... (Empleadas domésticas y trabajadores/as informales. Grupo 2).
>
> Rodrigo: Porque la veo... Primero porque hay padres que no trabajaron casi nunca en su vida y viven de planes. Entonces ellos automáticamente los están viendo a los padres que están en la casa, que no hacen nada, se acuestan a cualquier hora... No hacen nada y ¿ellos qué aprenden? Se juntan con otros hijos y dicen..."que hacemos"... y..."no sé, vamos" por decir algo... "mira qué lindo aquello que brilla"... y van y lo agarran y así empiezan a delinquir..." (Obreros/as formales y trabajadores/as informales. Grupo 2).

Entonces, se desprende del discurso de los participantes de los grupos focales que el ser titular de una política social se torna un factor de dependencia e inactividad que promueve la delincuencia, fundamentalmente si los beneficiarios son jóvenes. El incumplimiento de tres condiciones define esta situación: demostrar merecimiento (por su situación socio-económica); cumplir con la contraprestación por la asignación del "beneficio" (con control estatal); y hacerlo por un período de tiempo delimitado, dado que el objetivo es que el beneficiario retorne al mercado de trabajo normal. De esta forma, se detecta en los discursos una perspectiva social utilitarista y meritocrática, basada en la oposición entre trabajadores responsables y/o ciudadanos que contribuyen al Estado con el pago de impuesto, en contraposición con aquellos representados como amenazantes en tanto potenciales delincuentes.

Como adelantamos, diferenciándose de esta construcción también pueden reconocerse posiciones entre los participantes de los grupos focales que vinculan la cuestión de la inseguridad al aumento del desempleo, al desmantelamiento progresivo de las fuentes de trabajo, al deterioro de la situación socioeconómica nacional, refiriendo en buena medida al contexto de finales del año 2015 con la nueva gestión de gobierno. Es decir, se visualiza una interpretación social más clásica sobre la cuestión del delito, asociada a la exclusión y vulnerabilidad social de los sujetos como explicación de sus prácticas:

> Hernán: [...] y ahí están en... en Bunge sería, es un lugar más o menos, bastante jodido el lugar, están los pibes que llevan el carro y que se ganan la changa ¿no?, bueno, son todos pibes del barrio que son todos pibes que andaban en la joda o que... es así, cuando la feria [La Salada] empezó a caer por el tema de que ya no se vendía tanto, bueno, el cambio político, como saben todo lo que estamos pasando hoy ¿no?, igualmente la gente, los manteros, todos, que dejaron de vender, todo; en ese tiempo yo pensaba más o menos, y la gente ahora qué, cómo, qué hace para trabajar ¿no?, entonces qué pasaba: el pibe que ya por ahí llevaba carro, laburaba ahí, eh... el pibe, de última... en un... estaba rescatado, no salía a robar, después qué hacía, sale a robar el pibe, porque ya no tiene laburo, no tiene plata, quiere seguir manteniendo la familia, lo que sea, en ese sentido (Empleadas domésticas y trabajadores/as informales. Grupo 2).

> Ricardo: Esto de la seguridad desde que yo tengo memoria es problema. Esto es un preámbulo, en lo personal lo que más me preocupa en este tiempo es todo lo referente a lo económico, las medidas económicas que pueda tomar el gobierno. Medidas que obviamente repercuten para mal en los sectores más vulnerables (Obreros/as formales y trabajadores/as informales. Grupo 1).

Se trata de una interpretación que pone en el centro los procesos sociales y económicos de gran escala a la hora de explicar las prácticas delictivas, inscribiéndose en una línea divergente respecto de aquella que describimos con anterioridad. Aunque esta mirada más estrictamente "social" abre una interpretación diferente, de todos modos no cuestiona la tematización del delito como los ilegalismos de los sectores populares.

A través del análisis del material de campo hemos podido identificar una categoría que aprehende de manera global estas articulaciones entre trabajo, políticas sociales y delito, brindando una interpretación sustantiva sobre el contexto histórico en el cual los participantes de los grupos focales se posicionan. Nos referimos a la noción de *descontrol*. Tanto las referencias a lo social, a las intervenciones sociales, como las explicaciones sobre los orígenes de la inseguridad, muestran este diagnóstico de falta de control, de desarticulación de la regulación social y estatal, que opera como interpretación general de la argentina post kirchnerista: descontrol en la política social, refiriendo a la proliferación de "planes" sin criterios de merecimiento o justa vinculación con la obligación de trabajar; descontrol en la distribución de los ingresos entre los diferentes grupos en términos de injusticias distributivas; descontrol en el consumo de los sectores populares como modalidades de gasto irracional; y también descontrol en el gasto de servicios públicos, especialmente en la discusión sobre el aumento de sus tarifas. Pero también descontrol en relación a la administración del delito: jóvenes ingobernables, policía corrupta, pero al mismo tiempo "atada de manos" por los "derechos humanos", descontrol y decadencia de la familia y la escuela, decadencia docente (ver al respecto el Capítulo 1).

> Yamila: A mí me parece mal que haya planes, tiene que haber trabajo. [...]. Tiene que ser todo justo, todo equitativo porque no puede ser que de un país con 30 millones haya 20 mil con planes... entonces, ¿de qué nos estamos quejando? ...cómo vamos a pretender seguridad si hay pibes que están en la calle continuamente, si con $700 les alcanza para el paco, les alcanza para la droga... (Obreros/as formales y trabajadores/as informales. Grupo 2).

> Luisa: [...] se fue como desdibujando tanto ese límite, y empezamos a tener tanto miedo a discriminar, a ser autoritarios, a que se nos fuera la mano, y empezamos a aflojar y aflojar y aflojar, en un montón de cosas, y ahora es como que ya nadie sabe qué es lo que está bien, qué es lo que está mal (Empleadas domésticas y trabajadores/as informales. Grupo 1).

En línea con lo que se registra en los debates públicos sobre la cuestión, que se expone en el Capítulo 1 de este libro, nosotros vemos emerger a la noción de descontrol como una categoría articuladora de los diferentes puntos de vista que se expusieron en las discusiones de los grupos focales. La noción de descontrol es, entonces, una de las interpretaciones más potentes que emergen de modo general acerca del ciclo que se cierra en 2015 y que cruza la cuestión de la inseguridad y lo social.

Conclusiones

En las últimas décadas la emergencia de la cuestión de la inseguridad implicó la intensificación y mediatización de las discusiones políticas sobre el delito y su administración, poniendo en un lugar central el debate sobre sus causas y orígenes sociales. En este sentido, este capítulo ha tenido como propósito realizar una reconstrucción de las formas en que distintos grupos socio-ocupacionales problematizan esta cuestión. Entendemos que realizar esta reconstrucción es una forma de analizar y comprender nuestro presente en tanto muestra algunas claves históricas en cuanto al estado de las luchas y las discusiones político-culturales.

Como resultado principal, encontramos que de forma transversal a los diferentes grupos socio-ocupacionales se muestran algunos de los elementos centrales de la mirada hegemónica sobre la cuestión, matizada con algunas tensiones y yuxtaposiciones interpretativas. Identificamos que la cuestión de la inseguridad se presenta fundamentalmente, mostrando un primer recorte, como "miedo al delito", excluyendo otras formas de tematizar la "seguridad"; enlazado a lo que socialmente se produce como delito "común" asociado a las prácticas de los sectores populares, dejando de lado otras formas de ilegalismos; y elaborado centralmente como problema "urbano".

En este sentido, son los residentes, principalmente los jóvenes, de barrios empobrecidos quienes son individualizados y esencializados como delincuentes o potenciales protagonistas de situaciones delictivas violentas contra la propiedad privada y/o contra la vida de las "víctimas" de la inseguridad. Los relatos de las y los participantes de los grupos focales, dan cuenta de la vigencia de la polarización discursiva entre victimarios y víctimas de la inseguridad, de una distinción identitaria esencializada, entre un "nosotros" y un "ellos", que construye a los "otros" como enemigos sociales, despojándolos de su condición de seres humanos y de la protección e igualdad jurídica inherente a todos los ciudadanos.

Uno de los emergentes principales de nuestro trabajo de campo muestra la articulación entre las preocupaciones sobre el trabajo, las intervenciones sociales y su relación con las prácticas delictivas, problematizando la cuestión del debilitamiento de la "cultura del trabajo", fomentada por el descontrol en la asignación de políticas sociales. Los jóvenes condensan los temores y amenazas, sus prácticas y formas de sociabilidad activan la sospecha de riesgo y peligrosidad. El diagnóstico de la disolución moral de las familias de sectores populares y de su problemática relación con el trabajo, se articulan como explicación de la inseguridad y se presenta como uno de los resultados más significativos que expresan las discusiones analizadas. Esta mirada hegemónica sobre la cuestión de la inseguridad, que vincula espacios urbanos, juventud, pobreza y delito, demanda la reconstrucción de un orden frente a la proliferación desorganizada de intervenciones sociales que tienen "efectos contraproducentes", como fuente productora de conductas antisociales.

Por otra parte, la discusión sobre el lugar de las fuerzas de seguridad muestra una discrepancia significativa. Por un lado, son instituidas como la respuesta principal frente al delito, como entidad fundamental para la prevención e intervención en situaciones delictivas en las calles de los barrios, y frente al *miedo* en el espacio público. En este sentido, observamos que también se apela al aumento de la punitividad, orientada principalmente a los jóvenes. La presencia policial es interpretada como disuasiva de posibles peligros, acrecienta la "sensación" de seguridad frente al temor de transitar el barrio. Sin embargo, la corrupción policial es entendida, también, como parte del "problema de la inseguridad".

Consideramos que esta intensificación de los procesos de estigmatización tiene relación con la demarcación de formas de sociabilidad atravesadas por el miedo al "otro", por la distancia entre los habitantes del barrio, en tanto fragmentación urbana. La referencia a posicionamientos divergentes, que versan sobre los vínculos entre la pauperización de la población y la cuestión del delito desde una mirada social, se tensionan frente a aquellas perspectivas responsabilizantes centradas en la idea del merecimiento individual: la asociación causal entre ausencia de trabajo "genuino", los "planes sociales" y la proliferación de la criminalidad.

Desde esta perspectiva, ser titular de una política social activa las sospechas de amenaza social, de peligrosidad; el "descontrol" en la asignación y proliferación de políticas sociales (y el uso que de ellas hacen quienes son sus sujetos) y, asimismo, el descontrol frente a la gestión del delito, "explican" el problema de la inseguridad. Estas construcciones de sentido, y sus vasos comunicantes entre las discusiones sobre la cuestión social y la cuestión de la inseguridad, muestran las "bases sociales" de las reorganizaciones recientes en las intervenciones estatales.

Bibliografía

Aguilar, Paula (2013). *Domesticidad e intervención: el "hogar" en los debates de la cuestión social (1890-1940)*. En *Revista Debate Público. Reflexión de Trabajo Social*. Año 3, N° 6. Carrera de Trabajo Social, Facultad de Ciencias Sociales (UBA).

Álvarez Uría, Fernando (1998). *Retórica neoliberal: la gran ofensiva de los científicos sociales contra las políticas sociales en EEUU*. En *Claves de razón práctica*, N° 80 (págs. 20-28). Promotora General de Revistas, PROGRESA.

Ayos, Emilio (2010). *Delito y pobreza: espacios de intersección entre la política criminal y la política social argentina en la primera década del nuevo siglo*. São Paulo, IBCCRIM.

Ayos, Emilio (2014). ¿Una política democrática de seguridad? Prevención del delito, políticas sociales y disputas en el campo conformado en torno a la inseguridad en la Argentina de la última década. En *Revista del CLAD Reforma y Democracia*, N° 58. Caracas, Centro Latinoamericano de Administración para el Desarrollo.

Ayos, Emilio (2016). *"Responsabilidad, trabajo y condiciones de vida. Problematizaciones sobre los jóvenes en los programas de prevención social del delito en Argentina"*. REVISTA: *Espiral. Estudios de Estado y Sociedad*, N° 68. Guadalajara, Universidad de Guadalajara.

Ayos, Emilio y Fiuza (2018). *"(Re) definiendo la cuestión securitaria: tensiones y aperturas en las problematizaciones en torno a una "seguridad democrática" en el período 2000-2015"*. En *Revista Delito y Sociedad*, N° 45 (en prensa) Santa Fe, Ediciones UNL.

Ayos, Emilio; Nicolás Dallorso, Victoria Rangugni y Celina Recepter (2010). *La Argentina neoliberal: naturalización de la fragmentación social y exacerbación punitiva*. En Sozzo, Máximo (Comp.), *Delito y Sociedad: Por una sociología crítica del control social. Ensayos en honor de Juan S. Pegoraro*. Buenos Aires, Editores Puerto.

Baratta, Alessandro (1997). *Política Criminal: entre la política de seguridad y la política social*. En Carranza, E. (coord.) *Delito y seguridad de los habitantes*. México DF, Siglo XXI editores.

Bombini, Gabriel (2018). *Juventud y penalidad: la construcción del "enemigo social*. En *Juventud y penalidad: sistema de responsabilidad penal juvenil*, Gabriel A. Bombini, et al. 1° ed. Mar del Planta, Editorial EUDEM.

Bourdieu, Pierre (1989). *El espacio social y las génesis de las clases*. En Sociología y Cultura. México, Editorial Grijalbo.

Boutellier, Hans (2001). *The convergence of social policy and criminal justice*. En *European Journal on Criminal Policy and research*, Volume 9, N°4.

Calzado, Mercedes (2004). *Discursos sociales y prácticas punitivas. Las construcciones significantes de la opinión pública en las asambleas del Plan de Prevención del Delito*. En *Revista Delito y Sociedad*, N°20. Santa Fe, Ediciones UNL.

Calzado, Mercedes y Sebastián Van Den Dooren (2009). *¿Leyes Blumberg? Reclamos sociales de seguridad y reformas penales*. En *Revista Delito y Sociedad*, N° 27. Santa Fe, Ediciones UNL.

Castel, Robert (1997). *Las metamorfosis de la cuestión social. Una crónica del salariado*. Buenos Aires, Editorial Paidós.

Crawford, Adam (1998). *Crime Prevention and Community Safety.Politics, Policies and Practices*. Longman, Harlow.

Crawford, Adam (2009). *Crime Prevention Policies in Comparative Perspective*. Devon, UK, Willan Publishing.

Chavez, Mariana (2005). *Juventud negada y negativizada: Representaciones y formaciones discursivas vigentes en la Argentina contemporánea*. En *Revista Última Década*, N° 23. Valparaíso, Chile, Centro de Estudios Sociales.

Daich, Deborah; María V. Pita, y Mariana Sirimarco (2007). *Configuración de territorios de violencia y control policial: corporalidades, emociones y relaciones sociales*. En *Cuadernos de Antropología Social*, N°25. Buenos Aires, Instituto de Ciencias Antropológicas – Facultad de Filosofía y Letras, UBA.

Daroqui, Alcira (2003). *Las seguridades perdidas.* En *Argumentos.* Revista Electrónica. Buenos Aires, Instituto de Investigaciones Gino Germani (UBA).

Daroqui, Alcira (2009). *Muertes silenciadas: la eliminación de los "delincuentes". Una mirada sobre las prácticas y los discursos de los medios de comunicación, la policía y la justicia.* Buenos Aires, Ediciones del CCC.

Daroqui, Alcira y Silvia y Guemureman (2004). *Políticas penales de seguridad dirigidas hacia adolescentes y jóvenes en la década del `90 en la Argentina.* En Muñagorri, I. y Pegoraro, J.: *La relación seguridad-inseguridad en centros urbanos de Europa y América Latina.* Madrid, Dykinson.

Donzelot, Jacques (2007). *La invención de lo social. Ensayo sobre la declinación de las pasiones políticas.* Buenos Aires, Nueva Visión.

Federici, Silvia (2016). *Calibán y la bruja: mujeres, cuerpo y acumulación originaria.* Tercera edición. Ciudad de Buenos Aires, Editorial Tinta Limón.

Foucault, Michel (1999). *Vigilar y Castigar.* México, Editorial Siglo XXI.

Galvani, Mariana (2007). *La marca de la gorra.* Buenos Aires, Capital intellectual.

Garland, David (1985). *Punishment and welfare: a history of penal strategies.* Aldershot, Grower.

Garland, David (2005). *La cultura del control. Crimen y orden social en la sociedad contemporánea.* Barcelona, Editorial Gedisa.

Garland, David and Richard Sparks (eds.) (2000). *Criminology and Social Theory.* Oxford, Oxford University Press.

Guemureman, Silvia (2002). *La contracara de la violencia adolescente-juvenil: la violencia publica institucional de la agencia de control social judicial.* En *Violencias, delitos y justicias en la Argentina.* Sandra Gayol y Gabriel Kessler (Compiladores). Buenos Aires, Editores Manantial.

Guemureman, Silvia (2011). *¿De qué hablamos cuando hablamos de delincuencia juvenil en la argentina del siglo XXI? El problema de la medición; vulnerabilidad de los jóvenes y fantasmas mediáticos.* En Saintout, F. (comp.) *Jóvenes Argentinos: Pensar lo político.* Buenos Aires, Editorial Prometeo.

Jakobs, Günther, et. Al. (2005). *Derecho Penal del enemigo.* Buenos Aires, Editorial Hammurabi.

López, Ana Laura, Jimena Andersen, Julia Pasin, Agustina Suárez y M, del Rosario Bouilly (2011). *Estrategias de gobierno del territorio urbano: hostigamiento y brutalidad policial sobre los jóvenes en la provincia de Buenos Aires.* Trabajo presentado en la Mesa de Trabajo sobre "Sistema Penal y DDHH" de las *IX Jornadas de Sociología* de la Universidad de Buenos Aires.

Miranda, Ana (2015). *Sobre la escasa pertinencia de la categoría NI NI: una contribución al debate plural sobre la situación de la juventud en Argentina contemporánea.* En *Revista Latinoamericana de Políticas y Administración de la Educación.* Págs. 60-73, Año 2, N°3. Buenos Aires, Universidad de Tres de Febrero.

Mouzo, Karina; Alina Ríos, Gabriela Rodríguez y Gabriela Seghezzo, Gabriela (2010). *La paramos de pechito. La (in)seguridad en el discurso de los funcionarios policiales.* En Galvani, M. et al, *A la inseguridad la hacemos entre todos. Prácticas académicas, mediáticas y policiales.* Buenos Aires, Hekht Editores.

Murillo, Susana (2008). *Colonizar el dolor. La interpelación ideológica del Banco Mundial en América Latina. El caso argentino desde Blumberg a Cromañón.* Buenos Aires, CLACSO.

Palmieri, Gustavo y Florencia Wagmaister (2009). *La dinámica de delito-policía en los procesos de reforma policial.* En Kessler, Gabriel (Coord.) Seguridad y ciudadanía: nuevos paradigmas y políticas públicas. Buenos Aires, Edhasa.

Pavarini, Massimo. (1983). *Control y Dominación.* México, Siglo XXI Editores.

Pitch, Tamar (2009). *La sociedad de la prevención.* Buenos Aires, Editorial Ad Hoc.

Pegoraro, Juan (1997). *Las Relaciones Sociedad-Estado y el Paradigma de la Seguridad.* Revista Delito y Sociedad, N° 9-10. Buenos Aires, Universidad de Buenos Aires.

Pegoraro, Juan (2002). *Teoría Sociológica y Delito Organizado: El Eslabón Perdido.* En Revista *Encrucijadas, N° 19.* Buenos Aires, Universidad de Buenos Aires.

Pegoraro, Juan (2003). *Una reflexión sobre la inseguridad.* En *Argumentos. Revista electrónica de Crítica social.* Buenos Aires, Instituto de Investigaciones Gino Germani.

Polanyi, Karl (1989). *La gran transformación.* Buenos Aires, Juan Pablos editor.

Pombo, María Gabriela (2012). *A propósito de la intervención con familias transnacionales. O la intervención como frontera.* En Savia. Revista del Departamento de Trabajo Social de la Universidad de Sonora. Año 11, N° 10, págs. 11-19. México, Universidad de Sonora.

Rangugni, Victoria (2009). *Emergencias, modos de problematización y gobierno de la in/seguridad en la argentina neoliberal.* En *Delito y Sociedad. Revista de Ciencias Sociales,* N° 27. Buenos Aires, Ediciones UNL.

Rangugni, Victoria (2010). *Prácticas policiales y gobierno de la (in)seguridad en argentina. Apuntes para pensar el uso de la fuerza letal como técnica de regulación biopolítica.* En Galvani, M. et al, *A la inseguridad la hacemos entre todos. Prácticas académicas, mediáticas y policiales.* Buenos Aires, Hekht Editores.

Rodríguez Alzueta, Esteban (2014). *Temor y Control. La gestión de la inseguridad como forma de gobierno.* 1° Edición. Buenos Aires, Ediciones Futuro Anterior.

Selmini, Rosella (2009). *La prevención: estrategias, modelos y definiciones en el contexto europeo.* En *Urvio. Revista Latinoamericana de Seguridad Ciudadana,* N° 6, Quito, Ecuador, Flacso.

Sozzo, Máximo (2007). *Populismo punitivo, proyecto normalizador y prisión depósito en Argentina.* En Revista *Nueva Doctrina Penal.* Buenos Aires, Del Puerto.

Tiscornia, Sofía (1998). *Violencia policial. De las prácticas rutinarias a los hechos extraordinarios.* En: Inés Izaguirre (comp.), *Violencia social y derechos humanos.* Buenos Ares, Eudeba.

Tonkonoff, Sergio (2003). *Microdelitos, juventudes y violencias: La balada de los pibes chorros. En Revista Delito y Sociedad. Año 12, Volumen 1, N° 18/19.* Buenos Aires, Universidad de Buenos Aires.

Vilker, Shila (2011). *No hay solución. Un estudio de recepción de noticias sobre juventud y delito del repertorio cultural de la víctima al nihilismo propositivo.* En Gutiérrez, Mariano (comp.) *Populismo punitivo y justicia expresiva,* Buenos Aires, Fabián J. Di Plácido Editor.

Wacquant, Loic (2001). *Parias Urbanos. Marginalidad en la ciudad a comienzos del milenio.* Buenos Aires, Editorial Manantial.

Wacquant, Loic (2004). *Las cárceles de la miseria.* Buenos Aires, Editorial Manantial.

Fuentes documentales

SNEEP (2017). *Sistema Nacional de Estadística sobre Ejecución de la Pena.* Dirección Nacional de Política Criminal. Ministerio de Justicia y Derechos Humanos. – Pagina Web Casa Rosada, 19-02-2018. Disponible en:

https://www.casarosada.gob.ar/informacion/conferencias/42018-conferencia-de-prensa-del-presidente-mauricio-macri-y-del-jefe-de-gabinete-marcos-pena-en-chapadmalal. Consulta en marzo de 2018.

Referencias hemerográficas

Clarín, 11-02-2018. Disponible en https://www.clarin.com/politica/marcos-pena-respaldo-cambio-doctrina-impulsa-patricia-bullrich-seguridad_0_Hy-0vue08G.html.

El Litoral, 27-11-2015. Disponible en: http://www.ellitoral.com/index.php/id_um/123017-proximo-secretario-de-seguridad-prometio-mano-justa

Perfil, 25-11-2015. Disponible en http://www.perfil.com/noticias/politica/bullrich-la-seguridad-tiene-que-ser-mano-justa-20151125-0052.phtml

Impreso por TREINTADIEZ S.A. en 2018
Pringles 521 (C1183 AEI)
Ciudad Autónoma de Buenos Aires
Teléfonos: 4864-3297 / 4862-6794
editorial@treintadiez.com